UMBERTO

ECO

a passo de caranguejo

guerras quentes e o populismo da mídia

UMBERTO ECO

a passo de caranguejo

guerras quentes e o populismo da mídia

TRADUÇÃO DE SÉRGIO MAURO

1ª edição

EDITORA RECORD
RIO DE JANEIRO • SÃO PAULO
2022

CIP-BRASIL. CATALOGAÇÃO NA PUBLICAÇÃO
SINDICATO NACIONAL DOS EDITORES DE LIVROS, RJ

E22p

Eco, Umberto, 1932-2016
A passo de caranguejo: guerras quentes e o populismo da mídia / Umberto Eco; tradução Sérgio Mauro. - 1. ed. - Rio de Janeiro: Record, 2022.

Tradução de: A passo di gambero: guerre calde e populismo mediatico
ISBN 978-85-01-07682-3

1. Eco, Umberto - Visão política e social. 2. Ensaios italianos. I. Mauro, Sérgio. II. Título.

21-73722

CDD: 854
CDU: 82-4(450)

Camila Donis Hartmann - Bibliotecária - CRB-7/6472

Título original em italiano: A passo di gambero: guerre calde e populismo mediatico

Texto revisado segundo o novo Acordo Ortográfico da Língua Portuguesa.

Direitos exclusivos de publicação em língua portuguesa para o Brasil
adquiridos pela
EDITORA RECORD LTDA.
Rua Argentina, 171 – 20921-380 – Rio de Janeiro, RJ – Tel.: (21) 2585-2000,
que se reserva a propriedade literária desta tradução.

Impresso no Brasil

ISBN 978-85-01-07682-3

SUMÁRIO

II. Crônicas de um regime

III. De volta ao grande jogo

IV. A volta às cruzadas

V. A *suma* e o resto

Os passos do caranguejo

Este livro reúne uma série de artigos e entrevistas escritos entre 2000 e 2005.

O período é fatídico, começa com as ânsias pelo novo milênio, estreia com o 11 de setembro, seguido das duas guerras no Afeganistão e no Iraque, e na Itália vê a ascensão de Silvio Berlusconi ao poder.

Deixando de lado tantas outras contribuições sobre variados assuntos, eu quis reunir, portanto, apenas os escritos que se referiam aos eventos políticos e midiáticos destes seis anos. O critério de seleção me foi sugerido por um dos últimos trechos da minha reunião de artigos precedente (*A caixinha de Minerva*),* intitulado "O triunfo da tecnologia leve".

Sob a forma de falsa resenha de um livro atribuído a certo Crabe Backwards, eu observava que nos últimos tempos tinham se verificado alguns desenvolvimentos tecnológicos que representavam verdadeiros passos para trás. Eu observava que a *comunicação pesada* tinha entrado em crise por volta do final dos anos 1970. Até então, o príncipe dos instrumentos de comunicação era a televisão em cores, uma caixa enorme que reinava de maneira embaraçosa e emitia no escuro luzes sinistras e sons capazes de incomodar a vizinhança. Um primeiro passo em direção à *comunicação leve* tinha sido

---

* O título original (*La bustina di Minerva*) se refere às caixinhas de fósforos chamados de Minerva (porque a marca industrial reproduzia nas caixas a estátua da deusa Minerva), e nas quais se faziam pequenas anotações, como pretendem ser os artigos de Eco. (*N. do T.*)

dado com a invenção do controle remoto: com ele não só o espectador podia abaixar ou até zerar o áudio, mas também eliminar as cores e zapear.

Pulando de um debate para dezenas de outros, diante de uma tela em preto e branco sem áudio, o espectador tinha já entrado numa fase de liberdade criativa, chamada de "fase de Blob". Além disso, a velha TV, transmitindo acontecimentos ao vivo, nos tornava dependentes da própria linearidade do evento. A libertação da cena ao vivo se deu com o videocassete, com o qual não só se realizou a evolução da Televisão para o Cinematógrafo, mas também o espectador se tornou capaz de fazer voltar as fitas de vídeo, fugindo assim completamente da relação passiva e repressiva com o acontecimento relatado.

A essa altura poderíamos até mesmo eliminar por completo o áudio e comentar a sequência descoordenada das imagens com trilhas musicais de pianola, sintetizada no computador; e — visto que as próprias emissoras, sob o pretexto de ajudar os deficientes auditivos, criaram o costume de inserir legendas escritas para comentar a ação — logo chegaríamos a programas em que, enquanto duas pessoas se beijam em silêncio, veríamos um quadro com os dizeres "Eu te amo". Desse modo, a tecnologia leve teria inventado o filme mudo dos irmãos Lumière.

Mas o passo seguinte tinha sido alcançado com a eliminação do movimento das imagens. Com a internet, o usuário podia receber, com economia dos neurônios, apenas imagens imóveis de baixa definição, geralmente de uma só cor, e sem nenhuma necessidade de som, já que as informações apareciam em caracteres alfabéticos na tela.

Um estágio mais avançado dessa volta triunfal à Galáxia Gutenberg teria sido — eu dizia então — a eliminação radical da imagem. Teríamos inventado uma espécie de caixa, muito pouco volumosa, que emitia sons, e que nem sequer necessitava de controle remoto, já que seria possível zapear diretamente *girando* um seletor. Pensei que tivesse inventado o rádio e, no entanto, estava vaticinando o advento do iPod.

Eu relevava, enfim, que o último estágio já tinha sido alcançado quando depois das transmissões por ondas, com todos os distúrbios fisiológicos que delas derivam, com as TVs pagas e com a internet tinha-se iniciado a nova era da transmissão por fio telefônico, passando da telegrafia sem fios à telefonia com fios, superando Marconi e voltando a Meucci.

Brincalhonas ou não, essas observações não eram de todo arriscadas. Por outro lado, que estávamos andando para trás já tinha parecido claro depois da queda do muro de Berlim, quando a geografia política da Europa e da Ásia tinha mudado radicalmente. Os editores dos Atlas tiveram que mandar derreter todos os seus estoques (que se tornaram obsoletos pela presença de União Soviética, Iugoslávia, Alemanha Oriental e outras monstruosidades do gênero) e se inspirar nos Atlas publicados antes de 1914, que tinham Sérvia, Montenegro, os Estados Bálticos e assim por diante.

Mas a história dos passos para trás não para por aqui, e este início de terceiro milênio foi repleto de passos de caranguejo. Só para dar um exemplo, depois do cinquentenário da Guerra Fria tivemos com o Afeganistão e o Iraque a volta triunfal da guerra combatida ou guerra quente, até mesmo desenterrando os memoráveis ataques dos "astutos afegãos" do século XIX no Kyber Pass, uma nova temporada das Cruzadas com o choque entre Islã e cristandade, incluindo os Assassinos suicidas do Velho da Montanha, voltando aos faustos de Lepanto (e alguns libelos felizes dos últimos anos poderiam ser resumidos pelo grito de "mamãe, olha os turcos!").

Reapareceram os fundamentalismos cristãos que pareciam pertencer à crônica do século XIX, com a retomada da polêmica antidarwinista, e ressurgiu (ainda que sob forma demográfica e econômica) o fantasma do Perigo Amarelo. Há certo tempo nossas famílias hospedam de novo empregados domésticos não brancos, como no Sul de *...E o vento levou*, foram retomadas as grandes migrações de povos bárbaros, como nos primeiros séculos depois de Cristo, e (como observa uma das seções aqui publicadas) reaparecem, ao menos no nosso país, ritos e costumes de Baixo Império.

O antissemitismo voltou triunfante com seus *Protocolos*, e temos os fascistas (ainda que muito *pós*, mas alguns são ainda os mesmos) no governo. Por outro lado, enquanto faço a revisão das provas, um atleta no estádio fez a saudação fascista para a multidão. Exatamente o que eu fazia há quase setenta anos como *balilla** — só que eu era obrigado. Para não falar da Devolução, que nos leva de volta a uma Itália pré-Garibaldi.

Reabriu-se a contenda pós-Cavour entre Igreja e Estado e, para registrar também voltas que parecem um retorno ao remetente, está voltando, sob várias formas, a Democracia Cristã.

Parece até que a história, sem fôlego devido aos saltos que deu nos dois milênios precedentes, se enrosca toda e volta aos faustos confortáveis da Tradição.

Muitos outros fenômenos de passo retrógrado vão emergir dos artigos deste livro, o bastante, enfim, para justificar o título. Mas sem dúvida alguma coisa nova, ao menos no nosso país, aconteceu; algo que ainda não tinha acontecido: a instauração de uma forma de governo baseada no apelo populista pela mídia, perpetrado por uma empresa privada voltada para o próprio interesse privado — experimento certamente novo, ao menos no cenário europeu, e muito mais esperto e tecnologicamente aguerrido do que os populismos do Terceiro Mundo.

A este tema são dedicados muitos destes escritos, nascidos da preocupação e da indignação desse Novo que Avança, o qual (ao menos enquanto eu mando imprimir estas linhas) não se sabe se será possível deter.

A segunda seção do livro leva o título de regime de populismo da mídia, e não hesito em falar de "regime", ao menos no sentido em que os medievais (que não eram comunistas) falavam *de regimine principum*.

A propósito disso, e de propósito, abro a segunda seção com um apelo que eu tinha escrito antes das eleições de 2001 e que foi muito difamado. Já na época, um redator de direita, que evidentemente, porém, gosta um pouco de mim, espantava-se tristemente que um homem "bom" como eu pudesse tratar com tanto desprezo uma metade dos italianos que não votavam como ele. E ainda recentemente, e não da direita, acusaram de arrogante esse tipo de engajamento — atitude destrutiva que tornaria *antipática* grande parte da cultura de oposição.

---

* Milícias infantis formadas nas escolas durante o período fascista na Itália. (*N. do T.*)

Sofri muito com acusações de que queria ser simpático a todo custo, assim, descobrir que sou antipático me enche de orgulho e de virtuosa satisfação.

Mas esta acusação é curiosa, como se na época deles tivessem culpado (*si parva licet componere magnis*) os Rosselli, os Gobetti, os Salvemini, os Gramsci, para não falar dos Matteotti, de não serem compreensivos e respeitosos o bastante em relação aos seus adversários.

Se alguém luta por uma escolha política (e, no caso em questão, civil e moral), preservando-se o direito-dever de um dia estar pronto a repensar as ideias, nesse momento deve achar que está do lado certo e denunciar energicamente o erro dos que tendem a comportar-se de modo diferente. Não vejo debate eleitoral que possa realizar-se de acordo com o "vocês têm razão, mas votem em quem está errado". E no debate eleitoral as críticas ao adversário devem ser severas, impiedosas, para poder convencer ao menos o indeciso.

Além disso, muitas das críticas consideradas antipáticas são críticas de costume. E o crítico de costume (que frequentemente no vício de outrem fustiga também o próprio, ou as próprias tentações) deve ser pungente. Ou então, e sempre para fazer referência aos grandes exemplos, se você quiser ser crítico de costume, deve se comportar como Horácio; se você se comportar como Virgílio, então escreva um poema, talvez belíssimo, louvando o Divo reinante.

Mas os tempos são obscuros, os costumes, corrompidos, e até o direito à crítica é muitas vezes, quando não sufocado com providências de censura, indicado ao furor popular.

Publico, portanto, estes escritos de acordo com a antipatia positiva que eu reivindico.

Como se poderá ver, para cada texto eu remeto à fonte, mas muitos foram de algum modo remanejados. Não para atualizá-los, com certeza, nem para inserir neles profecias que depois se realizaram, mas para eliminar as repetições (é difícil em casos semelhantes não voltar obstinadamente aos mesmos temas), para corrigir o estilo ou para eliminar alguma referência demasiadamente ligada a fatos de atualidade imediata, já esquecidos pelo leitor e, portanto, incompreensíveis.

I. A guerra, a paz e outras coisas

Algumas reflexões sobre a guerra e sobre a paz*

No início dos anos 1960, colaborei com a fundação do comitê italiano para o desarmamento atômico e participei de algumas passeatas pela paz. Ponho isto como premissa e declaro-me pacifista por vocação (certamente ainda hoje). Neste caso, todavia, devo falar mal da guerra, mas também falar mal da paz. Procurem acompanhar-me com indulgência.

Escrevi uma série de discursos sobre a guerra a partir daquela do Golfo, e percebo agora que a cada capítulo tinha de modificar minhas ideias sobre o conceito de guerra. Equivale a dizer que o conceito de guerra, que permanecera mais ou menos o mesmo (independentemente das armas que se usavam) desde a época dos gregos até hoje, precisou ser revisto nos últimos anos por pelo menos três vezes.**

---

* Conferência proferida em Milão para a Comunidade de Santo Egídio em julho de 2002.

** Sou obrigado a retomar alguns temas já tratados num ensaio publicado no meu livro *Cinco escritos morais* (Milão, Bompiani, 1997), quando refletia sobre a primeira Guerra do Golfo, mas mesmo as coisas já ditas adquirem aspectos novos se consideradas do ponto de vista dos fatos subsequentes.

Qual foi, ao longo dos séculos, a finalidade da guerra que chamaremos de Paleoguerra? Fazia-se uma guerra para derrotar o adversário de maneira a tirar proveito da sua perda, procurava-se realizar nossas intenções apanhando-o de surpresa, fazia-se o possível para que o adversário não realizasse suas intenções, aceitava-se um preço a ser pago em vidas humanas para infligir ao inimigo, em termos de vidas humanas, um prejuízo maior do que o nosso. Com tais finalidades devia-se poder colocar em campo todas as forças de que se podia dispor. Jogava-se o jogo entre dois oponentes. A neutralidade dos outros, o fato de que com a guerra de outrem não tivessem prejuízo, mas talvez lucro, era condição necessária para a liberdade de manobra dos beligerantes. Estava esquecendo, havia uma última condição: saber quem era o inimigo e onde estava. Por isso, normalmente, o choque era frontal e envolvia dois ou mais territórios reconhecíveis.

No nosso século, a noção de "guerra mundial", de forma que pudesse envolver também sociedades sem história como as tribos da Polinésia, eliminou a diferença entre beligerantes e neutrais. A energia atômica prejudica o planeta inteiro, quem quer que sejam os oponentes.

A consequência foi a transição da Paleoguerra para a Neoguerra por meio da Guerra Fria. A Guerra Fria estabelecia uma tensão de paz beligerante ou de beligerância pacífica, de equilíbrio do terror, que garantia uma notável estabilidade no centro e permitia, ou tornava indispensáveis, certas formas de Paleoguerra marginais (Vietnã, Oriente Médio, Estados Africanos etc.). No fundo, a Guerra Fria garantia a paz ao Primeiro e Segundo Mundos, à custa de algumas guerras de temporada ou endêmicas no Terceiro.

A Neoguerra do Golfo

Com a queda do império soviético, cessam as condições da Guerra Fria, mas começa a ficar difícil pôr panos quentes nas guerras que nunca terminam no Terceiro Mundo. Com a invasão do Kuwait, tornou-se claro que se devia de algum modo retomar uma espécie de guerra tradicional (se vocês se lembram, a referência era justamente às origens da Segunda Guerra Mundial, se tivéssemos detido rapidamente Hitler assim que invadiu a Polônia etc.), mas logo se percebeu que a guerra não era mais (ou não apenas) entre duas frentes separadas. O escândalo dos jornalistas norte-americanos em Bagdá era, naqueles dias, equivalente ao escândalo, de dimensões bem maiores, de milhões e milhões de muçulmanos pró-Iraque que viviam nos países da aliança anti-iraquiana.

Nas guerras de uma época os inimigos potenciais eram confinados (ou massacrados), um compatriota que, do território inimigo, falava das razões do adversário era, no fim da guerra, enforcado — lembrem-se de como John Amery, que atacava seu país no rádio fascista, foi enforcado pelos ingleses, e de como somente a grande notoriedade e os apelos dos intelectuais de vários países salvaram Ezra Pound, à custa de uma conclamada doença mental.

Quais eram as novas características da Neoguerra?

É incerta a identidade do inimigo. Todos os iraquianos? Todos os sérvios? Quem se deve destruir?

A guerra não é frontal. A Neoguerra não podia mais ser frontal por conta da própria natureza do capitalismo multinacional. Que o Iraque tivesse sido armado pelas indústrias ocidentais não era acidental, da mesma forma que não era acidental que os talibãs, dez anos mais tarde, tivessem sido armados pelas mesmas indústrias. Fazia parte da lógica do capitalismo maduro, que se subtrai ao controle de cada Estado. Quero lembrar um detalhe aparentemente menor, mas significativo: a certa altura percebeu-se que os aviões ocidentais pensavam ter destruído um depósito de tanques de guerra ou aviões de Saddam, e depois se descobriu que eram modelos camuflados* e que tinham sido produzidos e vendidos regularmente a Saddam por uma indústria italiana.

Das Paleoguerras tiravam vantagem as indústrias bélicas de cada um dos países beligerantes, da Neoguerra começavam a tirar vantagem as

* No original, "*modelli civetta*", "*civetta*", cuja tradução literal em português é "coruja", aqui significa uma arma de guerra que serve para despistar o inimigo. (*N. do T.*)

multinacionais que tinham interesse de um lado e de outro da barricada (se é que havia uma verdadeira barricada). Mas isso não é tudo. Se a Paleoguerra engordava os comerciantes de canhões, e este ganho fazia passar para segundo plano a cessação provisória de alguns intercâmbios comerciais, a Neoguerra por um lado enriquecia os comerciantes de canhões, por outro, colocava em crise (em todo o planeta) as indústrias dos transportes aéreos, da diversão e do turismo, da própria mídia (que perdia publicidade comercial), e de modo geral toda a indústria do supérfluo — ossatura do sistema —, do mercado edilício ao automóvel. Na Neoguerra, alguns poderes econômicos concorriam com outros, e a lógica do conflito deles superava a lógica das potências nacionais.

Eu tinha anotado naqueles tempos que esta era a única condição que pelo menos fazia a curta duração ser algo típico da Neoguerra, porque a prorrogação dela, no fim das contas, não servia a ninguém.

Mas se a lógica de cada Estado em conflito devia, com a Neoguerra, submeter-se à lógica industrial das multinacionais, devia submeter-se também às exigências da indústria da informação. Com a guerra do Golfo assistiu-se, pela primeira vez na história, ao fato de que as mídias ocidentais prestavam voz às ressalvas e aos protestos não apenas dos representantes do pacifismo ocidental, com o Papa à frente, mas até mesmo dos embaixadores e dos jornalistas dos países árabes simpatizantes de Saddam.

A informação dava a palavra continuamente ao adversário (enquanto a finalidade de toda política bélica é impedir a propaganda do adversário) e desmoralizava os cidadãos das partes com relação aos próprios governos (enquanto Clausewitz lembra que a coesão moral de todos os combatentes é condição para a vitória).

Todas as guerras do passado baseavam-se no princípio de que os cidadãos, julgando-as justas, estivessem ansiosos por destruir o inimigo. Agora, no entanto, a informação não só fazia vacilar a fé dos cidadãos, mas os tornava vulneráveis diante da morte dos inimigos — não mais um acontecimento distante e impreciso, mas uma evidência visual insustentável. A do Golfo foi a primeira guerra na qual os beligerantes compadeciam-se dos inimigos.

(Algo de semelhante apresentara-se nos tempos de Vietnã, ainda que na época os grupos radicais norte-americanos falassem em sedes específicas, frequentemente marginais. Não se via, porém, o embaixador de Ho Chi Minh ou o general Giap fazer discursos eloquentes na BBC. Não se viam tampouco os jornalistas norte-americanos que transmitiam notícias de um hotel de Hanói como Peter Arnett transmitia de um hotel de Bagdá.)

A informação põe o inimigo na retaguarda. Estabelecia-se, portanto, com a guerra do Golfo, que na Neoguerra atual todos têm o inimigo na retaguarda. Ainda que a mídia estivesse amordaçada, as novas tecnologias de comunicação permitiriam fluxos de informação incontroláveis — e nem mesmo um ditador poderia detê-los, pois se valem de infraestruturas tecnológicas mínimas, das quais nem ele mesmo pode abrir mão. Este fluxo de informação exerce a função que nas guerras tradicionais cabia aos serviços secretos: neutraliza todas as ações de surpresa — e não é possível uma guerra em que não se possa surpreender o adversário. A Neoguerra institucionalizava o papel de Mata Hari e produzia, portanto, uma "inteligência com o inimigo" generalizada.

Pondo em jogo poderes demais, muitas vezes em conflito recíproco, a Neoguerra não era mais um fenômeno em que o cálculo e a intenção dos protagonistas tivessem valor determinante. Devido à multiplicação dos poderes em jogo (estávamos realmente no início da globalização), ela se distribuía de acordo com disposições imprevisíveis. Por consequência, era também possível que a disposição final resultasse conveniente a um dos contendedores, mas, em linha de princípio, *ela estava perdida para ambos.*

Afirmar que um conflito se revelou vantajoso para alguém a um dado momento implicaria em identificar a vantagem "a um dado momento" com a vantagem final. Mas haveria momento final se a guerra ainda fosse, como queria Clausewitz, a continuação da política por outros meios (pelo que a guerra acabaria quando se alcançasse um estado de equilíbrio que pudesse permitir a volta à política). No entanto, já com as duas grandes guerras mundiais do século XX, tinha-se verificado que a política do pós-guerra teria sido sempre e de qualquer maneira a continuação (por qualquer meio) das premissas postas pela guerra. Qualquer que fosse o andamento da guerra, ela, tendo provocado uma reordenação geral que não podia corresponder plenamente à vontade dos oponentes, teria se prolongado numa dramática instabilidade política, econômica e psicológica pelas décadas seguintes, e só teria produzido uma *política guerreada*.

Por outro lado, será que realmente já foi diferente? Decidir que as guerras clássicas produziram resultados razoáveis — um equilíbrio final — deriva de um preconceito hegeliano, pelo qual a história tem uma direção. Não há prova científica (nem lógica) de que a reordenação do Mediterrâneo depois das guerras púnicas ou a da Europa depois das guerras napoleônicas tenha de ser identificada com um equilíbrio. Poderia ser identificada com um estado de equilíbrio, que não se teria verificado se não tivesse havido a guerra. O fato de que a humanidade, por dezenas de milhares de anos, tenha praticado a guerra como uma solução dos estados de desequilíbrio não prova mais do que o fato de que no mesmo período a humanidade tenha decidido resolver desequilíbrios psicológicos recorrendo ao álcool ou a outras drogas.

A prova de que estas minhas reflexões da época não tenham permanecido circulando no ar foi dada pelos acontecimentos que se seguiram à guerra do Golfo. As forças ocidentais libertaram o Kuwait, mas depois se detiveram porque não tinham licença para proceder até a aniquilação final do adversário. O equilíbrio que resultou disso não era assim tão diferente do que tinha originado o conflito, tanto é verdade que voltou à mesa continuamente o problema de como destruir Saddam Hussein.

É que com a Neoguerra do Golfo apresentou-se um problema absolutamente novo com relação não apenas à lógica e à dinâmica, mas também à própria psicologia que governava as Paleoguerras. A finalidade da Paleoguerra era destruir o máximo possível de inimigos, aceitando que morressem também muitos dos nossos. Os grandes líderes do passado percorriam de noite, depois da vitória, um campo de batalha disseminado de milhares e milhares de mortos, e não se espantavam com o fato de que metade deles fossem justamente soldados. A morte dos próprios soldados era celebrada com medalhas e cerimônias comoventes, e dava origem ao culto dos heróis. A morte dos outros era propagandeada, engrandecida, e os civis, em casa, tinham de deleitar-se e alegrar-se com cada inimigo eliminado.

Com a guerra do Golfo estabelecem-se dois princípios: (1) nenhum dos nossos deveria morrer e (2) o menor número possível de adversários deveria ser morto. No que se referia à morte dos adversários, assistimos a alguma reticência e hipocrisia, porque no deserto os homens iraquianos foram mortos em grande quantidade, mas o simples fato de que se procurava não enfatizar esse detalhe era já um sinal interessante. De qualquer modo, já parecia típico da Neoguerra procurar não matar civis, a não ser por acidente, porque matando muitos se poderia cair na reprovação da mídia internacional.

Disso deriva o uso e a celebração das bombas inteligentes. Para muitos jovens, tanta sensibilidade pode ter parecido normal, depois de cinquenta anos de paz devidos à benéfica Guerra Fria, mas vocês conseguem imaginar essa sensibilidade na época em que as V1 destruíam Londres e as bombas aliadas arrasavam por terra Dresden?

Com relação aos próprios soldados, o Golfo foi o primeiro conflito em que parecia inaceitável perder até mesmo um só homem. O país em guerra não teria suportado a lógica paleomilitar que quer os próprios filhos prontos para morrer, aos milhares, para consentir a vitória. A perda de um avião ocidental era sentida como algo muito dolorido, e chegou-se a celebrar, pelas telas da televisão, militares capturados pelo inimigo que, para salvar a vida, tinham deixado que os tornassem intérpretes da propaganda do adversário (pobrezinhos, dizia-se, foram obrigados a pancadas — esquecendo o princípio sagrado pelo qual o soldado capturado não fala nem sob tortura).

Na lógica da Paleoguerra, esses personagens teriam sido expostos ao desprezo público — ou pelo menos se teria jogado um véu piedoso sobre o desafortunado acidente deles. No entanto, eles foram compreendidos, envolvidos por sentimentos de calorosa solidariedade, premiados, se não pelas autoridades militares, pela curiosidade típica da mídia, porque no fundo tinham conseguido sobreviver.

Em poucas palavras, a Neoguerra tornou-se um produto midiático, tanto que Baudrillard pôde afirmar, paradoxalmente, que não aconteceu, mas foi só representada pela televisão. E a mídia vende, por definição, felicidade, e não dor: a mídia era obrigada a introduzir na lógica da guerra um princípio de máxima felicidade ou ao menos de mínimo sacrifício. Ora, uma guerra que não implique sacrifício e se preocupe apenas em salvar o princípio de máxima felicidade deve durar pouco. Assim foi com a guerra do Golfo.

Mas durou tão pouco que foi considerada em grande parte inútil, caso contrário os *neocons* não teriam depois encostado nas cordas tanto Clinton quanto Bush, para que não se concedesse trégua a Saddam. A Neoguerra já entrava em contradição com as mesmas razões que a tinham alimentado.

A Neoguerra do Kosovo

Todas as características da Neoguerra, que se apresentaram nos tempos do Golfo, foram novamente propostas com a guerra do Kosovo, e em medida ainda mais intensa.

Não apenas os jornalistas ocidentais permaneciam em Belgrado, mas também a Itália mandava aviões para a Sérvia e ao mesmo tempo mantinha relações diplomáticas e comerciais com a Iugoslávia, as televisões da Otan comunicavam a cada hora aos sérvios quais aviões estavam deixando Aviano, e os agentes sérvios apoiavam as razões do governo deles pelas telas da televisão — e nós os vimos e ouvimos. Mas não éramos os únicos a ter o inimigo em casa. Eles também.

Todos lembrarão que uma jornalista sérvia, Biljana Srbljanovic, enviava dia após dia correspondências anti-Milosevic para o jornal *La Repubblica*. Como bombardear uma cidade onde os habitantes enviavam cartas de amizade para o inimigo, manifestando hostilidades ao governo deles? Claro, em 1944, Milão também era habitada por antifascistas que aguardavam a ajuda dos Aliados, e mesmo assim isto não impediu que os Aliados, por razões militares que não podemos objetar, bombardeassem selvagemente Milão, e que os da resistência não protestassem, pensando que fosse justo. Nos bombardeios de Belgrado, no entanto, reinava um clima de otimismo seja por parte de Milosevic, seja por parte dos ocidentais que bombardeavam. Daí a propaganda que se fez do uso das bombas inteligentes, mesmo quando não se demonstravam nem um pouco inteligentes.

E mais uma vez, na segunda Neoguerra ninguém devia morrer, e em todo caso menos do que no Iraque, porque no fim das contas os sérvios eram brancos e europeus como os que os bombardeavam e, por fim, foi preciso até mesmo protegê-los dos albaneses, depois de ter começado o conflito para proteger os albaneses dos sérvios. O conflito não era certamente frontal e as partes em jogo não estavam separadas por uma linha reta, mas por serpentinas entrelaçadas.

Nunca se havia visto uma guerra que se baseasse tanto no princípio de felicidade máxima e sacrifício mínimo. Foi por isso que teve de durar pouquíssimo.

Afeganistão

Com o 11 de setembro, verifica-se uma nova inversão da lógica bélica Atenção para o fato de que, com o 11 de setembro, não tem início a guerra afegã, mas o embate, ainda atuante, entre o mundo ocidental e, mais especificamente, entre os Estados Unidos e o terrorismo islâmico.

Se o 11 de setembro foi o início de um conflito bélico, nesta nova fase da Neoguerra deveríamos dizer que se dissolveu completamente o princípio de guerra frontal. Mesmo aqueles que pensam que o conflito oponha o mundo ocidental ao islâmico sabem que em todo caso o embate não é mais territorial. Os famosos Estados canalhas não são mais pontos quentes de apoio ao terrorismo, pois o terrorismo ultrapassa territórios e fronteiras. Ele também está, sobretudo, no interior dos países ocidentais. Desta vez, realmente *o inimigo está na retaguarda.*

Só que nos tempos do Golfo e do Kosovo os agentes inimigos que agiam em casa eram conhecidos (tanto é que apareciam na televisão), enquanto com o terrorismo internacional a força deles consiste em: (1) que permanecem ignorados; (2) que nossa mídia não pode monitorá-los como Peter

Arnett monitorava a vida de Bagdá sob os bombardeios ocidentais; (3) que não pertencem ao inimigo potencial apenas os sujeitos etnicamente estrangeiros infiltrados na nossa casa, mas também potencialmente os nossos compatriotas — a tal ponto que é possível, e em todo caso é possível pensar, que os envelopes com antraz não eram postos em circulação por kamikazes muçulmanos, mas por grupos sectários *yankees*, neonazistas ou fanáticos de outra espécie.

Além do mais, o papel que a mídia desempenhou foi bem diferente daquele que tinha tido nas duas Neoguerras anteriores, nas quais no máximo emprestavam voz às opiniões do adversário.

Todo ato terrorista é cometido para lançar uma mensagem que divulgue justamente terror, ou no mínimo intranquilidade. A mensagem terrorista desestabiliza mesmo quando o impacto é mínimo, e com maior razão desestabiliza se o objetivo é um símbolo "forte". Qual era, portanto, o propósito de Bin Laden ao atingir as Torres Gêmeas? Criar "o maior espetáculo do mundo", nunca imaginado nem mesmo pelos filmes catastróficos, dar a impressão visual do ataque aos próprios símbolos do poder ocidental e mostrar que deste poder podiam ser violados os maiores santuários.

Ora, se a finalidade de Bin Laden era atingir a opinião pública mundial com aquela imagem, a mídia foi obrigada a noticiar tudo isso, a mostrar o drama dos socorros, das escavações, da silhueta mutilada de Manhattan. Foi obrigada a repetir aquela notícia todo dia, e por pelo menos um mês, com fotos, vídeos, relatos infinitos de testemunhas oculares, reiterando aos olhos de qualquer um a imagem daquela ferida? É muito difícil responder. Com aquelas fotos, os jornais aumentaram as vendas, com a repetição daqueles vídeos, as televisões aumentaram a audiência, o próprio público pedia que repetissem aquelas cenas terríveis, fosse para cultivar a própria indignação ou às vezes por sadismo inconsciente. Talvez fosse impossível agir diferente, mas o fato é que dessa maneira a mídia deu de presente a Bin Laden bilhões de dólares de publicidade gratuita, no sentido de que mostrou todo dia as imagens que ele criou, e justamente para que todos as vissem; os ocidentais, para que com elas se sentissem perdidos, os seguidores fundamentalistas, para que delas sentissem orgulho.

Assim, a mídia, enquanto o reprisavam, foi a melhor aliada de Bin Laden, que desse modo venceu a primeira rodada.

Por outro lado, até mesmo as tentativas de censurar ou adocicar os comunicados que Bin Laden enviava por meio da Al Jazeera revelaram-se, na prática, malsucedidas. A rede global de comunicação era mais forte do que o Pentágono e, portanto, restabelecia-se o princípio fundamental da Neoguerra pelo qual o inimigo fala com você em casa.

Também neste caso a Neoguerra não colocava frente a frente duas Pátrias, mas colocava em concorrência infinitos poderes, com a diferença de que, nas duas Neoguerras anteriores, esses vários poderes podiam trabalhar para abreviar o conflito e induzir à paz, enquanto desta vez corriam o risco de prolongar a guerra.

O ex-diretor da CIA nos disse meses atrás, numa entrevista para o *La Repubblica*, que paradoxalmente os bancos *offshore* tipo os das Ilhas Cayman e os das grandes cidades europeias seriam os inimigos que se deveria bombardear.

Poucos dias antes, num programa de Vespa,* diante de uma insinuação do gênero (que, porém, parecia enfraquecida à medida que provinha de um *no-global*, e não do ex-diretor da CIA), Gustavo Selva reagiu indignado, dizendo que era louco e criminoso pensar que os grandes bancos ocidentais fizessem o jogo dos terroristas. Eis como um homem político de idade mais do que próxima da aposentadoria mostrava não ter condições nem mesmo de conceber a verdadeira natureza de uma Neoguerra. Certamente alguém em Washington concebera essa natureza, e sabemos muito bem que na primeira fase, ocorrida entre 11 de setembro e o início das operações no Afeganistão, os Estados Unidos pensaram que podiam conduzir o conflito como uma grande guerra de espiões, paralisando o terrorismo nos seus centros econômicos. Mas precisava ressarcir logo uma opinião pública estadunidense profundamente humilhada, e o único modo de fazer isso logo era propor novamente uma Paleoguerra.

---

* Trata-se de Bruno Vespa, conhecido apresentador do programa de debates *Porta a porta*, do qual já participaram e participam as principais personalidades do mundo político italiano. (*N. do T.*)

Assim, o conflito afegão foi novamente baseado no embate territorial, na batalha campal, nas modalidades táticas tradicionais, tanto que lembrou as campanhas dos ingleses no século XIX, no Kyber Pass, e recuperou alguns dos princípios da Paleoguerra:

(1) Não era novamente permitido à informação minar a eficácia das operações militares do lado interno, e por aqui se chegou a algo muito próximo da censura. E se depois o sistema global da informação fizesse com que uma televisão árabe dissesse o que não queria dizer a mídia norte-americana, era certamente o sinal de que a Paleoguerra não é realmente possível na era da internet.

(2) Se o adversário tinha vencido a primeira rodada do ponto de vista simbólico, era preciso aniquilá-lo fisicamente. Permaneceu o princípio pelo qual se devia respeitar formalmente os civis inocentes (e, portanto, mais uma vez o uso de bombas inteligentes), mas aceitou-se que, quando os ocidentais não agiam, mas agiam os locais da Aliança do Norte, não se podia evitar algum massacre, sobre o qual se procurava sobrevoar.

(3) Aceitou-se novamente que se podiam perder vidas dos próprios soldados, e convidou-se a nação a preparar-se para um novo sacrifício. Bush filho, como o Churchill da Segunda Guerra Mundial, prometeu ao seu povo, sim, a vitória final, mas também lágrimas e sangue, enquanto Bush pai não tinha feito isto nos tempos do Golfo.

A Paleoguerra afegã resolveu talvez os problemas que ela mesma criou (vale dizer que os talibãs foram afastados do poder), mas não resolveu os problemas da Neoguerra de terceira fase da qual se originou. De fato, se a finalidade da guerra afegã era eliminar o terrorismo internacional islâmico e neutralizar-lhe as centrais, é evidente que elas ainda existem em outros lugares, e a indecisão está apenas em saber onde fazer a segunda jogada. Se a finalidade era eliminar Bin Laden, não está de modo algum claro que se alcançaram os objetivos; e se foram alcançados, talvez se descubra que Bin Laden era com certeza uma figura carismática, mas também que o terrorismo fundamentalista islâmico não se reduzia à sua imagem.

Homens perspicazes como Metternich sabiam muito bem que mandando Napoleão para morrer em Santa Helena não se eliminava o bonapartismo, e Metternich foi obrigado a aperfeiçoar Waterloo com o Congresso de Viena (que, inclusive, não foi suficiente, como a história do século XIX demonstrou).

A Neoguerra iniciada em 11 de setembro, portanto, não foi vencida nem resolvida com a guerra afegã — e, honestamente, eu não saberia dizer a vocês se e como Bush poderia ter agido de maneira diferente, nem esta é a questão a ser discutida. A questão é que, diante das Neoguerras, parece não haver comandos militares capazes de vencê-las.

A esta altura a contradição é máxima e máxima é a confusão sob o céu. Por um lado, cessaram todas as condições para que se possa conduzir uma guerra, já que o inimigo ficou completamente mimetizado, e por outro, para poder demonstrar que de alguma maneira ainda se faz face ao inimigo, devem-se construir simulacros de Paleoguerra, que só servem, porém, para manter sólido o front interno, e para fazer com que os próprios cidadãos esqueçam que o inimigo não está lá onde se bombardeia, mas entre si mesmos.

Diante dessa confusão, a opinião pública (da qual certos líderes populares tornaram-se intérpretes) procurou desesperadamente reencontrar a imagem de uma Paleoguerra possível, e a metáfora foi a da cruzada, do choque de civilizações, da renovada batalha de Lepanto entre cristãos e infiéis. Se no fundo a pequena guerra afegã já foi ganha militarmente, por que não seria possível ganhar a Neoguerra global, fazendo-a tornar-se uma Paleoguerra mundial, nós, brancos, contra os mouros? Nesses termos, parece uma coisa de história em quadrinhos, mas o sucesso dos livros de Oriana Fallaci nos diz que pode até ser história em quadrinhos, mas lida por muitos adultos.

Os defensores das cruzadas não pensaram que, também neste caso, a cruzada é sempre uma forma de Paleoguerra, não podendo ser conduzida na situação global que criou as condições e as contradições da Neoguerra.

Cenário de uma possível cruzada

Imaginemos, de fato, um conflito global entre o mundo cristão e o mundo muçulmano — choque frontal, portanto, como no passado. Mas no passado havia uma Europa bem definida nas suas fronteiras, com o Mediterrâneo entre cristãos e infiéis, e os Pireneus que mantinham isolada a ramificação ocidental do continente, ainda em parte árabe. E, além do mais, o choque podia tomar duas formas, o ataque ou a contenção.

O ataque foi realizado pelas Cruzadas, mas sabemos o que aconteceu. A única cruzada que levou a uma efetiva conquista (com a instalação de reinos francos no Oriente Médio) foi a primeira. Depois de menos de um século, Jerusalém caiu de no novo nas mãos dos muçulmanos, e por um século e meio houve outras sete cruzadas, que nada resolveram.

A única operação militar bem-sucedida foi mais tarde a Reconquista da Espanha, mas não era uma expedição ultramar, e sim uma luta de reunificação nacional, que não eliminou o embate entre os dois mundos, mas simplesmente deslocou a linha de fronteira. Quanto à contenção, os turcos pararam diante de Viena, obteve-se vitória em Lepanto, foram erguidas torres na costa para avistar os piratas sarracenos, os turcos não conquistaram a Europa, mas o embate permaneceu.

Depois, o Ocidente esperou o enfraquecimento do Oriente e o colonizou. Como operação foi certamente coroada de sucesso, e por longo tempo, mas os resultados nós os vemos hoje. O conflito não foi eliminado, mas aguçado.

Se hoje se fizesse novamente a proposta de um choque frontal, o que teria de diferente este choque com relação aos embates do passado? Nos tempos das cruzadas, o potencial bélico dos muçulmanos não era tão diferente do dos cristãos, espadas e máquinas de assédio estavam à disposição de ambos. Hoje o Ocidente leva vantagem quanto à tecnologia de guerra. É verdade que o Paquistão, nas mãos dos fundamentalistas, poderia usar a bomba atômica, mas digamos que conseguiria no máximo arrasar Paris por terra, e logo as suas reservas nucleares seriam destruídas. Se um avião norte-americano cai, constroem outro, se um avião sírio cai, teriam dificuldade para comprar um novo no Ocidente. O Leste arrasa por terra Paris, e o Oeste joga uma bomba atômica na Meca. O Leste espalha o bacilo do botulismo pelo correio e o Oeste envenena todo o deserto da Arábia, como se faz com os pesticidas nos longos campos do Meio-Oeste, e morrem até mesmo os camelos. Muito bem. Não seria nem mesmo uma coisa muito demorada, um ano no máximo, depois continuamos todos com as pedras, mas aí eles levariam a pior.

Só que há outra diferença com relação ao passado. Nos tempos das cruzadas, os cristãos não precisavam do ferro árabe para fazer as espadas, nem os muçulmanos, do ferro cristão. Hoje, no entanto, até mesmo nossa mais avançada tecnologia depende do petróleo, e eles é que possuem o petróleo, ao menos na maior parte. Sozinhos, principalmente se bombardearmos os poços deles, não conseguem mais extrair o petróleo, mas nós ficamos sem nada. O Ocidente deveria reestruturar toda a tecnologia de maneira a eliminar o petróleo. Considerando que até hoje não conseguimos construir um carro elétrico que alcance velocidade superior a oitenta quilômetros por hora e não demore uma noite inteira para recarregar-se, não sei quanto tempo poderia demorar esta reestruturação. Até para usar a energia atômica para propulsar aviões e tanques de guerra e para fazer funcionar as nossas usinas elétricas, sem calcular a vulnerabilidade destas tecnologias, levaria muito tempo.

Além do mais, seria interessante saber se as Sete Irmãs estão de acordo. Não me espantaria se, para continuarem a ter lucro, alguns petroleiros ocidentais aceitassem prontamente um mundo islamizado.

Mas a coisa não termina aqui. Nos belos tempos idos, os sarracenos estavam de um lado, no além-mar, e os cristãos, do outro. Hoje, porém, a Europa está cheia de islâmicos, que falam as nossas línguas e estudam nas nossas escolas. Se hoje eles já entram para as fileiras dos fundamentalistas de casa, imaginem se houvesse o conflito global. Seria a primeira guerra contra um inimigo que mora na nossa casa e com assistência médica pública.

Vale notar que o mesmo problema teria o mundo islâmico, que possui na própria casa indústrias ocidentais, e até mesmo enclaves cristãos, como na Etiópia.

Sendo o inimigo por definição malvado, consideramos perdidos todos os cristãos do além-mar. Guerra é guerra. Logo de partida eles são cadáveres de vala comum.* Depois vamos canonizar todos na praça São Pedro.

No entanto, o que fazemos na nossa casa? Se o conflito se tornar radical além das medidas e desabarem dois ou três arranha-céus, ou até mesmo São Pedro, começará a caça ao muçulmano. Uma espécie de noite de São Bartolomeu, ou de Vésperas Sicilianas:** pegamos todos os que tiverem bigodes e a pele não muito clara e os esganamos. Trata-se da morte de milhões de pessoas, mas dela vai ocupar-se a multidão, sem incomodar as forças armadas.

Poderia prevalecer a razão. Não se esgana ninguém. Mas até os norte-americanos muito liberais, no início da Segunda Guerra Mundial, colocaram no campo de concentração, ainda que com muita humanidade, os japoneses e os italianos que tinham em casa, mesmo os que tinham nascido nos Estados Unidos. Pensando ainda em detalhes, começaria a identificação de todos os que pudessem ser muçulmanos — e se forem, por exemplo, etíopes cristãos, paciência, Deus reconhecerá seus fiéis — e seriam colocados em algum lugar. Onde? Para fazer campos de prisioneiros, com a quantidade de extracomunitários*** que andam pela Europa, haveria necessidade de espaço, organização, vigilância, alimentos e cuidados médicos insustentáveis, sem contar que tais campos seriam bombas prestes a explodir.

Ou então poderíamos pegar todos (e não é fácil, mas ai de nós se sobrar um, e seria preciso agir *logo*, de um só golpe), carregar uma frota de navios de carga com eles e descarregá-los... Onde? Diríamos: "Desculpe, senhor

---

* No original, o autor emprega a palavra *foiba*, termo usado em italiano para designar os fossos (valas) comuns em que se jogavam as vítimas de assassinatos políticos e de represálias no período da ocupação iugoslava da cidade italiana de Trieste, logo após a Segunda Guerra Mundial. (*N. do T.*)

** Referências, respectivamente, ao massacre de protestantes em Paris, em agosto de 1572, e à revolta popular que eclodiu em Palermo, Sicília, em 1282, contra a dominação francesa (de Charles d'Anjou). (*N. do T.*)

*** O termo italiano *extracomunitari* refere-se aos estrangeiros e aos europeus não pertencentes à comunidade europeia. (*N. do T.*)

Kadhafi, senhor Mubarak, será que os senhores poderiam pegar estes 3 milhões de turcos que estamos querendo jogar para fora da Alemanha?"

A única solução seria a dos mergulhadores: jogam-se no mar. Solução final que lembra Hitler. Milhões de cadáveres flutuando no Mediterrâneo. Quero ver o governo capaz de tomar tal decisão. Nada de *desaparecidos*, até mesmo Hitler massacrava pouco por vez e às escondidas.

Como alternativa, já que somos bonzinhos, deixamos que fiquem tranquilos na nossa casa, mas atrás de cada um colocamos um agente da Digos* para vigiá-lo. E onde você encontra tantos agentes? Vai alistá-los entre os extracomunitários? E se depois você tiver a suspeita — como aconteceu nos Estados Unidos, onde as companhias aéreas, para economizar, deixavam os controles aeroportuários por conta de imigrantes do Terceiro Mundo — de que estes colaboradores não sejam de confiança?

Naturalmente, todas estas reflexões poderiam ser feitas, do outro lado da barricada, por um muçulmano razoável. O front fundamentalista não seria decerto completamente vencedor, uma série de guerras civis ensanguentaria os países deles, levando-os a massacres horríveis, os contragolpes econômicos recairiam sobre eles também, teriam ainda menos alimentos e menos remédios, menos ainda do que têm hoje, morreriam como moscas. Mas se partimos do ponto de vista de um choque frontal, não devemos nos preocupar com os problemas deles, e sim com os nossos.

Voltando, portanto, para o Oeste, seriam criados dentro das nossas fileiras grupos islâmicos não pela fé, mas por oposição à guerra, novas seitas que recusam a escolha do Ocidente, gandhianos que cruzariam os braços e se recusariam a colaborar com os governos deles, fanáticos como os de Waco, que começariam (sem serem fundamentalistas muçulmanos) a desencadear o terror para purificar o Ocidente corrupto. Seriam criados pelas estradas da Europa cortejos de oradores desesperados e passivos à espera do Apocalipse.

Mas não é indispensável pensar só nestas "falanges lunáticas". Todos aceitariam a diminuição da energia elétrica sem nem mesmo recorrer às

* Polícia secreta italiana. Trata-se da sigla para Divisione Investigazioni Generali e Operazioni Speciali (Repartição de Investigações Gerais e Operações Especiais). (*N. do T.*)

lâmpadas de querosene, o blecaute fatal dos meios de comunicação e, portanto, não mais do que uma hora de televisão por dia, viagens de bicicleta em vez de carro, cinemas e discotecas fechados, a fila no McDonald's para ter a ração diária de uma fatiazinha de pão duro com uma folha de salada, enfim, a cessação de uma economia da prosperidade e do desperdício? Imaginem só o que importa para um afegão ou a um refugiado palestino viver em economia de guerra, para eles não mudaria nada. Mas e nós? Que crise de depressão e de desânimo coletivo encontraríamos?

Em que medida os negros do Harlem, os deserdados do Bronx, os *chicanos* da Califórnia ainda se identificariam com o Ocidente?

O que fariam, enfim, os países da América Latina, onde muitos, sem serem muçulmanos, elaboraram sentimentos de rancor contra os gringos, tanto que neles, depois da queda das duas torres, há quem sustente que os gringos fizeram por merecer?

Resumindo, a guerra global poderia certamente ver um Islã menos monolítico do que se pensa, mas com certeza veria uma cristandade fragmentada e neurótica, onde pouquíssimos se candidatariam a novos Templários, ou seja, os kamikazes do Ocidente.

Este é um cenário de ficção científica, que eu nunca gostaria de ver realizado. Mas é preciso planejá-lo para mostrar que, no dia em que porventura se realizasse, não levaria à vitória de ninguém. Mesmo transformando-se em Paleoguerra global, portanto, a Neoguerra de terceira fase só conduziria a um único resultado: a continuação perene num cenário desolado como o de Conan, o Bárbaro.

O que significa que na era da globalização uma guerra global é impossível, ou seja, ela levaria todos à derrota.

A paz

Quando eu escrevia minhas reflexões sobre a Neoguerra do Golfo, a conclusão de que agora a guerra era impossível levava-me à ideia de que, talvez, tenha chegado o momento de declarar o tabu universal da guerra.

Mas agora percebo, depois das experiências sucessivas, que se tratava de uma ilusão passageira. A partir do momento em que a Neoguerra não tem nem vencedores nem vencidos e as Paleoguerras nada resolvem a não ser no plano da satisfação psicológica do vencedor provisório, minha impressão hoje é que o resultado será uma forma de Neoguerra permanente, com muitas Paleoguerras periféricas sempre reabertas e sempre outra vez provisoriamente fechadas.

Imagino que a coisa não agrada, pois todos nós somos fascinados pelo ideal da Paz. A ideia de que a inutilidade das Neoguerras podia nos fazer levar a sério a Paz era certamente muito bonita, mas por isso mesmo irreal. É que o próprio acontecimento da Neoguerra nos induz a refletir sobre a natureza equivocada da noção de Paz.

Quando se fala de paz e se deseja a paz, pensa-se sempre (na medida em que nosso horizonte de visão permite) numa paz universal ou global. Não falaríamos de paz se pensássemos somente numa paz para poucos, caso contrário, iríamos todos morar na Suíça — ou entraríamos para um mosteiro, como se costumava fazer em tempos muito escuros de invasão permanente. Parece que ou se propõe a paz como conceito global, ou nem vale a pena pensar nela.

O segundo modo de pensar a paz, complemento do primeiro, é considerá-la uma situação originária. Desde a ideia de uma condição edênica até a de uma idade do ouro, defendeu-se sempre calorosamente a paz pensando que se tratava de restaurar uma condição primordial da humanidade (que contemplava até mesmo a paz entre o mundo humano e o mundo animal) que tinha sido a certa altura corrompida por um ato de ódio e de prepotência. Mas não nos esqueçamos de que, diante dos mitos da idade do ouro, Heráclito teve a lucidez de afirmar que, se tudo flui, então "a luta é a regra do mundo e a guerra é comum geradora e senhora de todas as coisas". Irão nessa direção o *homo homini lupus* de Hobbes e o *struggle for life* de Darwin.

Tentemos, então, imaginar que a curva geral da entropia seja dominada pelo conflito, pela destruição e pela morte, e que as ilhas de paz sejam as que Prigogyne chama de estruturas dissipativas, momentos de ordem, pequenos e graciosos gânglios da curva geral da entropia, exceções à guerra, que custam muita energia para poderem sobreviver.

Passando da ciência para a metáfora (que eu saiba, não existe uma ciência da paz), eu diria que a paz não é um estado que já nos tinha sido doado e que se trata apenas de restaurar, e sim uma conquista muito exaustiva, como as que ocorriam nas guerras de trincheira, poucos metros por vez, e à custa de muitas mortes.

As grandes *Paces* que conhecemos na história, aquelas que diziam respeito a territórios amplos, como a *Pax Romana* ou, nos nossos dias, a *Pax Americana* (mas houve também uma *Pax Soviética* que pôs freio por setenta anos em territórios que agora estão em ebulição e conflito mútuo), e a grande e bendita *Pax* do Primeiro Mundo que se chamava Guerra Fria e da qual todos nós temos saudade (mas talvez pudéssemos falar também de uma *Pax Otomana*, ou da *Pax Chinesa*) foram o resultado de uma conquista e de uma pressão militar contínua, pela qual se mantinha uma certa ordem e se reduzia a conflituosidade no centro à custa de muitas pequenas Paleoguerras periféricas. As grandes *Paces* foram o resultado de uma potência militar.

Isto pode agradar a quem está no núcleo do ciclone, mas quem está à margem sofre com as Paleoguerras que servem para manter o equilíbrio do sistema. Equivale a dizer que, tendo a paz, esta é sempre nossa, nunca a dos outros. Deem-me um único exemplo de paz no mundo, ao menos nos últimos milênios, que tenha fugido a esta regra, desgraçadamente não áurea, mas certamente ferrenha. Se há algo de válido na temática *no-global*, é a convicção de que as vantagens de uma globalização pacífica são pagas com as desvantagens de quem vive na periferia do sistema.

Será que talvez essa regra da paz mude com o advento das Neoguerras? Eu diria que não, porque, resumindo tudo que procurei dizer até agora, das Paleoguerras à Neoguerra de terceira fase verificaram-se as mudanças:

(1) As Paleoguerras criavam um estado de equilíbrio transitório e bilateral entre dois oponentes, deixando um equilíbrio genérico na periferia dos neutrais.

(2) A Guerra Fria criou um equilíbrio forçado, congelado, no centro dos dois primeiros mundos, à custa de muitos desequilíbrios transitórios em todas as periferias, agitadas por muitas pequenas Paleoguerras.

(3) A Neoguerra de terceira fase promete um desequilíbrio constante no centro — transformado em território de intranquilidade cotidiana e de atentados terroristas permanentes, e contido a título de sangria permanente por uma série de Paleoguerras periféricas, das quais o Afeganistão foi só o primeiro exemplo.

Pode-se concluir, portanto, que nossa situação é com certeza pior do que antes, já que desabou também a ilusão, dada pela Guerra Fria, de que ao menos no centro dos primeiros dois mundos houvesse um estado de paz. No fundo, é a perda desta paz que os norte-americanos sentiram na própria pele no 11 de setembro, e daí o choque deles.

Não acredito que neste globo de homens que são lobos dos próprios irmãos alcançaremos a paz global. No fundo, Fukuyama pensou nisso com sua ideia de fim da história, mas os acontecimentos recentes demonstram que a história recomeça, e sempre em forma de conflito.

Pazes locais

Se a paz global é o produto da guerra — e quanto mais a guerra se torna autófaga e incapaz de resolver os problemas que a determinaram, mais ela se torna impossível —, o que resta para quem acredita que a paz seja uma conquista e não uma herança a ser considerada graça divina?

Resta a possibilidade de trabalhar por uma paz salpicada como as manchas da pele do leopardo, criando todas as vezes que se puder situações pacíficas na imensa periferia das Paleoguerras que ainda se seguirão uma depois da outra.

Se a paz universal é sempre o resultado de uma vitória militar, a paz local pode nascer de uma cessação da beligerância. Para alcançar uma paz local não é necessário fazer guerras. Uma paz local se estabelece quando, diante do cansaço dos oponentes, uma Agência Negociadora propõe-se como mediadora. A condição para a mediação é que a Paleoguerra seja tão marginal que, muito depois do seu início, a mídia não a acompanhe mais com demasiado interesse. A esse ponto, quem aceita a mediação não fica com a cara no chão diante da opinião pública internacional.

O caráter periférico do conflito e a memória curta da mídia são, portanto, condições essenciais para a mediação pacífica. Nenhuma negociação ou mediação parece capaz, nos dias de hoje, de sanar um desequilíbrio central, principalmente se ele não depende mais da vontade de algum governo. Não é, portanto, previsível um projeto de paz para a Neoguerra de terceira fase, mas só para cada uma das Paleoguerras que ela produz.

Uma série sucessiva de pazes locais poderia, agindo como sangria, diminuir no longo prazo as condições de tensão que mantêm viva a Neoguerra permanente. O que significa (se reduzir o projeto a um exemplo não corresse o risco de lhe fazer perder de vista a flexibilidade e a aplicabilidade em situações muito diferentes umas das outras) que uma paz feita hoje em Jerusalém certamente contribuiria para reduzir a tensão em todo o epicentro da Neoguerra global.

Mas mesmo que não se alcançasse sempre e de algum modo este resultado, uma paz realizada como pequena bolha na curva geral da desordem entrópica, ainda que não fosse nem meta final nem etapa em direção a uma meta precisa, permaneceria sempre como exemplo e modelo.

A paz como exemplo. Pode ser, se vocês quiserem, um conceito muito cristão, mas percebo que seria aceito até por muitos sábios pagãos: façamos a paz entre nós dois, ainda que seja apenas entre os Montecchio e os Capuleto; isto não vai resolver os problemas do mundo, mas vai mostrar que uma negociação é ainda e sempre possível.

O trabalho para a redução dos conflitos locais serve para dar a certeza de que um dia serão resolvidos também os conflitos globais. É ilusão passageira, mas às vezes é preciso mentir com o exemplo. Mente mal quem mente com palavras, mas mente bem quem, fazendo alguma coisa, deixa pensar que outros possam fazer igualmente, ainda que minta à medida que deixa pensar por meio do exemplo que uma proposição particular (alguns *p* dão em *q*) possa necessariamente transformar-se em proposição universal (todos os *p* dão em *q*).

Mas essas são as razões pelas quais a ética e a retórica não são lógica formal. Nossa única esperança é trabalhar com as pazes locais.

Amar os Estados Unidos e marchar pela paz*

O mal faz mal. Não digo nada de novo se lembrar que a principal finalidade de toda ação e movimento terrorista é desestabilizar o campo dos que são atingidos. Desestabilizar significa deixar os outros em estado de agitação, torná-los incapazes de reagir com calma, fazer com que uns suspeitem dos outros. Nem o terrorismo de direita nem o de esquerda conseguiram, no fim das contas, desestabilizar, por exemplo, o nosso país. Por isso foram derrotados, ao menos na primeira e mais temível ofensiva deles. Mas no fundo se tratava de fenômenos provinciais.

O terrorismo de Bin Laden (e, em todo caso, da vasta faixa fundamentalista que ele representa) é evidentemente muito mais hábil, difuso, eficiente. Conseguiu desestabilizar o mundo ocidental, depois do 11 de setembro, evocando antigos fantasmas de luta entre civilizações, guerras de religião, choque de continentes. Mas agora está obtendo um resultado muito mais satisfatório: depois de ter aprofundado a ruptura entre mundo ocidental e Terceiro Mundo, está agora encorajando profundas rupturas no interior do mesmo mundo ocidental. É inútil alimentar ilusões: estão sendo delineados conflitos (não bélicos, mas com certeza morais e psicológicos) entre Estados Unidos e Europa, e uma série de rupturas no interior da própria Europa. Um certo latente antiamericanismo francês manifesta-se em voz mais alta e (quem poderia ter imaginado?) nos Estados Unidos

* *La Repubblica*, fevereiro de 2003.

volta à moda o apelido de comedores de rãs com o qual em outros tempos se chamavam os franceses.

Essas fraturas não opõem os americanos aos alemães ou os ingleses aos franceses. Assistindo aos protestos contra a guerra que estão surgindo em ambas as margens do Atlântico, devemos lembrar que não é verdade que "todos os norte-americanos querem a guerra" e tampouco que "todos os italianos querem a paz". A lógica formal nos ensina que basta que apenas um habitante do globo odeie a própria mãe para que não se possa afirmar que "todos os homens amam a própria mãe". Pode-se dizer apenas que "alguns homens amam a própria mãe", e "alguns" não quer dizer necessariamente "poucos", pode querer dizer também 99%. Mas até 99% não se traduz em "todos", e sim em "alguns", que quer dizer justamente "nem todos". Poucos são os casos em que se pode usar o assim chamado elemento quantitativo universal "todos": com certeza pode-se usá-lo só na afirmação "todos os homens são mortais", porque até hoje, mesmo Jesus e Lázaro, os dois que, acredita-se, conseguiram ressuscitar, a certa altura pararam de viver e passaram pelo funil da morte.

As rupturas, portanto, não estão entre os todos de uma parte e os todos de uma outra: estão sempre entre alguns das duas (ou três, ou quatro) partes. Parece pedantismo, mas sem premissas do gênero caímos no racismo.

No âmago sangrento, mesmo que ainda não sanguinolento, destas fraturas, ouvem-se todos os dias afirmações que se tornam fatalmente racistas, do tipo "todos os que temem a guerra são aliados de Saddam", mas também "todos os que às vezes consideram indispensável o uso da força são nazistas". Vamos procurar usar a razão?

Há algumas semanas, um crítico inglês resenhou, num tom até favorável, meu livrinho *Cinco escritos morais*, há pouco traduzido no país dele. Chegando, porém, à página na qual escrevo que a guerra deveria tornar-se tabu universal, ele comentava sarcasticamente: "Vai dizer isso aos sobreviventes de Auschwitz." Está subentendido, portanto, que na opinião dele se todos tivessem tido horror à guerra não teria acontecido também a derrota de Hitler e a salvação (infelizmente só de "alguns") dos judeus presos nos campos de extermínio.

Ora, isto me parece um raciocínio no mínimo injusto. Posso afirmar (e de fato afirmo) que o homicídio é um crime inadmissível e jamais gostaria de matar alguém em toda minha vida. Mas se um sujeito armado com uma faca quisesse entrar na minha casa e matar a mim ou a um dos meus familiares, eu faria de tudo para detê-lo, usando toda a violência possível. Do mesmo modo, a guerra é um crime e o culpado que desencadeou a Segunda Guerra Mundial chamava-se Hitler: se depois, uma vez que desencadeou a guerra, os Aliados se mexeram e opuseram violência a violência, naturalmente fizeram bem, porque se tratava de salvar o mundo da barbárie. O que não significa que a Segunda Guerra Mundial não tenha sido algo atroz, custando 50 milhões de vítimas, e teria sido melhor se Hitler não a tivesse desencadeado.

Uma forma menos paradoxal de objeção é a seguinte: "Você admite, portanto, que foi muito bom que os Estados Unidos tenham feito uma intervenção militar para salvar a Europa e impedir que o nazismo implantasse campos de extermínio também em Liverpool ou em Marselha?" Com certeza, eu respondo, fizeram bem, e para mim permanece inesquecível na memória a minha emoção quando, com apenas treze anos, fui ao encontro do primeiro regimento de libertadores norte-americanos (e era um regimento de negros, inclusive) que chegava à cidadezinha onde eu tinha me refugiado. O cabo Joseph logo se tornou meu amigo, deu-me os primeiros chicletes e os primeiros gibis com Dick Tracy. Mas a essa objeção, depois da minha resposta, segue-se uma outra: "Os americanos fizeram bem, portanto, em destruir logo no início a ditadura nazifascista!"

A verdade é que não apenas os norte-americanos, mas também os ingleses e os franceses não destruíram de fato as duas ditaduras logo no início. Procuraram conter o fascismo, procuraram amansá-lo e chegaram a aceitá-lo como mediador até o início dos anos 1940 (com alguma ação demonstrativa como as sanções, e quase mais nada), e deixaram que o nazismo se expandisse por alguns anos. Os Estados Unidos intervieram depois que foram atacados pelos japoneses em Pearl Harbor e, além do mais, corremos o risco de esquecer que foram a Alemanha e a Itália, depois do Japão, que declararam guerra aos Estados Unidos e não vice-versa (sei que para os mais jovens pode parecer uma história grotesca, mas foi assim mesmo que aconteceu). Os Estados Unidos esperaram para entrar num conflito terrível, apesar da tensão moral que os estimulava a tanto, por razões de prudência, porque não se sentiam preparados o suficiente, e até porque havia também entre eles os simpatizantes (famosos) do nazismo, e Roosevelt teve de trabalhar com fineza para arrastar seu povo naquele evento.

Ainda contando em deter o expansionismo alemão, a França e a Inglaterra fizeram mal em esperar que Hitler invadisse a Tchecoslováquia? Talvez, e muitas ironias foram feitas das manobras desesperadas de Chamberlain para salvar a paz. Isto nos diz que às vezes podemos pecar por prudência, mas que se tenta todo o possível para salvar a paz, e pelo menos no final ficou claro que Hitler é quem tinha começado a guerra e, portanto, a responsabilidade toda era dele.

Considero, portanto, injusta a primeira página daquele jornal norte-americano que publicou a foto do cemitério dos valorosos *yankees* mortos para salvar a França (e é verdade), advertindo que agora a França estava se esquecendo daquela dívida. A França, a Alemanha e todos os que consideram prematura uma guerra preventiva feita agora e apenas no Iraque não estão negando solidariedade aos Estados Unidos no momento em que estão, por assim dizer, circundados pelo terrorismo internacional. Estão apenas defendendo que, como muitas pessoas de bom senso pensam, um ataque ao Iraque não derrotaria o terrorismo, mas provavelmente (e para mim com certeza) aumentaria o potencial dele, levaria para as fileiras terroristas muitos que agora se encontram em condições de perplexidade e prudência. Pensam que o terrorismo recruta adeptos que vivem nos Estados Unidos e nos países europeus, e o dinheiro deles não são depositados nos bancos de Bagdá, mas podem receber armas, químicas ou não, de outros países também.

Imaginemos que, antes do desembarque na Normandia, De Gaulle tivesse teimado em exigir um desembarque na Costa Azul, uma vez que ele tinha suas tropas nos territórios de ultramar. Os norte-americanos e os ingleses provavelmente não teriam concordado com isso, alegando inúmeras razões: que no Tirreno havia ainda tropas alemãs com o controle das costas italianas ao menos no golfo de Gênova, ou que desembarcando no Norte havia a Inglaterra nas costas e era mais fácil fazer transitar tropas de desembarque no Canal da Mancha que fazê-las navegar por todo o Mediterrâneo. Poderíamos dizer que os Estados Unidos estavam apunhalando a França pelas costas? Não, eles teriam expressado uma divergência estratégica e, de fato, considero que era mais sábio desembarcar na Normandia. Eles teriam usado todo o peso que possuem para fazer com que De Gaulle desistisse de uma operação estéril e perigosa. Eis tudo.

Depois, uma outra objeção que circula é a seguinte, e me foi feita recentemente por um senhor muito importante e benemérito pelos esforços realizados por muitos anos em missões pacíficas: "Mas Saddam é um ditador feroz e seu povo sofre sob seu domínio sangrento. Nós não pensamos nos pobres iraquianos?" Pensamos neles, sim, mas estamos pensando nos pobres coreanos do Norte, em quem vive sob o jugo de tantos ditadores africanos ou asiáticos, em quem se viu dominado por ditadorezinhos de direita apoiados e alimentados para impedir revoluções de esquerda na América do Sul? Alguma vez se pensou em libertar com uma guerra preventiva os pobres cidadãos russos, ucranianos, estonianos ou uzbequistaneses que Stalin mandava para os *gulags*? Não, porque se tivéssemos que fazer guerra contra todos os ditadores, o preço a ser pago em sangue e risco atômico seria enorme. E, portanto, como sempre se faz na política, que é realista mesmo quando inspirada em valores ideais, procurou-se temporizar, buscando obter o máximo com meios não cruentos. Foi, na verdade, uma escolha vencedora, já que as democracias ocidentais conseguiram por fim eliminar a ditadura soviética sem lançar bombas atômicas. Foi necessário um pouco de tempo, nesse ínterim alguém perdeu a cabeça, e sentimos muito, mas poupamos algumas centenas de milhões de mortos.

São poucas observações, mas suficientes, espero, para sugerir que a situação em que nos encontramos não permite, e justamente por causa da gravidade dela, cortes precisos, condenações do tipo "se você pensa assim, então é nosso inimigo". Isto também seria fundamentalismo. Podemos amar os Estados Unidos, como tradição, como povo, como cultura, e com o devido respeito a quem conquistou em campo os galões de país mais poderoso do mundo. Podemos ter sido atingidos no íntimo pela ferida que eles tiveram em 2001, e nem por isso devemos nos eximir de adverti-los de que o governo deles está fazendo uma escolha errada e deve sentir não nossa traição, e sim nossa franca divergência. E isto seria justamente o contrário do que ensinaram os libertadores de 1945 a nós, os jovens da época, depois de anos de ditadura.

Perspectivas para a Europa*

Este artigo não nasce de uma decisão pessoal minha. Há cerca de uma semana, Jürgen Habermas contatou uma série de colegas em vários países europeus pedindo-lhes que fizessem aparecer, contemporaneamente naquele mesmo dia, um artigo deles num importante jornal local. Com exceção de uma troca de mensagens em que Habermas comunicou as próprias intenções, no momento em que escrevo não sei exatamente o que dirão hoje Habermas e Jacques Derrida (num artigo conjunto que aparecerá ao mesmo tempo no *Frankfurter Allgemeine* e no *Libération*), Fernando Savater (*El País*), Gianni Vattimo (*La Stampa*), Adolf Muschg (*Neue Zürcher Zeitung*), Richard Rorty (como voz estrangeira, mas no *Süddeutsche Zeitung*). Pode ser que, da comparação entre os vários artigos, nasça uma discussão. Em todo o caso, Habermas pedira aos seus amigos e colegas que interviessem para que fizessem ouvir a opinião de alguns cidadãos europeus sobre a situação da União Europeia, e enviassem uma série de solicitações aos governos nacionais e ao tanto que já existe (e é muito, mas não basta) de governo europeu.

Este parece ser o momento menos adequado para fazer previsões sobre o futuro da Europa unida: as várias posições assumidas com relação ao conflito iraquiano demonstraram, em vez disso, uma Europa dividida, e

* *La Repubblica*, maio de 2003.

o ingresso de nações do Leste na União juntou antigas democracias, em parte dispostas a colocar em discussão a própria soberania nacional, com democracias mais jovens, com tendência para o reforço da forma de governo nacional há pouco realizado, mesmo a custo de fazer uma política de alianças que vai além das fronteiras da Europa.

Neste panorama podemos dizer que, por um lado, existe uma consciência e uma identidade europeia, por outro, uma série de acontecimentos visa a dissolver esta unidade.

Vamos usar um exemplo que sei que até Habermas usará: os princípios fundamentais do assim chamado mundo ocidental, a herança grega e judaico-cristã, as ideias de liberdade e igualdade nascidas da revolução francesa, a própria herança da ciência moderna nascida com Copérnico, Galileu, Kepler, Descartes ou Francis Bacon, o modo de produção capitalista, a laicização do Estado, o direito romano ou a Common Law, a própria ideia de justiça que se realiza por meio da luta de classes (produtos típicos do Ocidente europeu, para não mencionar os demais), hoje não são mais um patrimônio só da Europa, já que se afirmaram, foram disseminados e se desenvolveram na América, na Austrália e — ainda que não em toda a parte — em muitos lugares da Ásia e da África. A esta altura pode-se falar com certeza de civilização ocidental (que tende a se identificar com o modelo vencedor no processo de globalização), sem que esse tipo de civilização possa ser o diferencial da Europa.

Ao mesmo tempo, e no próprio interior da civilização ocidental, nós percebemos cada vez mais uma identidade europeia. Talvez esta identidade não se afirme quando nós, europeus, visitamos outro país europeu, porque neste caso surge mais a percepção das diferenças — mas as mesmas diferenças são percebidas por um milanês que vai a Palermo ou por um calabrês que chega em Turim. Essa identidade afirma-se, porém, assim que entramos em contato com uma cultura extraeuropeia, incluindo aquela americana: existem momentos, durante um congresso, numa noitada que passamos com amigos de diversos países, até mesmo no decorrer de uma excursão de turismo, em que repentinamente percebemos que é mais familiar o ponto de vista, o comportamento, os gostos de um francês, de um espanhol ou de um alemão que os dos outros.

Em dezembro de 2002, o filósofo e ministro Luc Ferry, ao abrir em Paris um congresso sobre a paz, observava (não era uma descoberta, com certeza, mas ele dava um destaque bastante dramático) que já é inconcebível para um francês pensar numa possível guerra contra os alemães (e naturalmente para um inglês uma guerra contra a Itália, ou para um espanhol a invasão de Flandres), enquanto justamente esse tipo de conflito e de inimizades tinha sido a norma por 2 mil anos. É uma situação historicamente nova, impensável há cinquenta anos, que talvez não surja sempre de modo límpido na nossa consciência, mas que agora acompanha cada gesto nosso, mesmo por parte do europeu menos culto, quando sem se dar conta atravessa com tranquilidade, para viajar nas férias, uma fronteira que os pais dele teriam transposto com um fuzil na mão.

São infinitas as razões pelas quais um francês pode se sentir ainda diferente de um alemão, mas ambos são hoje herdeiros de uma série de experiências que marcaram os dois e as respectivas nações: temos em comum um conceito de bem-estar alcançado por meio de lutas sindicais e não graças a uma homeostase de uma ética individualista do sucesso; todos nós tivemos a experiência da falência do colonialismo e da perda dos respectivos impérios; todos nós sofremos com as ditaduras, nós as conhecemos, sabemos reconhecer os preâmbulos delas, e delas estamos, talvez, vacinados (ao menos em grande parte).

Todos nós conhecemos a guerra em casa, a situação do perigo contínuo, e ouso dizer que se dois aviões tivessem se chocado contra Notre-Dame ou contra o Big Ben, a reação teria sido obviamente de espanto, dor, indignação, mas nunca teria adquirido os tons de estarrecimento e de uma alternância entre síndrome depressiva e instinto de reação imediata e a todo custo que acometeu os norte-americanos, atingidos pela primeira vez na história dentro de casa.

Enfim, os europeus têm muito em comum, alegrias e dores, orgulho e vergonha, tradições para defender e remorsos para elaborar. Cada país europeu, à diferença de outros, viveu a própria vizinhança de uma Ásia e de uma África com a qual manteve relações de vez em vez de intercâmbio e de conflito, mas das quais não está separado pelos oceanos.

Tudo isto basta para fazer realmente uma Europa unida? Com efeito, não bastaria, e disso temos provas todos os dias, apesar do euro e do fato de que tantos países gostariam de fazer parte desta comunidade: parece que todos querem participar de uma união no seio da qual estão dispostos a renunciar a alguma coisa, mas não a tudo, e prontos para projetar novos conflitos, basta ver as várias posições sobre a guerra iraquiana.

De fato, aquela unidade que a Europa não sabe encontrar internamente nos é agora imposta pela evolução das coisas. Durante a Guerra Fria a Europa, saindo do segundo conflito mundial (e dividida entre Leste e Oeste), era obrigada a viver sob o escudo de outras potências, os Estados Unidos e a União Soviética. Cada uma destas duas potências jogava o próprio destino na Europa.

Para os Estados Unidos mesmo, a China deveria ter-se tornado um adversário temível só em longo prazo, que, no entanto, devia lutar pela própria estabilidade interna e se confrontava diretamente não com os norte-americanos, e sim com os russos; os norte-americanos podiam suportar um encalhe na Coreia e uma derrota no Vietnã, mas era na Europa que jogavam a partida deles, e foi na Europa que venceram, com o desmoronamento do império soviético.

Colocadas no centro deste jogo que as superava, as nações europeias deviam modelar a própria política externa pela dos dois blocos com as quais se identificavam, aceitando uma defesa militar unificada (Otan ou Pacto de Varsóvia).

O panorama já tinha mudado depois da queda do muro de Berlim, mas colocar panos quentes não teve efeito nos últimos anos, talvez desde o momento em que o interesse norte-americano pela questão balcânica revelou-se limitado. Uma vez derrotado o inimigo de cinquenta anos, os Estados Unidos perceberam que tinham um novo inimigo com definição territorial imprecisa, mas certamente aninhado no mundo muçulmano, no médio e extremo oriente, e para isto dirigiram a própria força militar, de Cabul a Bagdá e talvez mais além. Este novo compromisso bélico levou-os até a deslocar as próprias bases militares e, em todo caso, não mais reconheceram a Otan como um ponto de apoio seguro (até porque se descobriu que, com relação ao mundo árabe, os países europeus, por razões de história e de geografia, só podiam ter um relacionamento em parte destoante dos interesses estadunidenses).

Nesse ínterim, parece claro que o grande embate que os Estados Unidos estão se preparando para enfrentar é aquele com a China. Nada diz que será um embate bélico, mas será certamente um conflito em termos econômicos e demográficos. Basta visitar uma universidade norte-americana para ver o quanto as bolsas de estudo, as vagas para pesquisadores, as posições de liderança estudantil estão sempre mais nas mãos de estudantes asiáticos (considerações genéticas à parte, culturalmente muito mais preparados do que os seus contemporâneos de raízes europeias para trabalhar dezoito horas por dia e conquistar posições de destaque). O desenvolvimento científico estadunidense será sempre mais devido à importação não de cérebros europeus, e sim de asiáticos, da Índia, da China e do Japão.

Isto quer dizer que toda a atenção dos Estados Unidos vai deslocar-se do Atlântico para o Pacífico, assim como já ocorreu há anos com os grandes centros de produção e de pesquisa que surgiram ou se transferiram para a costa da Califórnia. No longo prazo, Nova York vai tornar-se uma Florença americana, ainda centro da moda e da cultura, e cada vez menos lugar das grandes decisões.

Os Estados Unidos estão definitivamente prestes a tornar-se um país não mais atlântico, e sim pacífico, e isto, com relação à Europa, quer dizer algo bem preciso: se os *wasps* dos anos 1920 viviam no mito de Paris, os novos norte-americanos que contam viverão em estados aonde não chega nem mesmo o *New York Times* (grande jornal atlântico), ou chega no dia seguinte e só em alguns lugares designados. Viverão em lugares onde cada vez mais os norte-americanos saberão muito pouco sobre a Europa, e quando souberem não conseguirão compreender as razões desse continente exótico, muito mais longe e desconhecido do que o Havaí ou do que o Japão.

Com os Estados Unidos que deslocam a própria atenção para o Oriente Médio e para o imenso universo do Pacífico, a Europa poderia não contar mais. Em todo caso, até o mais apaixonado americanófilo terá de admitir que os Estados Unidos não poderão passar noites insones por causa de um continente que (pois ali estão as raízes deles — mas de quantos norte-americanos que se chamam Perez ou Chong Li?) não corre mais o risco de ser subjugado nem pelos *panzer* nazistas nem pelos cossacos ansiosos por matar a sede dos seus cavalos nas pias de água benta de São Pedro.

A Europa, portanto, largada sozinha por força dos acontecimentos (por um decreto quase hegeliano pelo qual se quer que as coisas caminhem como manda a realidade, que é racional), ou se torna europeia ou se desagrega.

A hipótese da desagregação parece irrealista, mas vale a pena delineá-la: a Europa se torna balcânica ou se torna sul-americana. Os novos poderes mundiais (e quem sabe num futuro distante poderia ser a China no lugar dos Estados Unidos) é que farão a partilha dos pequenos países europeus conforme as próprias conveniências e de acordo com a comodidade (para a sobrevivência deles como poderes mundiais) em ter bases na Polônia ou em Gibraltar, e quem sabe em Helsinki ou em Tallin por conta das rotas polares. E quanto mais a Europa ficar dividida e o euro tornar-se menos competitivo nos mercados mundiais, tanto melhor (e não se pode recriminar uma grande potência mundial que só pensa sobretudo nos próprios interesses).

Ou então a Europa terá energia para apresentar-se como terceiro polo entre os Estados Unidos e o Oriente (veremos se o Oriente será Pequim ou, nunca se sabe, Tóquio ou Singapura).

Para apresentar-se como terceiro polo, a Europa tem apenas uma possibilidade. Depois de ter realizado a unidade alfandegária e monetária, deverá ter uma própria política externa unificada e um próprio sistema de defesa — ainda que mínimo, já que não parece uma possibilidade razoável que a Europa invada a China ou lute contra os Estados Unidos — suficiente para permitir-lhe uma política de defesa e de pronta intervenção que a Otan atualmente não lhe pode dar.

Será que os governos europeus chegarão a rubricar tais acordos? O apelo de Habermas sugere que seria impossível realizar de imediato este objetivo com uma Europa alargada, que compreenda Estônia e Turquia, Polônia e, quem sabe um dia, Rússia. Mas o projeto poderia interessar ao núcleo dos países que deram origem à União Europeia. Se daquele núcleo pudesse partir uma proposta, pouco a pouco outros Estados (talvez) se adaptariam.

Utopia? Mas, como ensina a razão, uma utopia que se tornou indispensável por causa da nova disposição dos equilíbrios mundiais. Ou desse jeito ou nada. A Europa, se vocês quiserem, está *condenada*, para sobreviver, a achar instrumentos de política externa e de defesa comuns. Caso contrário, torna-se, sem querer ofender ninguém, a Guatemala.

Esse é o sentido do apelo que alguns cidadãos europeus dirigem aos governos do continente onde nasceram e gostariam de continuar a viver, orgulhosos de pertencerem a ele.

O lobo e o cordeiro: retórica da prevaricação*

Não sei se vale a pena dizer o que vou dizer, porque tenho plena consciência de que estou me dirigindo a um bando de idiotas de cabeça oca e que vocês não vão entender nada.

Gostaram deste início? Trata-se de um caso de *captatio malevolentiae*, isto é, o uso de uma figura de retórica que não existe e não pode existir, que visa a fazer do auditório inimigo e a indispô-lo contra o falante. Abrindo parêntese, eu acreditava ter inventado anos atrás a *captatio malevolentiae* para definir o típico comportamento de um amigo, mas depois — conferindo na internet — vi que já existem muitos sites nos quais a *captatio malevolentiae* é citada, e não sei se se trata de disseminação da minha proposta ou de poligenia literária (que ocorre quando a mesma ideia chega a pessoas diferentes em lugares diferentes e ao mesmo tempo).

Tudo teria sido diferente se eu tivesse começado assim: "Não sei se vale a pena dizer-lhes o que vou dizer, porque tenho plena consciência de falar para um bando de idiotas de cabeça oca, mas falo apenas por respeito àqueles dois ou três presentes entre vocês nesta sala que não pertencem à maioria dos imbecis." Este seria um caso (ainda que extremo e perigoso) de

* Conferência ministrada na Universidade de Bolonha em 20 de maio de 2004 durante o ciclo "No signo da palavra", organizado pelo Centro de Estudos "A permanência do clássico". Uma versão um pouco diferente aparece em *No signo da palavra*, aos cuidados de Ivano Dionigi, Milão: BUR, 2005.

captatio benevolentiae, porque cada um de vocês ficaria automaticamente certo de ser um daqueles dois ou três e, pensando com desprezo por todos os outros, acompanharia minha fala com afetuosa cumplicidade.

A *captatio benevolentiae* é um artifício retórico que consiste, como vocês agora já devem ter compreendido, em conquistar de cara a simpatia do interlocutor. São formas comuns de *captatio* o exórdio "é para mim uma honra falar para um público tão qualificado" e é *captatio* usual (tanto que às vezes é invertida no uso irônico) o "como o senhor saberia me ensinar" em que, ao lembrar a alguém algo que não sabe ou esqueceu, se inicia quase com vergonha de repetir a fala, pois evidentemente o interlocutor é o primeiro a saber de tudo.

Por que em retórica se ensina a *captatio benevolentiae*? Como é do conhecimento, a retórica não é aquela coisa às vezes considerada inconveniente, graças à qual nós usamos palavras inúteis ou nos esforçamos em apelos emotivos exagerados, e não é também, como quer uma lamentável vulgata, uma arte sofística — ou pelo menos os sofistas gregos que a praticavam não eram os infames que nos apresentam com frequência os péssimos manuais. Além do mais, o próprio Aristóteles foi grande mestre de uma boa arte retórica, e Platão nos diálogos usava artifícios retóricos refinadíssimos, e os usava justamente para polemizar com os sofistas.

A retórica é uma técnica da persuasão, e de novo a persuasão não é uma coisa ruim, ainda que se possa persuadir alguém com artes reprováveis a fazer alguma coisa contra o próprio interesse. Uma técnica da persuasão foi elaborada e estudada porque sobre pouquíssimas coisas pode-se convencer o ouvinte por meio de raciocínios apodícticos. Uma vez estabelecido o que é um ângulo, uma área, um triângulo, ninguém pode colocar em dúvida a demonstração do teorema de Pitágoras. Mas, para a maior parte das coisas da vida cotidiana, discute-se em torno de coisas a respeito das quais podemos ter opiniões diferentes. A retórica antiga se distinguia em judiciária (e no tribunal é discutível se um dado indício seja probante ou menos), deliberativa (que é a dos parlamentos e das assembleias, nas quais se debate, por exemplo, se é justo construir a modificação da passarela, o conserto do elevador do condomínio, votar em fulano em vez de votar em beltrano) e epidíctica, isto é, na louvação ou na censura de algo, e todos concordamos que não existem leis matemáticas para estabelecer se foi mais fascinante Gary Cooper ou Humphrey Bogart, se quem lava mais branco, Omo ou Dash,* se Irene Pivetti** parece mais feminina do que Platinette.

Uma vez que na maior parte dos debates deste mundo se argumenta a respeito de questões que são objeto de discussão, a técnica retórica ensina a encontrar as opiniões com as quais concorda a maior parte dos ouvintes, a elaborar reflexões que dificilmente possam ser contestadas, a usar a linguagem mais apropriada para convencer da bondade da própria proposta, e também a suscitar no auditório as emoções apropriadas ao triunfo da nossa argumentação, incluindo a *captatio benevolentiae.*

Naturalmente, há discursos persuasivos que podem ser facilmente desmontados com base em discursos ainda mais persuasivos, mostrando os limites de uma argumentação. Vocês todos (*captatio*) talvez conheçam aquela publicidade imaginária que diz "comam merda, milhões de moscas não podem estar erradas", e que às vezes se usa para contestar que a maioria sempre tem razão. O argumento pode ser refutado, indagando se as moscas preferem o esterco animal por razões de gosto ou por razões de necessidade. Pode-se perguntar, então, o que aconteceria se nós espalhássemos caviar e mel pelos campos e pelas estradas, se as moscas não seriam atraídas mais ainda por estas substâncias, e vamos lembrar que a premissa "todos os que comem algo é porque gostam" é contrariada por infinitos casos em que as pessoas são obrigadas a comer coisas de que não gostam, como acontece nas prisões, nos hospitais, no exército, durante as carestias e os cercos, e durante as dietas de emagrecimento.

Mas a esta altura está claro por que a *captatio malevolentiae* não pode ser um artifício retórico. A retórica tende a obter consenso e, portanto, não pode apreciar exórdios que desencadeiem imediatamente a dissensão. É uma técnica, portanto, que só pode florescer em sociedades livres

---

* Marca de sabão em pó muito conhecida na Itália. (*N. do T.*)

** Irene Pivetti é uma personalidade famosa no mundo político italiano e Platinette é, provavelmente, dançarina de um famoso programa de auditório da televisão italiana. (*N. do T.*)

e democráticas, incluindo aquela democracia certamente imperfeita que caracterizava a Atenas antiga. Se eu posso impor algo com a força, não preciso solicitar o consenso: assaltantes, estupradores, saqueadores e kapó* de Auschwitz nunca precisaram usar técnicas retóricas.

Seria então fácil estabelecer uma linha de fronteira: há culturas e países onde o poder se apoia no consenso, e neles se usam técnicas de persuasão, e há países despóticos onde vale só a lei da força e da prevaricação, e onde não é necessário convencer ninguém. Mas as coisas não são assim tão simples, e eis por que vamos falar aqui da retórica da prevaricação.

Se, como diz o dicionário, prevaricar significa "abusar do próprio poder para obter vantagens contra o interesse da vítima", e "agir contrariamente à honestidade, transgredindo os limites do lícito", muitas vezes quem prevarica, sabendo que está prevaricando, quer de algum modo legalizar o próprio gesto e até mesmo — como acontece nos regimes ditatoriais — obter consenso por parte de quem sofre a prevaricação, ou encontrar alguém que esteja disposto a justificá-la. Pode-se prevaricar, portanto, e usar argumentos retóricos para justificar o próprio abuso de poder.

Um dos exemplos clássicos de pseudorretórica da prevaricação nos é dado pela fábula do lobo e do cordeiro de Fedro:

> Um lobo e um cordeiro, movidos pela sede, chegaram ao mesmo riacho. O lobo parou mais para cima, e o cordeiro ficou muito mais embaixo. Então aquele malandro, movido pela gula desenfreada, procurou um pretexto para briga.
>
> — Por que — disse — você turva a água que estou bebendo?
>
> Cheio de temor, o cordeiro respondeu:
>
> — Desculpe, como é que eu posso fazer isso? Eu bebo a água que passa primeiro por você.

Como se percebe, não falta astúcia retórica ao cordeiro, e ele sabe refutar uma argumentação fraca do lobo, baseando-se justamente na opinião, compartilhada pelas pessoas de bom senso, de que a água arrasta detritos

* Denominação dada aos vigias dos campos de concentração nazistas. (*N. do T.*)

e impurezas do monte para o vale e não do vale para o monte. Diante da refutação do cordeiro, o lobo recorre a outro argumento:

> E aquele, derrotado pela evidência do fato, disse:
>
> — Seis meses atrás você falou mal de mim.
>
> E o cordeiro retrucou:
>
> — Mas se eu ainda não tinha nascido!

Outra bela jogada do cordeiro, ao qual o lobo responde mudando ainda a justificativa:

> — Por Hércules, foi seu pai que falou mal de mim — disse o lobo. E pulou logo em cima dele e o dilacerou até matá-lo injustamente. Esta fábula foi escrita para os homens que oprimem os inocentes com falsos pretextos.

A fábula nos diz duas coisas. Quem prevarica procura antes de tudo legalizar-se. Se a legitimação é refutada, opõe à retórica o não argumento da força. A fábula não conta algo irreal. Na sequência da minha fala, procurarei individuar técnicas por meio das quais situações semelhantes reaparecem no curso da história, ainda que de forma mais refinada.

Naturalmente, a fábula de Fedro nos oferece uma caricatura do prevaricador como retórico, porque o pobre lobo usa apenas argumentos fracos, mas ao mesmo tempo nos oferece uma imagem forte do prevaricador forte. A falsidade dos argumentos do lobo salta aos olhos de todos, mas muitas vezes os argumentos são mais sutis porque parecem tomar como ponto de partida uma opinião compartilhada por todos, aquilo que a retórica grega chamava *endoxa*, e trabalha com essa opinião, escondendo a técnica da *petitio principii*, na qual se baseia o argumento que prova a tese que se queria demonstrar, ou então refuta-se um argumento usando como prova aquilo que o argumento queria refutar.

Vamos ler o trecho seguinte:

> De vez em quando, os jornais ilustrados colocam sob os olhos do pequeno burguês (...) uma notícia: cá ou lá, pela primeira vez, que um Negro se tornou advogado, professor, pastor ou algo semelhante. Enquanto a tola burguesia toma conhecimento com espanto de um adestramento tão prodigioso, cheia de respeito por esse fabuloso resultado da pedagogia moderna, o judeu, muito astuto, sabe construir com isso uma nova prova da justiça da teoria, a ser inoculada nos povos, da igualdade entre os homens.
>
> Nosso decadente mundo burguês não suspeita que aqui, na realidade, se comete um pecado contra a razão; que é uma loucura cheia de culpa domesticar um meio macaco e acreditar ter feito dele um advogado, enquanto milhões que pertencem à raça mais civilizada devem permanecer em postos incivilizados e indignos. Peca-se contra a vontade do Eterno Criador, deixando definhar no atual pântano proletário centenas e centenas das suas mais nobres criaturas para adestrar hotentotes, cafres e zulus para profissões intelectuais. Porque aqui se trata mesmo de um adestramento, como no caso do cão, e não de um "aperfeiçoamento" científico. A mesma diligência e esforço, empregada em raças inteligentes, tornaria os indivíduos mil vezes mais capazes de semelhantes prestações. (...) Sim, é insuportável pensar que todos os anos 100 mil indivíduos sem nenhum talento sejam considerados dignos de uma educação elevada, enquanto outras centenas de milhares, dotados de belas qualidades, ficam sem instrução superior. Inestimável é a perda que desse jeito sofre a nação.

De quem é este trecho? De Bossi? De Borghezio? De um ministro do nosso governo? A hipótese não pareceria inverossímil, mas o trecho é de Adolf Hitler, do *Mein Kampf*. Para preparar sua campanha racista, Hitler precisa começar a refutar um argumento muito forte contra a inferioridade de algumas raças, isto é, se derem condições a um africano de aprender, ele se revelará tão receptivo e capaz quanto um europeu, demonstrando, assim, que não pertence a uma raça inferior. Como Hitler refuta este argumento? Dizendo que, a partir do momento em que um ser inferior não consegue aprender, evidentemente deve ter sido submetido a um adestramento mecânico como acontece com os animais de circo. O argumento, portanto, que tendia a demonstrar que os negros não eram animais, é refutado recorrendo à opinião, com certeza compartilhada arraigadamente pelos leitores dele, de que os negros são animais.

Mas voltemos ao nosso lobo. Para devorar o cordeiro, ele procura um *casus belli*, isto é, procura convencer o cordeiro, ou os presentes, e talvez a si mesmo, de que ele come o cordeiro por ter sido contrariado. Esta é a segunda forma de uma retórica da prevaricação. A história dos *casus belli* no curso da História põe em cena, de fato, lobos um pouco mais espertos. Típico é o *casus belli*, que deu origem à Primeira Guerra Mundial.

Na Europa de 1914 existiam todos os pressupostos para uma guerra: antes de tudo, uma forte concorrência entre as maiores potências: o progresso do império alemão nos grandes mercados inquietava a Grã-Bretanha, a França observava preocupada a penetração alemã nas colônias africanas, a Alemanha sofria de um complexo de cerco, considerando-se injustamente sufocada nas suas ambições internacionais, a Rússia se nomeava protetora dos países balcânicos e se chocava com o império austro-húngaro. Daí a corrida aos armamentos, os motes nacionalistas e intervencionistas em cada um dos países. Cada país tinha interesse em fazer uma guerra, mas nenhuma dessas premissas a justificava. A partir do momento em que qualquer país que a declarasse poderia parecer interessado em defender causas nacionais, prevalecendo sobre o interesse das outras nações, era necessário um pretexto.

Mas eis que, em Sarajevo, em 28 de junho de 1914, um estudante bósnio mata num atentado o arquiduque herdeiro da Áustria-Hungria, Francisco Ferdinando, e a esposa dele. É claro que o gesto de um fanático não envolve um país inteiro, mas a Áustria aproveita a deixa. De acordo com a Alemanha, atribui ao governo sérvio a responsabilidade pelo massacre, e endereça a Belgrado em 23 de julho um duro ultimato à Sérvia, considerada responsável por um plano antiaustríaco. A Rússia garante logo apoio à Sérvia, que responde ao ultimato de maneira suficientemente conciliadora, mas ao mesmo tempo proclama a mobilização geral. A esta altura, a Áustria declara guerra à Sérvia, sem esperar uma proposta de mediação apresentada pela Inglaterra. Em pouco tempo, todos os Estados europeus entram em guerra.

Por sorte, houve a Segunda Guerra Mundial com os seus 50 milhões de mortos, caso contrário a Primeira teria tido a primazia sobre todas as outras loucuras da história.

A Áustria, país civilizado e iluminado, tinha procurado um pretexto forte. No fim das contas, tinha sido morto o príncipe hereditário e, diante de um fato tão evidente, bastava inferir que o gesto de Prinzip não fora isolado, mas inspirado pelo governo sérvio. Argumento não demonstrável, mas dotado de certa carga emotiva. E isto nos leva a uma outra forma de justificativa da prevaricação, o recurso à síndrome do complô.

Um dos primeiros argumentos usados para desencadear uma guerra ou dar início a uma perseguição é a ideia de que se deve reagir a um complô tramado contra nós, contra nosso grupo, nosso país, nossa civilização. O caso dos *Protocolos dos Sábios de Sião*, o libelo que serviu de justificativa para o extermínio dos judeus, é um típico caso de síndrome do complô. Mas a síndrome do complô é bem mais antiga. Vamos ouvir Karl Popper a respeito do que ele define como *Teoria social da conspiração*:

> (...) tal teoria, mais primitiva do que muitas formas de teísmo, é semelhante à que se encontra em Homero. Este concebia o poder dos deuses de modo que tudo o que acontecia na planície diante de Troia constituía apenas um reflexo das múltiplas conspirações tramadas no Olimpo. A teoria social da conspiração é, com efeito, uma versão desse teísmo, isto é, da crença em divindades cujos caprichos ou desejos regem todas as coisas. Ela é uma consequência da diminuição da referência a deus e da consequente pergunta: "Quem está no lugar dele?" Este lugar agora é ocupado por vários homens e por grupos poderosos — grupos sinistros de pressão, aos quais se pode atribuir a organização da Grande Depressão e de todos os males de que sofremos. A teoria social da conspiração é muito divulgada, e contém muito pouco de verdadeiro. Somente quando os teóricos da conspiração chegam ao poder, ela assume o caráter de uma teoria que descreve acontecimentos reais. Por exemplo, quando Hitler conquistou o poder, acreditando no mito da conspiração dos Sábios de Sião, ele procurou não ser inferior à própria contraconspiração.*

---

* "Por uma teoria racional da tradição". In *Conjecturas e confutações: o desenvolvimento do conhecimento científico*. Bolonha: il Mulino, 1972.

Em geral, as ditaduras, para manterem o consenso popular em torno das decisões delas, denunciam a existência de um país, de um grupo, de uma raça, de uma sociedade secreta que conspiraria contra a integridade do povo dominado pelo ditador. Todas as formas de populismo, mesmo os contemporâneos, procuram obter o consenso falando de uma ameaça que vem de fora, ou de grupos internos. Mas quem soube criar com os próprios *casus belli* um eficaz contorno de teoria do complô não foi apenas Hitler, que no complô judaico fundamentou não apenas o massacre dos judeus, mas também toda a política de conquista contra o que a imprensa italiana chamava de plutocracias demojudaicas. Um hábil misturador de *casus belli* com teoria do complô foi Mussolini.

Tomemos como ótimo exemplo o discurso de outubro de 1935 no qual o *Duce* anunciava o início da conquista da Etiópia. A Itália, pouco depois da unificação, tinha procurado emular os outros Estados europeus buscando obter colônias. Não vamos julgar a bondade desta pretensão, que no século XIX não era posta em discussão, já que vigorava a ideologia do fardel civilizador do homem branco, como dissera Kipling. Digamos que, estabelecendo-se na Somália e na Eritreia, a Itália tinha tentado subjugar a Etiópia em mais de uma ocasião, mas tinha ido de encontro a um país de antiquíssima civilização cristã, que um tempo tinha sido identificado pelos europeus como o fabuloso império do padre João, e que, à sua maneira, procurava abrir-se para a civilização ocidental.

Em 1895, os italianos sofreram a derrota de Adua, e desde então a Itália fora obrigada a reconhecer a independência da Abissínia, exercendo no país uma espécie de protetorado e conservando algumas cabeças de ponte no território. Mas já nos tempos do fascismo, Ras Tafari procurara fazer seu país evoluir de uma situação ainda feudal para formas mais modernas e, em seguida, Hailé Selassié compreendera que a única possibilidade de salvar o último Estado soberano da África era a modernização. Naturalmente o *Negus*, para dificultar a penetração de técnicos italianos, tinha chamado para o país técnicos e conselheiros da França, Inglaterra, Bélgica e Suécia, para a reorganização do exército, para o adestramento ao uso das novas armas e da aviação. Para o fascismo, não se tratava de civilizar um país que já percorria com muitas dificuldades o caminho da ocidentalização parcial (e, repito, não havia nem o pretexto religioso que pudesse opor a missão civilizadora de um país cristão a uma cultura de idólatras): tratava--se simplesmente de defender interesses econômicos. A decisão de invadir a Etiópia, portanto, só podia nascer, aqui também, de um *casus belli.*

Ele tinha sido dado pelo controle da região de Ual-Ual, fortificada pelos italianos para controlar cerca de vinte poços, recurso essencial para as populações nômades do Ogaden. A posse da região não era reconhecida pela Etiópia e preocupava a Inglaterra, que tinha colônias fronteiriças. Em pouco tempo, acontece um incidente: em 24 de novembro de 1934, uma comissão mista anglo-etíope aproxima-se dos poços, acompanhada por centenas de abissínios armados, que exigem o abandono do posto. Outras forças italianas intervêm, incluindo a aviação. Os ingleses exprimem um protesto e vão embora, permanecem os abissínios, explode um conflito. Trezentos mortos entre os abissínios, morrem 21 *dubat*, tropas coloniais italianas, e ficam feridos cerca de cem dos nossos. Como tantos choques de fronteira, este também poderia ter sido resolvido por vias diplomáticas (no fundo, a relação Itália-Abissínia tinha sido, em termos de mortos, de catorze por um), mas para Mussolini era o pretexto que havia muito procurava. Vejamos com qual retórica ele se legitima diante do povo italiano e do mundo no discurso de 2 de outubro de 1935, no balcão de Palácio Veneza:

> Camisas Negras da Revolução! Homens e mulheres de toda a Itália! Italianos dispersos pelo mundo, além dos montes e além dos mares: escutem!
>
> Uma hora solene está para soar na história da Pátria. **Vinte milhões de homens** ocupam neste momento as praças de toda a Itália. Nunca se viu na história do gênero humano espetáculo mais gigantesco. Vinte milhões de homens: um só coração, uma só vontade, uma só decisão.
>
> Há muitos meses a **roda do destino**, sob o impulso da nossa calma determinação, move-se em direção à meta... Não é apenas um exército que tende aos seus objetivos, mas é um povo inteiro de 44 milhões de almas, contra o qual tentam consumar a mais negra das injustiças: a de nos **tirar** um pouco de lugar ao sol.

> Quando, em 1915, a Itália aventurou-se e confundiu o próprio destino com o dos Aliados, quantas foram as exaltações da nossa coragem e quantas as promessas! Mas, depois da Vitória comum, para a qual a Itália dera a contribuição suprema de 670 mil mortos, 400 mil mutilados e 1 milhão de feridos, em volta da mesa da paz odiosa só coube à Itália **migalhas escassas** do rico butim colonial.
>
> Tivemos paciência por treze anos, durante os quais se estreitou ainda mais o cerco dos egoísmos que sufocam nossa vitalidade. **Tivemos paciência com a Etiópia por quarenta anos! Agora chega!**
>
> (...) Mas que se diga mais uma vez, da maneira mais categórica, e eu neste momento assumo compromisso sagrado diante de vocês que nós faremos todo o possível para que este conflito de caráter colonial **não assuma** o caráter e o alcance de um conflito europeu.
>
> (...) Nunca como nesta época histórica o Povo italiano revelou as qualidades do seu espírito e a potência do seu caráter. E é contra este Povo ao qual a humanidade deve algumas das maiores conquistas, **é contra este Povo de poetas, de artistas, de heróis, de santos, de navegadores, de emigrantes, é contra este Povo que se ousa falar de sanções!**

Vamos reler os pontos que se sobressaem neste discurso (no qual os itálicos são meus). Antes de tudo, uma legitimação por *vontade popular*. Mussolini está decidindo por conta própria, mas a presença, suposta, de 20 milhões de italianos reunidos nas várias praças transfere para eles a decisão do conflito. Em segundo lugar, a decisão acontece porque assim quer a *roda do destino*. O *Duce*, e os italianos com ele, fazem o que fazem porque interpretam os decretos do Destino. Em terceiro lugar, a vontade de tomar posse da colônia etíope é apresentada como a vontade de se opor a um *furto*: eles querem nos tirar um pouco de lugar ao sol. Na realidade, eles (isto é, os países europeus que declararam sanções contra a Itália) queriam que ela não pegasse algo que não lhe pertencia. Deixemos de lado a pergunta a respeito dos interesses nacionais que os outros países perseguiam ao se opor à invasão italiana. O fato é que não queriam nos tirar uma propriedade nossa, opunham-se a que roubássemos a dos outros.

Mas eis que vem à tona o apelo à síndrome do complô. A Itália proletária tem fome de conspirações das potências demoplutojudaicas, inspiradas naturalmente pelo capitalismo judeu. De fato, segue-se um apelo à *frustração nacionalista*, com a retomada do tema da vitória mutilada. Nós vencemos uma guerra mundial e não tivemos direito ao que tínhamos direito.

De fato, tínhamos entrado explicitamente em guerra para retomarmos Trento e Trieste e nós as tínhamos recuperado. Mas *glissons*. É apenas com o apelo a uma frustração comum (a síndrome do complô prevê sempre um complexo de perseguição) que se torna emotivamente necessário e compreensível o golpe de cena final: tivemos paciência com a Etiópia por quarenta anos e agora chega. Poderíamos perguntar se a Etiópia também não tivera paciência conosco, já que nós íamos à casa dela, enquanto ela não tinha nem ideia nem possibilidade de vir à nossa casa. Mas tanto é verdade que o golpe de cena funciona, a multidão explode em estrondos de satisfação.

Concluindo — e esta é uma jogada retórica original — a *captatio benevolentiae* não aparece no início, mas no fim. Esse povo perseguido e desprezado e cuja vontade deve legalizar a invasão tem qualidades de espírito e potência de caráter, e é por excelência povo de poetas, artistas, heróis, santos e navegadores. Como se Shakespeare, os construtores das catedrais góticas, Joana D'Arc e Fernão de Magalhães todos tivessem nascido entre Bergamo e Trapani.*

Mussolini e Hitler não foram os últimos a tirar vantagem da síndrome do complô. Sei que todos neste momento estão pensando em Berlusconi, que da teoria, porém, permanece um pálido repetidor. Muito mais preocupante é a retomada dos *Protocolos* e do complô judaico para justificar o terrorismo árabe.

Para não os entristecer, vou citar uma enésima variação da teoria, que deduzo de um artigo de Massimo Introvigne, estudioso de seitas de todos os tipos, de janeiro passado (*Il Giornale*, 17 de janeiro de 2004), "Os Pokémon? São um complô judaico-maçom". De fato, parece que o governo da Arábia Saudita tinha proibido os Pokémon em 2001. Agora uma longa *fatwa* do

---

* Cidades, respectivamente, da Lombardia (norte) e da Sicília, aqui indicando os extre mos norte e sul da Itália. (*N. do T.*)

sheik Yusuf al-Qaradawi, de dezembro de 2003, nos dá as motivações para a sentença saudita de 2001. No exílio desde a época de Nasser, nos anos 1970, al-Qaradawi vive no Catar, onde é considerado o mais respeitado dos pregadores que falam na rede de televisão Al Jazeera. Não apenas isso: no mundo católico, em níveis mais elevados, muitos o consideram um interlocutor indispensável para o diálogo com o Islã.

Agora esta autoridade religiosa afirma que os Pokémon devem ser condenados, porque "evoluem", isto é, em determinadas condições transformam-se num personagem com maiores poderes. Por meio desse expediente, garante al-Qaradawi, "instila-se nas jovens mentes a teoria de Darwin", tanto é que os personagens lutam "em batalhas em que sobrevive quem se adapta melhor ao ambiente: outro dos dogmas de Darwin". Além disso, o Alcorão proíbe a representação de animais imaginários. Os Pokémon são também protagonistas de um jogo de cartas, e estes jogos são proibidos pela lei islâmica como "restos da barbárie pré-islâmica".

Mas nos Pokémon veem-se também "símbolos cujo significado é bem conhecido por quem os divulga, como a estrela de seis pontas, um emblema que tem a ver com os sionistas e com os maçons, e que se tornou o símbolo do canceroso e usurpador Estado de Israel. Há também outros signos, como os triângulos, que fazem uma clara referência aos maçons, e símbolos do ateísmo e da religião japonesa". Estes símbolos só podem transviar as crianças muçulmanas, esse é objetivo deles. É até possível que certas frases japonesas ditas rapidamente nos desenhos animados signifiquem "Sou um judeu" ou "Torne-se judeu": mas a questão é "controversa" e al-Qaradawi não o afirma com segurança.

Em todo caso, para os fanáticos o complô e a conspiração do Outro se escondem por toda parte.

No caso da Primeira Guerra Mundial e da invasão da Etiópia, o *casus belli* existia, ainda que artificiosamente ampliado. Há casos, no entanto, em que ele é criado *ab ovo*. Eu não quero participar — por respeito às diferentes opiniões dos meus ouvintes — da discussão atual sobre se Saddam tinha realmente as armas de destruição em massa que justificaram o ataque ao Iraque. Refiro-me sobretudo a alguns textos daqueles grupos de pressão norte-americanos chamados de neoconservadores (*neocons*), que afirmam, não sem razão, que os Estados Unidos, sendo o país democrático mais potente do mundo, têm não apenas o direito, mas também o dever de intervir para garantir a que comumente se chama de *Pax Americana*.

Ora, nos vários documentos elaborados pelos neoconservadores há muito tempo existe espaço para a ideia de que os Estados Unidos deram prova de fraqueza não levando a cabo, nos tempos da primeira guerra do Golfo, a ocupação de todo o Iraque, a deposição de Saddam e, principalmente depois da tragédia de 11 de setembro, defendia-se que o único modo para frear o fundamentalismo árabe era dar uma prova de força, demonstrando que a maior potência do mundo era capaz de destruir seus inimigos. Tornavam-se indispensáveis, portanto, a ocupação do Iraque e a deposição de Saddam, não apenas para defender os interesses petrolíferos estadunidenses naquela região, mas também para dar um exemplo de força e de temibilidade.

Não pretendo discutir essa tese, que tem também razões de *Realpolitik*. Mas eis a carta mandada ao presidente Clinton em 26 de janeiro de 1998 pelos maiores expoentes do Project for the New American Century, ponta de lança dos *neocons*, e assinada por Francis Fukuyama, Robert Kagan e Donald Rumsfeld, entre outros:

> Não podemos mais contar com nossos aliados para continuar a fazer respeitar as sanções ou para punir Saddam quando impede ou evita as inspeções das Nações Unidas. Portanto, nossa capacidade de garantir que Saddam Hussein não está produzindo armas de destruição em massa diminuiu notavelmente. Ainda que tivéssemos de recomeçar as inspeções (...) a experiência mostrou que é difícil, senão impossível, manter sob controle a produção iraquiana de armas químicas e bacteriológicas. Uma vez que os inspetores não foram capazes de ter acesso a muitas instalações iraquianas por um longo período de tempo, é ainda mais improvável que consigam descobrir todos os segredos de Saddam (...). A única estratégia aceitável é a de eliminar a possibilidade de que o Iraque se torne capaz de usar ou ameaçar. No curto prazo, isso requer a disponibilidade de iniciar uma campanha militar (...). No longo prazo,

significa destituir Saddam Hussein e seu regime. Acreditamos que os Estados Unidos estejam autorizados, dentro das resoluções existentes da ONU, a dar os passos necessários, mesmo no domínio militar, para proteger nossos interesses vitais no Golfo.

O texto parece-me inequívoco. Em síntese, ele diz: "Para proteger nossos interesses no Golfo, precisamos intervir; para intervir, seria necessário poder provar que Saddam tem armas de destruição em massa; isto jamais poderá ser provado com segurança; portanto, devemos intervir de qualquer maneira." A carta não diz que as provas devem ser inventadas, porque os signatários são homens de honra.

Como se vê, essa carta, recebida por Clinton em 1998, não teve nenhuma influência direta sobre a política estadunidense. Mas alguns dos mesmos signatários escreviam em 20 de setembro de 2001 ao presidente Bush, e quando um dos signatários já tinha se tornado ministro da Defesa:

> É possível que o governo iraquiano tenha fornecido alguma forma de assistência aos recentes ataques contra os Estados Unidos. Mas ainda que não houvesse provas que relacionem diretamente o Iraque ao ataque, qualquer estratégia que visa a erradicar o terrorismo e seus defensores deve incluir um empenho destinado a destituir Saddam Hussein.

Dois anos depois, foi usado o dúplice pretexto das armas e da assistência ao fundamentalismo muçulmano, com a plena consciência de que, ainda que houvesse armas, a existência delas não era provável, e que o regime de Saddam era leigo e não fundamentalista. Mais uma vez repito, não estou aqui para julgar a sabedoria política desta guerra, mas para analisar formas de legitimação de um ato de força.

Até agora examinamos alguns casos em que a prevaricação procura uma justificativa pontual, um *casus belli*, justamente. Mas a última passagem do discurso de Mussolini oculta um outro argumento, de antiga tradição, que poderíamos sintetizar assim: "Nós temos o direito de prevaricar porque somos os melhores." Na sua retórica de autodidata Mussolini só podia recorrer à afirmação um tanto *kitsch* de que os italianos eram um povo de poetas, santos e navegadores. Ele poderia ter pensado num outro modelo, bem mais alto, mas ao qual não teria recorrido, porque representava uma louvação da odiada democracia.

O modelo era o discurso de Péricles quando estava para começar a guerra do Peloponeso (relatada por Tucídides, *A guerra do Peloponeso*, II, 60-4). Este discurso é e foi entendido ao longo dos séculos como um elogio da democracia, e em primeira instância é uma descrição soberba de como uma nação pode viver garantindo a felicidade dos próprios cidadãos, a troca de ideias, a livre deliberação das leis, o respeito pelas artes e pela educação, a tendência em direção à igualdade:

> Temos uma forma de governo que não emula as leis dos vizinhos, à medida que nós somos mais exemplos para outros do que imitadores. E uma vez que essa forma de governo é regida de modo que os direitos civis não sejam apenas de poucas pessoas, mas da maioria, ela é chamada de democracia: diante das leis, no que diz respeito aos direitos privados, cabe a todos um plano de paridade, enquanto no que diz respeito à consideração pública na administração do estado escolhe-se cada um de acordo com a emergência num determinado campo, e não pela proveniência de uma classe social... E no que diz respeito à pobreza, se alguém pode fazer alguma coisa boa para a cidade, não é impedido pela obscuridade da sua condição... Sem nos prejudicar reciprocamente, exercemos as relações privadas e, na vida pública, sobretudo a reverência nos impede de violar as leis, em obediência aos que estão nos postos de comando, e às instituições dispostas à tutela de quem sofre injustiça, e particularmente àquelas que, mesmo não sendo escritas, dão aos que as infringem uma vergonha tal que todos a reconhecem...
>
> E demos ao nosso espírito muitíssimo alívio para as fadigas, instituindo habilmente jogos e festas por todo o ano, e tendo belos móveis nas nossas casas privadas, das quais deriva diariamente o deleite com o qual afastamos a dor. E devido à sua grandeza, chegam à cidade todos os tipos de produto de todas as terras, e acontece que nós desfrutamos dos

> bens dos outros homens com um prazer não inferior aos dos bens daqui. [...] Amamos o belo, mas com compostura, e nos dedicamos ao saber, mas sem fraqueza; utilizamos a riqueza mais pela possibilidade de agir que ela oferece do que por tolo vanglorio de discursos e admitir a pobreza não é vergonhosa para ninguém, mas vergonhoso é o não se esforçar para ficar livre dela. Reunimos em nós o cuidado dos negócios públicos junto ao dos negócios privados, e mesmo que nos dediquemos a outras atividades, não nos falta também o conhecimento dos interesses públicos.

Mas ao que visa este elogio da democracia ateniense, idealizada ao máximo? A legalizar a hegemonia ateniense sobre os outros vizinhos gregos e sobre os povos estrangeiros. Péricles pinta com cores fascinantes o modo de vida de Atenas para legalizar o direito de Atenas a impor a própria hegemonia.

> Se nossos antepassados são dignos de louvação, o são ainda mais nossos pais: não foi sem esforço que acrescentaram o domínio que agora é nosso ao que lhes tinham deixado, e assim tão grande deixaram-no a nós. Mas a ampliação do próprio domínio é obra nossa, de todos nós que nos encontramos em idade madura e que engrandecemos nossa cidade, de maneira a torná-la preparada de todos os pontos de vista e autossuficiente para a paz e para a guerra. [...] Nos exercícios de guerra nós diferimos dos inimigos pelos seguintes motivos. Oferecemos nossa cidade em comum a todos, e não acontece que alguma vez com a expulsão dos estrangeiros nós impedimos a alguém de aprender ou de ver alguma coisa (enquanto um inimigo que pudesse ver uma certa coisa, quando não escondida, levaria com isso vantagem). Nossa confiança, pois, está posta mais na audácia que mostramos pela ação (audácia que deriva de nós mesmos) do que nos preparativos de defesa e nos enganos. E na educação, os outros procuram logo, desde crianças, com esforços e exercícios, alcançar um caráter viril, enquanto nós, mesmo vivendo com largueza, não nos recusamos por isso a enfrentar os perigos nos quais nossos inimigos estão à nossa altura. Eis a prova disso: nem mesmo os Lacedemônios sozinhos invadem nossa terra, mas junto a todos os aliados, e quando nós assediamos sozinhos nossos vizinnos, geralmente não nos cansamos tanto para vencer numa terra estrangeira,

> combatendo com gente que defende os próprios bens. Por enquanto, nossas forças unidas nenhum inimigo as encontrou, porque nós estamos ocupados com a frota, e contemporaneamente por terra fazemos numerosos envios de tropas nossas, em muitas ações de guerra. Se por acaso se chocam com uma pequena parte de nós e a vencem, orgulham-se de nos ter rechaçado a todos, mas quando são vencidos jactam-se de terem sido vencidos por nós todos. E se nós estamos também dispostos a enfrentar perigos levando as coisas facilmente, muito mais do que com um exercício baseado na fadiga, e com uma coragem que em nós nasce mais das leis que do nosso modo de agir, disto deriva a vantagem de não nos cansarmos com a antecipação das dores que nos esperam, e de não parecermos, quando os enfrentamos, mais tímidos do que os que sempre se submetem a duras provas, e para nossa cidade a vantagem de ser digna de admiração por esta e por outras coisas.

Esta é uma outra figura, e talvez a mais sagaz, da retórica da prevaricação: nós temos o direito de impor nossa forma sobre os outros porque encarnamos a melhor forma de governo que existe. Mas o próprio Tucídides nos oferece uma outra e extrema figura da retórica da prevaricação, a qual não consiste mais em encontrar vários pretextos e *casus belli*, mas diretamente em afirmar a necessidade e a inevitabilidade da prevaricação.

No decorrer do conflito com Esparta, os atenienses fazem uma expedição contra a ilha de Milos, colônia espartana que permanecera neutra. A cidade era pequena, não tinha declarado guerra a Atenas, nem se havia aliado aos seus adversários. Era preciso, portanto, justificar aquele ataque, e antes de tudo demonstrar que os mílios não aceitavam os princípios da razão e do realismo político. Os atenienses, portanto, mandam uma delegação aos mílios e os advertem de que não os destruirão se eles se submeterem. Os mílios se recusam, por orgulho e senso de justiça (hoje diríamos: do direito internacional), e em 416 a.C., depois de um longo cerco, a ilha é conquistada. Como escreve Tucídides: "Os atenienses mataram todos os homens adultos que caíram nas mãos deles e tornaram escravas as crianças e as mulheres." É o próprio Tucídides (em *A guerra do Peloponeso*) que reconstrói o diálogo entre atenienses e mílios, que precedeu o ataque final.

Retomemos os pontos fundamentais desse ataque. Os atenienses dizem que não farão um longo discurso, de todo modo pouco convincente, defendendo que é justo para eles exercitarem a hegemonia porque derrotaram os persas, ou então dizendo que agora exercem um direito de represália, porque os mílios contrariam os atenienses. Repudiam o princípio do *casus belli*, não se comportam inabilmente como o lobo de Fedro. Convidam simplesmente os mílios a negociar, partindo das verdadeiras intenções de cada um, porque os princípios de justiça são levados em consideração apenas quando uma igual força vincula as partes, caso contrário, "os poderosos fazem tudo quanto for possível e os fracos se adaptam".

Nota-se que de fato, assim dizendo, os atenienses afirmam, negando-o, que agem assim justamente porque as vitórias sobre os espartanos lhes asseguraram o direito de dominar a Grécia, e porque os mílios são colonos dos seus adversários. Mas de fato, e com extraordinária lucidez — queria dizer honestidade, mas talvez a honestidade seja de Tucídides, que reconstrói o diálogo —, explicam que farão o que farão porque o poder é legitimado apenas pela força...

Os mílios, uma vez que não conseguem apelar para critérios de justiça, respondem seguindo a mesma lógica do adversário, e se remetem a critérios de utilidade, procurando convencer os invasores de que, se depois Atenas viesse a ser derrotada na guerra contra os espartanos, correria o risco de suportar a dura vingança das cidades injustamente atacadas como Milos. Os atenienses respondem: "Deixe-nos correr esse risco; nós mostraremos antes que estamos aqui para reafirmar nosso domínio e que agora vamos fazer nossas propostas para a salvação da sua cidade, pois queremos dominá-los sem esforços e conservá-los sãos e salvos no seu e no nosso interesse."

Os mílios dizem: "E como poderia ser útil para nós ser escravos, como é útil para vocês dominar?" E os atenienses: "Porque vocês, em vez de sofrer as extremas consequências, se tornariam súditos, e nós ganharíamos em não destruir vocês..." Os mílios indagam: "E se nós ficássemos de fora, sem nos aliarmos a nenhuma das duas partes?" Os atenienses retrucam: "Não, porque sua hostilidade não nos prejudica tanto quanto sua amizade.

Sua amizade seria prova de uma fraqueza nossa, enquanto seu ódio o é da nossa força." Em outros termos, dizem: pedimos desculpas, mas nos convém mais submetê-los a deixá-los viver, assim seremos temidos por todos.

Os mílios dizem que não pensam em poder resistir à potência deles, mas que, apesar de tudo, têm confiança de que não sucumbirão porque, devotos dos deuses, opõem-se à injustiça. "Os deuses? (respondem os atenienses). Com nossos pedidos ou com nossas ações nada fazemos que possa contrastar com a crença dos homens na divindade... Estamos convencidos de que tanto o homem como a divindade, onde quer que tenham poder, o exercem, por um insuprimível impulso da natureza. E não fomos nós que impusemos essa lei, nem fomos os primeiros a aplicá-la quando já existia. Ela existia quando nós a herdamos e existirá eternamente. Vocês também, como outros, agiriam exatamente como nós, se tivessem a mesma potência."

É justo suspeitar que Tucídides, mesmo representando com honestidade intelectual o conflito entre justiça e força, no final convém que o realismo político esteja do lado dos atenienses. Em todo caso, colocou em cena a única verdadeira retórica da prevaricação, que não procura justificativas fora de si. A persuasão identifica-se com a *captatio malevolentiae*: "Anãozinho, ou você come a sopa da tigela ou pula pela janela."

A História talvez seja nada mais do que uma longa, fiel e birrenta imitação desse modelo, ainda que nem todos os prevaricadores tenham a lucidez e indubitável sinceridade dos bons atenienses.

Norberto Bobbio: a missão do douto revisitada*

Ter escolhido como título uma lembrança fichtiana (*Bestimmung des Gelehrten*) me coloca imediatamente em dificuldade. Em primeiro lugar, nos escritos de Bobbio a que vou me referir (todos reunidos em *Política e cultura***), os protagonistas ou o objeto do debate são os *homens de cultura*, que é uma qualificação mais genérica do que a por demais comprometedora de douto ou *Gelehrte*. Em segundo lugar, as polêmicas de Bobbio se desenrolavam naqueles anos 1950 em que o objeto da contenda era antes a figura do intelectual, quer engajado, quer orgânico, quer *clerc* traidor à Benda, e aqui também a qualificação parece mais genérica, envolvendo os que fazem profissão intelectual em geral, e escritores e poetas que hesitaríamos com frequência em definir como doutos.

O douto fichtiano poderia ter sido o sábio ou o cientista, mas precisamos levar em conta também que para a filosofia idealista alemã a única figura de cientista digna deste nome era a do filósofo (tanto que as extremas ramificações do idealismo teriam depois considerado os que para nós hoje são os cientistas como simples manipuladores de pseudoconceitos).

---

* Versão reduzida de uma conferência proferida em Turim em setembro de 2004, no âmbito de uma série dedicada a Norberto Bobbio.

** Turim: Einaudi, 1955. As citações que seguem são da nova edição de 2005

Como filósofo, Fichte se dirige em 1794 aos seus estudantes, concebendo uma figura que evoca, sem com isso amargar-se, a infeliz aventura política do Platão ancião: onde o filósofo aparece como o único que possa conceber um modelo de Estado. Ainda agitado por frêmitos que poderíamos definir como anarquistas, Fichte pensa, é verdade, que poderia chegar um momento "em que todas as associações estatais serão supérfluas", o momento em que "em lugar da força ou da astúcia, a razão pura será reconhecida universalmente como juiz supremo. Digo *será reconhecida*, porque os homens ainda poderão errar e prejudicar os semelhantes por erro; mas ficarão prontos para deixar-se convencer pelo erro e, uma vez convencidos, para retratar-se e para reparar o prejuízo".*

Mas Fichte sabia que esse momento ainda não tinha chegado, e quando voltar a falar de condução do corpo social pensará em termos de estado ético e não de congregação libertária. Na ausência de uma situação utópica, permanecendo firmes as divisões sociais e a indispensável divisão do trabalho, Fichte pensava no filósofo como no que deveria vigiar e favorecer o progresso da humanidade. Em primeiro lugar, o cientista deveria ter a obrigação de promover o incremento da ciência e de maneira especial deveria preocupar-se com o progresso daquele ramo da ciência de que era especialista (e, portanto, a primeira das missões do douto era de fazer bem e honestamente o próprio ofício), mas ao mesmo tempo deveria guiar os homens à consciência das verdadeiras necessidades, revelando-lhes os modos para satisfazê-las. Aqui a posição é clara, o douto é por missão o mestre da humanidade, o educador do gênero humano, o homem moralmente mais perfeito do seu tempo.

Ele tem o dever de fazer conhecer não apenas as ideias eternas do Bem e do Justo, mas também as necessidades da hora presente e os meios para alcançar os próprios fins daquele momento, porque ele vê não apenas o presente, mas também o porvir.

Nesse sentido, o douto só podia ser o filósofo porque, justamente no momento em que se encarregava de individuar tanto as necessidades

* "Sobre a missão do homem na sociedade", em *Sobre a missão do douto*. Roma: Carabba, 1948: p. 52.

como os meios para satisfazê-las, era só enquanto filósofo que ele traçava o quadro especulativo dentro do qual necessidades e meios adquiriam um sentido. Quase como se, naquelas aulas de 1794, Fichte principiasse com um orgulhoso "Senhores, hoje nós criaremos o douto".

Apesar daqueles que muitos perceberam como fermentos vagamente socialistas ao menos nessa fase do seu pensamento, Fichte preparava, de fato, a figura do filósofo à maneira de Gentile, que do estado ético e da sua política concreta devia tornar-se mestre e fundador, ou a figura do filósofo à maneira de Heidegger do *Discurso de Reitorado*, de 1933.

Se assim é, esta visão do douto e da sua função social tem pouco a ver com as posições de Norberto Bobbio, que abria *Política e cultura* com a afirmação: "A tarefa dos homens de cultura hoje é mais do que nunca semear dúvidas, e não reunir certezas", e em 1954 escrevia: "Que os intelectuais formem ou pensem formar uma classe apartada, distinta das classes sociais e econômicas, e se atribuam, portanto, uma tarefa singular e extraordinária, é sinal de mau funcionamento do organismo social" (*Política e cultura*, p. 100).

A primeira lição de *Política e cultura* é, portanto, uma noção de modéstia: desde a primeira página o livro adverte que o verdadeiro problema da traição dos clérigos "liga-se à figura romântica do filósofo", que se propusera "transformar o saber humano, que é necessariamente limitado e finito, e requer, portanto, muita cautela junto com muita modéstia, em sabedoria profética" (*ibidem*, p. 15).

Os ensaios que Bobbio escrevia no período entre 1951 e 1955 surgiam num clima em que a figura do douto perdera as prerrogativas platônicas que lhe atribuía Fichte: a direita lhe reprovava a traição da função, descendo à arena* política, e a esquerda queria lhe impor uma militância ao serviço da classe, onde o partido, intérprete da classe, ao qual todos os doutos deviam aliar-se organicamente, ditaria a tabela das necessidades e a panóplia dos meios para satisfazê-las.

---

* No original, o autor usa o termo *agone*, lugar de disputa, espécie de estádio, sobretudo entre os gregos. Preferi o termo *arena*, pois me pareceu mais familiar ao público leitor brasileiro. (*N. do T.*)

Por isso, abandonando todas as idealizações do sábio como mestre da humanidade, perguntávamo-nos antes qual era o papel e o dever dos intelectuais.

Acho que devemos agora fazer uma pausa, quero dizer, de caráter semiótico, sem envolver Bobbio neste meu parêntese, para decidir o que queremos entender por "intelectual", a fim de não cair nas mil armadilhas às quais muitas vezes nos atraiu este termo multiuso. Vou tentar, para isso, uma definição muito circunscrita, na certeza de não me afastar excessivamente do modo que Bobbio também o concebia. Certeza que se apoia no fato de que acredito que as minhas poucas ideias sobre o assunto nasçam justamente da leitura que, com 23 anos, fiz do livro de Bobbio.

Se, como às vezes condescendemos no discurso comum, intelectual fosse o que trabalha com a cabeça e não com as mãos (e vigorasse ainda a distinção entre artes liberais e artes mecânicas), então teríamos de admitir que intelectual não é apenas o filósofo ou o cientista, ou o professor de matemática nas escolas de ensino médio, mas também o funcionário do banco, o tabelião e hoje, numa época de terceirização avançada, poderia desenvolver um trabalho intelectual até mesmo o novo operador ecológico (no passado, vil lixeiro) que seja capaz de instalar no seu computador o programa adequado à limpeza automática de um bairro inteiro. Mas esta acepção curiosamente deixaria de fora os cirurgiões e os escultores, e em todo caso nos induziria a assumir que quem faz um trabalho intelectual, como de resto quem faz um trabalho manual, tenha a única função de fazê-lo bem, o bancário, de verificar que suas prestações de contas não sejam alteradas por um vírus, o tabelião, de redigir as outorgas corretas, sem que nenhum deles deva enrolar-se em questões políticas, a não ser, no máximo, quando de manhã dizem a oração cotidiana lendo o noticiário, e uma vez a cada cinco anos quando são convocados como cidadãos para as eleições.

Falemos, portanto, de *trabalho intelectual* para definir a atividade de quem trabalha mais com a mente do que com as mãos, e justamente para distinguir o trabalho intelectual daquela que chamaremos de *função intelectual.*

A função intelectual se define quando alguém (não necessariamente sempre), seja trabalhando com a cabeça, seja pensando com as mãos, contribui criativamente para o saber comum e para o bem coletivo. Função intelectual, portanto, será exercida também pelo camponês (ainda que por uma única vez na vida inteira) que, observando o suceder-se das estações, inventará uma nova forma de rodízio das culturas, pelo professor de ensino fundamental que colocará em obra técnicas de pedagogia alternativa, e depois certamente pelo cientista, pelo filósofo, pelo escritor, pelo artista, todas as vezes que inventarem algo de inédito.

Alguém poderia pensar que se está identificando a função intelectual com aquela atividade misteriosa que chamamos de *criatividade*, mas hoje esta noção também está amplamente poluída. Se vocês forem à internet para procurar a palavra "criatividade", ou *creativity*, encontrarão 1.560.000 sites dedicados a este conceito, e todos são sobremaneira decepcionantes. Na maior parte deles, considera-se a criatividade uma capacidade industrial e comercial de resolver problemas, e ela é identificada com a inovação, ou seja, a disposição para conceber ideias novas que conduzam à obtenção de lucros. Poucos deles acenam à criatividade artística, e se o fazem é a título de exemplo para esclarecer melhor as capacidades exigidas de um *businessman*, ou então para inserir na ideia de criatividade uma conotação de loucura. Se depois passarmos para os vários florilégios de definições, descobriremos que também personagens ilustres podem dizer idiotices sem sentido, como quando afirmam que "a criatividade não está longe da liberdade. Ser criativo significa saber quem nós somos. A criatividade é jazz sem música. A criatividade é um fluxo de energia. Ser criativo quer dizer ser corajoso".

Por que consideramos insatisfatórias essas noções comerciais de criatividade? Porque elas se referem sim à invenção de uma ideia nova, mas não se preocupam se a novidade será transitória, de breve duração, como poderia acontecer com a ideia do criativo publicitário que encontra uma nova fórmula para lançar um detergente, sabendo muito bem que se tornará logo obsoleta pela resposta da concorrência.

Gostaria de entender, porém, por atividade criativa aquela que produz o inédito que depois a comunidade estará disposta a reconhecer, aceitar, torná-lo próprio e elaborá-lo novamente, como dizia C.S. Peirce, *in the long run* — e que, portanto, de tal modo torna-se patrimônio coletivo, à disposição de todos, subtraído à exploração pessoal.

Para ser tal, a criatividade deve substanciar-se de atividade crítica. Não é criativa a ideia surgida no decurso de um *brainstorming*, jogada assim para mais uma tentativa, e aceita com entusiasmo *faute de mieux*. Para que seja criativa, ela deve ser avaliada e, ao menos para a criatividade científica, passível de falsificação.

A função intelectual desenvolve-se, portanto, por *inovação*, mas também por meio da *crítica* do saber ou das práticas precedentes, e principalmente por meio da *crítica do próprio discurso*. Sendo assim, pode não ser criativa a composição do poeta às próprias custas que nem mesmo sabe que está repetindo estilemas, e pode ser considerada criativa a reconstrução polêmica do historiador que simplesmente relê de maneira nova documentos já conhecidos. É criativo o crítico literário (ou o simples professor de literatura nas escolas médias) que nunca escreveu nada da própria lavra, mas ensina a reler de modo inédito quem escreveu antes dele e no seu lugar, e contemporaneamente revela a própria visão, e não será criativo nem exercerá função intelectual nosso colega universitário que por toda a vida terá repetido de modo maçante as noções de manual aprendidas na época de graduação, exigindo que seus discípulos não as ponham em discussão.

Minha definição não exclui quem criou ideias novas que por longo tempo foram consideradas verdadeiras ou boas, mas para as quais o *long run* do consenso comunitário chegou ao término (e podemos pensar nas concepções astronômicas de Ptolomeu ou de Tycho Brahe): há criatividade até nas hipóteses que mais tarde se provarão falsas, mas que por certo tempo nos ajudam a nos movimentarmos no mundo. Infelizmente, minha noção não exclui nem mesmo os criadores de ideias aberrantes. Culpa das comunidades que, por séculos, consideraram os Puros Loucos portadores de sabedoria, mas no fundo a criatividade da função intelectual se manifesta também no choque entre tolerável e intolerável. Poderíamos dizer que Hitler exercia função intelectual quando escrevia *Mein Kampf*, e não se pode negar que houvesse algo de sinistramente criativo na sua ideia de uma nova ordem do mundo. Mas, para corrigir esses incidentes inevitáveis, gostaria de lembrar que, na noção de função intelectual que proponho, o momento inovador nunca aparece separado do *crítico* e *autocrítico*. Hitler não era criativo porque não exibia capacidade autocrítica.

Nesse sentido, ainda que exerça função intelectual, não exercita a função intelectual quem legítima e meritoriamente alista-se como propagandista da própria parte: ótimo funcionário de um partido político como se pode ser ótimo criativo de uma agência publicitária, o propagandista político nunca poderá dizer, como nunca poderá dizer o publicitário, que o detergente pelo qual trabalha lava menos branco do que o outro. Por outro lado, em geral, nós o sabemos, e admitimos que o que diz seu slogan pode não ser verdade, mas é certamente um achado.* Por razões estéticas, pode-se achar criativa até mesmo uma bela mentira.

Creio que essa distinção entre trabalho intelectual e exercício da função intelectual corresponda bastante à proposta por Bobbio quando falava da diferença entre *política da cultura* e *política cultural*, e escrevia em 1952: "A *política da cultura* como política dos homens de cultura em defesa das condições de existência e desenvolvimento da cultura contrapõe-se à *política cultural*, isto é, à planificação da cultura por parte dos políticos." (*ibidem*, p. 22).

À luz dessa distinção, Bobbio perguntava-se, portanto, o que deveriam fazer os intelectuais (ou, se quisermos, homens de cultura, no sentido de pessoas que exerciam função e não apenas trabalho intelectual), e que sua pergunta repercutisse a ideia do empenho político e social do intelectual era inevitável, porque essa era a questão em debate nos anos 1950.

Ao afirmar que era sinal de disfunção social a ideia de que os intelectuais tivessem função extraordinária, profética e oracular, Bobbio levava em conta a situação histórica em que falava. Observava que nosso país não era uma unidade funcional, emergia da convulsão da guerra e da

---

* No original, o autor emprega o dito popular italiano, também muito conhecido no Brasil, *se non è vero è ben trovato*. (*N. do T.*)

Resistência, e agia naqueles anos como se uma convulsão fosse iminente. Nas sociedades não funcionais, as várias partes não se ordenam a uma finalidade (referimento inconsciente, talvez, à utopia de Fichte sobre o douto), desarticulam-se e chocam-se umas contra as outras.

Nessa situação dilacerada, Bobbio encontrava-se diante de dois *aut aut** dos quais recusava o inevitável dogmatismo. Se relermos seus debates do período, veremos que eles giravam sempre em torno de duas contraposições, aquela entre Oriente e Ocidente (ou seja, entre mundo socialista e mundo liberal-capitalista) e a entre *engagement* político e fuga do compromisso.

Bobbio refletia sobre o Gramsci de *Gli intellettuali e l'organizzazione della cultura* e sobre *La Trahison des Clercs*, de Benda, lembrando a função que tivera a revolta intelectual, ainda que às vezes silenciosa, no período da ditadura, e reconhecia um — cito literalmente — "processo revolucionário em ato" (*ibidem*, p. 103). Por um lado, era fascinado por esse processo revolucionário e não pretendia demonizá-lo (não podia falar de Império do Mal), por outro, considerava que diante de qualquer processo revolucionário em ato a missão dos homens de cultura fosse a de conciliar a justiça com a liberdade. Todos os seus debates, portanto, com Bianchi Bandinelli ou com Roderigo de Castilha, aliás, Togliatti, versavam sobre o fato de que a função política da cultura era a defesa da liberdade (*ibidem*, p. 91). Reafirmava, em várias ocasiões, seguindo Croce, que "a teoria liberal não é uma teoria política, mas metapolítica", um ideal moral que se substancia com "o partido dos homens de cultura" (*ibidem*, p. 93). Mas, enquanto opunha este ideal aos seus interlocutores comunistas, criticava o próprio Croce porque, depois do fim da guerra, identificara esta "força não política" com um dos tantos partidos que surgiram naqueles anos (e Bobbio, portanto, de liberal metapolítico passava a combater a capitulação de Croce diante do Partido Liberal).

Mas se o partido dos homens de cultura tinha de combater para reafirmar o princípio da liberdade, quem militava neste partido metapolítico não podia subtrair-se a um compromisso político. O problema é que então

* Expressão latina para indicar uma escolha inevitável. (*N. do T.*)

os interlocutores de Bobbio entendiam o compromisso político à luz da ideia de intelectual orgânico. E aqui se abria uma nova fronteira de discussão, pois eu acredito que Bobbio concordasse com o slogan do segundo Vittorini, pelo qual o intelectual não devia tocar flautim para a revolução. Como tomar partido sem tocar o flautim?

Bobbio considerava os intelectuais não só suscitadores de ideias, mas também guias do processo de renovação em curso, e tornava próprias as palavras de Giaime Pintor segundo as quais "as revoluções têm êxito quando se preparam os poetas e os pintores, desde que poetas e pintores *saibam qual deve ser o papel deles*".* Mas o problema era qual devia ser o papel do intelectual, se ele não podia ser identificado nem com a *cultura politizada* ("que obedece a diretrizes, programas, imposições que provêm dos políticos"), nem com a *cultura apolítica* do refúgio na torre de marfim (*ibidem*, p. 20).

E é aqui que Bobbio recusava ao mesmo tempo os slogans do tipo *Longe da luta nas ruas, Nem por aqui nem por ali*, ou então *Por aqui e por ali*, reportando-se a uma política da cultura como tarefa da síntese, capacidade de crítica de ambas as posições, e não tentativa de uma terceira via a todo custo. Bobbio não era (como diríamos hoje) um "terceirista", propunha um compromisso de um lado preciso, mas acompanhado pelo dever, perseguido a qualquer preço, de mediar criticando, colocando sempre não apenas os adversários, mas principalmente os próprios amigos, diante das próprias contradições (trabalho que ele desenvolvia com cordial impiedade, por exemplo, nas polêmicas com Bianchi Bandinelli, sentinela do proletariado).

Citei o ensaio de 1951 no qual a tarefa dos homens de cultura é a de semear dúvidas, em vez de reunir certezas. Parece-nos agora uma afirmação quase óbvia, mas Bobbio a pronunciava num período em que a *intelligentsia* progressista pedia aos intelectuais que produzissem certezas. É preciso ainda, portanto, fazer esta lição dar frutos.

---

* Giaime Pintor, *Il sangue d'Europa*. Torino: Einaudi, 1950.

Muitos anos depois, fui convidado para um congresso organizado por Mitterrand e por seu staff, em Paris, sobre o tema de como os intelectuais poderiam resolver as crises do mundo contemporâneo. Mitterrand não era um filósofo, ainda que fosse um homem de boas leituras, e não poderíamos censurar a ingenuidade do seu apelo, talvez devida ao organizador do congresso, que era Attali. Em todo caso, minha comunicação foi muito breve (e decepcionante para todos — fato que ainda me deixa muito orgulhoso). Eu disse: os intelectuais não resolvem as crises, mas as criam.

Mas junto a quem o intelectual deve instaurar a crise? Chegamos agora à segunda grande aula de Bobbio.

Dá vontade de rir quando, falando da Itália do pós-guerra, ouvem-se ainda vanilóquios sobre a hegemonia da esquerda, colocando obviamente Bobbio entre os defensores do Império do Mal, quando ele gastou boa parte da própria vida em polêmicas com aquela esquerda que na época pretendia ser hegemônica. E isto significa que, dando à palavra "parte" um sentido não estritamente partidário, a lição principal de Bobbio, ou pelo menos a que eu tive quando o li na época, foi que o intelectual exerce a própria função crítica e não propagandista somente (ou sobretudo) quando sabe falar *contra a própria parte*. O intelectual engajado deve antes de tudo pôr em crise aqueles ao lado dos quais se engaja.

Vejam bem, se eu tivesse de achar citações textuais sobre o assunto, minha reunião seria exígua, mas este pequeno florilégio é extremamente eloquente. Isto certamente nos dizia Bobbio quando defendia que, por mais que se sentissem militantes, os homens de cultura deviam sobretudo opor-se criticamente a procedimentos falsificadores e a raciocínios viciados (*ibidem*, p. 24), que "se pode muito bem não permanecer neutros, isto é, ficar de um lado em vez de ficar de outro, mantendo-se fiéis ao método da imparcialidade", porque "ser imparcial não significa não dar razão a nenhum dos dois contendedores, mas dar razão a um ou a outro, ou, então, contrariar a ambos, *avaliando a situação*" (*ibidem*, p. 117), que "podemos ser imparciais sem ser neutros" (*ibidem*, p. 164) e que "além do dever de entrar na luta, há, para o homem de cultura, o direito de não aceitar os termos da luta do jeito que são colocados, de discuti-los, de submetê-los à crítica da razão" porque "além do dever da colaboração há o direito à investigação" (*ibidem*, p. 5), e, enfim, que "seria já alguma coisa se os homens de cultura defendessem a autonomia da cultura no interior do próprio partido ou do próprio grupo político, no âmbito da ideologia política à qual aderiram livremente e em favor da qual estão dispostos a dar a própria obra de homens de cultura" (*ibidem*, p. 33).

Citações suficientes para constituir para mim, então jovem leitor, a quinta-essência das minhas ideias pessoais sobre a noção de engajamento. Tanto que, em 1968, convidado como peixe fora da água para exprimir minha ideia sobre os problemas do compromisso num congresso de partido, afirmei que o primeiro dever do intelectual é falar contra a parte com que está, mesmo a custo de ser fuzilado depois da primeira leva. Eu tinha extraído da lição de Bobbio uma noção de função do intelectual como o Grilo Falante e, considerando tudo, creio que seja ainda a única certa.

E tinha usado, então, uma metáfora que não era de Bobbio, e sim de Calvino: o intelectual deve participar permanecendo nas árvores.

O barão nas árvores, de Calvino, é de 1957. Saiu, portanto, dois anos depois de *Política e cultura*, e em todo caso foi pensado quando surgiam no decorrer de um quinquênio os escritos de Bobbio de que estamos falando. Não lembro se alguma vez fiz a pergunta a Calvino, e se minha persuasão nasce de uma resposta positiva dele, mas sempre estive firmemente convencido de que, ao idear a figura de Cosme Chuvasco de Rondò*, Calvino tenha pensado em como Bobbio concebia a função do intelectual. Cosme Chuvasco não se subtrai aos deveres que seu tempo lhe impõe, participa dos grandes acontecimentos históricos do momento, mas procurando manter aquele distanciamento crítico (com relação aos seus próprios companheiros) que lhe é consentido por fiar nas árvores. Talvez perca a vantagem de ficar com os pés no chão, mas adquire em amplitude de perspectiva. Não

* Utilizo aqui e mais adiante as traduções para o nome dos romances e protagonistas citados de Ítalo Calvino da edição brasileira publicada pela Companhia das Letras, com tradução de Nilson Moulin. No original, o nome do protagonista é Cosimo Piovasco di Rondò, e o romance se chama *Il barone rampante*. (*N. do T.*)

está nas árvores para fugir aos próprios deveres, mas sente que seu dever, para não ser visconde partido ao meio ou cavaleiro inexistente,* é o de ser agilmente rompante.

Por isso, *O barão nas árvores* não é livro de fantasia fabulosa, mas *conte philosophique*, se é que já existiram.

Mas voltemos a Bobbio. Para conseguir sustentar essa função do intelectual como Grilo Falante, precisa-se de um razoável pessimismo, se não da vontade ao menos da razão. Gostaria de voltar ao final de *A missão do douto*, justamente para sublinhar no encerramento as diferenças entre a visão de Bobbio e a de Fichte. Polemizando com o pessimismo rousseauniano, Fichte conclui seu apelo aos estudantes com uma declaração de otimismo histórico-dialético:

> ... quanto mais nobres e melhores vocês serão, tanto mais dolorosas serão as experiências que esperam por vocês. Mas não se deixem dominar pela dor: vençam-na com suas ações. Lembrem-se de que isso é calculado e previsto no vasto plano do aperfeiçoamento do gênero humano. Perder-se em lamentações sobre a corrupção dos homens, sem levantar um dedo para combatê-la, é próprio de efeminados. Castigar e escarnecer amargamente, sem indicar aos homens o modo para melhorarem, não é ato de amigo. Agir, agir! Eis o fim pelo qual existimos. Com que razão poderíamos nos irritar, porque os outros não são tão perfeitos como nós, se nós mesmos não fôssemos muito melhores do que eles? E não é, talvez, essa nossa maior perfeição um aviso que nos diz que somos chamados ao trabalho para o aperfeiçoamento dos outros? Exultemos com a visão do campo incomensurável que somos chamados a trabalhar! Exultemos de nos sentir fortes e ter uma tarefa que é infinita!**

---

* Referência aos outros dois romances que compõem a trilogia de Calvino, *O visconde partido ao meio* (*Il visconte dimezzato*) e *O cavaleiro inexistente* (*Il cavaliere inesistente*). (*N. do T.*)

** *Sobre a missão do douto*, op. cit., p. 124-25.

E agora Bobbio:

> Eu sou um iluminista pessimista. Sou, se assim se quiser, um iluminista que aprendeu a lição de Hobbes, de de Maistre, de Maquiavel e de Marx. De resto, parece-me que o comportamento pessimista seja mais adequado que o otimista ao homem de razão. O otimismo comporta certa dose de enfatuação, e o homem de razão não deveria ser enfatuado. E sejam otimistas também os que acreditam que a história é um drama, mas o consideram um drama com final alegre. Eu sei apenas que a história é um drama, mas não sei, porque não posso saber, que é um drama com final alegre. Os otimistas são os outros, aqueles como Gabriel Péri, que morrendo gloriosamente deixou escrito: "Prepararei daqui a pouco uns amanhãs que cantam." Os amanhãs vieram, mas os cantos nós não escutamos. E, quando olho ao redor, não vejo cantos, mas rugidos.
>
> Não queria que essa profissão de pessimismo fosse entendida como um gesto de renúncia. É um ato de salutar abstinência, depois de tantas orgias de otimismo, uma ponderada recusa a participar ao banquete dos retóricos sempre em festa. É um ato de saciedade mais do que de desgosto. E, além do mais, o pessimismo não refreia a operosidade, aliás, torna-a mais firme e direta ao objetivo. Entre o otimista que tem por máxima: "Não se mexa, você vai ver que tudo se acomoda" e o pessimista que replica: "Faça de todo modo o que deve, ainda que as coisas andem de mal a pior", prefiro o segundo. [...] Não digo que os otimistas sejam sempre fátuos, mas os fátuos são sempre otimistas. Não consigo mais separar na minha mente a cega confiança na providência histórica ou teológica da vaidade de quem acredita estar no centro do mundo e que todas as coisas aconteçam ao seu aceno. Aprecio e respeito, porém, o que age bem sem pedir como garantia que o mundo melhore e sem esperar não digo prêmios, mas nem mesmo confirmações. Só o bom pessimista se encontra em condições de agir com a mente desimpedida, com a vontade firme, com sentimento de humildade e plena devoção à própria tarefa.*

Esta me parece a missão do douto revisitada.

---

* Op. cit., p. 169-70.

Iluminismo e senso comum*

Naturalmente me apaixonei pelo debate sobre o Iluminismo. Divertiu-me a observação de Maffettone (com quem concordo em todo o resto) sobre o fato de que o iluminista Scalfari** tenha tido pouca influência sobre as páginas culturais de *La Repubblica*. Vamos lá, depois de um início (há vinte anos) um pouco *Norte-Sul* demais (mas na época Scalfari também era pós-crociano), as páginas dividiram-se igualmente entre artigos sobre Nietzsche e evocações dos salões do século XVI, e, portanto, um pouco de Lumes por ele circulou. Pode ser que a página cultural do *Corriere* seja mais inspirada na Tradição. De qualquer modo, esta não é a questão. Gostaria, em vez disso, de dizer minha opinião sobre o que significa ser iluminista hoje, visto que dos tempos da *Encyclopédie* muita água rolou sob as pontes e não creio que valha ainda a pena interessar-se pelo trabalho dos ebanistas, como fazia Diderot naqueles dias.

Naturalmente, condição indispensável para uma ética intelectual iluminista é estar disposto a submeter à crítica não apenas todas as crenças, mas até mesmo as que a ciência nos entrega como verdades absolutas. Mas, dito isto, creio que se devam individuar algumas condições irrenunciáveis a fim

---

* *La Repubblica*, janeiro de 2001. Participação num debate sobre o Iluminismo aberto por Eugenio Scalfari e, depois, reunida em *Atualidade do Iluminismo*. Bari: Laterza, 2001.

** Eugenio Scalfari era, na época, o diretor do jornal romano *La Repubblica*. (*N. do T.*)

de que possamos dizer que nos inspiramos não no critério de uma Razão Forte (à maneira de Hegel), mas de uma humana razão. Porque a herança fundamental do Iluminismo está toda aqui: há um modo razoável de raciocinar e, se ficarmos com os pés no chão, todos deveriam concordar com o que dizemos, porque em filosofia também é preciso seguir o bom senso.

Isto implica em que haja um bom senso, ou um senso comum, que não será tão invasivo como a "reta razão", mas, em suma, conta alguma coisa. Basta não confiar responsabilidades metafísicas demais ao cálculo e depois, como sugeria Leibniz, vale sempre a pena colocar-se em volta de uma mesa e dizer "calculemus".

Penso, portanto, que um bom iluminista seja alguém que acredita que as coisas "vão de certa maneira". Este realismo minimalista foi recentemente reafirmado por Searle, que não diz tudo certo, mas de vez em quando tem ideias límpidas e razoáveis. Dizer que a realidade vai de certa maneira não significa afirmar que podemos conhecê-la ou que um dia a conheceremos. Mas mesmo que nunca a conhecêssemos, as coisas iriam assim e não de outra maneira. Até mesmo quem cultivasse a ideia de que as coisas vão hoje de um jeito e amanhã de outro, isto é, que o mundo é bizarro, caótico, variável, e passa de uma lei a outra nas barbas de metafísicos e cosmólogos, admitiria que esta caprichosa variabilidade do mundo é justamente a maneira como vão as coisas. E, portanto, vale a pena continuar a propor descrições destas muito malditas coisas.

Certa vez eu dizia a Vattimo* que talvez haja leis da natureza, já que se cruzarmos um cão com um cão nasce outro cão, mas se cruzarmos um cão com um gato não nasce nada, ou nasce algo que não gostaríamos de ver circulando pela casa. Vattimo me respondia que hoje a engenharia genética consegue até mesmo alterar as leis que governam as espécies. Pois então, eu lhe respondia, se para cruzar um cão com um gato precisa-se de uma engenharia (isto é, de uma arte), isto significa que existe em algum lugar uma natureza sobre a qual artificialmente esta arte se exercita. Significa que eu sou mais iluminista do que Vattimo, mas não acredito que lhe desagrade saber disto.

---

* Trata-se de Gianni Vattimo, conhecido filósofo da Itália atual. (*N. do T.*)

O bom senso nos diz que há casos em que todos nós podemos concordar em como vão as coisas. Dizer que o sol surge no leste e se põe no oeste não é questão de senso comum, porque se baseia em convenções astronômicas. Pior, muito pior dizer que não é o sol, mas a Terra que gira; quem sabe, talvez toda a cosmologia galileana deva ser posta novamente em discussão. Mas dizer que nós *vemos* o sol surgir de um lado e pôr-se de outro, isto é um dado de senso comum e é razoável admiti-lo.

Enquanto escrevo, soube há pouco da morte de Quine: se havia um empirista era ele, tanto que chegava a dizer que mesmo o significado de uma palavra, no fundo, estava ligado à nossa regularidade de resposta a um estímulo. Se havia, porém, um pensador convencido de que todas as nossas verdades não se apresentam sozinhas, era sempre ele. Como fazer ficar juntas estas duas posições aparentemente contraditórias? Porque é por experiência que sabemos que nos caem gotas de água nas mãos, e é por convenção cultural que afirmamos que provavelmente vai chover. Se, antes de discutir o que significa "chuva", falando meteorologicamente, duas pessoas admitem de comum acordo que caem gotas nas mãos delas, eis dois bons iluministas no limite mínimo.

Permanece célebre, de Quine, a história de Gavagai, que vou reconstituir livremente. Muito bem, um explorador que nada sabe da língua indígena, enquanto passa um coelho no mato, o aponta ao nativo, que reage e exclama: "Gavagai." Quer dizer, talvez, que para o nativo *gavagai* significa coelho? Não é certeza, poderia significar animal, ou coelho que corre. Tudo bem, pode-se tentar de novo, quando passar um cachorro, ou quando o coelho estiver parado. Mas se o nativo tivesse dito *gavagai* para dizer que estava vendo o mato agitado pelo movimento de um animal? Ou que diante dos seus olhos estava verificando-se um evento espaço-temporal? Ou que ele gosta dos coelhos? Moral: o explorador só pode levantar hipóteses e elaborar um próprio manual de tradução, que talvez não seja melhor do que um outro (o que importa é que apresente certa coerência).

O bom iluminista, portanto, colocará em questão todo possível manual de tradução. Mas nunca poderá negar que o indígena disse "gavagai", e que não o disse enquanto olhava para o céu, e sim enquanto dirigia os olhos para o espaço em que ao explorador parecia ter visto um coelho.

Tomem cuidado, pois esse comportamento é suficiente até para os debates mais transcendentais. Que o Papa tenha razão em afirmar que os embriões já são seres humanos, ou São Tomás quando afirma que os embriões não participarão da ressurreição da carne, é matéria de cultura. Mas é matéria de empirismo saudável reconhecer de comum acordo as diferenças físicas entre um embrião, um feto e um recém-nascido. E depois, *calculemus*.

Existe uma ética não transcendente que todo bom iluminista mínimo deveria reconhecer? Acho que sim. Em geral, um ser humano gostaria de ter tudo o que lhe agrada. Para fazer isto, deveria tirá-la de outro ser humano qualquer que goste da mesma coisa. Para evitar depois que esse outro a tire dele, a solução mais comum é matar o outro. *Homo homini lupus*, e que vença o melhor. Esta lei, porém, não pode ser generalizada, pois se mato todos fico sozinho, e o homem é animal social. O Adão precisa pelo menos da Eva, não tanto para satisfazer o desejo sexual (para isto bastaria uma cabra), mas para procriar e, portanto, multiplicar-se. Se o Adão matar a Eva, o Caim e o Abel, ficará um animal solitário.

O homem, portanto, deve *negociar* benevolência e respeito mútuo. Deve, enfim, subscrever um contrato social. Quando Jesus diz que amemos o próximo e sugere que não façamos aos outros o que não queremos que nos façam, é um ótimo iluminista (ele é quase sempre, exceto quando afirma ser filho de Deus — porque isso podia ser, quando muito, uma evidência para ele, mas não para os outros, e, portanto, não podia ser baseada na razão, e sim na fé).

O iluminista acha que é possível elaborar uma ética, mesmo muito complexa, mesmo heroica (é certo, por exemplo, morrer para salvar a vida dos próprios filhos), baseando-se no princípio de negociação necessária.

O iluminista, enfim, sabe que o homem tem cinco necessidades fundamentais (no momento não consigo encontrar outras mais): a alimentação, o sono, o afeto (que compreende o sexo, mas também a necessidade de se ligar pelo menos a um animal doméstico), o jogar (ou seja, fazer alguma coisa pelo puro prazer de fazê-la) e o perguntar-se por quê. Eu os coloquei em série de irrenunciabilidade decrescente, mas é certo que a criança também, depois que mamou, dormiu, brincou e aprendeu a identificar o papai e a mamãe, começa a perguntar o porquê de tudo assim que cresce. As primeiras quatro necessidades são comuns também aos animais, a quinta é tipicamente humana e requer o exercício da linguagem.

O porquê fundamental é por que as coisas existem. O filósofo pergunta-se por que existe o ser em vez do nada, mas não pergunta nada mais do que o homem comum quando pergunta quem fez o mundo e o que existia antes. Ao tentar responder a esta pergunta, o homem constrói os deuses (ou os descobre, não quero enfrentar questões teológicas).

O iluminista, portanto, sabe, entre outras coisas, que quando o homem nomeia os deuses, está fazendo algo que não se pode menosprezar. Mais uma vez ainda, o iluminista sabe que a forma de um panteão é fenômeno cultural, que se pode criticar, mas que a pergunta que leva à construção do panteão é um dado de natureza, digno de máxima consideração e respeito.

Pronto, eu estaria disposto a reconhecer um iluminista, hoje, nestas condições irrenunciáveis. Se estiver bom assim, eu me inscrevo.

Do jogo ao Carnaval*

O debate sobre o Iluminismo gerou como próprio filho, mais ou menos legítimo, o debate sobre o jogo. Confesso que experimentei uma sensação incômoda. Eu tinha escrito como uma coisa óbvia que uma das necessidades humanas fundamentais, além da alimentação, do sono, do afeto e do conhecimento, é o jogo, e constatei que propuseram novamente a ideia como (cito um título de *La Repubblica* de 6 de janeiro, dia de Reis)** uma "provocação" minha. Ora, vamos, como se nunca ninguém tivesse percebido que crianças, gatinhos e cachorrinhos se exprimem antes de tudo por meio do jogo, e como se, junto à definição de homem como *animal rationale*, não circulasse há muito tempo a de *homo ludens*.

Tem-se às vezes a impressão de que a mídia descobre sempre a América. Depois, porém, refletindo bem sobre isso, é preciso admitir que "redescobrir" a América é uma das funções fundamentais da mídia. Um jornal não pode sair assim, de repente, dizendo que vale a pena ler *I promessi sposi*.*** Deve esperar que apareça uma nova edição de *I promessi sposi* e depois dar o título a muitas colunas: "Modas culturais. A volta de Manzoni." Ao fazer

* *La Repubblica*, janeiro de 2001.

** No original, o autor refere-se à *Epifania*, ou dia de Santos Reis, muito festejado na Itália, e no qual as crianças ganham presentes. (*N. do T.*)

*** Obra-prima do romancista italiano do século XIX Alessandro Manzoni. (*N. do T.*)

assim, faz muito bem, porque entre os seus leitores estão os que esqueceram Manzoni e muitos jovens que conhecem muito pouco sobre ele. Seria como dizer que os meninos agora acreditam que a água desce sozinha pela torneira, mas de vez em quando é preciso achar um pretexto para lembrar que, para obtê-la, deve-se fervê-la ou procurá-la debaixo da terra.

Pois bem, vamos falar do jogo. Relendo as várias participações que apareceram neste jornal, percebi que de maneiras diferentes todas aludiam a uma profunda mutação antropológica que nos ameaça. O jogo, como momento de exercício desinteressado, que serve para o corpo ou, como diziam os teólogos, tira a *tristitia* devida ao trabalho, e certamente apura nossas capacidades intelectivas, para ser tal precisa ser parentético. É um momento de pausa num programa diário de diversos compromissos: não só o trabalho duro manual, mas até mesmo a intensa conversa filosófica entre Sócrates e Cebes.

Um dos aspectos positivos da *felix culpa* é que, se Adão não tivesse pecado, não teria precisado ganhar o pão com o suor da testa, e de tanto vadiar todo o dia no Éden, teria se tornado um criançāo. Isto revela a providencialidade da Serpente.

Todas as civilizações reservaram, todavia, alguns dias do ano para o jogo total. Era um período de licença, que nós chamamos de Carnaval e para outras civilizações é ou foi algo diferente. Durante o Carnaval, brinca-se sem interrupção, mas para que o Carnaval seja bom e não cansativo, deve durar pouco. Aqui também peço a *La Repubblica* que não abra um outro debate sobre esta "provocação", porque a literatura sobre o Carnaval é muito ampla.

Ora, uma das características da civilização em que vivemos é a carnavalização total da vida. Isto não significa que se trabalha menos, deixando que as máquinas façam, porque o incentivo e a organização do tempo livre foram uma preocupação sagrada seja das ditaduras, seja dos regimes liberal-reformistas. É que *se carnavalizou também o tempo de trabalho.*

É fácil e óbvio falar de carnavalização da vida pensando nas horas gastas pelo cidadão médio diante de uma tela de televisão que, além dos tempos muito breves dedicados à informação, provê eminentemente espetáculo, e entre os espetáculos prediletos estão agora os que representam a vida como eterno Carnaval, onde palhaços e moças belíssimas não jogam confetes, e sim uma chuva de bilhões que quem quiser pode ganhar jogando (e depois nos queixamos de que os albaneses, seduzidos por esta imagem do nosso país, tiram documentos falsos para vir neste parque de diversões permanente).

É fácil falar de Carnaval pensando no dinheiro e no tempo dedicado ao turismo de massa que propõe ilhas de sonho com preços de charter e convida você a visitar Veneza, deixando no final do seu grande Carnaval turístico latinhas, bolinhas de papel, sobras de *hot dog* e mostarda, justamente como no fim de um Carnaval que se respeite.

Não se considera o suficiente, porém, a completa carnavalização do trabalho devido àqueles "objetos polimorfos", robozinhos serviçais que tendem (enquanto fazem o que antes você devia fazer) a fazer sentir como tempo de jogo o tempo em que são empregados.

Vive um eterno Carnaval o empregado que no computador, escondido do chefe, participa de jogos virtuais ou visita o site da *Playboy*. Vive seu Carnaval quem dirige um carro que já fala com ele, ensina-lhe o caminho a percorrer, o expõe ao risco de vida impelindo-o a apertar botões para receber informações sobre a temperatura, o quanto sobrou de gasolina, sobre a velocidade média, sobre o tempo de percurso.

O celular (verdadeira coberta de Linus* dos nossos dias, como sugeria Bartezzaghi) é instrumento de trabalho para os profissionais sempre em prontidão, como médicos ou encanadores. Para os outros, deveria servir apenas nas circunstâncias excepcionais em que, estando fora de casa, precisamos comunicar uma urgência repentina, o atraso a um compromisso por causa do descarrilamento de um trem, de uma inundação, de um acidente de trânsito. Se assim fosse, a não ser que tivéssemos azar excepcional, o celular como instrumento deveria ser usado uma, no máximo duas vezes por dia. Portanto, noventa e nove por cento do tempo gasto por aqueles que vemos apertando o "objeto transicional" na orelha, é tempo de jogo.

---

* Referência ao personagem de histórias em quadrinhos Linus (Charlie Brown), criado pelo estadunidense Charles Schulz, que costuma caminhar com uma espécie de pano ou coberta. (*N. do T.*)

O imbecil que ao nosso lado no trem realiza transações financeiras em voz alta está, na verdade, pavoneando-se com um cocar de plumas e um anel multicolorido no pênis.

É lúdico o tempo passado no supermercado ou nas churrascarias da estrada, que lhe oferecem um empíreo multicolorido de objetos na grande maioria das vezes inúteis, de tal modo que você tinha entrado para comprar um pacotinho de café, acabou ficando uma hora, e saiu com a compra de quatro pacotes de biscoitos para cachorros — naturalmente você não tem cachorro, mas se tivesse, seria um delicioso labrador, o cachorro mais da moda, que não sabe ficar de guarda, não sabe caçar nem encontrar trufas, está pronto para lamber a mão de quem está apunhalando você, mas é um maravilhoso brinquedo, principalmente se você o colocar na água.

Lembro-me nos anos 1970 do convite revolucionário, feito por Poder Operário, à recusa do trabalho — porque a automação triunfante acabaria mesmo por reduzir a dura necessidade dele. Objetava-se então que, se a classe operária recusasse o trabalho, quem teria desenvolvido a automação? Num certo sentido tinha razão o PodOp, a automação — como se costuma dizer — implementou-se sozinha. Só que o resultado não foi um enobrecimento da classe operária que realizava a condição utópica sonhada por Marx, na qual cada um teria sido ao mesmo tempo — e livremente — pescador, caçador etc. Pelo contrário, a classe operária foi recrutada pela indústria da carnavalização como usuário médio. Não tem mais a perder apenas as próprias correntes. Hoje (se houvesse um blecaute revolucionário) teria a perder o episódio do Big Brother, e, portanto, vota em quem lhe dá isto, e continua a trabalhar para oferecer mais valia a quem a faz divertir.

Se depois se descobre que em muitas partes do mundo as pessoas se divertem pouco e morrem de fome, nossa falsa consciência é aquietada por um grande espetáculo (jocoso) de beneficência para coletar fundos para crianças negras, paraplégicos e esqueléticos.

Carnavalizou-se o esporte. Como? O esporte é jogo por excelência: como se pode carnavalizar um jogo? Tornando-se, de parentético que devia ser (uma partida por semana e as Olimpíadas só de vez em quando), invasivo e, de atividade com fim em si mesma, atividade industrial.

Carnavalizou-se porque no esporte não conta mais o jogo de quem joga (transformado, inclusive, em trabalho duríssimo que só se consegue suportar com drogas), mas o grande Carnaval do antes, do durante e do depois, onde quem assiste joga de fato a semana inteira, e não quem faz o jogo.

Carnavalizou-se também a política, para a qual agora se usa normalmente a dicção de política-espetáculo. Com o parlamento cada vez mais desautorizado, a política se faz no vídeo, como jogo gladiatório, e para legalizar um primeiro-ministro fazem-no encontrar-se com a Miss Itália. A Miss, aliás, não aparece vestida como uma mulher normal (e um tanto inteligente como pareceu a muitos), mas com roupa de Miss Itália (chegará o dia em que até o primeiro-ministro, para legalizar-se, deverá aparecer mascarado de primeiro-ministro).

Carnavalizou-se a religião. Antigamente nós ríamos das cerimônias que se viam nos filmes, nas quais homens não brancos vestidos de paramentos variegados dançavam o sapateado gritando: "*Oh yes, oh Jesus*!" (e as obras, as obras, nós, de educação católica, nos perguntávamos, onde foram parar as obras nesses Carnavais pós-protestantes com fé dançante única?) Hoje, *absit iniuria*, muitas manifestações jubilares ao som de rock nos lembram a discoteca.

Alguns gays acreditaram encontrar reparação para a milenar e sofrida marginalização deles no Carnaval do Gay Pride. No fim, foram aceitos, porque nos dias de Carnaval se aceita tudo, até uma cantora que se mexe com o umbigo à mostra diante de João Paulo II (não finjam que esqueceram isso, aconteceu, e só poucos sentiram piedade daquele infeliz, nobre e venerando velho).

Sendo criaturas lúdicas por definição, e tendo perdido o sentido das dimensões do jogo, estamos na carnavalização total. A espécie tem tantos recursos, talvez esteja transformando-se, e saberá aceitar esta nova condição, obtendo inclusive vantagens espirituais. É justo, talvez, que o trabalho não seja mais uma maldição, e que não se deva passar o próprio tempo a fazer o exercício da boa morte, que a classe operária também vá ao paraíso, rindo disso. Alegria!

Ou talvez a História pense nisso, uma bela guerra mundial com tanto urânio empobrecido, um belo buraco no ozônio *maior do que o anterior*,* e o Carnaval acabará. Mas é preciso refletir sobre o fato de que a carnavalização total não satisfaz, e sim aguça o desejo, prova disto é a síndrome da discoteca, pela qual depois de tanto dançar e tantos decibéis ainda se quer correr, a portas fechadas, a gincana da morte.

A carnavalização total corre o risco de produzir a situação admiravelmente descrita por aquela velha piada do sujeito que se aproxima insinuante de uma moça e pergunta: "Senhorita, o que vai fazer depois da orgia?"

---

* No original, o autor usa o arcaísmo *pria* ("prima" = antes), provável alusão à literatura clássica italiana que tratou do tema da destruição final. (*N. do T.*)

A perda da privacidade*

A primeira coisa que a globalização da comunicação via internet colocou em crise foi a noção de limite. O conceito de limite é antigo como a espécie humana, aliás, como todas as espécies animais. A etologia nos ensina que todos os animais reconhecem em torno deles, e dos seus semelhantes, uma bolha de respeito, uma área territorial dentro da qual se sente seguro, e reconhece como adversário o que ultrapassa esse limite. A antropologia cultural nos mostrou como essa bolha protetora varia de acordo com as culturas, e para certos povos, uma proximidade do interlocutor que por outros povos é sentida como expressão de intimidade é interpretada como intrusão e agressão.

Em nível humano, essa zona de proteção estendeu-se do indivíduo para a comunidade. O limite — da cidade, da região, do reino — foi sempre sentido como uma espécie de ampliação coletiva das bolhas de proteção individual. Basta pensar em quanto a mentalidade latina era obcecada pelo limite, tanto que centralizava numa violação territorial o próprio mito de fundação: Rômulo traça um limite e mata o irmão porque ele não o respeita. Júlio César, ao passar o Rubicão, encontra-se diante da mesma angústia

* Da comunicação apresentada em setembro de 2000 em Veneza, num congresso organizado por Stefano Rodotà sobre a *privacy*, que em italiano se diz "*privatezza*" (privacidade).

que, talvez, acometeu Remo antes de violar o limite marcado pelo irmão. Sabe que passando aquele rio invadirá com armas o território romano. Se depois ele acampa seu exército em Rimini, como faz no início, ou marcha para Roma, é irrelevante: o sacrilégio foi feito ao ultrapassar o limite, e é irreversível. O dado foi lançado. Os gregos conheciam o limite da *polis*, e tal limite era traçado pelo uso da própria língua — ou dos seus vários dialetos. Os bárbaros começavam ali onde não se falava mais o grego.

Por vezes, a noção de limite (político) foi obsessiva a ponto de fazer levantar um muro no interior da própria cidade, para estabelecer quem estava aqui e quem estava acolá. E, pelo menos para os alemães do leste, ultrapassar o limite os expunha à mesma pena aplicada ao mítico Remo. O exemplo de Berlim oriental nos diz, de forma essencial, algo que na realidade sempre se referiu a todos os limites. O limite não só protege a comunidade de um ataque dos estranhos, mas também da visão deles. Os muros e a barreira linguística podem servir a um regime despótico para manter os próprios sujeitos na ignorância do que acontece alhures, mas geralmente garantem aos cidadãos que possíveis intrusos não tenham notícia dos seus costumes, das suas riquezas, das invenções, dos sistemas de cultivo. A grande muralha chinesa não defendia só os súditos do Império Celeste das invasões, mas garantia também o segredo da produção da seda.

Os súditos, ao contrário, sempre pagaram por esse recato social aceitando a perda do recato individual. Inquisições de todos os tipos, leigas ou religiosas, tinham o direito de vigiar os comportamentos e com frequência até mesmo os pensamentos dos súditos, para não falar das leis alfandegárias e fiscais, pelas quais sempre se considerou justo que a riqueza privada dos cidadãos tivesse de ser conhecida pelo Estado.

Com a internet, a própria definição de Estado Nacional entrará pouco a pouco em crise. A internet não é somente o instrumento que permite estabelecer *chat lines* internacionais e multilíngues. É que hoje uma cidade da Pomerânia pode tornar-se irmã de um centro da Extremadura, encontrando interesses comuns on-line, e comercializando para além das autoestradas, que ainda atravessam fronteiras. Hoje, no meio de uma irrefreável onda migratória, é cada vez mais fácil para uma comunidade muçulmana em Roma ligar-se a uma comunidade muçulmana em Berlim.

Mas essa queda dos limites provocou dois fenômenos opostos. Por um lado, não há mais comunidade nacional que possa impedir aos próprios cidadãos de conhecer o que acontece em outros países, e logo será impossível impedir ao súdito de uma ditadura qualquer que ele saiba em tempo real o que ocorre alhures; por outro, a monitoração severa que os Estados exerciam sobre as atividades dos cidadãos passou para outros centros de poder que são tecnicamente capazes (ainda que nem sempre de forma legal) de saber a quem escrevemos, o que compramos, que viagens fizemos, quais são nossas curiosidades enciclopédicas e até mesmo nossas preferências sexuais. Até o infeliz pedófilo de outra época que, encerrado na própria aldeia, procurava manter em segredo sua insana paixão, hoje é encorajado a colocar em perigo, on-line, o próprio vergonhoso segredo. O grande problema do cidadão que preza sua vida particular não é o de defender-se dos hackers, não mais frequentes e perigosos do que os bandidos da rua que podiam roubar um comerciante em viagem, mas dos cookies, e de todas as outras mirabolantes tecnologias que permitem coletar informações sobre cada um de nós.

Um programa de televisão recente está convencendo o público mundial de que a situação do Big Brother se verifica quando alguns indivíduos decidem (por livre e espontânea, mas deplorável, vontade) deixar-se espiar pelas multidões, felizes de espiar. Mas não é este o Big Brother de que falava Orwell. O Big Brother de Orwell é colocado em obra por uma restrita *nomenklatura* que espia todos os atos individuais de todos os membros da multidão, contra os desejos de cada um. O Big Brother de Orwell não é a televisão, onde milhões de *voyeurs* olham um único exibicionista. É o *panopticon* de Bentham, onde muitos vigias observam, não observados e não observáveis, um único condenado. Mas se na história de Orwell o Big Brother era uma alegoria para o Pequeno Pai stalinista, aquele que nos observa hoje não tem rosto e não é um, é o conjunto da economia global. Como o Poder de Foucault, não é uma entidade reconhecível, é o conjunto de uma série de centros que aceitam o jogo, sustentam-se reciprocamente, a tal ponto que aquele que por um centro de poder espia os outros que fazem compras num supermercado, será por sua vez espiado quando paga a conta do hotel com o cartão de crédito. Quando o Poder não tem mais rosto, torna-se invencível. Ou, pelo menos, fica difícil controlá-lo.

Voltemos às próprias raízes do conceito de privacidade. Na minha cidade natal se representa todos os anos Gelindo, uma comédia cômico-religiosa, que se desenrola entre os pastores em Belém, nos tempos do nascimento do Salvador, mas contemporaneamente parece estar localizada na minha terra, entre camponeses das cidades próximas a Alexandria*. De fato, é falada em dialeto, e joga com contaminações de grande efeito cômico, porque as personagens dizem que para chegar a Belém devem atravessar o rio Tanaro, que obviamente se encontra nos meus lados, ou então atribuem ao malvado Herodes leis e regras dos nossos governos atuais. Quanto aos personagens, a comédia representa com obtusa vivacidade o caráter dos piemonteses que, por tradição, são muito fechados, ciumentos da própria vida particular e dos sentimentos.

A certa altura aparecem os Reis Magos, que encontram Mafeus, um dos pastores, e lhe perguntam o caminho para Belém. O pastor, velho e um pouco gagá, responde que não sabe, e os convida a dirigir-se ao seu patrão Gelindo, que deveria voltar logo. De fato, Gelindo entra, cruza pelo caminho com os Reis Magos, e um deles lhe pergunta se ele é o Gelindo. Não nos interessa agora o diálogo entre Gelindo e os Reis Magos, e sim o que se desenrola mais adiante, quando Gelindo pergunta aos seus pastores como é que aquele estrangeiro sabia seu nome, e Mafeus admite ter sido ele a dizer-lhe o nome. Gelindo se enfurece e ameaça bater nele, porque, diz, não se faz circular assim o nome de alguém como se fosse moeda barata. O nome é uma propriedade particular e, tornando-o público, subtrai-se a quem o carrega uma parte da própria privacidade. Gelindo não podia conhecer a palavra *privacidade*, mas era justamente esse valor que ele estava defendendo. Se ele tivesse um léxico mais articulado, nos teria dito que estava manifestando reserva ou recato, ou discrição, ou então que estava defendendo a própria intimidade.

---

* Umberto Eco nasceu em Alessandria (pronuncia-se Alessándria), ou Alexandria em português, cidade da região Piemonte, norte da Itália, próxima a Turim. (*N. do T.*)

Vale notar que a defesa do próprio nome não é somente um costume arcaico. Durante as assembleias de 1968, os estudantes que se levantavam se apresentavam como Paulo, Marcelo, Ivã, e não por nome e sobrenome. O costume se justificava pelo temor de que um agente da polícia pudesse estar presente, e tomasse nota dos autores das várias falas. Mais frequentemente, usavam tais reticências como um cacoete, inspirado nos *partigiani*,* conhecidos apenas pelo apelido, para evitar represálias contra a família distante. Mas um obscuro desejo de proteger a própria identidade está ainda presente nos que telefonam para os programas de televisão e de rádio, às vezes para exprimir opiniões muito lícitas, ou para responder a um quiz.** Uma instintiva vergonha, talvez (e agora um hábito encorajado pelos apresentadores), os leva a nomear-se Marcela de Pavia, Ágata de Roma, Esperidião de Termoli.

Às vezes a defesa da própria identidade beira o pavor, a incapacidade de tomar a responsabilidade pelas próprias ações, de tal maneira que somos levados a invejar os países onde, quando alguém se apresenta em público, declara imediatamente nome e sobrenome. Mas se pode ser bizarra e, às vezes, muito pouco justificada, a defesa da própria identidade do nome, não é certamente assim a da vida particular, pela qual — e por antiga tradição — não só se lavam em família os panos sujos, mas também os limpos, e alguém pode desejar não tornar notória a própria idade, as próprias doenças, ou a própria renda — a não ser que deva prestar contas por lei.

Quem é que nos pede a defesa da reserva? Certamente os que pretendem manter secretas as transações comerciais, os que não querem a violação da própria correspondência pessoal, quem elabora dados de pesquisa que ainda não que tornar públicos. Tudo isso nós sabemos muito bem, e fazem leis para proteger os que solicitam o direito à reserva. Mas quantos são os que solicitam este direito? Parece-me que uma das grandes tragédias da

---

* Trata-se dos que resistiram ao nazifascismo durante a Segunda Guerra Mundial. (*N. do T.*)

** Trata-se de um termo emprestado do inglês para designar os testes e perguntas em geral de cujas respostas certas dependem os prêmios de alguns programas de televisão. (*N. do T.*)

sociedade de massa, a da imprensa, da televisão e da internet, seja a renúncia voluntária à reserva. O máximo da renúncia à reserva (e, portanto, ao recato, até o pudor) é — no limite do patológico — o exibicionismo. Ora, parece-me paradoxal que alguém tenha de lutar pela defesa da privacidade numa sociedade de exibicionistas.

Uma das tragédias sociais do nosso tempo foi principalmente a transformação daquela válvula de escape, em grande parte benéfica, que era a fofoca.

A fofoca clássica, a que se fazia na aldeia, na portaria ou na taberna, era um elemento de coesão social. Nunca se faziam fofocas sobre alguém para dizer que tinha saúde, sorte e felicidade; fazia-se fofoca sobre um defeito, um erro, um azar de outra pessoa. Ao fazer isso, porém, os fofoqueiros de algum modo participavam das desventuras dos fofocados (pois a fofoca não implica sempre em desprezo, pode induzir também à compaixão). Ela, todavia, funcionava se as vítimas não estavam presentes e não sabiam que eram assim (desse modo, podiam livrar a cara fazendo de conta que não sabiam). Quando a vítima tomava conhecimento da fofoca, e não podia mais fazer de conta que não sabia, acontecia o escândalo em praça pública ("Linguaruda de uma figa, eu sei que você andou dizendo que..."). Depois do escândalo, a notícia se tornava pública. A vítima se expunha ao ridículo, ou à condenação social, e os carrascos não tinham mais nada sobre o que fofocar. Por isso, para que o valor de válvula social da fofoca permanecesse intacto, todos, carrascos e vítimas, eram levados, na medida do possível, a manter uma zona de segredo.

A primeira aparição do que chamaremos de fofoca moderna aconteceu com a imprensa. Em outros tempos existiam publicações especializadas, que se dedicavam a fofocas sobre pessoas que, por causa do trabalho (atores e atrizes, cantores, reis no exílio, playboy) expunham-se voluntariamente à observação dos fotógrafos e dos cronistas. O jogo era de tal maneira às claras que até os leitores sabiam muito bem que, se o ator tal tinha sido visto com a atriz tal no restaurante, isto não significava que entre os dois tivesse começado uma "amizade afetuosa", e provavelmente tudo tinha sido planejado pelos órgãos de imprensa deles. Mas os leitores dessas publicações não pediam verdades, queriam justamente diversão, e nada mais.

Para enfrentar por um lado a concorrência da televisão, e por outro a exigência de rechear um número muito alto de páginas, para poderem viver de publicidade, até mesmo a imprensa dita séria, incluindo a cotidiana, teve de interessar-se cada vez mais pelos acontecimentos sociais e de costumes, de variedades, de *gossip* e principalmente, quando não havia notícias, foi obrigada a inventá-las. Inventar uma notícia não quer dizer informar sobre um evento que não aconteceu, e sim fazer tornar-se notícia o que antes não era, a frase que escapou a um político em férias, os acontecimentos do mundo do espetáculo. A fofoca tornou-se, assim, matéria de informação generalizada, e alcançou também a intimidade que sempre tinha sido excluída da monitoração curiosa da crônica sentimental, atingindo reis no trono, líderes políticos e religiosos, presidentes da República, cientistas.

Nessa primeira fase de transformação, a fofoca, de sussurrada que era, tornou-se gritada, conhecida pelas vítimas, pelos carrascos e por aqueles que no fundo não estavam interessados. Perdeu o fascínio e a força do segredo. Produziu, porém, uma nova imagem da vítima: ela não era mais uma pessoa de quem se devia ter dó, porque se tornara vítima justamente por ser famosa. Ser objeto de fofoca (pública) começou aos poucos a parecer sinal de status social.

A essa altura passou-se a uma segunda fase, quando a televisão planejou programas em que não eram mais os carrascos que fofocavam sobre suas vítimas, e sim as vítimas que se apresentavam alegres a fofocar sobre si mesmas, confiantes em adquirir com isso o mesmo status social do ator ou do homem político. Na fofoca televisiva nunca se fala mal de alguém que não existe: é a vítima que fofoca sobre si mesma, falando dos próprios acontecimentos íntimos. Os fofocados são os primeiros a saber, e todos sabem que eles sabem. Não são vítimas de algum murmúrio. Não há mais segredo. Não se pode nem mesmo atacar as vítimas, pois elas tiveram a coragem de se tornar carrascos de si mesmas, expondo as próprias fraquezas, nem se pode ter piedade delas, porque com a confissão obtiveram uma vantagem invejável, a exposição pública. A fofoca perdeu, assim, sua natureza de válvula social para se tornar exibição inútil.

Não devíamos esperar por programas como o *Big Brother*, que justamente condena ao voyeurismo nacional personagens que, pela escolha que fizeram, já se colocaram na categoria dos que precisam, como se comprovou publicamente, da assistência de um psicólogo. Já há muitíssimos anos, que ninguém considerava psicologicamente instáveis, apareceram nas telas para discutir com o cônjuge das recíprocas traições, para discutir com a sogra, para invocar desesperadamente o amado ou a amada que os deixou, para estapearem-se em público, para encenar casos de divórcio em que eram impiedosamente analisadas as próprias incapacidades sexuais pessoais.

Se em outra época a vida particular era de tal maneira secreta que o segredo dos segredos era por definição o do confessor, agora é a noção de confessional que foi revirada.

Mas aconteceu uma coisa pior. Pois, se por um lado, por meio da exibição da própria vergonhosa intimidade, homens e mulheres comuns divertiam o público e, por outro, satisfaziam a necessidade de serem vistas, condenou-se à exposição pública também aquele que em outra época se chamava o Bobo da Aldeia e que hoje — com *understatement* de sabor bíblico, e em respeito à sua desventura — chamarei de o Insipiente da Aldeia.

O Insipiente da Aldeia dos tempos idos era aquele que, pouco dotado pela mãe natureza, seja no sentido físico, seja no sentido intelectual, frequentava a taberna da cidade, onde os cruéis concidadãos lhe pagavam bebidas para que se embriagasse e fizesse coisas inconvenientes e obscenas. Vale notar que, naquelas aldeias, o insipiente compreendia com dificuldade que o tratavam como insipiente, mas aceitava o jogo, porque era um modo para que lhe pagassem bebidas, e porque certo exibicionismo era parte da sua insipiência.

O insipiente da era da aldeia global televisiva não é uma pessoa média, como o marido que aparece na tela para acusar a mulher de infidelidade. Está abaixo da média. É convidado para os talk shows, para os programas de quiz, justamente porque é insipiente. O insipiente televisivo não é necessariamente um subdesenvolvido. Pode ser um espírito bizarro (como o descobridor da Arca Perdida, ou o inventor de um novo sistema para o moto perpétuo, que por muitos anos bateu inutilmente nas portas de todos os jornais ou de todos os cartórios de registro de patentes, e finalmente encontra alguém que o leve a sério); pode até ser um escritor domingueiro rejeitado por todos os editores, o qual compreendeu que, em vez de obstinar-se em escrever uma obra-prima, pode ter sucesso baixando as calças em público, e dizendo palavrões no decorrer de um debate cultural; pode ser a *bas-bleu** provinciana que finalmente encontrou quem a ouça enquanto pronuncia palavras difíceis e conta que teve experiências extrassensoriais.

Uma vez, quando os amigos da taberna tinham passado dos limites com o insipiente da aldeia, estimulando-o a exibições insustentáveis, intervinham o prefeito, o farmacêutico, um amigo de família, que pegavam o infeliz debaixo do braço e o levavam para casa. No entanto, ninguém leva para casa e protege o insipiente da aldeia global televisiva, cuja função se torna semelhante à do gladiador, condenado à morte para o prazer da multidão. A sociedade, que defende o suicida da sua trágica decisão, ou o drogado do desejo que o levará à morte, não defende o insipiente televisivo, aliás, encoraja-o, como numa época se encorajava os anões e as mulheres barbudas a exibirem-se nos parques de diversão.

Trata-se evidentemente de um crime, mas não é a salvaguarda do insipiente que me preocupa (mas as autoridades competentes deveriam se preocupar com isso, já que se trata de coerção de incapaz): é o fato de que, glorificado pela sua aparição na tela, o insipiente torna-se modelo universal. Se ele se expôs, qualquer um poderá fazer o mesmo. A exibição do insipiente convence o público de que nada, nem mesmo a mais vergonhosa das desventuras, tem direito a permanecer particular, e que a exibição da própria deformidade premia. A dinâmica da audição faz que, assim que o insipiente aparecer no vídeo, torne-se um insipiente famoso, e esta fama mede-se em compromissos publicitários, convites para congressos e festas, às vezes até oferta de serviços sexuais (por outro lado, Victor Hugo nos tinha ensinado que uma bela dama pode enlouquecer até o Homem que Ri). Definitivamente, deforma-se o próprio conceito de deformidade e tudo se torna bonito, até a deformação, desde que seja levada à glória da tela de televisão.

---

* Expressão francesa que designa um tipo de escritora pedante. (*N. do T.*)

Vocês se lembram da Bíblia? *Dixit insipiens in corde suo: Deus non est.* O insipiente televisivo afirma com orgulho: *Ego sum.*

Está acontecendo um fenômeno análogo também na internet. A pesquisa em muitas *home pages* nos mostra que, muitas vezes, a constituição de um site visa apenas a exibir a própria esquálida normalidade, quando não se trata de anormalidade.

Tempos atrás, encontrei a *home page* de um senhor que colocava à disposição, e talvez ainda a coloque, a foto do seu cólon. Como sabemos, há muitos anos é possível ir a uma clínica para que se examine o reto com uma sonda que traz na ponta uma pequena câmera, e o próprio paciente pode observar na tela colorida a viagem da sonda (e da câmera) nos próprios recantos mais íntimos. Geralmente, alguns dias depois do exame, o médico entrega ao paciente (de maneira bem reservada) os resultados da análise com a foto colorida do cólon.

O problema é que os cólons de todos os seres humanos (exceto nos casos de tumores já terminais) são parecidos. Portanto, se é que se pode ter interesse pela foto colorida do próprio cólon, fica-se indiferente diante da visão do cólon do outro. Pois bem, o senhor de quem eu falo penou para abrir uma *home page* para que todos pudessem ver a foto do cólon dele. Evidentemente, trata-se de uma pessoa a quem a vida nada deu, não deu herdeiros para transmitir-lhes o nome, não deu um *partner* que se interessasse pelo rosto dele, nem amigos para mostrar-lhes as fotos das férias, e que, portanto, apega-se a essa última desesperada exibição para encontrar um mínimo de visibilidade. Nesse, como em outros casos de voluntária renúncia à privacidade, estão abismos de desespero que nos deveriam induzir a uma compadecida desatenção. Mas o exibicionista (esse é o drama dele) não nos permite ignorar sua vergonha.

Eu poderia continuar esse relato de casos em que assistimos à renúncia alegre à própria privacidade. As pessoas que aos milhares ouvimos pelas ruas, no restaurante ou no trem, enquanto discutem particularíssimos negócios pelo celular, ou até mesmo encenam via satélite tragédias amorosas, não são estimuladas pela urgência de comunicar algo importante, caso contrário falariam baixo, ciumentos do segredo deles. São ansiosos por fazer com que todos saibam que tomam decisões em uma empresa de geladeiras, que compram e vendem na Bolsa, que organizam congressos, que foram abandonados pelo *partner*. Pagaram para adquirir um celular e para manter uma conta bem salgada que lhes permite a exibição da vida particular diante de todos.

Não é por diversão que me detive nesse relato de pequenas e grandes teratologias psicológicas e morais. É que considero que a tarefa das autoridades que cuidam da nossa privacidade seja não só defender os que querem ser defendidos, mas também proteger os que não sabem mais defender-se.

Gostaria de dizer, aliás, que justamente o comportamento dos exibicionistas é o que nos diz quanto o ataque à privacidade possa tornar-se não só crime, mas um verdadeiro câncer social. E são as crianças que, antes de todos, deveriam ser educadas de modo a subtraí-las ao exemplo corruptor dos pais.

Mas o círculo que se estabelece é vicioso. O ataque à privacidade acostuma todos ao seu desaparecimento. Muitos de nós já decidimos que com frequência o modo para manter o segredo é torná-lo público, por isso escrevem-se e-mails ou fazem-se telefonemas em que se diz abertamente o que se tem de dizer, certos de que nenhum interceptador achará interessante uma afirmação que não se procura mascarar. Pouco a pouco nos tornamos exibicionistas porque aprendemos que nada mais poderá ser reservado — e quando não há mais nada reservado, nenhum comportamento torna-se escandaloso. Mas lentamente os que atentam para nossa privacidade se convencem de que as próprias vítimas são consencientes, e então não vão mais deter-se diante de nenhuma violação.

O que eu queria dizer é que a defesa da privacidade não é só um problema jurídico, mas também moral e antropológico cultural. Teremos de aprender a elaborar, difundir, premiar uma nova sensibilidade à discrição, deveremos educar para a reserva de nós mesmos e para com os outros. No que diz respeito à reserva para com os outros, creio que o melhor exemplo seja o de Manzoni. Precisando finalmente admitir que a Monja de Monza, aceitando a corte do perverso Egídio, tinha precipitado num abismo de devassidão e de delitos, tomado pelo medo de violar a intimidade da pobrezinha, e não podendo esconder dos leitores a falha dela, limitou-se a escrever: "A desventurada respondeu" — ali onde um autor mais tolerante talvez tivesse gasto páginas e mais páginas para nos descrever como um *voyeur* o que fizera a pobre Gertrude. Esplêndido exemplo de piedade cristã e de respeito leigo pela intimidade dos outros.

Quanto ao respeito pela própria intimidade, gostaria de citar a última frase do breve bilhete que Cesare Pavese* deixou antes de se matar: "Não façam fofocas demais."

---

* A reprodução do bilhete, com as palavras mencionadas por Eco, que o escritor italiano Cesare Pavese deixou num quarto de hotel antes de suicidar-se, consta no último livro dele — *Il mestiere di vivere* ("O ofício de viver"), espécie de diário que revela até pensamentos íntimos do grande romancista, contista e poeta piemontês. (*N. do T.*)

Sobre o politicamente correto*

Sou da opinião de que o termo "politicamente correto" é agora usado em sentido politicamente incorreto. Em outras palavras, um movimento de reforma linguística gerou usos linguísticos desviantes. Se lermos o artigo que a Wikipédia (uma enciclopédia on-line) dedica ao PC (agora é designado assim, quando não nascem confusões com os computadores ou com o velho partido comunista), encontraremos também a história do termo. Parece, então, que em 1793 a Corte Suprema dos Estados Unidos (processo chamado "Chisholm versus Geórgia") argumentava que muito frequentemente se citava um estado em lugar do Povo, para o bem do qual o estado existe, e que, portanto, não era "politicamente correto", num brinde, falar de Estados Unidos em lugar de "Povo dos Estados Unidos".

Depois, o movimento ganhou força nos ambientes universitários norte-americanos no início dos anos 1980, como (as citações são sempre da Wikipédia) alteração da linguagem voltada para evidenciar injustas discriminações (reais ou subtendidas) e para evitar ofensas de modo a encontrar substitutivos eufêmicos para usos linguísticos que dizem respeito a diferenças de raça, gênero, orientação sexual ou deficiências físicas, religião e opiniões políticas.

---

* *La Repubblica*, outubro de 2004.

Todos nós sabemos que a primeira batalha do PC foi combatida para eliminar epítetos ofensivos com relação às pessoas não brancas, não apenas o infame *nigger*, mas também *negro*, palavra que em inglês se pronuncia *nigro* e que soa como empréstimo do espanhol, lembrando os tempos da escravidão. Daí primeiro a adoção de *black*, e depois, com sucessiva correção, *African American*.

Esse assunto da correção é importante porque ressalta um elemento importante do PC. O problema não é decidir como "nós" (que estamos falando) chamamos os "outros", mas como deixar que os outros sejam chamados como querem, e se o novo termo de alguma maneira ainda os perturbar, aceitar a proposta de um terceiro termo.

Se você não se encontrar em determinada situação, não pode saber qual é o termo que perturba e ofende os que se encontram dentro dela; você deve, portanto, aceitar a proposta deles. Caso típico é a decisão de usar em italiano *deficiente visual* em vez de *cego*. Pode-se legitimamente considerar que não há nada de ofensivo no termo *cego*, e que usá-lo não diminua, aliás, reforce, o sentido de respeito e solidariedade que se deve aos pertencentes a esta categoria (sempre houve certa nobreza em falar de Homero como o grande vidente cego); mas se os pertencentes à categoria consideram-se mais à vontade com *deficiente visual*, somos levados a respeitar o desejo deles.

Era pesado o epíteto de *lixeiro* para quem fazia aquele honesto trabalho? Pois bem, se a categoria assim desejar, usaremos *operador ecológico*. Por amor ao paradoxo, o dia em que os advogados se sentirem perturbados por esta denominação (talvez até por causa de termos pejorativos, como *rábula* ou *advogado do diabo*) e pedirem para serem chamados de *operadores legais*, será educado ater-se a esse uso.

Por que os advogados nunca sonhariam em mudar de denominação (imaginem só se Gianni Agnelli* tivesse pedido para ser nomeado como Operador Legal Agnelli)? Porque, resposta óbvia, os advogados são considerados socialmente e gozam de excelentes condições econômicas. A

---

* Gianni Agnelli, presidente da Fiat, era conhecido na Itália como *"l'avvocato"* (o advogado) Agnelli. (*N. do T.*)

questão é que muitas vezes a decisão PC pode representar um modo de eludir problemas sociais ainda não resolvidos, mascarando-os por meio de um uso mais educado da linguagem. Quando se decide não chamar mais as pessoas em cadeira de rodas de portadores de *handicap** ou de *deficientes*, mas de *diversamente hábeis*, e depois não constroem para elas as rampas de acesso aos lugares públicos, evidentemente se removeu com hipocrisia a palavra, mas não o problema. Pode-se dizer o mesmo para a bela substituição de *desempregado* por *desocupado por tempo indefinido* ou de *despedido* por *em transição programada entre mudanças de carreira*. Veja-se a esse respeito o livro de Edoardo Crisafulli, *Igiene verbale: Il politicamente corretto e la libertà linguistica* (Higiene verbal: O politicamente correto e a liberdade linguística), publicado pela Vallecchi, que esclarece todas as contradições, os prós e os contras dessa tendência.

Isso explica por que uma categoria pede a mudança do nome e logo depois, mantidas intactas algumas condições de partida, exige uma nova denominação, num escapismo que poderia não mais acabar se, além do nome, a coisa também não mudar. Há até mesmo retrocessos, onde uma categoria pede o novo nome, mas depois na própria linguagem particular mantém o antigo, ou retorna a ele como um desafio (a Wikipédia observa que, em algumas gangues juvenis afro-americanas, usa-se atrevidamente o termo *nigger*, mas naturalmente coitado de quem usá-lo e não for um deles — um pouco como acontece com as piadas sobre os judeus, sobre os escoceses ou sobre os nascidos em Cuneo, que só podem ser contadas por judeus, escoceses ou nascidos em Cuneo).**

Às vezes o PC pode beirar até mesmo um racismo latente. Lembro-me muito bem de que, no pós-guerra, muitos italianos ainda desconfiados dos judeus, mas que não queriam mostrar-se racistas, para dizer que alguém era judeu diziam, depois de uma infinitesimal hesitação, que era um *israelita*. Não sabiam que os judeus orgulhavam-se de serem reconhecidos como *judeus*, ainda que (e em parte justamente por isso) o termo tenha sido usado como insulto pelos perseguidores deles.

---

* Em italiano se usa o termo *handicappato* (do inglês "*handicap*") para designar os deficientes físicos. (*N. do T.*)

** Cidade do Piemonte próxima à cidade natal de Umberto Eco. (*N. do T.*)

Um outro caso constrangedor foi o das lésbicas: por muito tempo, quem queria parecer politicamente correto tinha receio de usar este termo, assim como não usava os costumeiros pejorativos para os homossexuais, e timidamente falava *sáficas*. Depois se descobriu que, entre os homossexuais, se os homens queriam ser chamados de *gays*, as mulheres se definiam tranquilamente como *lésbicas* (até por causa do pedigree literário do termo), e, portanto, era muito correto chamá-las assim.

Muitas vezes o PC mudou de fato, e sem traumas demais, os usos linguísticos. É cada vez mais frequente, quando se dão exemplos gerais, evitar falar no masculino e falar *deles*. Muitos professores norte-americanos não dizem mais "quando um estudante vem me procurar..." mas falam de "estudantes" (em inglês tudo bem, em italiano provocaria ainda alguns embaraços), ou até mesmo variam nos exemplos, falando às vezes de um *he* e às vezes de uma *she*; e já se aceita a substituição de *chairman* (presidente) por *chairperson* ou *chair*. Há ainda os que fazem brincadeiras com o PC e que propuseram a mudança do termo para carteiro, de *mail man* para *person person*, porque *mail* (correio) também pode soar a *male* (macho).

Essas sátiras constatam que, uma vez imposto como movimento democrático e "liberal", que tinha assumido imediatamente uma conotação de esquerda (pelo menos no sentido da esquerda norte-americana), o PC produziu degenerações. Chegou-se a considerar que *mankind* fosse sexista, por causa do prefixo *man*, e que excluía da humanidade as mulheres, e se decidiu substituí-lo por *humanity*, por ignorância etimológica, já que ele também deriva de *homo* (e não de *mulier*). Ainda que por provocação, mas sempre por ignorância etimológica, certas alas do movimento feminista tinham proposto não falar mais de *history* (onde *his* é pronome masculino), mas de *herstory*.

A exportação do PC para outros países produziu novas distorções, e todos nós sabemos dos debates (não resolvidos) sobre qual é o termo mais respeitoso para chamar uma advogada, *avvocatessa* ou *avvocato**, e encontro num texto norte-americano a questão se é realmente PC chamar de *poetess* uma mulher poeta, como se fosse só a mulher de um poeta (e aqui também entram em jogo os usos consolidados, porque entre nós o termo *poetessa* já é aceito tanto quanto *professoressa*, enquanto *banchieressa* ou *banchiera* pareceria bizarro ou até mesmo insultuoso).

Um caso típico de difícil transposição é justamente o da mudança de *preto* para *negro*. Nos Estados Unidos, a mudança do altamente identificador *negro* para *black* era radical, enquanto em italiano a mudança de *preto* para *negro* parece um pouco forçada.** Além do mais, o termo *negro* tem uma história legítima e comprovada por muitas fontes literárias: todos nós lembramos que nas traduções de Homero que líamos na escola se falava do "negro vinho", e foram escritores africanos de língua francesa que falaram de *negritude*.

Nos Estados Unidos, as degenerações do PC encorajaram uma superabundância de falsos e divertidíssimos dicionários PC, em que além de certo limite não se compreende mais se certa dicção foi realmente proposta ou se foi inventada com propósitos satíricos. De fato, ao lado de substituições que já se usam, encontram-se *socialmente separado* para *preso*, *funcionário do controle bovino* para *cowboy*, *correção geológica* para terremoto, *residencialmente flexível* para *mendigo*, *eretilmente limitado* para *impotente*, *horizontalmente acessível* para *mulher de costumes fáceis*, *regressão folicular* para *calvície*, e até mesmo *carente de melanina* para indicar um homem branco.

Na internet, vocês encontrarão a publicidade da STUPID. (Scientific and Technical University for Politically Intelligent Development), onde se anuncia que naquele campus foram instituídas sinalizações rodoviárias não apenas em cinco línguas, mas também em Braille, e que são oferecidos

---

* Em italiano, o debate seria entre os dois termos, pois ambos poderiam ser usados para designar a mulher que exerce a profissão de advogado; no primeiro, nada se altera, mas no segundo se usa o sufixo —essa, frequente em italiano para formar o feminino. A mesma observação vale para *professoressa* (professora), *poetessa* (poetisa) e para um possível *banchieressa* ou *banchiera* ("banqueira"), no mesmo parágrafo. (*N. do T.*)

** No original, o autor cita a mudança de *negro* para *nero*, dois termos que designam a cor preta ou negra. A mesma observação serve para o restante do parágrafo. (*N. do T.*)

cursos sobre a contribuição dos aborígines australianos e dos índios das Aleutas à mecânica quântica, sobre como a baixa estatura (o ser *vertically challenged*) favoreceu as descobertas de Newton, Galileu e Einstein, e sobre a cosmologia feminista, que substitui a metáfora machista e ejaculatória do Big Bang pela teoria do Gentle Nurturing, de acordo com a qual o nascimento do universo se deu por lenta gestação.

Podem-se encontrar na internet versões PC de *Chapeuzinho Vermelho* e *Branca de Neve* (deixo por conta da imaginação como um seguidor do PC poderia se virar com os sete anões), e encontrei uma longa discussão sobre como poderia ser traduzido "o bombeiro apoiou uma escada à árvore, subiu e recuperou o gato". Além do óbvio princípio PC pelo qual um bombeiro deve ser no mínimo um vigia do fogo,* a tradução proposta ocupa muitas linhas porque se trata de esclarecer que o bombeiro era no caso específico um homem, mas poderia muito bem ter sido uma mulher, agiu contra a liberdade do gato que tinha direito a passear por onde queria, colocou em risco com a escada a saúde da árvore, subentendeu que o gato era propriedade dos patrões e, subindo com desenvoltura, ofendeu a sensibilidade de deficientes físicos, e assim por diante.

Exageros efetivos e desdobramentos cômicos consequentes à parte, o PC produziu desde o início uma violenta reação por parte dos ambientes conservadores, que o veem como um caso de carolismo de esquerda e uma imposição que lesa o direito à liberdade de palavra. Frequentemente se alude à Novilíngua de Orwell e (às vezes diretamente) à linguagem oficial do stalinismo. Muitas dessas reações são igualmente carolas, e por outro lado existe um PC de direita, tão intolerante quanto o de esquerda, e basta pensar nas pragas rogadas contra os que falam de "resistência" iraquiana.

Além disso, com frequência se faz confusão entre sugestão moral e obrigação legal. Uma coisa é afirmar que é eticamente incorreto chamar de *bichas* os homossexuais e afirmar que, se quem o faz é um ministro, e o faz em papel timbrado do ministério, deve-se falar somente de miserável incivilidade. Uma coisa é dizer que quem se exprime assim deve ser preso

---

* Em italiano usa-se também *vigile del fuoco*, aqui traduzido literalmente, para designar o bombeiro. (*N. do T.*)

(a menos que Tremaglia não chame de bicha Buttiglione,* nesse caso seria compreensível uma ação judicial com ampla solicitação de danos morais). Mas, à parte a vulgaridade de Tremaglia, não parece existir uma lei que prescreva anos ou meses de prisão para quem diz *lixeiro* em vez de *operador ecológico*, e tudo permanece como assunto de responsabilidade pessoal, bom gosto e respeito pelos desejos dos outros.

São documentáveis, porém, muitos casos em que, por ter feito um uso politicamente incorreto da linguagem, programas televisivos inteiros foram penalizados pela publicidade, ou até mesmo fechados, e não são raros escândalos universitários em que um professor cai em desgraça por não ter prestado atenção no emprego de termos apenas politicamente corretos. E dá para entender, portanto, como o debate não coloca em cena somente liberais e conservadores armados uns contra os outros, mas com frequência se desenvolve ao longo de linhas de divisão muito problemáticas.

Não faz muito tempo, o *Los Angeles Times* tinha decidido, como política editorial, usar o termo *anti-abortion* (antiaborto) em vez de *pro-life* (defesa da vida), uma vez que o segundo termo já implicava uma opinião ideológica. Verificando o artigo de um colaborador que resenhava uma peça teatral, o redator tinha encontrado *pro-life*, usado, porém, com sentido bem diferente, e o tinha mudado para *anti-abortion*, alterando o significado do trecho. Quando o caso estourou, o jornal pediu desculpas e deu o nome do redator responsável pelo equívoco, mas aqui estourou um novo caso, porque, para proteger a privacidade do redator encarregado de rever os textos dos outros, o jornal não podia tornar público o nome dele.

Lentamente, porém, sobretudo nos Estados Unidos, de problema simplesmente linguístico que era (chame os outros como eles desejam ser chamados), acabaram caindo no problema dos direitos das minorias. Era natural que, em certas universidades, estudantes não ocidentais quisessem cursos também sobre as próprias tradições culturais e religiosas e sobre a literatura deles. Seria menos óbvio, por exemplo, que estudantes africanos quisessem que os cursos sobre Shakespeare fossem substituídos por cursos

* Tremaglia e Buttiglione são dois conhecidos políticos da direita italiana. (*N. do T.*)

sobre literaturas africanas. A decisão, quando e se aceita, aparentemente respeitava a identidade do afro-americano, mas de fato lhe subtraía conhecimentos úteis para poder viver no mundo ocidental.

Chegaram, portanto, a esquecer que a escola não deve ensinar aos estudantes só o que eles querem, mas também e algumas vezes o que eles não querem, ou que não sabem que podem querer (caso contrário, em todas as escolas fundamentais e médias não ensinariam mais matemática ou latim, mas só jogos virtuais no computador — ou o bombeiro aceitaria que o gato fugisse e desembestasse pela rodovia, porque este é seu desejo natural).

E aqui se chega ao último ponto desse discurso. Com frequência cada vez maior, designa-se como uso PC todos os comportamentos políticos que privilegiam a compreensão entre raças e religiões ou até mesmo a tentativa de entender as razões do adversário. O caso mais significativo aconteceu com um programa de televisão norte-americano, em que o apresentador, Bill Maher, a propósito do 11 de setembro, tinha contestado uma frase de Bush que definia como "covardes" os terroristas das Torres Gêmeas. Maher tinha afirmado que tudo se pode dizer de um kamikaze, menos que lhe falta coragem. O céu se abriu. Repentinamente, fizeram pausa para os comerciais e o programa foi, enfim, eliminado. Ora, o caso Maher nada tinha a ver com o PC, nem visto pela direita, nem pela esquerda. Maher tinha dado uma opinião. Podia-se criticá-lo por ter feito isso diante de um público cuja ferida do 11 de setembro ainda doía, podia-se debater, como alguns fizeram, a diferença entre covardia moral e covardia física, podia-se dizer que um kamikaze é de tal maneira ofuscado pelo próprio fanatismo que a essa altura não se pode mais falar nem de coragem, nem de medo... Maher, todavia, estava exprimindo uma ideia própria, provocadora, está certo, mas não usava uma linguagem politicamente incorreta.

Igualmente, entre nós, fazem-se ironias sobre o excesso de PC por parte de quem manifesta simpatia pelos palestinos, pede a retirada das nossas tropas do Iraque ou parece indulgente demais com as solicitações das minorias extracomunitárias. De fato, não cabe falar de PC nestes casos, trata-se de posições ideológicas e políticas, que qualquer um tem o direito de contestar, mas que nada têm a ver com a linguagem. Vale lembrar, porém, que o descrédito atribuído ao PC pelos ambientes conservadores faz da acusação de PC um ótimo instrumento para calar a boca dos dissidentes. PC torna-se, assim, uma palavra feia, como está acontecendo com *pacifismo*.

Como se vê, é uma história complicada. Resta apenas estabelecer que é politicamente correto usar os termos, incluindo-se o de PC, no sentido próprio deles, e, se quisermos ser PC naquele sentido, podemos fazê-lo de acordo com o bom senso (sem chamar Berlusconi de *pessoa verticalmente diminuída com a finalidade de obviar uma regressão folicular*).* Atendo-se somente ao princípio fundamental de que é humano e civilizado eliminar da linguagem corrente os termos que fazem sofrer nossos semelhantes.

* Silvio Berlusconi, na época primeiro-ministro da Itália, já declarou em público que sofre de complexo de inferioridade devido à baixa estatura (e, talvez, à calvície). (*N. do T.*)

O que é uma escola particular*

Uma vez Pitigrilli escreveu que lia todas as manhãs o editorial do diretor dele para saber o que devia pensar. É um princípio (sem ofender Ezio Mauro)** com o qual não concordo, pelo menos nem sempre. Mas é certo que às vezes, para saber o que se deve pensar, nós mesmos escrevemos um artigo. É um modo de reunir as ideias. Eis por que gostaria de dizer alguma coisa a respeito das várias polêmicas sobre a escola particular, e independentemente dos detalhes técnico-parlamentares do caso italiano.

Perguntemos a alguém se num país democrático é permitido pela lei abrir uma escola particular, e se cada família pode escolher para os filhos o ensino que considera mais adequado. A resposta deverá ser certamente sim, se não em que democracia estaríamos?

Perguntemos agora se alguém, que gastou uma fortuna para comprar uma Ferrari, tem o direito de correr a duzentos quilômetros por hora na rodovia. É triste para quem fez o investimento, e para Luca Cordero di Montezemolo,*** mas a resposta é não. E se eu investi todas as minhas economias para comprar uma casinha no litoral, tenho o direito de impedir que alguém fique na praia diante de mim e faça barulho, jogue papéis sujos

---

* *La Repubblica*, agosto de 2001.

** Diretor do jornal *La Repubblica* (entre 1996 e 2016). (*N. do T.*)

*** Presidente da Ferrari. (*N. do T.*)

e latinhas de Coca-Cola? A resposta é não, preciso deixar uma passagem livre porque há uma faixa de praia que é de todos (posso no máximo chamar a polícia e denunciar quem a suja).

O fato é que, na democracia, qualquer um tem o direito de exercer as próprias liberdades, desde que não prejudique com isso as liberdades dos outros. Acho até que uma pessoa tem o direito de suicidar-se, mas a permissão só vale enquanto o percentual de suicídios não ultrapasse uma quantia razoável. Se houvesse uma epidemia de suicídios, o Estado deveria intervir para limitar uma prática que, no fim, causaria prejuízo para toda a sociedade.

O que isso tem a ver com a escola particular? Tomemos o exemplo de um país como os Estados Unidos, onde o Estado pensa apenas em garantir aos cidadãos toda liberdade possível, incluindo a de portar armas (ainda que por ali já comecem a se perguntar se esta liberdade não lesa a dos outros). Lá vocês podem decidir se querem ir à escola pública ou à escola particular. Uma família de amigos meus, leigos e judeus, mandou a filha para um colégio mantido por freiras católicas, com certeza caro, porque garantiam que ensinavam até mesmo quem foi Júlio César, enquanto nas escolas públicas se remontava no máximo a George Washington. Naturalmente, conseguindo uma boa escola, aquela menina entrou depois em Harvard, enquanto os da escola pública, não, porque o ensino devia ser mantido no nível de meninos porto-riquenhos que mal falavam inglês.

A situação estadunidense é esta, portanto: quem tem dinheiro pode dar aos próprios filhos uma boa educação, quem não tem os condena ao semianalfabetismo. O Estado norte-americano, enfim, não é capaz de prover aos cidadãos oportunidades iguais. Se as universidades, em parte públicas, em parte particulares, são de maneira geral excelentes é porque a qualidade de uma universidade é depois controlada pelo mercado, e até muitas universidades públicas fazem o possível para manter um bom nível. Mas para as universidades, isto vale também para a Itália, principalmente depois da autonomia que lhes concederam. O Estado preocupa-se apenas com o reconhecimento do diploma fornecido por algumas faculdades particulares e com o estabelecimento de comissões nacionais para realizar os concursos para professores. Depois, sorte sua se você se formar na Bocconi,* mas se você se formar numa universidade particular de baixa reputação, ou o mercado vai verificar isto, ou os vários concursos para juiz, procurador, para professores, e assim em diante.

Mas para a escola maternal, fundamental e média não há controle de mercado ou de concursos públicos. Uma pessoa frequenta escolas decadentes sem nunca ter conhecimento disto (caso contrário, não seria culturalmente decadente), um outro frequenta escolas excelentes e se torna parte da elite. Isto é uma democracia plena?

Solução: o Estado reconhece o direito dos particulares de ministrar o ensino elementar e médio, mas dá um bônus igual para todos os cidadãos, e os católicos mandarão os filhos para as Escolas Pias, os leigos zangados, para a escola municipal. Na democracia, os pais têm o direito de decidir a educação dos filhos. Mas é preciso que as escolas particulares, até as excelentes, não cobrem taxas adicionais ao bônus, caso contrário, é óbvio que, para atrair pais abastados e cultos, comecem a criar obstáculos para que não cheguem a elas filhos de imigrantes ou de desempregados que não aprenderam em família um italiano decente.

É possível obrigar uma escola particular a aceitar também um menino negro e culturalmente atrasado? Se a escola particular tivesse de se adaptar ao nível desses alunos regularmente subvencionados pelo Estado, como faria para continuar escola de elite?

Mas mesmo que alcançássemos esta situação de igualdade democrática, sabemos muito bem que há escolas particulares (eu poderia citar a Leão XIII de Milão, ou a escola de jesuítas onde estudou Piero Fassino,** sem evidentemente sofrer muitas pressões ideológicas) que procuram a todo custo manter um nível de excelência, e escolas particulares de qualquer tendência que são especializadas em diplomas fáceis. Na minha época, o governo exercia sobre estas escolas um controle muito fiscal, e lembro-me

---

* Faculdade de Economia de Milão bastante famosa na Itália. (*N. do T.*)

** Político pertencente ao PDS (Partito Democratico di Sinistra). (*N. do T.*)

dos contratempos dos alunos de escolas particulares nos exames nacionais.* Mas então, se esse controle deve existir, os exames da escola média devem tornar-se bem mais rigorosos do que os de hoje em dia, pelo menos tanto quanto eram na minha época, com uma comissão externa (com exceção de um único docente interno) e programa completo de três anos — e os sonhos angustiantes que nos acompanharam por toda a vida. Caso contrário, gerações de ignorantes poderiam se suceder, alguns provenientes das escolas públicas agora reservadas ao lumpemproletariado, e outros provenientes das escolas impostoras para meninos ricos e desmotivados.

Não acaba aqui. Vamos admitir que todos esses inconvenientes possam ser resolvidos por uma lei que salvaguarde também os direitos dos que têm baixa renda, e que um pequeno senegalês italianizado possa frequentar com um bônus do governo até a mais exclusiva das escolas particulares. Mas então, para a igualdade de todos os cidadãos (e de todas as opiniões, de todas as crenças) diante da lei, todos terão direito de organizar uma escola particular financiada com os bônus do governo. Os das Escolas Pias, certamente, e os jesuítas, mas também os valdenses, ou uma associação de leigos que constitua as "Escolas Siccardi" (ou Cavour, ou Ardigò), na qual as crianças sejam educadas para um racionalismo são, se coloquem no mesmo plano todas as religiões, se leia um pouco de Alcorão, um pouco de Bíblia e um pouco de textos budistas, e se releia a história da Itália com espírito leigo. Ou então que *Rifondazione*** estabeleça escolas Feuerbach, inspiradas numa crítica dos preconceitos religiosos, ou que a Maçonaria coloque juntos os Institutos Hiram, onde se educam as crianças para os princípios espirituais e morais dessa associação. Tanto faz, o governo paga, e cada uma dessas empresas (talvez com algum patrocínio) poderia ter lucro.

Mais ainda, por que proibir (estamos em uma democracia) o reverendo Moon ou o monsenhor Milingo de abrir o próprio instituto, assim como

---

* No original, *esami di Stato*. Na Itália, realizam-se anualmente exames nacionais para a obtenção do que equivale no Brasil ao diploma de escola média. (*N. do T.*)

** Alusão provável a Rifondazione Comunista, partido da esquerda radical italiana. (*N. do T.*)

existem as escolas de Steiner?* E por que proibir uma escola média muçulmana, ou os seguidores de várias seitas sul-americanas de lançar os Institutos Oxalá, onde se transmitam os princípios do sincretismo afro-brasileiro? Quem poderia protestar? O Vaticano, pedindo ao governo para restabelecer a autoridade soberana do Estado? Mas então voltaríamos ao ponto de partida. E, mesmo admitindo que o governo pudesse acionar um controle de aceitabilidade, poderíamos excluir das escolas aceitas uma que transmita aos alunos um total ceticismo com relação às religiões, e uma outra que divulgue sãos princípios fundamentalistas do Alcorão, desde que respeitem as horas regulamentares de italiano, história e geografia?

Depois disso, teríamos um país de cidadãos, divididos em grupos étnicos e ideológicos, cada um com a própria formação, sem medida de comparação com as outras. Mas esta não seria uma solução de multiculturalismo saudável. Uma sociedade multicultural deve educar os próprios cidadãos para conhecer, reconhecer e aceitar as diferenças, não para ignorá-las.

Alguém deu o exemplo de países estrangeiros onde a liberdade de educação reinaria soberana. Mas se poderia citar a França como exemplo oposto. Neste país, se vocês quiserem tornar-se um grande *commis d'État*, precisam passar pelo Ena, ou pela École Normale Superieure da rue d'Ulm, e se quiserem chegar à École Normale, terão que ter passado pelas grandes escolas estatais, que se chamam Louis le Grand, Descartes, Henry IV. Nestes institutos, o Estado se preocupa com a educação dos cidadãos para o que eles chamam de "*la République*", ou seja, um conjunto de conhecimentos e valores que devem tornar iguais, ao menos na teoria, um menino nascido na Argélia e um nascido na Normandia. Talvez a ideologia de "*la République*" seja rígida demais, mas não pode ser corrigida pelo seu oposto, católicos com católicos, protestantes com protestantes, muçulmanos com muçulmanos, ateus com ateus e Testemunhas de Jeová com Testemunhas de Jeová.

Admito que, deixando as coisas como estão hoje na Constituição, não se eliminaria certa dose de injustiça: os ricos continuariam a mandar os filhos aonde quisessem, talvez até para o exterior (os mais tolos entre os

---

* Refere-se a Rudolf Steiner, pedagogo austríaco. (*N. do T.*)

ricos os mandariam para uma *high school* norte-americana), e os pobres continuariam sob a guarda da escola de todos. Mas democracia é também aceitar uma dose suportável de injustiça para evitar injustiças maiores.

Eis alguns problemas que nascem da afirmação, em si óbvia e indolor, de que os pais deveriam poder mandar os filhos para a escola que preferissem. Se todos estes problemas não forem enfrentados, o debate correrá o risco de se reduzir a uma faida* entre católicos integralistas e leigos anticlericais, o que seria ruim.

* Antigo costume medieval dos povos germânicos, em que a parte ofendida tinha o direito de vingar-se fazendo justiça com as próprias mãos. (*N. do T.*)

Ciência, tecnologia e magia*

Nós acreditamos viver naquela que, individuando-a nos primórdios, Isaiah Berlin definira como *The Age of Reason*. Depois do fim das trevas medievais, e com o início em seguida do pensamento crítico do Renascimento e o próprio pensamento científico, considera-se que vivemos hoje numa idade dominada pela ciência.

Para dizer a verdade, essa visão do atual predomínio absoluto da mentalidade científica, que era anunciada ingenuamente seja no *Inno a Satana*, de Carducci, seja, mais criticamente, no *Manifesto do Partido Comunista* de 1848, é mais defendida pelos reacionários, pelos espiritualistas, pelos *laudatores temporis acti*, do que pelos cientistas. São os primeiros e não os últimos que desenham afrescos de sabor quase de ficção científica sobre um mundo que, tendo esquecido outros valores, se baseia apenas na fidelidade às verdades da ciência e no poder da tecnologia. O modelo de uma época dominada pela ciência é ainda, na visão dos seus inimigos, o proposto triunfalmente por Carducci no *Inno a Satana*:

---

* Discurso proferido em Roma em novembro de 2002 na Conferência Científica Internacional presidida por Umberto Veronesi (dedicada à informação científica), depois publicado em *La Repubblica*.

Jogue o aspersório — padre, e o teu metro!
Não, padre, Satanás — não vai retro!...
Salve, ó Satanás, ó rebelião — ó força vingativa da razão!

[...]
Consagrados a ti sobem — os incensos e os votos!
Venceste o Jeová — dos sacerdotes.

Lendo com atenção este texto de 1863, percebe-se que nele são mencionados, como heróis satânicos contra o predomínio do pensamento religioso, as bruxas e os alquimistas, os grandes hereges e os reformadores, de Huss a Savonarola e a Lutero, mas nenhum cientista, nem mesmo o italiano Galileu, que deveria ter feito vibrar o coração anticlerical e republicano de Carducci. Voltando para os tempos modernos, o herói, o símbolo da vitória da razão sobre a fé, é o trem:

Um belo e horrível — monstro se desferra,
corre os oceanos — corre a terra:
coruscante e fúmido — como os vulcões,
os montes supera — devora os torrões;
sobrevoa os abismos: — oculta-se em seguida
por antros incógnitos — por via escondida;
e sai; e indômito — de praia em praia
como turbilhões — o seu grito espraia.

Então, também para Carducci, amante dos clássicos, mas permeado de furores ainda românticos, o símbolo da vitória da razão é um produto da tecnologia, não uma ideia da ciência. Justamente com relação a isto, portanto, faz-se necessária uma primeira distinção, isto é, entre a ciência e a tecnologia.

Os homens de hoje em dia não só esperam como exigem tudo da tecnologia e não fazem distinção entre tecnologia destrutiva e tecnologia produtiva. A criança que joga *Star Wars* no computador, e usa o celular como um apêndice natural das trompas de Eustáquio ou bate-papo pela internet, vive na tecnologia e não concebe que possa existir um mundo diferente, um mundo sem computador e até mesmo sem telefones.

Mas não acontece a mesma coisa com a ciência. A mídia confunde a imagem da ciência com a da tecnologia e transmite esta confusão aos usuários que consideram científico tudo o que é tecnológico, ignorando, com efeito, a dimensão que é própria da ciência, quer dizer, daquela ciência da qual a tecnologia é com certeza uma aplicação e uma consequência, mas não a substância primária.

A tecnologia é aquela que lhe dá tudo e logo, enquanto a ciência procede lentamente.

Virgílio fala da nossa época como uma época dominada, queria dizer hipnotizada, pela velocidade. Está certo, vivemos na época da velocidade, os futuristas já tinham compreendido isto antecipadamente, hoje estamos acostumados a ir da Europa para Nova York em três horas e meia com o Concorde, e os distúrbios do *jet lag* e as várias panaceias com base em melatonina são uma consequência do nosso viver em velocidade. Mas não é só isso. Nós estamos tão acostumados à velocidade que nos irritamos se o e-mail não abre logo ou se o avião atrasa.

Essa adaptação à tecnologia nada tem a ver com o hábito da ciência. Tem mais a ver com o eterno retorno à magia.

O que era a magia, o que foi ao longo dos séculos e o que é ainda hoje, ainda que sob falsas vestes? A presunção que se possa passar de um só golpe de uma causa para um efeito por curto-circuito, sem cumprir as fases intermediárias. Enfio um alfinete na estatueta do inimigo e ele morre, pronuncio uma palavra mágica e transformo o ferro em ouro, evoco os anjos e envio uma mensagem por intermédio deles. O abade beneditino Tritemio foi, no século XV, um dos precursores da criptografia moderna, e elaborava seus sistemas de codificação secreta para instruir os governantes e os comandantes dos exércitos: mas, para tornar apetecíveis suas descobertas e suas fórmulas (hoje realizadas rapidamente por um computador, mas para a época bastante geniais), mostrava como sua técnica era efetivamente uma operação mágica, graças à qual se podiam convocar anjos que num segundo levariam para longe e de maneira reservada nossas mensagens.

A magia ignora a longa cadeia das causas e dos efeitos e, sobretudo, não pensa em estabelecer, provando e voltando a provar, se há uma relação contestável entre causa e efeito. Daí seu fascínio, das sociedades primitivas ao nosso solar renascimento, e mais adiante, até a plêiade de seitas de ocultismo onipresentes na internet.

De fato, a confiança, a esperança na magia não se dissolveu com o advento da ciência experimental. O desejo de simultaneidade entre causa e efeito transferiu-se para a tecnologia, que parece a filha natural da ciência. Quanto se teve de penar para passar dos primeiros computadores do Pentágono, do Elea da Olivetti* que era tão grande quanto um quarto (e conta-se que foram necessários meses para que os programadores de Ivrea fizessem aquele mastodonte emitir as notas de *A ponte do rio Kwai* — e orgulharam-se muito disto) ao nosso *personal computer*, em que tudo acontece num instante? A tecnologia faz de tudo para perder de vista a cadeia das causas e dos efeitos.

Os primeiros usuários do computador programavam em Basic, que não era a linguagem da máquina, mas deixava entrever o mistério dela, (nós, primeiros usuários do *personal*, não conhecíamos a linguagem da máquina, mas sabíamos que para obrigar os chips a fazer um determinado percurso deviam ser dadas instruções bem chatas em linguagem binária). O Windows ocultou também a programação Basic, o usuário aperta uma tecla e inverte uma perspectiva, entra em conexão com um correspondente distante, obtém os resultados de um cálculo astronômico, mas não sabe mais o que está por trás disso (e mesmo assim concorda). O usuário vive a tecnologia do computador como magia.

Pode parecer estranho que a mentalidade mágica sobreviva na nossa era, mas se olharmos ao redor, ela reaparece triunfante por toda parte. Assistimos hoje ao *revival* de seitas satânicas, de rituais sincréticos que uma vez os antropólogos culturais iam estudar nas favelas brasileiras e que hoje o monsenhor Milingo exerce ou exercia em Roma, e não em Salvador da Bahia; até mesmo as religiões tradicionais tremem diante do

---

* A fábrica italiana Olivetti, da cidade de Ivrea, no Piemonte, foi uma das pioneiras no desenvolvimento de computadores, não apenas na Itália, mas em toda a Europa. (*N. do T.*)

triunfo desses ritos e precisam pactuar com eles, não falando ao povo dos mistérios da Trindade (a discussão teológica tem, quando muito, afinidade com o método da ciência, ainda que com outros critérios, ou então procede por raciocínios sutis, passo a passo), e achando mais conveniente exibir a ação fulminante do milagre.

O pensamento teológico nos falava e nos fala do mistério da Trindade, mas argumentava e argumenta para demonstrar como é concebível, ou então, como é insondável. O pensamento do milagre nos mostra, no entanto, o numinoso, o sagrado, o divino, que aparece ou que é revelado por uma voz carismática e a esta revelação (não aos laboriosos silogismos da teologia) as massas são convidadas a se submeterem.

Ora, a ciência só transparece por meio da mídia — sinto dizê-lo — no aspecto mágico, quando ela se infiltra, e neste caso é porque promete uma tecnologia milagrosa.

Às vezes há um *pactum sceleris* entre cientista e mídia pelo qual o cientista não pode resistir à tentação, ou pensa que é seu dever, de comunicar uma pesquisa em andamento, muitas vezes até por motivos de *fund raising*, mas eis que a pesquisa é logo comunicada como descoberta — com consequente desilusão quando se percebe que o resultado ainda não é um prato feito.

Os episódios são conhecidos por todos, do anúncio prematuro da fusão a frio aos contínuos avisos de descoberta da panaceia contra o câncer. O caso Di Bella* foi um triunfo da confiança mágica no resultado imediato.

É difícil comunicar ao público que a pesquisa é feita de hipóteses, experiências de controle, provas de falsificação. O debate que opõe a medicina oficial às medicinas alternativas é deste tipo: por que o público deve crer na promessa remota da ciência quando tem a impressão de adquirir o resultado imediato da medicina alternativa?

Recentemente Garattini, na revista do Cicap, avisava que quando se toma um medicamento e se tem a cura em pouco tempo, isto não é ainda

---

* Refere-se ao médico italiano Di Bella, cuja suposta descoberta da cura para o câncer foi muitas vezes anunciada pela mídia, há cerca de seis anos. (*N. do T.*)

a prova de que o remédio seja eficaz. Há ainda duas outras explicações: que a recuperação aconteceu por causas naturais e o remédio funcionou só como placebo, ou então pode ser que a recuperação tenha ocorrido até antes e o remédio a tenha atrasado. Mas experimentem fazer com que o grosso do público compreenda estas duas possibilidades. A reação será de incredulidade, porque a mentalidade mágica vê só um processo, o curto-circuito sempre triunfante entre a causa suposta e o efeito esperado.

A esta altura percebe-se também como é que pode acontecer, e está acontecendo, que anunciem cortes consistentes nos fundos para a pesquisa e a opinião pública permaneça indiferente. Ela teria se agitado se tivessem fechado um hospital ou se aumentassem o custo dos medicamentos, mas não é sensível às temporadas longas e custosas da pesquisa. No máximo pensa que os cortes na pesquisa possam induzir algum cientista nuclear a emigrar para os Estados Unidos (pois eles têm a bomba atômica), e não percebe que justamente estes cortes podem atrasar a descoberta de um remédio mais eficaz para a gripe, ou a comercialização de um automóvel elétrico, e não faz uma relação entre os cortes na pesquisa e o menino com cianose ou com poliomielite, porque a cadeia das causas e dos efeitos é longa e mediata, não imediata como na ação mágica.

Vocês devem ter visto aquele episódio da série *E.R.* no qual o doutor Green anuncia a uma longa fila de pacientes que não serão dados antibióticos aos que estão gripados porque não servem. Disto nasceu uma insurreição com acusações até mesmo de discriminação racial. O paciente vê a relação mágica entre antibiótico e cura e a mídia lhe disse que o antibiótico cura. Tudo se limita àquele curto-circuito. O comprimido de antibiótico é produto tecnológico, e é assim que o conhecemos. As pesquisas sobre as causas e os remédios para a gripe dizem respeito às universidades.

Delineei um cenário preocupante e desalentador, também porque é fácil que um mesmo governante (que por vezes, e foram crônicas da Casa Branca, consulta magos e astrólogos) pense como o homem da rua e não como o homem do laboratório. Fui capaz de delinear o cenário porque é matéria de fato, mas não estou em condições de encontrar os remédios para isto.

É inútil pedir à mídia que abandone a mentalidade mágica: ela está condenada a isto não só por razões que hoje chamaríamos de audiência, mas porque a natureza da relação entre causa e efeito que diariamente são obrigados a fazer é de tipo mágico. Existem e existiram, é verdade, divulgadores sérios, e gostaria de lembrar do amigo Giovanni Maria Pace, falecido recentemente, mas mesmo nesses casos o título (fatalmente sensacionalista) pressionava sempre o conteúdo do artigo, e a explicação até cautelosa de como estava começando uma pesquisa para uma vacina definitiva contra todas as gripes aparecia fatalmente como o anúncio triunfal da descoberta da cura para a gripe (foi a ciência que descobriu? Não, foi a tecnologia triunfante que colocou no mercado uma nova pílula).

Como deve se comportar o cientista diante da pergunta premente que a mídia lhe dirige todos os dias sobre promessas milagrosas? Com prudência, é óbvio, mas não adianta, nós o vimos. Não pode declarar também o blecaute de todas as notícias científicas, porque a natureza da pesquisa é pública.

Acho que deveríamos voltar à escola. Cabe à escola, e a todas as iniciativas que possam substituir a escola, incluindo-se os sites inteiramente confiáveis da internet, a educação lenta dos jovens em direção a uma correta compreensão dos procedimentos científicos. É a tarefa mais difícil, porque até o saber transmitido pelas escolas se deposita frequentemente na memória como uma sequência de episódios milagrosos: Madame Curie, que certa noite volta para casa e descobre a radioatividade numa mancha sobre uma folha; o doutor Fleming, que olha distraidamente para um musgo e descobre a penicilina; Galileu, que vê uma lâmpada a oscilar e num só lance parece descobrir tudo, até mesmo que a Terra gira, de maneira que nos esquecemos de que, diante do seu lendário calvário, nem mesmo ele tinha descoberto *por meio de qual curva girava*. Como podemos esperar da escola uma correta informação científica quando ainda hoje em muitos manuais e livros até respeitáveis se lê que antes de Cristóvão Colombo as pessoas pensavam que a Terra fosse achatada, o que constitui uma mentira histórica, visto que já os gregos antigos sabiam que era arredondada, e o sabiam até mesmo os sábios de Salamanca que se opunham à viagem de Colombo, simplesmente porque tinham feito cálculos mais exatos do que ele sobre a real dimensão do planeta?

No entanto, uma das missões do douto, além da pesquisa rigorosa, é também a divulgação iluminada. Sabemos muito bem que no nosso país, mais do que em outros lugares, o homem da ciência muitas vezes considera pouco digno dedicar-se à divulgação, enquanto mestres da divulgação foram Einstein e Heisenberg, até chegar ao amigo Stephen Jay Gould, que nos deixou há pouco. No entanto, se tivermos de impor uma imagem não mágica à ciência, não deveremos esperar isto da mídia; os próprios homens da ciência deverão construí-la pouco a pouco na consciência coletiva, partindo dos mais jovens.

A conclusão polêmica do meu discurso é que o suposto prestígio de que goza hoje o cientista é baseado em falsas razões, e em todo caso está contaminado pela influência conjunta das duas formas de magia, a tradicional e a tecnológica, que ainda fascinam a mente da maioria.

Se não sairmos desta espiral de falsas promessas e esperanças desencantadas, a própria ciência terá um caminho mais árduo a cumprir.

Nos séculos da Alta Idade Média, Isidoro de Sevilha, que passou também para a história como insigne crédulo e autor de etimologias hoje risíveis, como *lucus* de *non lucendo* e *cadáver* de *caro data vermibus*, tinha, todavia, fornecido em modo quase exato e certamente não fantasioso o comprimento do equador, ainda que baseado em notícias imprecisas que lhe chegavam desde os tempos de Erastótenes. Mas ao redor dele giravam unicórnios e monstros da selva, e ainda que os doutos soubessem que a Terra era arredondada, os artistas — por várias e compreensíveis razões — a mostravam, tanto ao vulgo como também aos senhores, como um disco achatado com Jerusalém ao centro — ou então a achatavam por razões simbólicas e por comodidade protetora, como ainda faz o Atlas De Agostini, mas isto bastava para que a maioria não soubesse bem que forma tinha.

E aqui estamos nós como Isidoro, depois de séculos de luz: os jornais falarão dos nossos congressos científicos, mas fatalmente a imagem que ficará disso tudo será ainda mágica.

Isto nos deveria causar espanto? Ainda nos massacramos como nos séculos obscuros arrastados por fundamentalismos e fanatismos incontroláveis, proclamamos cruzadas, continentes inteiros estão morrendo de fome e de Aids, enquanto nossas televisões nos representam (magicamente) como a terra das maravilhas, atraindo para nossas praias pessoas desesperadas que correm para nossas periferias miseráveis como os navegadores de outrora em direção às promessas do Eldorado, e vocês deveriam repudiar a ideia de que os simples não sabem ainda o que é a ciência e a confundem quer com a magia renascentista, quer com o fato de que, por razões ignoradas, se pode mandar uma declaração de amor para a Austrália ao preço de um telefonema urbano e com a velocidade da luz?

É útil, para continuar a trabalhar, cada um na sua área, saber em que mundo vivemos, deduzir as consequências disto, tornar-se astuto como a cobra e não cândido como a pomba, mas ao menos generoso como o pelicano, e inventar novos modos para dar algo de vocês aos que os ignoram.

Em todo caso, seria bom que os cientistas desconfiassem principalmente dos que os veneram como se fossem a fonte da verdade. Com efeito, nós os consideramos magos que, porém, se não produzirem logo efeitos verificáveis, serão considerados trapaceiros, enquanto as magas, que produzem efeitos inverificáveis, mas que causam efeito, serão honradas nos programas de entrevistas. E aos programas de entrevistas eles não deveriam ir, ou serão confundidos com as magas.

Permitam que eu tome emprestado de um debate judiciário e político um mote: resistir, resistir, resistir. E bom trabalho.

II. Crônicas de um regime

Por quem os sinos dobram: abaixo-assinado 2001 por um referendo moral*

Ninguém gostaria de acordar de manhã e descobrir que todos os jornais, *Il Corriere della Sera, La Repubblica, La Stampa, Il Messaggero, Il Giornale*, e assim em diante, do *Unità* ao *Manifesto*, inclusos os semanais e mensais, do *L'Espresso* a *Novella 2000*, pertencem todos ao mesmo proprietário e fatalmente refletem as opiniões dele. Nós nos sentiríamos menos livres.

Pois é o que aconteceria com uma vitória do Polo** que se diz das Liberdades. O mesmo patrão teria a propriedade particular de três canais televisivos e o controle político dos outros três — e as seis maiores redes de televisão nacionais contam mais, para formar a opinião pública, do que todos os jornais juntos. O mesmo proprietário já tem o controle de jornais e revistas importantes, mas já se sabe o que acontece nestes casos: outros jornais iriam aliar-se à área governativa, quer por tradição, quer porque os proprietários deles considerariam útil aos próprios interesses nomear diretores próximos da nova maioria. Em breve haveria um *regime de fato*.

---

* Publicado no site Golem — L'indispensabile e depois em *La Repubblica*, maio de 2001.

** Coalizão partidária (Casa ou Polo delle Libertà) à qual pertence o ex-primeiro-ministro Silvio Berlusconi. (*N. do T.*)

Por *regime de fato* é preciso entender um fenômeno que se verificaria *por conta própria*, ainda que se possa admitir que Berlusconi seja um homem de absoluta correção, que sua riqueza tenha sido constituída de maneira irrepreensível, que seja sincero seu desejo de servir ao país mesmo contra os próprios interesses. Se porventura um homem viesse a controlar de fato todas as fontes de informação do próprio país, mesmo que fosse um santo, não conseguiria subtrair-se à tentação de geri-lo de acordo com a lógica que seu sistema imporia e, ainda que se esforçasse em não cair nesta tentação, o regime de fato seria gerido por seus colaboradores. Nunca se viu, na história de algum país, um jornal ou uma rede de televisão que iniciasse espontaneamente uma campanha contra o próprio patrão.

Essa situação, agora conhecida no mundo por anomalia italiana, deveria ser suficiente para estabelecer que uma vitória do Polo, no nosso país, não equivaleria — como muitos cientistas políticos afirmam — a uma normal alternância entre direitas e esquerdas, que faz parte da dialética democrática. A instauração de um regime de fato (que, repito, se instaura além das vontades individuais) não faz parte de nenhuma dialética democrática.

Para esclarecer por que nossa anomalia não alarma a maioria dos italianos é preciso examinar antes de tudo qual é o eleitorado em potencial do Polo. Ele se divide em duas categorias. A primeira é a do Eleitorado Motivado. É constituída dos que aderem ao Polo por efetiva convicção. É convicção motivada a do *leghista** delirante que gostaria de colocar extracomunitários e, se possível, sulistas em vagões chumbados; a do *leghista* moderado que considera conveniente defender os interesses particulares da própria área geográfica, pensando que ela possa viver e prosperar separada e blindada do restante do mundo; a do ex-fascista que, mesmo aceitando (ainda que *obtorto collo*) a ordem democrática, pretende defender os próprios valores nacionalistas e empreender uma revisão radical da história do século XX; a

---

* Pronuncia-se "leguista". Trata-se dos partidários da Lega Lombarda ("Liga Lombarda"), grupo radical que prega a secessão do país (ou uma espécie de federação), que assim ficaria dividido principalmente entre as regiões mais ricas (centro e norte) e as mais pobres (sul e ilhas), além da expulsão dos estrangeiros em situação irregular na Itália. (*N. do T.*)

do empreendedor que considera (justamente) que os eventuais cortes fiscais prometidos pelo Polo seriam somente a favor dos abastados; a dos que tiveram litígios com a magistratura e enxergam no Polo uma aliança que vai pôr um freio na independência dos ministérios públicos; a dos que não querem que os impostos sejam gastos nas áreas mais atrasadas.

Para eles todos, a anomalia e o regime de fato, se não forem bem-vindos, são em todo caso um pedágio barato a ser pago para ver realizados os próprios objetivos — e, portanto, nenhuma argumentação contrária poderá demovê-los de uma decisão tomada depois de muita reflexão.

A segunda categoria, que chamaremos de Eleitorado Fascinado, certamente a mais numerosa, é a de quem não tem uma opinião política definida, mas baseou o próprio sistema de valores na educação insinuante ministrada por décadas pelas televisões, e não apenas as de Berlusconi. Para estes, valem ideais de bem-estar material e uma visão mítica da vida, não muito diferente da que têm os que chamaremos genericamente de Migrantes Albaneses. O Migrante Albanês nem pensaria em vir à Itália se a televisão lhe tivesse mostrado por anos apenas a Itália de *Roma, cidade aberta*, de *Obsessão*, de *Paisà** — e ficaria, aliás, longe desta terra infeliz. Ele migra porque conhece uma Itália em que uma televisão rica e colorida distribui facilmente riqueza aos que sabem que o nome de Garibaldi era Giuseppe, uma Itália do espetáculo.

Ora, a esse eleitorado (que, inclusive, como dizem as estatísticas, lê poucos jornais e pouquíssimos livros) pouco importa que seja instaurado um regime de fato, já que não diminuiria, aliás, aumentaria a quantidade de espetáculo a que foi acostumado. Dá vontade de rir, portanto, quando teimam em tentar sensibilizá-lo falando do conflito de interesses. A resposta que se ouve por aí é que não importa a ninguém que Berlusconi cuide dos próprios interesses se ele prometer que defenderá os interesses deles.

A esses eleitores não vale dizer que Berlusconi modificaria a Constituição, primeiro porque eles nunca a leram, e segundo porque até ouviram

---

* Referências a clássicos do cinema neorrealista do pós-guerra, que mostrava a destruição das cidades e as duras condições de vida de boa parte da população italiana da época. O primeiro e o terceiro foram dirigidos por Rosselini, e o segundo, por Visconti. (*N. do T.*)

falar de modificações da Constituição por parte do Ulivo.* E então? Se um artigo da Constituição for depois modificado, para eles é irrelevante. Não nos esqueçamos de que, logo depois da constituinte, *Candido* ironizava com caricaturas picantes sobre o artigo segundo o qual a república defende a paisagem, como se fosse um bizarro e irritante convite à jardinagem. Aquele ditado constitucional antecipava as atuais e tremendas preocupações com a salvação do meio ambiente, mas isto o grande público não percebeu, tampouco os jornalistas informados.

A esse eleitorado não vale sair por aí gritando que Berlusconi colocaria a mordaça nos magistrados, porque a ideia de justiça está associada à de ameaça e intromissão nos próprios negócios particulares. Esse eleitorado afirma candidamente que um presidente rico pelo menos não roubaria, porque concebe a corrupção em termos de milhões ou centenas de milhões, não em termos astronômicos de milhares de bilhões. Esses eleitores pensam (e com razão) que Berlusconi nunca se deixaria corromper por uma propina de valor equivalente ao de um apartamento com três quartos e banheiro, ou pelo presente de um carro de grande cilindrada, mas (como de resto quase todos nós) acham que é imperceptível a diferença entre 10 mil e 20 mil bilhões.

A ideia de que um parlamento controlado pela nova maioria possa votar uma lei que, por um encadeamento de causas e efeitos não imediatamente compreensível, possa render ao chefe do governo mil bilhões, não corresponde à noção cotidiana que eles têm de dar e possuir, comprar, vender ou permutar. Que sentido tem falar a esses eleitores de *offshore*, quando no máximo desejam passar uma semana de férias numa praia exótica e com voo charter?

Que sentido tem falar a esses eleitores do *Economist*, se eles ignoram até o nome de muitos jornais italianos e não sabem de que tendência são, e ao embarcarem no trem compram indiferentemente uma revista de direita ou de esquerda, desde que haja um traseiro na capa? Este eleitorado é, portanto, insensível a todas as acusações, evitando preocupações

* A coalizão dos partidos de esquerda na Itália. (*N. do T.*)

com o regime de fato. Ele foi produzido pela nossa sociedade, com anos e anos de atenção aos valores do sucesso e da riqueza fácil, foi produzido também pela imprensa e pela televisão não de direita, foi produzido por desfiles de modelos sinuosas, por mães que abraçam finalmente o filho que emigrou para a Austrália, por casais que obtêm o reconhecimento dos vizinhos por terem exibido as próprias crises conjugais diante das câmeras de televisão, pelo sagrado muitas vezes transformado em espetáculo, pela ideologia de que basta raspar para vencer, pelo fascínio escasso da mídia quando divulga notícias provadas pelas estatísticas, isto é, que a criminalidade diminuiu, enquanto é mais visivelmente mórbido o caso de criminalidade hedionda, que induz a pensar que pode acontecer amanhã a mesma coisa a qualquer um de nós.

Esse Eleitorado Fascinado será o que fará o Polo vencer. A Itália que teremos será a que eles quiseram.

Diante do Eleitorado Fascinado e do Eleitorado Motivado da direita, o maior perigo para nosso país é, porém, constituído pelo Eleitorado Desmotivado de Esquerda (e se diz esquerda no sentido mais amplo do termo, do velho leigo republicano ao rapaz de *Rifondazione*, até o católico do voluntariado que não confia mais na classe política). É a multidão dos que sabem de todas as coisas ditas até agora (e não teriam nem mesmo necessidade de ouvi-las novamente), mas se sentem desapontados com o governo que está saindo, dos que diante do que esperavam consideram muito pouco o que receberam, e se castram para despeitar a mulher. Para punirem quem não os satisfez, deixarão o regime de fato vencer.

A responsabilidade moral deles é enorme, e a História amanhã não criticará os drogados das telenovelas, que terão a telenovela que queriam, mas os que, mesmo lendo livros e jornais, ainda não se deram conta ou procuram desesperadamente ignorar que o que nos espera daqui a alguns dias não são eleições normais, e sim um Referendo Moral. À medida que recusarem essa tomada de consciência, eles estarão destinados ao círculo dos ignavos.*

---

* Círculo que os ignavos ou indiferentes ocupam no Inferno de Dante Alighieri. (*N. do T.*)

Contra a ignávia são chamados agora também os incertos e os desapontados a subscreverem um abaixo-assinado muito simples, que não os obriga a compartilhar todas as opiniões deste artigo, apenas a parte que segue entre aspas: "Contra a instauração de um regime de fato, contra a ideologia do espetáculo, para salvaguardar no nosso país a multiplicidade de informação, consideramos as próximas eleições como um Referendo Moral a que ninguém tem o direito de subtrair-se." Isto será para muitos um apelo a colocar a mão na consciência e a assumir as próprias responsabilidades.

Porque "nenhum homem é uma ilha... Nunca pergunte por quem os sinos dobram: eles dobram por você".

A campanha de 2001 e as técnicas comunistas veteranas*

O modo em que o Polo encaminhou sua campanha eleitoral é, sem dúvida, eficaz, tanto é que muitos perguntam qual é não vamos dizer o segredo, mas a chave e o modelo deles. A primeira coisa que vem à mente é que o Polo, e marcadamente Berlusconi (único vulto da campanha), segue o modelo publicitário. Do modelo publicitário individuou a proposta contínua e repetida do mesmo símbolo e de poucos slogans memorizáveis, além de uma atenciosa escolha cromática, certamente vencedora porque afinada com a do Windows. O caráter elementar dos slogans é o mesmo que o dos produtos de grande consumo e tem em comum com as campanhas comerciais o princípio pelo qual o slogan não precisa se preocupar em ser considerado verdadeiro. Nenhum consumidor acredita de fato que Scavolini** seja a cozinha de todos os italianos (as estatísticas desmentiriam isto) ou que o detergente tal lave mais branco do que os outros (a dona ou o dono de casa sabem que, além de certo preço, os detergentes de marca lavam mais ou menos da mesma maneira): e, todavia, os consumidores, quando devem fazer uma compra, são mais sensíveis aos produtos cujos slogans memorizaram. Nesse

* *La Repubblica*, abril de 2001.

** Conhecida marca de cozinhas moduladas bastante divulgada pela televisão. (*N. do T.*)

sentido, é completamente inútil (ou no máximo divertido) que satiristas ou políticos ironizem sobre o presidente operário ou sobre as aposentadorias mais dignas para todos: o slogan não pretende ser acreditado, mas apenas ser lembrado.

O modelo publicitário, todavia, funciona para os manifestos ou outros tipos de anúncio publicitário, mas não, por exemplo, para as ações de batalha parlamentar ou por meio da mídia, conduzidas à medida que se aproxima o prazo eleitoral. Alguém, aliás, já notou uma aparente contradição entre a afabilidade da propaganda e a agressividade da ação política, tanto que nela entreviu um erro de tática. E eis que se abre caminho para a interpretação de Montanelli:* não sabendo controlar algumas heranças genéticas dos seus componentes e algumas inclinações psicológicas profundas do seu líder, o Polo manifestaria as próprias tendências autoritárias e uma nostalgia latente (mesmo que ainda simbólica) pelo santo cassetete. Mas essa leitura também me parece parcial. Ela explica alguns destemperos, ameaças e promessas, mas não todos os comportamentos da aliança, que me parecem seguir, de maneira muito coerente, um outro modelo. Este modelo não é fascista ou consumista, mas comunista veterano e, por certos aspectos, da linha de 68.

Vamos procurar (quem tem idade para poder fazê-lo) lembrar quais eram as táticas e as estratégias propagandistas do comunismo de Togliatti.** Por mais complexa que pudesse ser a elaboração cultural no interior do grupo dominante, o partido se mostrava no externo por meio de slogans eficazes e compreensíveis, repetidos em todas as ocasiões. Em primeiro lugar, o ataque ao imperialismo capitalista como causa da pobreza no mundo, ao Pacto Atlântico como seu braço belicista, ao governo como servo dos norte-americanos e à polícia como braço armado do governo. Se não acontecia em nível institucional, tentava-se, contudo, deslegitimar uma magistratura que condenava os grevistas em agitação, mas não os algozes deles, ou pelo menos se ressaltava uma nítida distinção entre uma

---

* Trata-se de Indro Montanelli, famoso colaborador do *Il Corriere della Sera*, de tendência política conservadora, falecido há poucos anos. (*N. do T.*)

** Trata-se de Palmiro Togliatti, líder histórico do Partido Comunista Italiano. (*N. do T.*)

magistratura boa, em geral pretores ousados, que cuidavam dos direitos das massas, e uma magistratura ruim, que não condenava as ilegalidades da classe dominante, mas era severa com os protestos operários. Basta substituir os Estados Unidos pelo comunismo e seus servos tolos (que podem chegar até o católico Scalfaro ou o conservador Montanelli), e levar em conta a divisão entre togas vermelhas, que investigam os negócios de Berlusconi, e togas "boas" (invocadas todas as vezes que se deve demonstrar que a acusação era infundada) e o esquema aparece idêntico.

Em segundo lugar, lembremos o uso de slogan de impacto imediato (bem mais simplistas do que o projeto político que queriam propagandear); basta pensar nos discursos à moda de Pajetta nas *Tribunas Políticas* em que, apesar da sutileza dialética do orador, a ideia central era "é preciso mudar as coisas".

Em terceiro lugar, a inegável capacidade de monopolizar valores comuns e fazer com que se tornem valores de uma facção: basta pensar na maciça campanha pela paz, no uso de termos como "democrático" (que no fim só acabava se referindo aos regimes do Leste europeu), na captura da imagem de um Garibaldi de 1848.* Assim como quem hoje grita "força, Itália" num campo esportivo, ou fala de valores liberais e de liberdade, torna-se imediatamente propagandista do Polo, naquela época quem quisesse falar de paz e de pacifismo era automaticamente alistado entre os companheiros de estrada do PC — pelo menos até o momento em que João XXIII, com a *Pacem in terris*, retomou o ideal da paz como valor não comunista.

Ulteriores elementos da propaganda e da política comunista veterana (seja no parlamento, seja nas praças) eram, por um lado, a extrema agressividade, verbal também, de modo a tachar todos os comportamentos adversários como impopulares, ao mesmo tempo a denúncia constante da agressividade dos outros e da perseguição contra os partidos populares. Este comportamento passou depois, de maneira bem mais cruenta, dos movimentos insurrecionais sul-americanos (por exemplo, os Tupamaros)

* Referência ao ano em que ocorreram na Itália revoltas por toda parte. Foram os anos que antecederam o processo de unificação da Itália. (*N. do T.*)

aos terroristas europeus, que seguiam o projeto (que se revelou utópico) de pôr em prática provocações insustentáveis a todos os governos, a fim de que se desencadeasse como resposta uma repressão de Estado que depois as massas julgariam insuportável. Mas, sem ficar incomodando os movimentos violentos, a agressividade na denúncia do complô da mídia se tornou a arma vencedora dos radicais, que se tornaram muito visíveis na mídia graças às ações de protesto pelo curto espaço que a mídia sempre dedicou a eles. De fato, é típico do "berlusconismo" dispor de um formidável aparato na mídia e de usá-lo para lamentar a perseguição por parte da mídia.

Outros elementos da propaganda comunista veterana eram o apelo ao sentimento popular (hoje, "a gente"), o uso de manifestações maciças com bandeiras ao vento e cantos, a fidelidade à cor simbólica (na época vermelha, hoje azul), e, enfim, (se devemos dar ouvidos às análises da direita) a ocupação mais ou menos insinuante dos lugares de produção cultural (então, principalmente as editoras e os semanais). Poderíamos até mesmo citar a tentativa feita pela Universale del Canguro de colocar os grandes do passado entre os progressistas, de Diderot a Voltaire, de Giordano Bruno às utopias de Bacon, de Erasmo a Campanella. E cito estes nomes porque são os que a Publitalia está desenterrando, ainda que em edições refinadas e não populares.

Uma análise mais complexa e sutil deveria ser feita com relação à "duplicidade de Togliatti", mas deixo por conta do leitor a descoberta de interessantes analogias.

Enquanto eu falava com alguém sobre estas analogias, fizeram-me perceber que, mesmo na agressividade contra o governo, o PC dos tempos clássicos tinha defendido muitas das leis propostas pelos adversários (do artigo 7 da Constituição a muitas reformas), enquanto parece típico do Polo fazer oposição, até por meio de um indignado abstencionismo, a reformas governamentais que ele também poderia em parte defender. Com certeza Togliatti, uma vez aceita a ideia de que depois de Yalta não se podia, e talvez não se devesse, pensar numa solução revolucionária, tinha consequentemente aceito a ideia de uma longa marcha através das instituições (cujo capítulo final teria sido, muito depois de sua morte, a consociação).

Nesse sentido, a política do Polo não parece comunista veterana. Mas eis que aqui se enreda no modelo propagandista e nas estratégias e táticas de luta política do Polo o modelo dos grupos extraparlamentares de 1968.

Do modelo de 1968 o Polo repete muitos elementos. Em primeiro lugar, a identificação de um inimigo muito mais sutil e invisível do que os Estados Unidos, como as multinacionais ou a Trilateral, denunciando o complô permanente deles. Em segundo lugar, o nunca conceder nada ao inimigo, demonizá-lo sempre, sejam quais forem as propostas deles, e, portanto, recusar o diálogo e o confronto (recusando sempre todas as entrevistas dos jornalistas constitutivamente servis ao poder). Daí a escolha de um Aventino* permanente e do extraparlamentarismo. Esse recusar-se a qualquer compromisso era motivado pela convenção, reiterada a todo momento, de que a vitória revolucionária era iminente. Tratava-se, portanto, de enfraquecer os nervos de uma burguesia complexada, anunciando-lhe a cada passo uma vitória indiscutível, depois da qual não seriam feitos prisioneiros e se levaria em conta as listas de proscrição que apareciam nos *tazebao*. Com a técnica do lutador de luta livre que aterroriza o adversário com berros ferozes, intimidavam os inimigos com slogans do tipo "fascistas, burgueses, só mais alguns meses" e "ce n'est qu'un début", ou os deslegitimavam com gritos de "bobo, bobo!". A marcha em direção à conquista do poder era sustentada por meio da imagem triunfal de um vulto carismático que podia ser o do Che ou da tríade Lenin, Stalin, Mao Tse Tung.

Tudo isso poderia parecer apenas analogias, devidas ao fato de que os comportamentos propagandistas se parecem todos um pouco, mas vale lembrar quantos trânsfugas, seja do comunismo veterano, seja de 1968, confluíram para as fileiras do Polo. Sendo assim, não é absurdo pensar que Berlusconi, mais do que aos publicitários e aos que fazem sondagens prévias, tenha dado mais ouvidos a esses conselheiros.

Além do mais, dar ouvidos a especialistas em relações com as massas parece particularmente inteligente a partir do momento que, na geo-

---

* Aventino designa propriamente uma das colinas da antiga Roma em que a plebe se reunia para protestar contra a política opressora dos patrícios. Aqui se refere a um tipo de comportamento como o que tiveram os parlamentares que, após o delito Matteotti, opuseram-se ao fascismo. (*N. do T.*)

grafia política atual, o verdadeiro partido de massa é o Polo, que soube individuar, no desmantelamento sociológico das massas concebidas pelo marxismo clássico, as novas massas, que não são mais caracterizadas pela renda, e sim por uma genérica associação comum ao universo dos valores da mídia e, portanto, não mais sensíveis ao apelo ideológico, e sim a um apelo populista. O Polo se dirige, por meio da Liga, à pequena burguesia poujadista* do norte, por meio da AN** às massas marginalizadas do Sul que há cinquenta anos votam em monarquistas e neofascistas, e por meio do Força Itália à mesma classe trabalhadora de uma época, que em grande parte ascende ao nível da pequena burguesia, e desta tem os temores por causa da ameaça de que os próprios privilégios constituam os novos *lumpem*, e faz exigências que podem ser atendidas por um partido que torna suas as palavras de ordem de todo movimento populista: a luta contra a criminalidade, a diminuição da pressão fiscal, a defesa contra a prepotência estatal e contra a capital, fonte de todo o mal e corrupção, e o desprezo por todos os comportamentos marginalizados.

Não se deve esquecer que alguns dos argumentos com os quais também pessoas de condição humilde manifestam atração por Berlusconi são de matriz populista. Os argumentos são: (1) sendo ele rico, não poderá roubar (argumento baseado na identificação indiferente entre político e ladrão); (2) o que me importa se ele realiza os interesses dele, o importante é que se preocupe também com os meus, que são diferentes dos dele; (3) um homem que soube enriquecer aos montes poderá distribuir bem-estar também ao povo que ele governa (sem considerar que isto nunca aconteceu, nem com Bokassa, nem com Milosevic). Vale notar que isto não é apenas a típica convicção do videodependente (quem se aproxima do programa bilionário tem grandes chances de se tornar bilionário), mas é um comportamento que tem raízes em crenças primitivas e talvez arquetípicas. Basta pensar no "culto do carregamento", fenômeno religioso típico de populações

---

* Refere-se ao poujadismo, movimento contra a pressão fiscal e pela defesa de interesses corporativistas de comerciantes e artesãos que teve origem na França na década de 1950. (*N. do T.*)

** AN = Alleanza Nazionale (Aliança Nacional). (*N. do T.*)

oceânicas do início do colonialismo até pelo menos o fim da Segunda Guerra Mundial: como os brancos chegavam ao litoral deles, de navio ou de avião, descarregando alimento e outras mercadorias mirabolantes (que obviamente serviam para o invasor), nascia a espera messiânica de um navio, primeiro, e de um carregamento aéreo depois, que chegaria para trazer os mesmos bens para os nativos também.

Quando se identificam no próprio eleitorado essas pulsões profundas se tem um partido de massa, e de todo clássico partido de massa são adotadas palavras de ordem e técnicas de ataque. E talvez um dos pecados originais da esquerda, hoje em dia, é não saber aceitar plenamente a ideia de que o verdadeiro eleitorado de um partido que se quer reformista não é mais feito por massas populares, e sim por grupos emergentes, e de profissionais do terciário (que não são poucos, desde que se saiba que é preciso se dirigir e a eles e não à mítica classe operária).

Uma das descobertas desta campanha eleitoral poderia ser, portanto, que o político mais "comunista" de todos é provavelmente Berlusconi. Na realidade, as táticas comunistas veteranas e de 1968 podem ser as mesmas, mas são colocadas a serviço de um programa que pode servir até para muitos setores da Confindustria,* como em outros tempos serviu o programa corporativista. Em todo caso, avante, ó povo.

---

* A Federação das Indústrias na Itália. (*N. do T.*)

Sobre o populismo da mídia

*Servir-se do povo**

Durante esta semana, lemos que muitos jornais estrangeiros receiam a condução do semestre europeu pelo primeiro-ministro italiano. Muitas são as razões e são as que nós todos sabemos, só que parecem impressionar os cidadãos de muitos países (os quais temem que também aconteça com eles algo semelhante), mas não um percentual ainda consistente de italianos. Os riscos que o "regime" Berlusconi representa, contudo, são outros também, e gostaria de refletir sobre um deles. Em primeiro lugar, vamos de-demonizar a expressão "regime", porque quando alguém acena ao regime, todos pensam no regime fascista — e então até os mais duros críticos do governo admitem que Berlusconi não está organizando a Câmera dos "fasci" e das corporações, não está vestindo as crianças com camisas negras e não está fechando as redações dos jornais. Mas "regime" é um termo neutro que significa forma de governo (fala-se de países com regime democrático, ou do regime democrata-cristão, ou de regime republicano e monárquico).

---

* *L'Espresso*, julho de 2003.

Ora, que Berlusconi esteja exercendo uma forma de governo que é só dele não há dúvida. Entre as características desta forma de governo, eu indicaria uma perigosa tendência populista. Não uso o termo "populismo" no sentido histórico (o populismo russo), mas no corrente, pelo qual se falava de populismo para Perón e para outros governos sul-americanos ou africanos. Vamos procurar lembrar uma afirmação feita por Berlusconi quando (ainda não sob a proteção da justiça) procurava legitimar os magistrados. Dizia que ele, eleito pelo povo, não teria se deixado julgar por alguém que estava naquela posição apenas por concurso.

Se nós levássemos essa afirmação a sério, eu não deveria deixar que o cirurgião operasse minha apendicite ou o câncer no estômago, não deveria mandar os filhos para a escola e deveria resistir a uma prisão por parte dos policiais, porque todas essas pessoas estão habilitadas a exercer a profissão delas por concurso, e não por eleição popular. Mas Berlusconi estava exatamente opondo sua qualidade de eleito pelo povo ao papel de quem (legitimado por concurso) devia julgá-lo por crimes comuns, sendo ele depois inocente ou culpado.

Na realidade, o "povo" como expressão de uma só vontade e iguais sentimentos, força quase natural que encarna a moral e a história, não existe. Existem cidadãos, que têm ideias diferentes, e o regime democrático (que não é o melhor, mas, como se diz, os outros são todos piores) consiste em estabelecer que governa quem tem o consenso da maioria dos cidadãos. Não do povo, de uma maioria, que às vezes pode ser devida não ao cômputo dos números, mas à distribuição dos votos num sistema uninominal. Os eleitos representam os cidadãos, proporcionalmente, no parlamento. Mas o país não é formado só pelo parlamento. Há uma infinidade de "corpos intermediários", que vão dos poderes industriais ao exército, das ordens profissionais à imprensa e assim em diante, e na maioria dos casos se trata de pessoas que agem com base em concurso, e nunca ninguém disse que a autoridade deles é prejudicada pelo fato de que chegaram a essa função por exame aplicado por especialistas, aliás, o concurso (se não for fraudado, mas então as eleições também podem ser fraudulentas) representa o modo pelo qual o país garante que os representantes dos corpos intermediários saibam exercer a própria profissão. É baseado num concurso que os professores de ensino fundamental e os de história têm a autoridade e o direito de afirmar que Berlusconi erra quando diz "Rômulo e Rêmulo", e com base numa autoridade obtida por concurso a comunidade dos médicos pode alarmar a população dizendo que certo medicamento é nocivo. Além do mais, é por aquela forma de concurso que se chama cooptação que são legitimados os próprios ministros (o governo) que não devem ser necessariamente parlamentares eleitos, mas que às vezes são escolhidos de acordo com as competências que possuem.

Apelar para o povo significa, porém, construir uma ficção:* já que o povo como tal não existe, o populista é o que cria uma imagem virtual da vontade popular. Mussolini fazia isso reunindo na praça Veneza 100 ou 200 mil pessoas que o aclamavam e que, como atores, desempenhavam o papel de povo. Outros podem criar a imagem do consenso popular brincando com as pesquisas, ou simplesmente evocando o fantasma de um "povo". Ao fazer isso, o populista identifica os próprios projetos com a vontade do povo e, depois, se conseguir (e quase sempre consegue), transforma naquele povo que ele inventou uma boa parcela dos cidadãos, fascinados por uma imagem virtual na qual acabam identificando-se.

Esses são os riscos do populismo, que reconhecemos e tememos quando se manifestava em outros países, mas que curiosamente não percebemos em cheio quando começa a se impor na nossa casa. Talvez, certos riscos os estrangeiros percebem antes que as populações (ou seja, os cidadãos, não o Povo) interessadas.

*Demonizar Berlusconi?***

Se eu for à banca de jornais e comprar todos os jornais existentes, vou perceber que o front crítico é exercido apenas por alguns jornais favo-

---

* No original, o autor emprega um latinismo ("*figmento*" derivado de "*figmentum*", ou representação por imagens, fábula, ou ficção). (*N. do T.*)

** *MicroMega*, setembro de 2003.

ráveis à oposição, e em parte também por uma imprensa que, por mais que se queira "independente", não pode se calar diante de alguns eventos escandalosos; há leitores, porém, que compram os outros jornais, e que permanecem totalmente impermeáveis a essas críticas. O risco, portanto, é que o antiberlusconismo tenha se tornado matéria de clube, praticado pelos que estão já de acordo, de modo que as denúncias (que existem) deixam intactos justamente aqueles nossos compatriotas aos quais pediríamos um exame de consciência sobre o voto que deram alguns anos atrás. E então se compreende, ainda que não se justifique, a reação dos que, mesmo sendo da oposição, convidam a parar com o jogo do massacre ao primeiro-ministro, que corre o risco de se tornar matéria de civilizada e divertida conversa de membros do mesmo círculo recreativo que, todos de acordo nas deprecações virtuosas, se convencem de que salvaram pelo menos a alma.

Daí uma primeira reflexão à qual retornarei no final: o front crítico com relação ao primeiro-ministro alcança apenas o público que não tem necessidade dessas críticas.

Falemos agora dos casos do nosso desafortunado país. Todos os dias se ouvem reações enérgicas (e por sorte até da opinião pública de outros países, talvez mais do que aqui) ao golpe de Estado insinuante que Berlusconi está tentando realizar. Nós todos percebemos que a discussão sobre se Berlusconi estava instaurando um regime estava mal colocada, uma vez que a palavra "regime" nos lembrava automaticamente o regime fascista, e, então, era ao menos honesto admitir que Berlusconi não aboliu a liberdade de imprensa ou o direito ao voto, e não mandou os dissidentes para Ventotene.

Mas talvez não estivesse ainda claro que, sendo o regime em geral uma forma de governo, Berlusconi estava instaurando dia após dia uma forma de governo fundada sobre a identificação do partido, do país e do estado com uma série de interesses empresariais. Fez isto sem proceder a operações policiais ou prisão de deputados, mas pondo em prática uma ocupação gradual da mídia mais importante (ou procurando pôr a mão — com concordatas ou outras operações financeiras, por sorte nem sempre coroadas de sucesso) nos jornais ainda independentes, e criando com meios adequados formas de consenso fundadas sobre o apelo populista.

Diante dessa operação, afirmou-se, na ordem, que: (1) Berlusconi entrou na política com a única finalidade de parar ou desviar os processos que podiam levá-lo à prisão; (2) como disse um jornalista francês, Berlusconi está instaurando um "*pedegisme*" (sendo *pdg* na França o *président directeur general*, o boss, o manager, o chefe absoluto de uma empresa); (3) Berlusconi realiza o projeto valendo-se de uma afirmação eleitoral indiscutível e, portanto, subtraindo aos opositores a arma do tiranicídio, já que devem fazer oposição respeitando o desejo da maioria, e tudo que podem fazer é convencer parte desta maioria a reconhecer e aceitar as considerações de cujo elenco a presente faz parte; (4) Berlusconi, com base nessa afirmação eleitoral, passa a aprovar leis concebidas para seu interesse pessoal e não para o interesse do país (e isto é o *pedegisme*); (5) Berlusconi, pelas razões expostas acima, não se movimenta como um estadista e tampouco como um político tradicional, mas de acordo com outras técnicas — e justamente por isso é mais perigoso do que um caudilho dos tempos passados, porque essas técnicas se apresentam como aparentemente adequadas aos princípios de um regime democrático; (6) como síntese dessas óbvias e documentadas observações, Berlusconi superou a fase do conflito de interesses para realizar todos os dias a mais absoluta *convergência de interesses* e, logo, fazendo com que o país aceite a ideia de que seus interesses pessoais coincidem com os da comunidade nacional.

Este é com certeza um regime, uma forma e uma concepção de governo, e tem sido realizado de maneira tão eficaz que as preocupações da imprensa europeia não se devem a piedade e amor pela Itália, mas simplesmente ao temor de que a Itália, como num outro infeliz passado, seja o laboratório de experimentos que poderiam estender-se por toda a Europa.

O problema é, porém, que a oposição a Berlusconi, mesmo no exterior, procede à luz de uma sétima convicção, que na minha opinião está errada. De fato, considera-se que, não sendo um estadista, mas um boss empresarial com a única finalidade de manter os equilíbrios precários do próprio grupo, Berlusconi não perceba que às segundas-feiras diz uma coisa, e às terças, o contrário dela, que por não ter experiência política e diplomática tenha uma inclinação pela gafe, fale quando não deve falar, deixe escapar afirmações que é obrigado a renegar no dia seguinte, confunda de tal maneira o interesse pessoal com aquele público que com ministros estrangeiros toma a liberdade de fazer gracejos de péssimo gosto sobre a própria esposa — e assim em diante. Nesse sentido, a figura de Berlusconi se presta à sátira, seus adversários às vezes se consolam pensando que ele passou das medidas, e têm certeza, portanto, que sem perceber, ele corre em direção à própria ruína.

Creio, no entanto, que seja necessário partir do princípio de que, na qualidade de homem político de novíssima natureza, digamos até pós-moderno, Berlusconi esteja colocando em ação, justamente com os gestos mais incompreensíveis, uma estratégia complexa, sagaz e sutil, que testemunha o pleno controle dos seus nervos e da alta inteligência operativa (e, se não de uma inteligência teórica, de um prodigioso instinto de vendedor).

Chama a atenção em Berlusconi (e infelizmente diverte) o excesso de *técnica do vendedor*. Não é necessário evocar o fantasma de Vanna Marchi — que destas técnicas constituía a caricatura, embora eficaz para um público subdesenvolvido. Vejamos a técnica de um vendedor de automóveis. Ele vai começar dizendo que o carro que propõe é praticamente um bólide, que basta tocar no acelerador para chegar logo aos duzentos por hora, que é planejado para uma direção esportiva. Mas, assim que ele se der conta de que vocês têm cinco crianças e uma sogra inválida, sem nenhuma espécie de transição passará a demonstrar-lhes que aquele carro é o ideal para uma direção segura, capaz de manter com calma a velocidade de segurança, feito para a família. Então, de repente, vai lhes dizer que se vocês comprarem o carro, ele lhes dará os tapetes grátis. O vendedor não se preocupa se vocês percebem ou não a coerência do discurso inteiro dele; interessa-lhe que, em meio a tudo o que ele disse, pelo menos um tema possa agradar a vocês, pois sabe que vocês só reagirão à solicitação que sensibilizá-los, e que se um dos temas chamar a atenção, os outros serão esquecidos. O vendedor usa, portanto, todos os argumentos, metralhando-os em série, sem pensar nas contradições em que pode cair. Deve agir de modo a falar muito, com insistência, para impedir que vocês façam objeções.

Muitos se lembrarão daquele Mendella que aparecia na televisão (não por poucos minutos, como fazem os spots das grandes empresas, mas por horas e horas, num canal dedicado a isso) para convencer aposentados e famílias de média e baixa renda a confiar-lhe os capitais, garantindo rendimentos de 100%. Depois de ter arruinado milhares de pessoas, Mendella foi preso enquanto fugia com a caixa, mas isso é uma outra discussão: tinha puxado muito a corda e depressa demais. Mas típico de Mendella, se vocês lembrarem, era aparecer às dez da noite dizendo que ele não tinha interesses pessoais naquela coleta de economias dos outros, porque era simplesmente o porta-voz de uma empresa bem mais ampla e robusta: mas às onze afirmava energicamente que naquelas operações, das quais se dizia o único avalista, tinha investido todo o seu capital, e, portanto, seu interesse coincidia com o dos seus clientes. Quem lhe confiou o dinheiro nunca percebeu a contradição, porque preferiu evidentemente focalizar o elemento que lhe dava mais confiança. A força de Mendella não consistia em usar argumentos, mas em metralhar todos eles.

A técnica de venda de Berlusconi é evidentemente desse tipo ("eu vou aumentar as aposentadorias e diminuir os impostos"), mas infinitamente mais complexa. Ele precisa vender consenso, mas não fala cara a cara com os clientes, como fazia Mendella. Precisa prestar contas à oposição, à opinião pública, inclusive a estrangeira, e à mídia (que ainda não está toda nas mãos dele), e descobriu o modo de reverter em seu favor a crítica desses sujeitos.

Deve fazer promessas que, boas, ruins ou neutras que pareçam para seus defensores, se apresentem aos olhos dos críticos como uma provocação. E deve produzir uma provocação por dia, tanto melhor se inconcebível e inaceitável. Isto lhe permite ocupar as primeiras páginas e as notícias de abertura da mídia e ser sempre o centro das atenções. Em segundo lugar, a provocação deve ser tal que a oposição seja obrigada a aceitá-la e a reagir com energia. Conseguir produzir todos os dias uma reação indignada das oposições (e até mesmo da mídia que não pertence à oposição, mas não pode deixar passar em silêncio propostas que configuram desordens constitucionais) permite a Berlusconi mostrar ao próprio eleitorado que ele é vítima de uma perseguição ("vejam, eles sempre me atacam, qualquer coisa que eu diga").

O "vitimismo", que parece contrastar com o triunfalismo que caracteriza as promessas de Berlusconi, é técnica fundamental. Houve exemplos até simpáticos de "vitimismo" sistemático, como o de Pannella,* que conseguiu por décadas ocupar as primeiras posições na mídia proclamando que se calavam sistematicamente sobre as iniciativas dele. Mas o "vitimismo" é típico também de todos os populismos. Mussolini provocou as sanções com o ataque à Etiópia e depois, fazendo uso de propaganda, especulou com o complô internacional contra nosso país. Afirmava a superioridade da raça italiana e procurava suscitar um novo orgulho nacional, mas o fazia lamentando que os outros países desprezassem a Itália. Hitler partiu para a conquista da Europa sustentando que eram os outros que tiravam o espaço vital ao povo alemão. O que é, depois, a tática do lobo com relação à ovelha. Toda prevaricação deve ser justificada pela denúncia de uma injustiça contra você. Definitivamente, o vitimismo é uma das tantas formas com as quais um regime sustenta a coesão do próprio front interno do chauvinismo: para nos exaltarmos, precisa mostrar que há outros que nos odeiam e querem cortar nossas asas. Todas as exaltações nacionalistas e populistas pressupõem o cultivo de um estado de contínua frustração.

Mas não é só isso, pois o fato de poder queixar-se cotidianamente do complô dos outros permite aparecer todos os dias no vídeo para denunciar o adversário. Esta também é uma técnica antiquíssima, conhecida até pelas crianças: você empurra seu colega da carteira da frente, ele lhe atira uma bolinha de papel e você se queixa com o professor.

Um outro elemento dessa estratégia é que, para criar provocações em cadeia, não é só você que deve falar, mas é preciso deixar o caminho livre para os mais desvairados entre seus colaboradores. Não adianta lhes dar ordens; se você os escolheu bem, eles vão caminhar com as próprias per-

---

* Marco Pannella, então líder do Partido Radical na Itália. (*N. do T.*)

nas, ao menos para competir com o líder, e quanto mais desvairadas as provocações, melhor será.

Não importa se a provocação vai além do crível. Se você afirmar, digamos, que quer abolir o artigo da Constituição que defende a paisagem (por outro lado, o que são as propostas de elevar a velocidade máxima para 150 por hora, ou os projetos tecnológicos e faraônicos em desprezo às exigências ecológicas?), o adversário não pode deixar de reagir, caso contrário, se tornaria avalista da proposta e perderia até mesmo a identidade e a função de opositor. A técnica consiste em lançar a provocação, desmenti-la no dia seguinte ("vocês me entenderam mal") e lançar imediatamente uma outra, de modo que para esta se dirijam as atenções tanto da nova reação da oposição como do renovado interesse da opinião pública, e todos esqueçam que a provocação precedente tinha sido *flatus vocis*.

A inaceitabilidade da provocação permite, além disso, alcançar dois objetivos essenciais. O primeiro é que, no fim das contas, por mais forte que tenha sido a provocação, constitui sempre um *ballon d'essai*. Se a opinião pública não reagiu com suficiente energia, isto significa que até mesmo o mais ultrajante dos caminhos poderia ser, com a devida calma, percorrido. Este é o motivo pelo qual a oposição é obrigada a reagir, ainda que saiba que se trata de pura e simples provocação, porque, caso se calasse, abriria o caminho para outras tentativas. A oposição faz, portanto, o que não pode deixar de fazer para contrastar o golpe de Estado insinuante, mas assim fazendo o corrobora, porque segue a lógica dele.

O segundo objetivo que se realiza é o que eu definiria como efeito bomba. Sempre afirmei que se eu fosse um homem de poder enredado em muitos e obscuros negócios, e ficasse sabendo que dentro de dois dias estouraria nos jornais uma revelação que esclareceria meus malefícios, eu teria uma única solução: colocaria ou mandaria colocar uma bomba na estação, num banco, ou numa praça na saída da missa. Com isso, eu teria certeza de que, por pelo menos quinze dias, as primeiras páginas dos jornais e a abertura dos telejornais só teriam espaço para o atentado, e a notícia que me preocupa, ainda que aparecesse, ficaria limitada às páginas internas e passaria despercebida — ou então só pegaria de raspão uma opinião pública mais preocupada com outros problemas.

Um caso típico de efeito bomba foi a bobagem sobre o *kapò* seguida da bobagem de reforço do *leghista* Stefani contra os turistas alemães beberrões e barulhentos. Gafe incompreensível, já que provocava um incidente internacional e logo no início do semestre italiano? Nada disso. Não só (mas esse foi um efeito colateral) porque estimulava o chauvinismo latente de grande parte da opinião pública, mas porque naqueles mesmos dias se discutia no parlamento a lei Gasparri, com a qual a Mediaset* afundava definitivamente a Rai e multiplicava os dividendos. Mas eu (e quem sabe quantos outros como eu) só me dei conta escutando, enquanto dirigia na estrada, a Rádio Radical diretamente do parlamento. Os jornais dedicavam páginas e mais páginas a Berlusconi *gaffeur*, à dúvida se os turistas alemães teriam descido do mesmo modo à Itália, ao problema lancinante se realmente Berlusconi tinha ou não pedido desculpas a Schröder. O efeito bomba funcionou perfeitamente.

Poderíamos reler todas as páginas dos jornais dos últimos dois anos para poder calcular quantos efeitos bomba foram produzidos. Diante de afirmações sesquipedais, como a de que os magistrados estão sujeitos a tratamento psiquiátrico, a pergunta que se faz é qual a outra iniciativa que esta bomba está deixando em segundo plano.

Neste sentido, Berlusconi *pedegista* controla e dirige as reações dos seus opositores, confunde-as, pode usá-las para mostrar que eles querem sua ruína, que todos os apelos à opinião pública são uma canalhice *ad hominem*.

Para terminar, a estratégia das jogadas excessivas produz desconcerto na própria mídia que deveria criticá-las. Considere-se o negócio da Telekom-Sérvia. Para um historiador do futuro será claro que, nessa ciranda de insinuações e acusações, estão em jogo seis problemas diferentes. São eles: (1) se o negócio Telekom-Sérvia foi um péssimo negócio; (2) se era política e moralmente lícito fazer transações com Milosevic, numa época pré-Kosovo, quando o ditador sérvio ainda não tinha sido banido pelas nações democráticas; (3) se nesse negócio foi usado dinheiro público; (4) se o governo tinha obrigação de estar a par do que estava acontecendo; (5)

---

* Rede televisiva de propriedade de Berlusconi. (*N. do T.*)

se o governo soube de tudo e deu seu consenso. Todos estes pontos têm caráter tipicamente político e econômico e poderiam ser discutidos com base nos fatos (quando, como e quanto). O sexto ponto é, no entanto, se alguém recebeu propina para permitir um negócio ilícito e prejudicial à Itália. Este ponto teria valor penal, mas só poderá ser discutido com base em provas que ainda estão por vir. Pois bem, escolham um italiano ao acaso e perguntem-lhe se para ele são claras estas distinções e se sabe do que estamos falando quando protestamos contra os venenos ou solicitamos uma investigação. Somente poucos artigos de fundo colocaram em evidência a existência não de um, mas de seis problemas, pelo resto a mídia foi arrastada numa ciranda convulsiva de manifestações cotidianas, algumas que se referiam aos pontos (1) — (5) e outras que se referiam ao ponto (6), mas sem que o leitor ou o telespectador tenham tido tempo para compreender que eram seis questões e nem mesmo de qual questão se estava falando. Para ir atrás da ciranda de manifestações, que confundem habilmente os seis pontos, a mídia também é obrigada a confundi-los — que é justamente o objetivo da operação.

Se essa é a estratégia, até agora se demonstrou vencedora. Se a análise da estratégia está certa, Berlusconi tem ainda uma enorme vantagem sobre seus adversários.

Como se faz oposição a essa estratégia? Haveria um modo, mas se parece com a sugestão de McLuhan, que, para deter os terroristas (que viviam do eco propagandista das próprias iniciativas e do próprio mal-estar que difundiam), propunha o blecaute da imprensa. A consequência seria que, talvez, não teríamos nos tornado o megafone dos terroristas, mas entraríamos num regime de censura — que é justamente o que os terroristas esperavam provocar.

É fácil dizer: concentre suas reações apenas nos casos realmente importantes (leis sobre as rogatórias ou sobre os balanços falsificados, Cirami, Gasparri e assim em diante), mas se Berlusconi dá a entender que quer se tornar presidente da República, você coloca a notícia num pequeno artigo de sexta página, por obrigação de informação, sem fazer o jogo dele. Mas quem aceitaria este pacto? Não a imprensa especificamente de oposição, que se encontraria imediatamente à direita da imprensa "independente". Não a imprensa independente, pela simples razão de que o pacto pressuporia um engajamento explícito dela. Além disso, esta decisão seria inaceitável para qualquer tipo de meio de comunicação, que falharia no seu dever/interesse, o de aproveitar-se do mínimo incidente para produzir e vender notícias, e notícias picantes e apetecíveis. Se Berlusconi insulta um parlamentar europeu, você não pode relegar a notícia para os acontecimentos da crônica ou para os artiguinhos de costume, porque você perderia os milhares de cópias que pode ganhar com o bafafá da propaganda sobre o saboroso acontecimento, com páginas e mais páginas de opiniões divergentes, interpretações, fofocas, hipóteses, reações mordazes.

Se for verdade que, até quando Berlusconi tiver o jogo nas mãos, a oposição deve seguir as regras dele, a oposição deveria tomar a iniciativa adotando — mas *positivamente* — as mesmas regras berlusconianas.

Isso não significa que a oposição deva parar de "demonizar" Berlusconi. Já vimos que, se a oposição não reage às suas provocações, num certo sentido acaba por avalizá-las, e de qualquer maneira falha ao próprio dever institucional. Mas esta função de reação crítica às provocações deveria ser atribuída a um setor do grupo, engajado em tempo integral. E deveria manifestar-se em canais alternativos. Se for mesmo verdade que a mídia ainda livre do controle berlusconiano alcança só os já convencidos, e a maior parte da opinião pública é exposta à mídia serviçal, tudo que resta é passar por cima da mídia. De maneira própria, as cirandinhas* foram um elemento dessa nova estratégia, mas se uma ou duas cirandinhas fazem barulho, mil provocam uma acomodação. Se tenho de dizer que o telejornal ocultou uma notícia, não posso dizê-lo por meio do telejornal. Tenho de voltar a táticas de distribuição de panfletos, de vídeos, teatro de rua, zunzunzum na internet, comunicação sobre telas móveis postas em diferentes esquinas da cidade, e a quantas outras invenções a nova fantasia

* Refere-se às grandes manifestações de praça, quase sempre lideradas pelo cineasta Nanni Moretti, contra a política de Berlusconi, e nas quais muitas pessoas davam-se as mãos, formando uma grande ciranda. (*N. do T.*)

virtual pode sugerir. Já que não se pode falar ao eleitorado desinformado por meio da mídia tradicional, inventa-se uma outra.

Contemporaneamente, no nível da ação mais tradicional dos partidos, das entrevistas, da participação nos programas de televisão (mas surpreendendo o adversário com a manifestação inesperada), a oposição deve fazer sair as *próprias* provocações.

O que quero dizer com provocações da oposição? A capacidade de conceber planos de governo, sobre problemas aos quais a opinião pública é sensível, e de lançar ideias sobre futuras disposições do país, de tal maneira que obrigue a mídia a dar ao menos o mesmo espaço que dá para as provocações de Berlusconi.

No espírito do puro maquiavelismo (estamos falando de política), considero que, sem prejuízo à dignidade, o projeto provocador poderia ir além das efetivas possibilidades de sua realização. Só para dar um exemplo de laboratório, a propaganda de um plano que previsse, digamos, uma lei que a esquerda gostaria logo de ver aprovada pelo governo, uma lei que proibisse uma única pessoa de ter mais de um canal de televisão (ou um jornal e um canal), explodiria como uma bomba. Berlusconi seria obrigado a reagir, dessa vez na defesa e não no ataque, e, ao fazer isso, daria a palavra aos seus adversários. Ele é que declararia a existência de um conflito (ou de uma convergência) de interesses, e não poderia atribuir o mito disto à vontade perversa dos adversários. Nem poderia acusar de comunismo uma lei antimonopólio que visa a ampliar os acessos à propriedade privada da mídia.

Mas não é necessário chegar a hipóteses de ficção científica. Um plano para o controle do encarecimento dos preços devido ao euro tocaria de perto até os que não se sentem envolvidos pelo conflito de interesses.

Enfim, seria uma questão de lançar de contínuo, e positivamente, propostas que façam a opinião pública perceber um outro modo de governar, e que sejam capazes de colocar a maioria contra a parede, no sentido de obrigá-la a dizer se está de acordo ou não — e, desse modo, ela seria obrigada a discutir e defender os próprios projetos e a justificar as próprias inadimplências — não podendo se proteger com a acusação genérica a uma oposição briguenta. Se você diz às pessoas que o governo errou ao fazer isto ou aquilo, elas podem não saber se você tem ou não razão. Se, no entanto, você disser às pessoas que gostaria de fazer isto ou aquilo, a ideia poderia atingir a imaginação e o interesse de muitos, suscitando a pergunta sobre por que a maioria não o faz.

Só que, para elaborar estratégias desse tipo, a oposição deveria estar unida, porque não se elaboram projetos aceitáveis e dotados de fascínio quando se comprometem doze horas por dia em lutas internas. E aqui se entra num outro universo, e o obstáculo insuperável parece ser a tradição, que já é mais do que secular, pela qual as esquerdas de todo o mundo sempre se exercitaram na luta contra as próprias heresias internas, antepondo as exigências desta luta entre irmãos à batalha frontal contra o adversário.

E, no entanto, apenas quando esse obstáculo for superado pode-se pensar num sujeito político capaz de ocupar a atenção da mídia com projetos provocadores, e de derrotar Berlusconi usando, ao menos em parte, as armas dele. Se não se entrar nesta lógica, que pode até não agradar, mas é a lógica do universo da mídia em que vivemos, só resta fazer passeatas contra o imposto sobre a farinha.*

*Os olhos do Duce***

Uma semana atrás fiz aniversário e, com os amigos íntimos que vieram para festejar, evoquei o dia do meu nascimento. Ainda que eu seja dotado de boa memória, não me lembro daquele momento, mas pude reconstruí-lo por meio dos relatos que me faziam meus pais. Parece que, portanto, o ginecologista me extraiu do ventre da minha mãe e, depois de ter terminado tudo o que se deve fazer nesses casos e de ter apresentado a ela o admirável resultado das suas dores de parto, exclamou: "Veja que olhos,

---

* Refere-se ao imposto medieval sobre o que se extraía dos moinhos e que vigorou até o final do século XIX. (*N. do T.*)

** *La Repubblica*, janeiro de 2004.

parece o Duce!" Minha família não era nem fascista, nem antifascista — como tantas da pequena burguesia italiana, ela encarava a ditadura como um fato meteorológico —, mas certamente para um pai e para uma mãe ouvir que o recém-nascido tinha os olhos do Duce era uma bela emoção.

Agora, tornando-me cético com o passar dos anos, tendo a acreditar que aquele bom ginecologista dizia a mesma coisa a todas as mães e a todos os pais — e olhando-me no espelho me acho mais parecido com um urso selvagem do que com o Duce, mas não tem importância. Meus pais ficaram felizes em saber que eu me parecia com o Duce.

Fico pensando no que poderia dizer hoje um ginecologista bajulador a uma puérpera. Que o produto da sua gestação se parece com Berlusconi? Isto a faria cair num estado depressivo preocupante. Por *par condicio*, assumo que nenhum ginecologista sensível diria à puérpera que seu filho parece rechonchudo como Fassino, simpático como Schifani, bonito como La Russa, inteligente como Bossi.

O ginecologista esperto preferiria dizer que o recém-nascido tem os olhos penetrantes de Bruno Vespa, o ar arguto de Bonolis, o sorriso de Christian De Sica (e não dirá que é bonito como Boldi, atrevido como Fantozzi, ou — tratando-se de uma menina — sexy como Sconsolata).*

Cada época tem seus mitos. A época em que nasci tinha como mito o Homem de Estado, aquela em que se nasce hoje tem como mito o Homem de Televisão. Com a habitual cegueira da cultura de esquerda, interpretou-se a afirmação de Berlusconi (que ninguém lê os jornais, mas todos veem a televisão) como a última das suas gafes insultantes. Não era insulto: era um ato de arrogância, mas não uma tolice. Colocando juntas todas as tiragens dos jornais italianos, se alcança um número bastante irrisório se

---

* Neste e no parágrafo anterior, o autor cita vários personagens do mundo da política, da televisão e do cinema italianos, aludindo sempre, num tom divertido, à aparência física deles. Alguns exemplos: Fassino, expoente do PDS, é conhecido pela magreza; Schifani, La Russa e Bossi são, respectivamente, pouco simpático, nada bonito e pouco inteligente, ao menos na visão de Eco. Christian De Sica, filho do grande Vittorio De Sica, e Massimo Boldi protagonizam todos os anos, por ocasião das festas de Natal, comédias populares. "Fantozzi" é o personagem interpretado no cinema e na televisão pelo comediante popular Paolo Villaggio. (*N. do T.*)

comparado ao dos que assistem apenas à televisão. Calculando, além disso, que só uma parte da imprensa italiana ainda faz uma crítica ao governo no poder, e que a televisão inteira, Rai mais Mediaset, tornou-se a voz do poder, Berlusconi tinha toda a razão do mundo. O problema é controlar a televisão, e os jornais que digam o que quiserem.

Este é um dado de fato, e os dados de fato são assim justamente porque independem das nossas preferências.

Parti dessas premissas para sugerir que no nosso tempo, se há de haver ditadura, deve ser ditadura da mídia, e não política. Há quase cinquenta anos se escreve que no mundo contemporâneo, com exceção de alguns remotos países do Terceiro Mundo, para fazer cair um governo não é mais necessário alinhar tanques de guerra, mas basta ocupar as estações transmissoras de rádio e televisão (o último a não perceber isto foi Bush, líder terceiro-mundista que chegou por erro a governar um país com alto índice de desenvolvimento). Agora o teorema está demonstrado.

Sendo assim, é errado dizer que não se pode falar de "regime" berlusconiano porque a palavra "regime" lembra o fascista, e o regime em que vivemos não tem as características daquele dos vinte anos de fascismo. Um regime é uma forma de governo, não necessariamente fascista. O fascismo abolia a liberdade de imprensa, enquanto o regime midiático berlusconiano não é assim tão rústico e antiquado. Sabe que se gerencia o consenso controlando os meios de comunicação mais invasivos. De resto, não custa nada permitir a muitos jornais que discordem (até quando não se possa comprá-los — a propriedade, digo, não uma cópia). De que adianta mandar Biagi para o desterro, para fazer dele talvez um herói? É só não o deixar mais falar na televisão, esperando que seja esquecido.

A diferença entre um regime "à moda fascista" e um regime midiático é que num regime à moda fascista as pessoas sabiam que os jornais e o rádio transmitiam apenas comunicados oficiais do governo, e que não se podia escutar a Rádio Londres, sob pena de prisão. Por isso mesmo sob o fascismo as pessoas desconfiavam dos jornais e do rádio, escutavam Rádio Londres em volume bem baixo, e confiavam apenas nas notícias que chegavam por murmúrios, boca a boca, maledicência. Num regime midiático em que, digamos, 10% da população tem acesso à imprensa de oposição, e quanto ao resto recebe notícias de uma televisão controlada, por um lado vigora a convicção de que a dissensão seja aceita ("há jornais que falam contra o governo, e a prova é que Berlusconi reclama sempre disso, portanto, há liberdade"), por outro, o efeito de realidade que a notícia de televisão produz (se tenho notícia de um avião que caiu isto é verdadeiro, tanto é que eu vejo as sandálias dos mortos flutuando, e não importa se são por acaso as sandálias de um desastre precedente, usadas como material de repertório) faz com que se saiba e se acredite apenas no que diz a televisão.

Uma televisão controlada pelo poder não deve necessariamente censurar as notícias. Com certeza, por parte dos escravos do poder, aparecem até tentativas de censura, como o mais recente (por sorte *ex post*, como dizem os que falam *instantinho* e *"pool" position*), pelo qual se considera inadmissível que num programa de televisão se possa falar mal do chefe do governo (esquecendo que num regime democrático se pode e se deve falar mal do chefe do governo, caso contrário se trata de um regime ditatorial). Mas estes são apenas os casos mais visíveis (e, se não fossem trágicos, risíveis). O problema é que se pode instaurar um regime midiático *em positivo*, tendo a aparência de dizer tudo. Basta saber como dizer isto.

Se nenhuma televisão dissesse o que Fassino pensa sobre certa lei, nasceria entre os espectadores a suspeita de que a televisão se cala sobre algo, porque se sabe que em algum lugar existe uma oposição. A televisão de um regime midiático, no entanto, usa aquele artifício retórico que se chama "concessão". Vamos dar um exemplo. Sobre a conveniência de se ter um cachorro há cerca de cinquenta razões pró e cinquenta razões contra. As razões pró são que o cachorro é o melhor amigo do homem, que pode latir se vierem os ladrões, que seria adorado pelas crianças etc. As razões contra são que é preciso levá-lo todos os dias para fazer as necessidades, que custa ração e veterinário, que é difícil levá-lo nas viagens... Admitindo que se queira falar a favor dos cachorros, o artifício da concessão é: "É verdade que os cachorros custam, que representam uma escravidão, que não se pode levá-los na viagem" (e os adversários dos cachorros são conquistados pela nossa honestidade), "mas é preciso lembrar que são uma boa companhia, adorados pelas crianças, vigiam os ladrões etc.". Esta seria uma argumentação convincente a favor dos cachorros. Contra os cachorros se poderia admitir que é verdade que são uma companhia deliciosa, que são adorados pelas crianças, que nos defendem dos ladrões, mas deveria seguir a argumentação oposta, que os cachorros, porém, representam uma escravidão, uma despesa, um estorvo para as viagens. E esta seria uma argumentação convincente contra os cachorros.

A televisão procede desse modo. Quando se discute a lei tal, ela é enunciada e logo em seguida se dá a palavra para a oposição, com todas as suas argumentações. Seguem, portanto, os defensores do governo que objetam às objeções. O resultado convincente é previsível: tem razão quem fala por último. Acompanhem com atenção todos os telejornais, e verão que esta é a estratégia: depois da enunciação do projeto, nunca vêm primeiro os apoios ao governo e depois as objeções da oposição. É sempre o contrário.

Um regime midiático não tem necessidade de mandar para a prisão os oposicionistas. Não os reduz ao silêncio ao censurá-los, e sim ao fazer com que ouçam as razões deles *primeiro*.

Como se reage a um regime midiático, à medida que para reagir a isto seria necessário ter o acesso à mídia que justamente tal regime controla?

Até o dia em que a oposição, na Itália, souber achar uma solução para este problema, deixando de deleitar-se com contrastes internos, Berlusconi será o vencedor.

*Mate o passarinho**

A propósito das discussões sobre as características a serem atribuídas ao "regime" que o governo Berlusconi está instaurando de modo lento e progressivo, vale a pena esclarecer melhor alguns conceitos, como conser-

---

* *L'Espresso*, março de 2004.

vador, reacionário, fascista, *qualunquista*,* populista e assim em diante. Reacionário é o que considera que exista uma sabedoria antiga, um modelo tradicional de ordem social e moral, para o qual é preciso voltar a todo custo, opondo-se a todas as chamadas conquistas do progresso, das ideias liberal-democráticas à tecnologia e à ciência moderna. O reacionário não é, portanto, um conservador, é quando muito um revolucionário "para trás". Houve no curso da história grandes reacionários que com certeza não apresentavam nenhum sinal das ideologias fascistas, próprias do século XX. Aliás, comparado ao reacionarismo clássico, o fascismo era "revolucionário-modernista", exaltava a velocidade e a técnica moderna (vide os futuristas), ainda que depois, com o sincretismo de criançao que era próprio dele, alistava também reacionários no sentido histórico do termo, como Evola.

O conservador não é um reacionário e muito menos um fascista. Veja-se, por exemplo, Churchill, de visões liberais e antitotalitárias.

O populismo, porém, é uma forma de regime que, procurando passar por cima das mediações parlamentares, tende a estabelecer uma relação plebiscitária imediata entre o líder carismático e as multidões. Houve tanto casos de populismo revolucionário, em que mediante o apelo ao povo propunham-se reformas sociais, quanto formas de populismo reacionário. O populismo é simplesmente um método que prevê o chamamento visceral ao que consideramos opiniões ou preconceitos mais radicados nas massas (sentimentos que se chamam *poujadistas* ou *qualunquistas*). Bossi, por exemplo, usa métodos populistas apelando para sentimentos *qualunquistas*, como a xenofobia ou a desconfiança em relação ao governo. Neste sentido, é certamente de caráter *qualunquista* o apelo de Berlusconi a sentimentos profundos e "selvagens", como a ideia de que é certo sonegar os impostos, que os políticos são todos ladrões, que devemos desconfiar da justiça porque é ela que nos coloca na prisão.

---

* No original, o autor emprega a palavra *qualunquista* (de *qualunque* = qualquer) para designar os que manifestam desprezo ou indiferença pelos partidos políticos e pela política em geral. A palavra provém de um título de jornal — (*L'uomo*) *Qualunque*, ou (O homem) Qualquer — fundado em 1944 e que, resumindo, pretendia divulgar a ideia de que o governo poderia existir sem partidos. (*N. do T.*)

Um conservador sério e responsável nunca encorajaria os cidadãos a não pagar os impostos, porque o sistema que ele se propõe conservar entraria em crise.

Com relação a esses vários comportamentos, muitos temas de debate político são transversais. Veja-se a pena de morte. Ela pode ser tanto defendida como combatida pelos conservadores, normalmente favorável a ela é o reacionário, amparado nos mitos do sacrifício, do ressarcimento, do sangue como elemento purificador (vide de Maistre), pode ser um bom argumento para um populista que recorre às inquietações das pessoas comuns com os crimes hediondos, e nunca foi colocada em questão nem mesmo pelos regimes comunistas.

Diferente é o comportamento com os valores ambientais: o tema de uma preservação da Mãe Terra, mesmo ao custo de eliminar a espécie humana, é um tema tipicamente reacionário, mas pode lutar pela defesa do meio ambiente tanto um conservador responsável (não Bush, que deve responder a potências industriais interessadas num desenvolvimento descontrolado) como um revolucionário de extrema esquerda.

Um populista poderia ser a favor do respeito ao meio ambiente, mas normalmente deve fazer as contas com os sentimentos profundos do "povo" a que se dirige. Ao longo dos séculos, o mundo agrícola tem sido respeitoso com o meio ambiente apenas com relação às técnicas de cultivo da área restrita de competência própria, mas sempre desflorestou todas as vezes que lhe era conveniente, sem preocupar-se com as consequências geológicas em escala mais vasta. Se nos parece que os camponeses de outrora respeitavam o meio ambiente mais do que os modernos, é só porque havia tamanha quantidade de bosques e florestas que a destruição delas ainda não constituía um problema. "Todos têm o direito de construir a própria casinha onde quiserem, sem se preocupar com vínculos ambientais" pode ser, portanto, um apelo populista de sucesso.

Fala-se nestes dias de uma lei que pretende estender além da medida as garantias legais para os caçadores. A caça é prática e paixão popular — e baseia-se em sentimentos atávicos. Uma vez que a sociedade humana admite a criação de frangos, bovinos e suínos para depois matá-los e comê-

-los, pode-se admitir que em reservas fechadas, distantes da habitação, em temporadas precisas, seja aceitável que alguém vá matar por esporte animais comestíveis cuja reprodução seja salvaguardada e controlada. Mas dentro de certos limites. Em vez disso, a lei em discussão tenta reconduzir estes limites a dimensões pré-ecológicas. Por quê? Porque com esta proposta se recorre a pulsões ancestrais, àquele "povo profundo", desconfiado de todas as críticas e reformas das tradições, que é caldo de cultura de todas as derivações *poujadistas*.

Assim, essa proposta de lei ressalta mais uma vez ainda a natureza populista-*qualunquista* de um regime insinuante, que se alimenta de apelos aos instintos incontrolados do eleitorado menos criticamente educado.

*Desertar o parlamento**

Eu me encontrava em Paris, onde havia a inauguração do Salão do Livro, nos dias em que Berlusconi anunciou em *Porta a porta* a suposta retirada das tropas italianas do Iraque e depois nos dias seguintes, e tive assim a oportunidade de falar das coisas italianas com os franceses, que são especialistas em nunca compreender exatamente o que acontece na nossa casa — e muitas vezes com alguma razão.

Primeira pergunta: por que o primeiro-ministro de vocês anunciou uma decisão tão grave num programa de televisão e não no parlamento — onde deveria, talvez, ter pedido também um parecer ou um consenso? Expliquei que esta é a forma de regime midiático que Berlusconi está instaurando, na qual entre o Chefe e o Povo se estabelece uma relação direta, através dos meios de comunicação de massa, desautorizando assim o parlamento (onde o chefe não precisa buscar consenso porque o consenso ele já tem garantido — e, portanto, o parlamento tende a tornar-se o tabelião que registra os acordos entre Berlusconi e Bruno Vespa).

---

* *L'Espresso*, março de 2005.

As perguntas aumentaram cada vez mais nos dias seguintes quando, depois das duras repreensões de Bush e Blair, Berlusconi afirmou que nunca tinha dito que retiraria as tropas do Iraque. Mas como é possível que ele caia assim em contradição, perguntavam-me meus interlocutores. Expliquei que essa é a beleza do populismo midiático. Se você vai dizer algo no parlamento, isto vai para as atas, e depois você não pode negar que o disse. Dizendo-o na televisão, no entanto, Berlusconi obteve logo o resultado que esperava (ganhar certa popularidade com objetivos eleitorais); e depois, quando afirmou que não o tinha dito, por um lado tranquilizou Bush e por outro não perdeu aquele tanto de consenso que tinha ganho, porque é virtude da mídia que quem a acompanha (e não lê os jornais) esquece no dia seguinte o que exatamente tinha sido dito no dia anterior, e no máximo conserva a impressão de que Berlusconi tinha dito alguma coisa simpática.

Mas, observaram meus interlocutores, os italianos não percebem que, fazendo assim, Berlusconi (e com ele toda a Itália) perdem credibilidade não só junto a Chirac ou Schröder, mas também junto a Blair e Bush? Não, respondi, podem perceber isto os italianos que leem jornais, mas estes são uma minoria se comparado aos que recebem notícias apenas da televisão, e a televisão dá apenas as notícias que agradam a Berlusconi. Isto é justamente o regime de Populismo Midiático.

*Populismo sim, mas a rua não**

No Meeting de Comunhão e Liberação, em Rimini, o presidente do Senado Marcello Pera advertiu que a política não se faz "na rua", e sim nas sedes designadas, ou seja, nas duas câmaras, e ao dizê-lo repreendia muitas irritações expressas no âmbito da maioria contra algumas manifestações de oposição, tipo cirandinhas *et similia*.

Ainda que respeitável, esta opinião contradiz, porém, o espírito das democracias ocidentais nas quais é verdade que existem três poderes —

* *L'Espresso*, agosto de 2002.

legislativo, executivo e judiciário — e que a sede para conduzir debates políticos é o parlamento, mas nas quais se reconhece que os cidadãos também (são eles que elegem o parlamento) têm o direito de controlar os vários poderes do governo, julgar a atitude dele e estimulá-la, manifestar eventuais insatisfações sobre a condução dos fatos públicos. Neste sentido, a voz do eleitorado, que não pode se manifestar apenas no dia do voto, é útil também ao parlamento e ao próprio governo, ao segundo porque da insatisfação popular podem ser obtidas indicações úteis sobre as eleições sucessivas (é o que depois se tenta apurar também mediante pesquisas que, caso contrário, seriam também uma forma de pressão ilícita).

Fique claro que essa voz do eleitorado nada tem a ver com a "vontade popular" à qual o populismo recorre. O populismo representa o apelo direto ao povo (ou a suposta interpretação da vontade popular) feito pelas autoridades máximas, enquanto as manifestações de rua representam a livre expressão de grupos, partidos, associações de cidadãos, e não uma genérica "Voz do Povo".

Como se manifesta a opinião do eleitorado? Por meio da ação de vários líderes de opinião, jornais, associações, partidos, mas também por conta da rua. Só para esclarecer, por manifestação de rua não se entende uma insurreição de sans-culottes que destroem tudo, o que seria uma revolução ou explosão de desordem, ou seja, uma coisa diferente. Mas as democracias conhecem uma infinidade de outras demonstrações de rua, e pacíficas, que não são necessariamente totalitárias e um oceano de agitações, porque pode ser manifestação de rua também a de uma minoria restrita, até mesmo de duas ou três pessoas, que se reúnem e querem comunicar em público o que pensam e desejam.

Nesse sentido, basta ir diante do parlamento inglês, ou em todas as cidades norte-americanas, para ver fileiras de cidadãos que levantam cartazes e gritam slogans, procurando envolver os cidadãos. Basta ir ao célebre canto do Hyde Park para ver senhores que numa tribuna improvisada exortam os presentes — mas não é necessário ir a Londres, nas cidades italianas também se encontram lugares apropriados onde as pessoas se reúnem espontaneamente para discutir os acontecimentos políticos do dia. Estas manifestações de rua podem ser às vezes imponentes, como o Moratorium de Washington de 1969, contra a guerra do Vietnã, que abalou o país. Podem ser de direita ou de esquerda, e vamos lembrar a marcha dos 40 mil em Turim, que exprimia em plena luta sindical a posição dos quadros empresariais, os chamados colarinhos brancos, ou as manifestações de rua das "maiorias silenciosas", as passeatas dos defensores do Polo e as celebrações célticas da Liga.

Não se compreende por que apenas as manifestações sindicais, pelo fato juridicamente insignificante de reunirem milhões e não milhares de pessoas, ou as cirandinhas, por serem mais pitorescas, devam ser julgadas mais antidemocráticas do que Pannella, que se acorrenta ou bebe urina em público.

Claro, nas manifestações de rua conta a quantidade. Mas "quantidade" não é uma palavra feia, pois é na quantidade (na falta de critérios mais seguros) que se sustenta a democracia, em que vencem os que "são tantos mais". A rua, quando se comporta de modo não violento, é expressão de liberdade civil, e consideramos ditatoriais os países onde as manifestações de rua não são permitidas, ou então são construídos simulacros delas organizados no alto, como o oceano de gente que se reunia na praça Veneza. Mas isto era discutível não por constituir um oceano de gente, e sim porque não pressupunha contrarreuniões de sentido oposto.

Vejamos agora o que é o Meeting de Rimini. Não é uma sessão parlamentar, e não é um seminário para funcionários do setor. Como as festas do Unità,* e ainda mais, porque se realiza também no próprio centro da cidade, é uma manifestação da "rua", legítima como as outras, e de certo impacto político.

E onde o presidente do Senado fez seu pronunciamento contra a rua? Na rua, numa manifestação que se realizava fora dos plenários parlamentares, e tencionava exprimir as opiniões de uma parte dos cidadãos. Sendo assim, a condenação da rua que aconteceu na rua parece quase a ação de um severo moralista que, querendo condenar as práticas de exibicionismo, se

---

* Jornal oficial do ex-PCI (Partito Comunista Italiano). (*N. do T.*)

apresenta no altar sagrado da catedral, abre de repente o casaco, exibindo o próprio membro, e grita "Nunca façam isso, entenderam?".

*A Itália dos comediantes: uma situação trágica**

Há momentos em que um país fica em suspense à espera de um acontecimento que poderia mudar o curso da história. Imagino que os romanos se sentissem assim depois do assassinato de César e antes do discurso de Antônio, ou mais modestamente os italianos depois que o rádio em 1943 tinha sobriamente anunciado que o cavaleiro Benito Mussolini tinha sido destituído do seu cargo e o governo tinha passado para o marechal Badoglio. Com base na experiência pessoal, e nas numerosas páginas que domingo passado todos os grandes jornais dedicaram ao acontecimento, assim ocorreu com a esperada participação de Benigni no Festival de San Remo.

Ferrara** não é bobo, e se prometeu o que depois não cumpriu (arremesso de ovos e legumes contra o "comediante do regime" inimigo do novo regime) devia ter algum plano na cabeça. Claro, só um ignorante em comunicações de massa (o que Ferrara com certeza não é) ou um espião do partido comunista nas fileiras do Polo (o que Ferrara não pode ser, uma vez que o partido comunista agora só existe na fervida mente do primeiro-ministro) podia urdir uma trama que, qualquer andamento que tomasse, teria prejudicado o partido do governo. Para calcular os efeitos clamorosos do caso, é preciso considerar que Benigni é uma personalidade de culto internacional. Pode não agradar a todos, mas é um fato que tudo o que ele faz interessa à imprensa de todos os países. Com efeito, uma vez lançada a ameaça, três eram as possibilidades:

Primeira possibilidade: Benigni aparece em San Remo, os ex-comunistas que passaram para a direita interrompem seu espetáculo e jogam ovos.

---

* *L'Espresso*, março de 2002.

** Trata-se do jornalista Giuliano Ferrara, conhecido pelas atitudes polêmicas. Na ocasião, Ferrara acusou o filme *A vida é bela*, de Roberto Benigni, de ofensivo à memória dos judeus que morreram nos campos de concentração nazistas. (*N. do T.*)

É inútil dizer que a imprensa internacional teria alertado sobre o novo fascismo e sobre o esmagamento da liberdade de expressão.

Segunda possibilidade: Benigni entra em cena, fala de "periquita" e outros elementos do baixo ventre que caracterizaram este festival, e não fala de política. Pior, muito pior. A imprensa internacional teria se insurgido contra esse claro exemplo de terrorismo psicológico, que é uma forma de censura. Na Itália ninguém é mais livre para exprimir as próprias opiniões porque existem os grupelhos.

Terceira possibilidade: Benigni aparece, fala do tempo bom e do tempo ruim, e depois implora a Baudo* que não o provoque, porque certas coisas não se podem dizer, não é mais como no passado, voltamos aos dias em que se escutava escondido a Rádio Londres: por favor, não me façam falar, pois tenho família etc. Clamorosa denúncia da existência de um regime, acolhida por toda a imprensa internacional.

Benigni foi mais sábio. Acho que ele fez o que teria feito mesmo que não tivesse havido a provocação de Ferrara. Ele sabia que não se apresentava como simples cidadão num programa de Biagi, mas, como ator num programa que alcançou milhões de italianos, de todas as opiniões, não evitou as costumeiras polêmicas (mas sem mudar demais o copião já conhecido), fez um apelo ao amor, paralisou a plateia com uma declamação de versos de Dante (Benigni é um prodigioso leitor de Dante — e, como muitos talvez não percebam, é pessoa de cultura bastante refinada) e quero ver agora quem é que tem coragem de vaiar a virgem madre filha do teu filho.**

O lance dos versos de Dante (em San Remo!) ninguém esperava. Precisava ser um gênio para pensar nisso. *Standing ovation*, delírio, Benigni ganha, como no copião. Você nunca deve se colocar contra quem é mais capaz do que você.

Creio que Ferrara também se considere vencedor. Se eu não agitasse as águas com a provocação, ele provavelmente pensa, Benigni teria feito pior. Mas o que seria pior, visto que foi só ele aludir a conflitos de interesse

---

* Trata-se de Pippo Baudo, apresentador de famosos programas da Rai. (*N. do T.*)

** Referência aos versos de Dante (do último canto do *Paraíso*) declamados por Benigni. (*N. do T.*)

e falsos balanços para que a plateia se mijasse de rir? O que disse Benigni todos sabem, e o teriam considerado (bondade deles) argumento cômico (ou, mais tragicamente, grotesco) mesmo que ele não tivesse falado disso.

Mas, terminada a história, restam algumas reflexões melancólicas. Há algum tempo tudo que acontece na Itália, e que cria confusão e intranquilidade, se deve aos comediantes. Às muitas charges, de acordo, mas principalmente aos "scoop" de *Arrasta a notícia* e de *As hienas*. Vocês se lembram do tempo em que os males da Itália eram denunciados pelo *L'Espresso* (capital corrupta, nação contaminada), pela oposição, pela magistratura? Terminou. O que acontece no parlamento não interessa a mais ninguém (Berlusconi diz que não vale a pena ir lá para repetir coisas que todos sabem), os partidos vão a reboque das cirandinhas, o máximo choque do ano não foi provocado por um político, mas por um artista (Moretti). É saudável um país onde só os comediantes dão início às polêmicas, ao debate, sem obviamente poder sugerir as soluções?

Mas, refletindo bem sobre o assunto, isso não se deve ao fato de que os comediantes estão indo ao parlamento, e sim ao fato de que o governo caiu nas mãos dos comediantes, ou que muitos que em outros tempos seriam figuras de teatro de vaudeville foram para o governo.

*Como fazer um contrato com os romanos**

Em 64 a.C., Marco Túlio Cícero, já célebre orador e, todavia, "homem novo", estranho à nobreza, decide candidatar-se ao cargo de cônsul. O irmão, Quinto Túlio, escreve para uso e consumo dele um manualzinho, no qual lhe dá conselhos para ter sucesso na sua iniciativa. Quem fez a versão em edição italiana, bilíngue (*Manual do candidato — Instruções para vencer as eleições*, editor Manni), foi Luca Canali, acompanhada de um comentário, no qual se esclarecem as circunstâncias históricas e pessoais daquela campanha. Furio Colombo escreve a introdução, com uma polêmica reflexão sobre a "Primeira República".

* *L'Espresso*, julho de 2004.

De fato, é muito semelhante à nossa segunda essa república romana, nas suas virtudes (pouquíssimas) e nos seus defeitos. O exemplo de Roma, no curso de mais de dois milênios, sempre continuou a ter muita influência nas sucessivas visões do governo. Como Colombo lembra, ao modelo da mais antiga república romana tinham-se inspirado os autores dos *Federalist Papers*, que tinham traçado as linhas fundamentais da que viria a ser depois a Constituição norte-americana, e que viam em Roma, mais do que em Atenas, o exemplo ainda atual de uma democracia popular. Com maior realismo, os *neocons* ao redor de Bush se inspiram na imagem da Roma Imperial e, por outro lado, boa parte da discussão política atual recorre seja à ideia de Império, seja àquela de *Pax Americana*, com referência explícita à ideologia da *Pax Romana*.

Só que a imagem de competição eleitoral que emerge das vinte paginhas de Quinto é muito menos virtuosa do que aquela que inspirou os federalistas do século XVIII. Quinto não pensa em nenhum homem político que se dirija ao próprio eleitorado com um projeto corajoso, enfrentando também o dissenso, na esperança de conquistar os próprios eleitores com a força arrebatadora de uma utopia. Como Canali também nota, está totalmente ausente destas páginas todo debate de ideias; aliás, está sempre presente a recomendação de não se comprometer com os problemas políticos, de modo a não criar inimigos. O candidato imaginado por Quinto deve somente "parecer" fascinante, fazendo favores, prometendo outros, nunca dizendo não a ninguém, porque é suficiente deixar pensar que algo será feito; a memória dos eleitores é curta e mais tarde eles esquecerão as promessas.

A leitura de Colombo tende a iluminar "incríveis afinidades, semelhanças, assonâncias que parecem atravessar os séculos". Aqueles que no texto são os "salutatores", que vão prestar homenagem a mais de um candidato, são vistos como "terceiristas", enquanto os *deductores*, cuja presença contínua deve atestar se o candidato é autorizável, têm a função de torná-lo visível e (*mutatis mutandis*) desempenham o papel que hoje cabe à televisão.

A campanha eleitoral aparece como um espetáculo de pura forma, em que não conta o que é o candidato, mas como parece aos outros. Como diz

Quinto, o problema é, por mais que tenham peso os dotes naturais, fazer com que a simulação possa vencer a natureza.

Por outro lado, "a bajulação é detestável quando piora alguém, mas é indispensável a um candidato cujo comportamento, cuja aparência e cujo modo de se exprimir devem mudar de tempos em tempos para adaptar-se aos pensamentos e aos desejos de quem quer que ele encontre". Naturalmente, é preciso agir de maneira "que sua campanha eleitoral inteira seja solene, brilhante, esplêndida e, ao mesmo tempo, popular [...] Assim que for possível, faça com que surja alguma suspeita contra seus adversários [...] de infâmia, de devassidão ou de esbanjamento". Enfim, são todas belas recomendações que parecem ter sido escritas hoje, e logo se pensa em para quem — ou seja, o leitor lê Quinto, mas pensa em Silvio.

No fim da leitura, pergunta-se: mas a democracia é realmente apenas isto: uma forma de conquista do favor público, que se deve basear apenas numa organização da aparência e numa estratégia do engano? É com certeza isto também, nem poderia ser diferente se este sistema impõe que se chegue ao poder só através do consenso, e não graças à força e à violência. Mas não nos esqueçamos de que esses conselhos para uma campanha eleitoral toda "virtual" são dados no momento em que a democracia romana já está em plena crise. Pouco depois disso, César tomará definitivamente o poder com o apoio das suas legiões, instituirá de fato o principado, e Marco Túlio pagará com a vida a passagem de um regime fundado no consenso a um regime fundado no golpe de Estado.

Assim, não se pode deixar de pensar que a democracia romana começou a morrer quando seus políticos compreenderam que não precisavam levar a sério os programas, mas precisavam esforçar-se apenas para parecer simpáticos aos seus (como dizer?) telespectadores.

Nós e os estrangeiros

*Lixo e bananas**

Como os leitores já devem saber, alguns jornais estrangeiros publicaram artigos em que exprimiam dúvidas acerca da idoneidade do candidato premier do Polo a governar o próprio país. Que o candidato premier tenha definido como lixo aqueles jornais, é um mote de irritação justificável. Por outro lado, é um hábito nacional, se uma mulher recusa nossas atenções, defini-la como senhora de costumes fáceis.

Mas ouviram-se outras vozes que consideravam imprópria a ingerência da imprensa estrangeira nos nossos negócios nacionais. Que tenha sido dito pelo senador Cossiga é irrelevante, porque, como dizia a propaganda (parece-me) do doutor Ciccarelli, com aquela boca pode dizer o que quer. Que tenha sido dito pelo senador Andreotti é uma questão mais complexa: conhecendo o homem, se ele o disse, tencionava uma outra coisa. Chamou-me a atenção a afirmação do senador Agnelli, o qual (se os principais jornais não estão mentindo) teria dito que os jornais estrangeiros dirigiram-se ao nosso eleitorado como se fôssemos uma república das bananas.

---

* *L'Espresso*, maio de 2001.

O senador Agnelli não é apenas um atencioso leitor de jornais, mas com os jornais tem também relações mais profundas. E, portanto, já deveria ter tido a oportunidade de ler nos jornais italianos (inclusive *La Stampa*), no curso dos anos, artigos severos sobre os comportamentos de Clinton, sobre as gafes diplomáticas de Bush, sobre os escândalos em torno do governo Miterrand, sobre o caso Tapies, sobre o poder excessivo de Bill Gates, sobre os comportamentos nem sempre irrepreensíveis da família real britânica, sobre a política de Sharon, até chegar a opiniões inverossímeis sobre Milosevic ou Haider.

Em nenhum desses casos (com exceção, talvez, dos dois últimos) me parece que os estrangeiros tenham feito reclamações formais julgando "indevidas" essas interferências nos negócios nacionais deles, e se o tivessem feito, deveríamos realmente nos considerar uma república das bananas. Então por que os jornais italianos podem (justamente) exprimir opiniões sobre a política dos outros países, e os jornais dos outros países não podem fazer a mesma coisa conosco?

Raciocinando assim, chegaríamos a pensar que, se um magistrado nos acusa, é agente de um complô, e se, em vez disso, nos absolve, é virtuoso e integérrimo. Como se alguém dissesse (e poderíamos chegar a esse ponto) que o *Economist* é um lixo porque fala mal do candidato do Polo e, no entanto, o *Times* é um modelo de jornalismo porque fala dele com maior indulgência. Aonde nós iríamos parar se caíssemos em tamanha barbárie?

A literatura é algo diferente da política, mas nunca ouvi de um escritor (por mais irritadiço que fosse) que, desancado pelo suplemento literário do *New York Times*, tivesse declarado que essa publicação gabaritada fosse lixo, ou tivesse afirmado que era vítima de um complô (nesse caso) demo-pluto-judaico. E se tivesse feito isso, nós o teríamos considerado um sujeito com ego doente de elefantíase.

Claro, há países onde, se os jornais estrangeiros falam mal do governo deles, proíbe-se a venda, e os jornais locais censuram todas as referências a essas acusações. Mas se chamam países sob ditadura, e alguns deles são repúblicas das bananas.

Acidentalmente, por que desprezar tanto as repúblicas das bananas? Elas têm governos com os quais deve ser muito fácil fazer acordo, visto que muitas pessoas respeitadas fazem com eles negócios comerciais lucrativos e transportam para aquelas praias os seus capitais.

*Remar contra**

Antes mesmo das eleições alguns jornais do exterior temeram uma vitória de Berlusconi, e alguns se queixaram dessas intromissões estrangeiras, como se a Itália fosse tratada como república das bananas, esquecendo que os jornais italianos com frequência criticam (legitimamente) um candidato às eleições na França ou nos Estados Unidos, e se detêm até com causticidade em escândalos que acontecem em países amigos.

Terminadas as eleições, jornais de várias línguas estigmatizaram várias iniciativas do nosso primeiro-ministro, das imprudentes afirmações sobre a superioridade ocidental às diversas leis que induziam esses bárbaros (que falam línguas estranhas e ignoradas) a suspeitar que o novo governo cuidasse de interesses privados em decretos oficiais. Nesses casos, as reações também foram extremamente irritadas, e a linha seguida por Berlusconi e por alguns dos seus porta-vozes foi mais ou menos a seguinte: esses jornais são de esquerda, influenciados por homens da esquerda italiana que os induzem a escrever artigos difamadores contra nosso país.

Delineou-se, assim, a imagem, obstinadamente divulgada, de D'Alema ou Fassino ou Rutelli pegando o telefone, ligando para os diretores de jornais até conservadores na Espanha, na França e na Inglaterra, e os convidando a escrever artigos contra o excelentíssimo Berlusconi. Esses diretores batem continência, dizem sim, senhor, molham a caneta no veneno e lá vão eles, para cima do demonizando (e demonizado).

Esse "relato" revela uma noção bastante mafiosa da imprensa internacional, e só hoje percebemos o quanto corresponde à ideia que Berlusconi faz do relacionamento com a mídia — digo hoje, quando vimos que o chefe

---

* *L'Espresso*, maio de 2002.

do governo deu ordens claras ao conselho de administração e ao diretor--geral da Rai de despedir jornalistas, digamos, relutantes em bajulá-lo.

Tentemos, todavia, ser indulgentes. Talvez o complô denunciado por Berlusconi existisse e ainda existe, todo correspondente estrangeiro na Itália está a serviço da esquerda. Mas então, se Rutelli, Fassino e D'Alema têm este poder sobre os jornais de todo o mundo, independentemente da posição política, para reafirmar o prestígio internacional da Itália seria preciso imediatamente devolver a eles o governo.

Aconteceu coisa pior, porém. Seja qual for a forma pela qual certas opiniões foram formuladas, ficou bem claro que Jospin e Chirac, durante a campanha eleitoral deles, escolheram Berlusconi e a situação italiana como termo negativo de comparação. Quer dizer que, para ganhar votos, prometeram que não pretendem fazer o que faz Berlusconi. É como dizer: "Prestem atenção, sou uma pessoa de bem, não vou fazer no meu país o que Berlusconi está fazendo na Itália."

O procedimento não é inédito. Muitos políticos conduziram as campanhas eleitorais dizendo que não teriam feito como a União Soviética, ou como Haider, que eles não eram nazistas, ou stalinistas, que não tinham ambições autoritárias, que não queriam que o país deles se reduzisse ao patamar daqueles governados por Idi Amin Dada, François Duvalier, Saddam Hussein e assim em diante. Ora, que Jospin, socialista, ex-trotskista, e ainda por cima protestante escolha Berlusconi como exemplo negativo é óbvio: Jospin faz parte (do ponto de vista do Polo) de uma internacional comunista. Mas desta vez, também se uniu ao jogo Chirac, talvez o representante mais típico (depois de Margaret Thatcher) da direita europeia. Chirac diz aos seus: "Votem na direita, porque nós não faremos como Berlusconi."

A esse ponto, a ideia de que D'Alema, Rutelli e Fassino pegaram no gancho e sugeriram a Chirac de fazer o jogo deles não é mais sustentável. Nem Luttazzi* teria uma ideia dessas, nem o Gabibbo, nem os do Bagaglino. Como se costuma dizer hoje, não existe.

---

* Daniele Luttazzi é um comediante da televisão, autor de polêmicas sátiras políticas. (*N. do T.*)

Daí uma dúvida, que espero que seja também de muitos defensores do Polo. Será que nosso primeiro-ministro faz justamente e sempre tudo o que um primeiro-ministro, de qualquer cor, não deveria fazer? Cada de um nós, no próprio âmbito, industrial, comerciante ou escritor que seja, faz sempre o melhor para que a Itália faça um bom papel no exterior. Por que o próprio primeiro-ministro rema contra?

*Entre o dito e o feito**

Enquanto escrevo, mal começou a discussão sobre o fato de que os norte-americanos anunciaram tranquilamente que a Itália vai participar da guerra do Iraque com eles, e aqui na Itália ficaram de boca aberta, incluindo o primeiro-ministro, que tentou fazer alguma distinção (obviamente, porque decisões do gênero devem ser tomadas pelo parlamento). Golpe de cena de Bush para forçar a mão da Itália? De forma alguma. Questão de antropologia cultural.

É muito difícil dizer quem são os norte-americanos, porque há os descendentes dos velhos pioneiros anglo-saxões e protestantes, os judeus, os italianos, os irlandeses, os polacos, os porto-riquenhos e quem souber de mais um que diga. O que faz dos Estados Unidos uma nação, todavia, é o fato de que todos introjetaram um princípio fundamental, que no momento oportuno cria também as identificações patrióticas. O princípio é muito simples: este é um país que me faz viver e me permite, se eu conseguir, ficar até rico, e devo aceitar algumas regras de convivência. Não disse "respeitar as leis", porque nos Estados Unidos também há os fora-da-lei, os gângsteres, os investidores ladrões, e há os *dropouts*, os marginais, os mendigos, os que vivem nos subterrâneos. Mas estes também, ainda que procurem safar-se da lei, esforçam-se em observar as regras de convivência.

Por exemplo, tanto na estação como no supermercado, respeitam a fila. É inconcebível que alguém não o faça. Respeita-se a fila a tal ponto que

* *L'Espresso*, fevereiro de 2003.

se a pessoa diante de nós está aborrecendo a todos ao insistir em manter ocupado por uma hora o funcionário ou o vendedor, os outros podem até bufar, mas não protestam. Aquela pessoa chegou antes e tem todos os direitos. Lembro-me que certa vez, chegando atrasado do Meio-Oeste ao aeroporto La Guardia, eu tinha só o tempo de entrar num táxi e alcançar o aeroporto Kennedy, para voltar à Itália. Havia uma fila monstruosa nos táxis, e compreendi que não conseguiria. Então, desesperado, fui ao começo da fila e perguntei a quem esperava: "Senhores, tenho tempo contado para alcançar o Kennedy e voar à Europa para coisas urgentíssimas. Os senhores seriam gentis e me deixariam passar primeiro?" Nunca vi tantos rostos desanimados na minha vida: era a primeira vez que acontecia algo assim com eles. Ficaram tão atordoados que o grupo dos dez primeiros na fila fez um gesto de licença, provavelmente achando que se eu agia assim é porque minha casa estava queimando com as crianças dentro. Peguei o primeiro táxi, agradecendo, e me dei conta de que tinha feito tamanha bobagem que meus interlocutores não tiveram nem mesmo coragem de protestar. A fila é sagrada.

Uma outra regra fundamental é que se diz a verdade e que em primeira instância se supõe que você também diga a verdade. Se o convidam para qualquer compromisso, e você responde que está ocupado ("*Sorry, I am busy*"), eles se desculpam e não lhe perguntam mais nada. Mas é inconcebível se você disser que sim e depois não for. Diz-se a verdade ao fiscal de rendas, e vocês devem lembrar que Al Capone foi para a prisão não pelo massacre de São Valentim, mas por ter sonegado o imposto de renda, e que Nixon perdeu o cargo por ter contado uma mentira.

A confiança (para nós, ingênua) dos norte-americanos tem aspectos grotescos. Certa vez, nos Estados Unidos, perdi meu cartão de crédito e, como eu não sabia a quem devia telefonar, um amigo, residente com experiência, fez tudo, entrando em contato com o setor apropriado. Só que no final a telefonista lhe perguntou se ele era Mister Eco, e sabendo que não era, lhe disse que só poderia encaminhar o pedido de substituição se Mister Eco falasse pessoalmente. O amigo me passou o telefone, eu garanti que era Mister Eco *em pessoa*. A telefonista acreditou em mim, e recuperei o cartão em um dia. Naturalmente, poderia ser outra pessoa ao telefone, mas era inconcebível que acontecesse isso, e nem passou pela cabeça da telefonista que eu estivesse mentindo. Em todo caso, ela estava certa.

E então, está esclarecido o que aconteceu com Bush. Nosso primeiro-ministro, como de costume pródigo em promessas, deve ter-lhe dito: "Não se preocupe, deixa comigo,* vocês terão todo nosso apoio." E ele acreditou. Não é que Bush não saiba dizer mentiras quando fala aos seus concidadãos: mas aquilo é comunicação de massa, moldada pelos princípios da publicidade, e na publicidade é permitido mentir. Nos compromissos recíprocos, ou diante da autoridade, é o contrário. Bush não sabe que entre nós se diz por educação "liga para mim, a gente se vê", ou então, "quando você passar por aqui, vem jantar na minha casa" quando nós não temos a mínima intenção de rever nosso interlocutor. Berlusconi lhe prometeu alguma coisa e ele acreditou que era sério, enquanto nosso primeiro-ministro dizia por dizer, partindo do princípio que *verba volant.*

Por isso eu disse no início que se tratava de um problema de antropologia cultural. Na política também se deveria saber que fora de casa existem regras diferentes das nossas.

*É o Texas, meu caro!***

Os jornais já noticiaram o teste, feito nos Estados Unidos, sobre as cem melhores (ou mais lembradas) frases na história do cinema — e obviamente a enquete diz respeito só ao cinema norte-americano. Ganhou "Francamente, minha querida, estou me lixando" (*Frankly, my dear, I don't give a damn*) que Clark Gable diz a Vivian Leigh no fim de *...E o vento levou.* Não faço objeção, assim como acho certo que haja na lista algumas frases de *Casablanca* e uma de *A canção da vitória* (*Yankee Doodle Dandy*), em que o maior James Cagney de todos os tempos conclui o espetáculo apresentando

---

* No original está em dialeto lombardo (Berlusconi é milanês): *ghe penso mi* (em italiano "ci penso io", deixa comigo). (*N. do T.*)

** *L'Espresso*, julho de 2005.

a sua simpática família: "*My mother thanks you. My father thanks you. My sister thanks you. And I thank you.*" Parece pouco, mas, para quem lembra, esse filme cult faz passar ligeiramente um fogo sob a pele.

Duas ausências me chamam atenção. Uma é de um filme que em italiano tinha o título de *L'ultima minaccia* (A última ameaça), e em inglês, *Deadline USA*. Era uma história sobre a liberdade de imprensa. No fim, respondendo ao telefone a quem o estava ameaçando para que certa notícia não saísse, Bogart deixava ouvir o barulho das rotativas e concluía (cito de memória): "É a imprensa, meu caro, e você não pode fazer nada!" Na verdade, o original diz: "*That's the power of the press, baby, the power of the press. And there's nothing you can do about it.*" Redundante demais, e talvez seja por isso que os norte-americanos não se lembram bem da frase. Para nós (o filme chegou no início dos anos 1950) tinha sido uma bela lição de democracia e todos os dias eu peço que possamos pronunciá-la por muito tempo no nosso país.

Mas, visto que tenho um fraco seja por Bogart, seja por *Casablanca*, estou ardendo de indignação por causa da ausência de outra citação, e justifico o esquecimento pelo fato de que não se tratava de uma rápida frase, e sim de um diálogo. No Rick's Café Americain, Bogart está respondendo às queixas de Yvonne, moça de costumes não difíceis, com a qual evidentemente tinha tido um desatencioso *affair* erótico: "Onde você estava na noite passada?" "Foi há tanto tempo, não lembro" "Vou vê-la esta noite?" "Nunca faço planos assim tão antecipadamente." Pelo amor à filologia, transcrevo o original: "*Where were you last night?*" "*That's so long ago, I don't remember.*" "*Will I see you tonight?*" "*I never make plans that far ahead.*" Considero este diálogo sublime e não preciso explicar o porquê, a partir do momento que quem não o compreende é impossível reeducá-lo (o que precede é um anacoluto).

Mas só as frases dos filmes são "históricas"? Imediatamente depois do fracasso do referendo sobre os embriões e fecundação heteróloga, eu estava viajando pelos Estados Unidos e me chegou a notícia de que Buttiglione, para manifestar sua satisfação, teria pronunciado a seguinte frase (ele realmente disse isso? Comprova-o o *New York Times*, é a imprensa, meu caro, e você não pode fazer nada): "A Itália demonstrou que é mais parecida com o Texas do que com o Massachusetts." Os amigos norte-americanos (ainda que fossem do Texas) arregalavam os olhos e diziam que era uma brincadeira, que aquele senhor desconhecido quisera pronunciar palavras de indignação contra seu país. Não, eu respondia, ele falou sério, para dizer que a Itália melhora.

E lembrei-me de outra frase memorável. Milão, anos 1950, Universidade Pública, em que se estava realizando um congresso filosófico que confrontava filósofos analíticos e idealistas gentilianos,* leigos e católicos. Estava falando um dos últimos porta-bandeiras do idealismo no ocaso, e fazia um elogio um tanto retórico do Eu ("aquele Eu que se faz mediando e fazendo-se produz História etc. etc."). A certa altura, um idealista de complemento se levantou entre o público e gritou: "Viva o Eu" — o que, na época, ainda fazia lembrar certos personagens de Giovanni Mosca, que de sobrecasaca, cartola e barba bipartida conversavam com o abade de Stamford. O orador estava empalidecido e, enquanto a voz e os lábios dele tremiam, disse: "Se o senhor pretende fazer pouco de coisas às quais eu dediquei toda minha vida...". E o outro, com voz embargada: "Não, não, eu estava falando sério!" Nisso, o orador (e estamos entre Giovanni Mosca e Edmondo De Amicis) abria os braços e exclamava: "Se é assim, venha aqui entre meus braços!" Os dois se encontravam e se abraçavam na tribuna, enquanto a maioria da sala, sem pudor, se entregava às gargalhadas.

Pronto, a história de Buttiglioni pareceu-me farinha do mesmo saco. Eu imagino que exista alguém — que talvez tenha comprado o *L'Espresso* por engano na estação — que poderia perguntar-me por que é tão feio ser mais parecido com o Texas do que com o Massachusetts. Mais uma vez não acho oportuno responder, porque quem não entende é impossível reeducá-lo.

---

* Seguidor das teorias do filósofo Giovanni Gentile. (*N. do T.*)

Revisar

*Algumas lembranças da minha infância fascista**

Estamos em pleno debate sobre os envolvimentos com o regime de muitos e insignes intelectuais antifascistas. Há quem tire pretexto disso para dizer "não havia heróis, portanto", e quem argumente pacatamente, distinguindo entre quem soube enfrentar o exílio e quem se teria manchado com alguma concessão. Parece-me, porém, que estas discussões todas se desenvolvem quase sempre num plano de valores éticos não contaminados, sem levar em conta alguns detalhes sociológicos. Eu, tendo nascido em 1932, cresci sob o fascismo até os treze anos. Não o suficiente para ser um protagonista, mas o bastante para compreender certas coisas — pois na época chegávamos sozinhos a compreender, por volta dos dez anos e contra as lendas familiares, que as crianças nascem na barriga da mãe.

Respirava-se no ar um consenso preguiçoso e espraiado em torno do regime, eu ouvia falar de personalidades de antiga tradição liberal que um dia depois da marcha sobre Roma tinham aberto os braços e dito que "no fim das contas, talvez esse homem saiba como conseguir por este

* *L'Espresso*, junho de 2000.

país um pouco em ordem". Falavam-me na escola da "revolução fascista", mas depois ficou evidente para mim que o fascismo não tinha chegado de chofre e de noite, como os tanques em Budapeste ou em Praga, mas tinha se instalado de maneira lenta e insinuante. Até mesmo o caso Matteotti (com o sistema de informação que havia na época) foi conhecido e avaliado nas exatas proporções por uma minoria.

Quando um primo do meu pai, socialista ardoroso, aparecia na nossa casa em certas noites de verão, minha mãe corria para fechar as janelas com medo de que alguém escutasse as coisas enormes que ele dizia. Mas se por um lado os outros familiares comentavam que aquele homem talvez tivesse boas intenções, só que era "mal rodeado", por outro, penso que aquele primo, se tivesse necessitado de uma agilização de um processo de aposentadoria, teria escrito tranquilamente uma carta cheia de obséquios às autoridades competentes, porque era assim que até um dissidente fazia.

Houve quem escolheu o exílio, e alguns foram para o exterior trabalhar como pedreiros. Mas se não eram muitos, não depende do fato de que eram poucas as consciências puras. Em tempos recentes, vimos jovens de vinte anos que, prevendo uma detenção, partiram de Roma até o Vale d'Aosta, deram 1 milhão para um carregador de contrabando e passaram a fronteira. Podemos perguntar por que não fizeram o mesmo os muitos antifascistas que padeceram anos de desterro, considerando-se que podiam prever o destino deles. Não o fizeram porque a Itália da época era um país provinciano, porque ir de Roma a Aosta não era fácil, o milhão (ou o equivalente) não havia, poucos sabiam as línguas, não fizeram viagens anteriores que os colocassem em contato com amigos que vivem além dos Alpes, e não é que, com poucas fichas de uma cabina à beira da estrada, se podia telefonar para alguém de Zurique e dizer-lhe que nos esperasse na fronteira.

Ia-se para o desterro não porque se quisesse escapar, mas porque uma fuga era uma aventura ciclópica. Os dissidentes também sentiam a ditadura como um destino, um ambiente em que era fatal pactuar com as instituições, considerando um mínimo de duplicidade o tributo necessário (e lícito) a ser pago para sobreviver.

É como se hoje descobrissem que uma pessoa, que ficou dez anos em um *gulag* stalinista, antes da detenção mandava pedidos de bolsa de estudo para o soviete local. Mas é claro que ele deve ter feito isto, na Rússia de Stalin nem passava pela cabeça agir de outra maneira. Os comportamentos éticos também devem ser avaliados com referência ao ambiente.

*As ocultações manifestas**

A discussão dura há muito tempo, mas é evidente que com a direita no poder ela está voltando com maior energia porque, como justamente sempre se disse, a História é reescrita pelos vencedores. Não passa um dia, portanto, que alguém nos convide a redescobrir episódios da história dos últimos sessenta anos que teriam sido cuidadosamente escondidos pela cultura dominante. Um historiador tem sempre o dever de reconsiderar até mesmo a batalha de Poitiers, nem que seja para revelar que foi um episódio menos decisivo do que nos disseram os historiadores do passado, mas, se ao agir assim desse a entender que a cultura dominante nos mantivera às escuras sobre essa batalha, diríamos que está exagerando.

Em 1945, no fim da guerra, eu tinha treze anos e meio. O bastante para ter conhecido a ditadura, para ter-me jogado num fosso a fim de evitar um fogo cruzado entre fascistas e *partigiani*, para saber que tinha havido os *marò* da *Decima Mas*,** que as pessoas consideravam bons moços um pouco idealistas, e os das Brigadas Negras, que as pessoas procuravam evitar, que havia *partigiani badogliani* com o lenço azul, e *partigiani garibaldini* com o lenço vermelho.***

---

* *L'Espresso*, maio de 2001.

** Referência ao grupo de elite da marinha na época, sobretudo aos que atuavam nos antissubmarinos (*marò*, na gíria militar italiana, equivale a *marinaio*, ou marinheiro). (*N. do T.*)

*** Refere-se aos dois grupos de *partigiani* (membros da resistência ao nazifascismo, que combatiam as *Brigadas Negras*): os partidários do marechal Badoglio (*badogliani*) e os partidários do grupo que homenageava Garibaldi (*garibaldini*), de tendência esquerdista. (*N. do T.*)

Soube das outras coisas depois, que tinham jogado uma bomba atômica em Hiroshima, que tinham sido descobertos os campos de extermínio nazistas, que os fascistas da República de Salò tinham sido segregados em Coltano (de onde saíram bem rápido), que Gentile tinha sido assassinado, que tinham fuzilado os irmãos Cervi, que Pound tinha sido preso por colaboracionismo, que no fim das hostilidades alguns *partigiani* tinham se tornado assaltantes.

Eu era um rapazinho esperto que lia também jornais e semanais e, sendo assim, logo soube dos acontecimentos gloriosos de Cefalônia, das valas comuns de Ístria, das repressões stalinistas e, lendo mais tarde as cartas dos condenados à morte da Resistência, percebia que houve entre eles marxistas convictos, monarquistas que morriam pelo rei, católicos e assim em diante. Que a historiografia marxista tenha depois acentuado vigorosamente o papel dos comunistas na luta de Libertação parecia a todos uma coisa óbvia. Mas a "mitificação" da Resistência foi um processo muito lento realizado (e não só pelos marxistas) como legitimação do governo democrático, pois todos sabiam instintivamente o que depois De Felice racionalizou, isto é, que o país, no fim das contas, tinha aceito o regime.

Depois da Libertação houve as depurações, mas em poucos meses milhares de pessoas, que tinham sido fascistas, mas que nunca tinham matado ninguém, tinham sido reintegradas nas suas funções, e, portanto, a ossatura burocrática do país era constituída ainda de pessoas passavelmente nostálgicas, e muitos, até por brincadeira, murmuravam que a gente estava melhor quando estava pior. Em 1946, um ano depois da queda do fascismo, vi nos muros os primeiros manifestos do Movimento Social Italiano. Nos anos imediatamente seguintes, muitíssimas pessoas não liam *l'Unità*, mas *Il Borghese* e *Candido*. Na Rai só se começou a falar com alguma intensidade da resistência quando o presidente Saragat (e já estamos nos anos 1960) começou a terminar seus discursos com "viva a Itália, viva a República!" — e isso tinha parecido provocador.

Enfim, se quando eu era criança aprendi tantas coisas "ocultas" é porque se falava delas amplamente. Será que eu, com aquela idade, era o único italiano a possuir informações reservadas?

*A hegemonia da esquerda**

No início dos anos 1970, Marisa Bonazzi organizou em Reggio Emilia uma mostra crítica dedicada aos livros escolares da escola fundamental da época. A mostra expunha, devidamente ampliadas, as páginas dos livros, e depois as comentava. Em 1972, para as edições Guaraldi, Marisa Bonazzi e eu publicamos um livro com o título de *I pampini bugiardi* [As promessas mentirosas], no qual o comentário dos textos incriminados era quase totalmente reduzido a breves títulos irônicos, e a breves introduções aos vários setores (os pobres, o trabalho, a pátria, as raças, a educação cívica, a história, a ciência, o dinheiro etc.). O resto falava por si. O resultado disso era a imagem de uma editoria escolar que não se limitava a repetir os clichês dos livros de leitura e dos manuais fascistas, mas estava ainda mais atrás, ligada a estereótipos arcaicos, datados pelo menos tanto quanto o vitoriano ou as máscaras dos seguidores de D'Annunzio.

Vou citar só dois exemplos, e os grifos são meus. Um era o retrato de Nazario Sauro, no qual está evidente o esquema dos bustos mussolinianos: "Num corpo robusto cheio de sangue vívido e pronto, naquela cabeça poderosa e grande, naqueles olhos muito resolutos transfundiu-se um pouco do espírito imortal que paira sobre os campos, sobre os montes, sobre os mares da Itália, e a torna bela e forte *diferentemente das outras pátrias.*" O segundo era um capítulo sobre o 2 de junho,** dedicado a explicar como a festa da República foi resolvida em um desfile militar: "É um rio de ferro, de uniformes, de armas e soldados alinhados em perfeita ordem. [...] Passam os gigantescos tanques de guerra, *os veículos dotados de correias para o transporte das tropas mesmo através da nuvem de uma explosão atômica*, os grandes canhões, os ágeis e fulminantes pelotões de ataque [...]"

Evidentemente, os textos que explicavam a crianças inocentes que nossos veículos com correias corriam felizes através das nuvens alegres de uma explosão atômica eram textos mentirosos. Aquele nosso livrinho teve

---

* *La Repubblica*, novembro de 2000.

** O feriado do dia 2 de junho comemora a vitória da República na Itália, no referendo de 2 de junho de 1946. (*N. do T.*)

alguma repercussão e, em pequena parte, junto a outros ensaios críticos (eu citava no prefácio um número da revista *Rendiconti*),* contribuiu para um rejuvenescimento dos textos escolares. Nenhuma autoridade interveio, nenhuma comissão de censura foi constituída. Como acontece nas coisas da cultura, uma crítica livre estimulou reflexões e novas iniciativas.

Eu acredito que se deva fazer assim num país civilizado. Não pretendo me pronunciar sobre os livros que desencadearam a crítica de Storace,** até porque não os conheço. Admito de pronto que contêm passagens contestáveis, e num país livre as opiniões contestáveis são justamente contestadas, permanecendo a distinção entre contestação e censura. Se há escândalo, ele estoura sozinho. Naturalmente, quem critica deve ter a autoridade moral e cultural para tornar sua crítica eficaz: mas são condecorações que se adquirem no campo de batalha.

Não conto nenhuma novidade se lembrar que um texto escolar, por mais defeituoso que seja, interage com a autoridade do professor, e com as notícias que as crianças recebem (especialmente hoje) de tantos outros canais. Na escola média se tinha como texto de filosofia o sério, mas ilegível, Lamanna, de inspiração idealista. Giacomo Marino, meu professor de filosofia, era católico (e foi um grande mestre, que nos explicava até mesmo quem era Freud, convidando-nos a ler, para compreendê-lo, *A alma que faz curas*, de Stefan Zweig). Não gostava do Lamanna, e nos dava sua versão da história da filosofia. Mesmo que depois eu tenha me tornado filósofo por profissão, muitas das coisas filosóficas que sei são ainda as que ele me ensinou.

Certo dia, perguntei a esse professor qual boa revista cultural poderia ler, além da *Fiera Letteraria* (que, inclusive, estava nas mãos dos católicos, mas falava de tudo). Ele me aconselhou uma outra revista católica séria, *Humanitas*. E isto me leva de novo ao problema da hegemonia cultural da esquerda.

---

* Tradução literal: *Prestações de contas*. (*N. do T.*)

** Na época em que o autor escreveu o artigo, Storace era o ministro da Cultura do governo Berlusconi. (*N. do T.*)

Hoje um menino que, como ocorre com frequência, sabe pouco da Itália que o precedeu, ao ler os jornais e ouvir os discursos políticos (se ele fizer isto) se convence que de 1946 até *Tangentopoli** a Itália foi governada pelas esquerdas, as quais, tendo as alavancas de comando, instauraram uma hegemonia cultural, cujos efeitos nefastos ainda podem ser percebidos. Devo revelar a esses jovens que nesse período nosso país foi governado pela Democracia Cristã, que controlava solidamente o Ministério da Educação, que existiam prósperas editoras católicas (como a Morcelliana, SEI, Studium, a Ave, e até mesmo uma editora da Democracia Cristã, Cinque Lune),** que a Rizzoli tinha então inspiração conservadora, que a Mondadori, a Bompiani, a Garzanti e assim em diante não eram de esquerda, que a editoria escolar de Le Monnier, Principato, Vallardi não era governada por membros do partido comunista, que não eram marxistas as grandes revistas semanais como *La Domenica del Corriere*, *Epoca*, *Oggi*, *Tempo*, e também não eram certamente os grandes jornais com exceção de *l'Unità* (comprado apenas por quem votava nos comunistas) e que, no fim (não considerando as edições do Partido Comunista, como a Universal do Canguru, que circulavam só nas festas do *Unità*), a única editora de esquerda era a Einaudi — que além do mais publicou o primeiro livro sobre o materialismo dialético soviético, mas escrito por um jesuíta. Feltrinelli vem em seguida, e afirma-se com as publicações de *Il Gattopardo* e *Doutor Jivago*, que não parecem exemplos brilhantes de hegemonia marxista.

Aquela que hoje é apressadamente chamada de cultura de esquerda era na verdade cultura leiga, liberal, acionista,*** até mesmo crociana.**** A universidade era governada por dois grandes grupos que dividiam os concursos, os católicos e os leigos, e entre os leigos ficavam todos, até os poucos estudiosos marxistas da época.

---

* Tradução literal: Propinópolis (terra da propina, derivado de *tangente*, propina). Refere-se ao período de denúncias de corrupção, sobretudo nos anos 1990. (*N. do T.*)

** Tradução literal: Cinco Luas. (*N. do T.*)

*** No original azionista, pertencente ao Partito d'Azione (Partido de Ação): refere-se ao partido que existiu na Itália entre 1942 e 1947 e que procurava conciliar liberalismo com socialismo. (*N. do T.*)

**** Cultura ligada às ideias do filósofo Benedetto Croce. (*N. do T.*)

Como se estabeleceu uma hegemonia da cultura leiga, por que é que gradualmente houve uma hegemonia? Por que a Democracia Cristã não a enfrentou e não conseguiu opor o fascínio de Diego Fabbri ao de Bertolt Brecht?

Não basta afirmar, como fez alguém nestes dias, que o partido do governo exerceu uma ampla e serena tolerância. É verdade em parte, mas nos anos 1950 lembro que na Rai trabalhavam pessoas às quais não davam um contrato definitivo com a explicação explícita de que eram comunistas, e poderíamos reabrir as crônicas da época para encontrar polêmicas, manifestações de intolerância, fechamentos hoje inaceitáveis. Seria válido dizer, porém, que o partido do poder tomou uma decisão: deixem-nos o controle da economia, das entidades públicas, do governo paralelo, e nós não meteremos muito o nariz na atividade cultural.

Mas isso também não explica muito. Por que, já que a escola não obrigava e, aliás, o ignorava, um jovem devia ir ler Gramsci em vez de Maritain (ou, pelo menos, por que os jovens católicos da época liam Maritain, mas também Gramsci e Gobetti?). Por que quando a revista dos jovens democrata-cristãos dissidentes, *Terza generazione*,* tentou a união Gramsci-Gioberti, a proposta não teve sucesso e o pobre Gioberti ficou nas estantes das bibliotecas (e pensar que ele não era tolo)? Por que os jovens católicos da época, que cresceram com o personalismo de Mounier e com os escritos de Chenu ou Congar, liam fascinados até *Il Mondo*** de Pannunzio?

É que o espírito sopra onde quer. A filosofia católica dos anos 1950 e 1960 se dividia, com pouquíssimas exceções como os existencialistas cristãos, entre neotomistas e espiritualistas de origem gentiliana, e dali não se mexia, enquanto a filosofia leiga colocava em circulação não tanto Marx (não venham me dizer que todos na época mergulhavam nos *Grundrisse*!), mas o neopositivismo lógico, o existencialismo, Heidegger, Sartre ou Jaspers, a fenomenologia, Wittgenstein, Dewey, e estes textos os católicos também liam. Sei que estou fazendo generalizações muito grosseiras,

* Tradução literal: *Terceira Geração*. (*N. do T.*)

** Tradução literal: *O Mundo*. (*N. do T.*)

pois eram muitos os exemplos de pensamento leigo, e isso eu soube por intermédio de mestres católicos como Pareyson e Guzzo, e não apenas por Abbagnano (que era leigo, mas com certeza não marxista, e tampouco de esquerda), e textos fundamentais do pensamento leigo foram publicados também em coleções dirigidas por estudiosos de inspiração católica (é só pensar nas edições Armando). Mas quero dizer que essa cultura leiga (que já se expandia até em oposição ao idealismo crociano, e não se tratava, portanto, de uma luta entre cristãos e marxistas, muitos dos quais ainda eram bastante crocianos) certamente estabeleceu uma hegemonia e seduziu professores e estudantes. E quando hegemonias desse tipo se estabelecem, não são destruídas com acompanhamento de decretos.

Pode-se repreender a Democracia Cristã por ter tido pouca confiança na circulação das ideias, por ter pensado que era mais importante controlar o telejornal que as revistinhas de vanguarda — tanto é que, depois de 25 anos de hegemonia política e de controle da televisão, teve que lidar com a geração de 1968. Mas pode-se dizer que adotou uma técnica da paciência: "Sente-se à margem do rio e espere que passe o cadáver do seu inimigo, no decurso de duas décadas metade desses revolucionários acabará em Comunhão e Libertação ou com o Berlusconi." E assim foi.

Pode-se dizer que a cultura de esquerda se tornou hegemônica graças a uma política de chantagens ideológicas massacrantes (se você não pensa como nós, você é um ultrapassado, que vergonha interessar-se por arte sem pensar na relação entre base econômica e superestrutura!). É verdade. O Partido Comunista, à diferença da Democracia Cristã, investiu muitíssimo na batalha cultural. Mas a demonstração de que se podia muito bem resistir à chantagem massacrante são as belas e liberais polêmicas de Norberto Bobbio, e quando líamos *Rinascita* ou *Il Contemporaneo*, com as diatribes sobre o realismo socialista, e as condenações que fizeram até mesmo do *Metello* de Pratolini e de *Senso* de Visconti, ficávamos com certeza apaixonados, mas ninguém, com exceção dos comunistas inscritos (e talvez nem mesmo eles), levava a sério aqueles *diktat* — e todas as pessoas cultas achavam que Zdanov era cabeça-dura.

Além do mais, se minha reconstrução estiver correta, a famosa hegemonia das esquerdas instaurou-se com lentidão justamente no período histórico em que, da Hungria à Tchecoslováquia, o stalinismo, o realismo socialista, o *Diamat* entravam em crise, na consciência dos militantes social-comunistas também. Não se tratava, portanto, de hegemonia marxista, ou não somente isto, mas em grande parte de hegemonia de um pensamento crítico.

E quem foi influenciado por esse pensamento crítico (leigo ou católico que fosse), por qual complô inseriu-se pouco a pouco nas editoras, na Rai, nos jornais? A política do consociativismo é suficiente para justificar esta hegemonia, com a qual a Democracia Cristã procurou, e com sucesso, comprometer a oposição com responsabilidade de governo paralelo? Ou o oportunismo de alguns intelectuais que viraram para a esquerda quando parecia que no governo paralelo de consociação havia ocasiões favoráveis, assim como agora viram para a direita pelas mesmas razões? Não acredito nisso.

É que na segunda metade do século aquela cultura crítica foi mais sensível ao espírito do tempo e pôs na mesa algumas cartas vencedoras, constituindo (de baixo e não do topo, e por movimento espontâneo, não por alianças entre partidos que iam dos comunistas aos republicanos, dos liberais aos socialistas e aos católicos progressistas) quadros preparados.

Compreendo que Storace fique irritado com autores de livros de história que não pensam como ele. Queria saber apenas por que ele não acredita ter em mãos instrumentos de controle cultural (e quadros competentes) que lhe permitam estabelecer a hegemonia do "seu" pensamento. E pensar que, agora, se vocês ainda não perceberam, a hegemonia cultural está do lado dele. Os clássicos da direita desfrutam do apoio das páginas culturais, a história contemporânea é revista a cada passo, olhando os catálogos das editoras veem-se por toda parte não digo os maiores autores do pensamento conservador, mas até mesmo carradas de livros inspirados naquele ocultismo reacionário que serviu de inspiração para os pais espirituais de Storace.

Se a hegemonia cultural fosse avaliada por peso, eu teria a impressão de que a cultura dominante de hoje é mística, tradicionalista, neoespiritualista, *new age*, revisionista. Parece-me que a televisão do governo dedica muito mais espaço ao Papa do que a Giordano Bruno, mais a Fátima do que a Marzabotto, mais a Padre Pio do que a Rosa Luxemburgo. Hoje em dia, na mídia, circulam mais templários do que *partigiani*.

Como pode ser que, com editoras, jornais, páginas culturais e revistas semanais de direita, Storace ainda tenha em volta dele tantos inimigos? Será possível que, com a ortodoxia marxista liquidada pela História, os últimos marxistas se refugiaram nas escolas médias? Foram todos contratados por Berlinguer,* nos meses em que estava em suas mãos a instrução pública que foi solidamente mantida pelos democrata-cristãos por cinquenta anos?

Por que Berlusconi (que fez suas as preocupações de Storace), com o poder midiático que tem, sucumbe ao fascínio da hegemonia da esquerda e publica todos os anos, em prestigiosas edições no seu nome, o *Manifesto do Partido Comunista* e textos protocomunistas como *A cidade do Sol*, de Campanella, e a *Nova Atlântida*, de Bacon? Para não fazer um papelão diante de uma cultura leiga que, apesar de tudo, ele estima? Por que ele não publica suas "falsas promessas"? Nós todos as leríamos, procurando tirar delas estímulos críticos. Porque é por meio dos livros que se estabelece uma hegemonia cultural.

---

* Berlinguer foi ministro da Educação no governo D'Alema (de esquerda). (*N. do T.*)

A gente estava melhor quando estava pior?*

Eu não queria roubar de Michele Serra o ofício da sátira preventiva, mas andei pensando em algumas situações excelentes que ele poderia desenvolver. Por exemplo, José da Silva** dá uma bronca no filho de doze anos porque voltou para casa depois de meia-noite, e o menino, evidentemente perturbado, se enforca no porão. O pai é condenado por instigação ao suicídio. Adeodato Trapizzoni, artilheiro do Fulgor, concluindo uma partida nos pênaltis, chuta a bola para o gol e pega de surpresa o goleiro do Senectus, destruindo sua fama de defensor infalível. O goleiro morre de desgosto, e a Federação de Futebol promulga uma lei pela qual de agora em diante quem chutar para o gol deverá fazê-lo apenas com delicadeza, avisando antecipadamente o goleiro do canto em que ele pretende chutar (um pouco como o desafiante de Petrolini que protestava com o adversário porque ele se mexia sempre e não se deixava atingir). O doutor Hipócrates diz ao senhor Dorêncio que ele tem um tumor na próstata e Dorêncio, enlouquecido, vai para casa, mata a mulher e os sete filhos e depois se joga da janela. Uma lei do governo estabelece que, a partir daquele momento, os médicos devem abster-se de comunicar diagnósticos que ofendam os sentimentos dos pacientes.

---

* *L'Espresso*, novembro de 2003.

** No original, o autor usa o nome Giuseppe (José) Brambilla. Brambilla é um sobrenome bastante comum, principalmente no norte da Itália. (*N. do T.*)

Seriam todos acontecimentos paradoxais nos quais não se levaria em conta que há muitas situações conflituosas por definição, regidas por algumas regras de jogo, e com base nelas não podemos tratar o adversário com luva de pelica, e é legítimo polemizar, criticar, levantar a voz (ou o pé), falar abertamente mesmo que possa machucar. É típico o debate político, que é "polêmico" no sentido etimológico do termo, tanto que é definido com metáforas bélico-esportivas (embolar o meio de campo, luta política, ataque da oposição ao governo e vice-versa), e ai de nós se não fosse assim!

Ou então, os casos em que não acontece assim são casos de ditadura ou de democracia imperfeita, nas quais a crítica é proibida e os jornais que não tratam o governo com luva de pelica são fechados. Uma democracia imperfeita não prevê que as sedes dos jornais de oposição sejam incendiadas, e os diretores, mandados para o desterro. Basta difundir a sensação de que toda crítica pouco educada possa armar a mão de um fanático. Uma ditadura normal fecha os jornais de oposição depois que o fanático fez um atentado contra o líder do governo, identificando oposição com incitamento à delinquência. Uma ditadura perfeita organiza diretamente o atentado, para depois aniquilar a oposição.

A tentação de fazer esse jogo pode às vezes nascer da elaboração do luto. Os parentes de um sujeito que morreu de tristeza porque foi despedido terão a tentação de dizer que o responsável por essa morte foi o chefe de departamento. E assim, quando alguém matou Biagi, um outro lembrou que Cofferati* tinha usado palavras duras contra o projeto dele. Veja, disseram, Cofferati contribuiu para a difusão de uma atmosfera de ódio com relação a Biagi. Não era verdade, Cofferati falou quando Biagi estava vivo e tinha todo o direito de exprimir seu dissenso. Mas compreendo agora as reações emotivas depois do acontecido. O que me preocupa, porém, é que alguém possa me dizer "não me critique, porque se depois alguém me machucar será sua culpa!". Isso é pura chantagem (e, além do mais, na minha opinião, dá azar). Seria um problema se não pudéssemos atacar

* Biagi foi o autor do projeto que pretendia alterar a estabilidade garantida por lei aos trabalhadores. Sergio Cofferati era, na época, o secretário da CGIL (dos sindicatos de esquerda). (*N. do T.*)

um adversário político só porque temem que depois um louco, elaborando paranoicamente o motivo do dissenso, tenha reações violentas.

Por essas e por outras razões parece singularmente preocupante a atmosfera que se criou no debate que opõe *l'Unità* a Giuliano Ferrara. *L'Unità* ataca Ferrara por um jantar com Berlusconi (e nem era uma notícia arrebatadora) e Ferrara afirma que desse jeito se arma a mão de possíveis terroristas contra ele. A mensagem é recebida, e houve quem afirmasse que o *l'Unità* deveria ser fechado. Acho que quem escolhe essas formas de polêmica assume uma grave responsabilidade política, da qual eu espero que não se deva falar nos livros de história do amanhã, no sentido de que ainda confio que esse tipo de comportamento não produza resultados prejudiciais.

Limito-me apenas a lembrar que o *l'Unità* entre os anos 1940 e 1960 certamente não era um boletim paroquial; era representado por Guareschi como o órgão de sanguinários fanáticos,* atacava de modo bastante violento o poder democrata-cristão, mas nenhum dos governantes da época, tão depreciados, quis que o jornal fosse fechado. Será que a gente estava melhor quando estava pior?

---

* No original, o autor emprega o termo *trinariciuti* (literalmente, o que tem três narinas), com o qual o escritor Giovanni Guareschi (conhecido autor de *Don Camillo*) procurava ridicularizar os militantes do partido comunista. (*N. do T.*)

A revolta contra a lei

*Vamos agora jogar moedinhas nos juízes**

Faz dez anos que a operação Mãos Limpas aconteceu e procuro me lembrar de como era a atmosfera geral da época. Voltam à minha mente imagens de grande exaltação popular. As pessoas, e sem muitas distinções entre esquerda e direita, as pessoas em geral (com exceção dos que estavam sendo processados) estavam satisfeitas, pois finalmente tinham descoberto as falcatruas, e se podia dizer com todas as letras que alguém tinha roubado, arrastando-se para o banco dos réus os que por definição eram considerados intocáveis.

Não era exatamente como em 25 de julho de 1943 (em que milhares de italianos, que tinham cantado hinos para o Duce um dia antes, subiam nos monumentos dele para decapitá-los, ou os faziam desabar puxando-os com longas cordas), mas — e disto vocês todos vão se lembrar — a multidão esperava os Poderosos que saíam dos quartéis-generais do passado e os bombardeavam com moedinhas, contentes graças à sabedoria popular que sabe que quanto maior a altura maior o tombo. Isto tudo também

* *L'Espresso*, fevereiro de 2002.

não nos deveria ter espantado, porque assistíamos a um misto de saudável indignação popular e de gosto canalha pela humilhação do poderoso que perdeu. Tudo voltava, por assim dizer, à norma histórica.

Hoje, a dez anos de distância, assistimos a um curioso fenômeno. Curioso não é que certas pessoas, que se sentem ameaçadas pelas investigações dos magistrados, tenham conseguido ir para o governo para poder mantê-los sob controle e tenham usado de maneira massacrante a arma da difamação. Que isso pudesse ou tivesse de acontecer estava na ordem das coisas: no fim das contas, o sonho de todo acusado é não apenas provar a própria inocência, mas também demonstrar que quem o acusa o faz porque tomou partido. O que mais chama a atenção é a opinião corrente, que se manifesta também com frequência apenas de maneira reticente, de que essa magistratura (que dez anos atrás era adorada de tal maneira que houve até um repentino aumento no número de inscritos nos cursos de direito, e só faltava distribuírem santinhos do Di Pietro) no fundo realmente exagerou um pouco, e seria bom que parasse de encher o saco. Se as pessoas não dizem isso abertamente, no fim das contas vota em quem o diz.

Esse sentimento é de difícil explicação, se nós pensarmos que quem o experimenta profundamente ainda estaria pronto a condenar o diretor de hospital que foi pego pondo a propina no bolso. O que aconteceu, então? O que aconteceu eu já denunciava naqueles anos, mas fui duramente espinafrado por vários colegas virtuosos, que queriam saber como é que eu era tão indulgente com os "malandros". É que os culpados da época (e até mesmo os supostos culpados que depois foram considerados inocentes) não sofreram somente processos, como era certo, não foram apenas penalizados com prisões preventivas muitas vezes longas demais, mas foram colocados num pelourinho público televisivo, diante de toda a nação, massacrados por ministérios públicos sarcásticos, imobilizados nas suas cadeiras de testemunhas, a condenar, ou como réu já comprovado, às vezes com a babinha no canto da boca, outras vezes com os movimentos nervosos das mãos de quem gostaria de cobrir o rosto.

A prática já tinha começado com os processos transmitidos pelas várias pretorias do nosso país, em que pobres coitados que tinham assinado uma promissória sem fundo eram humilhados diante de milhões de espectadores — e não adiantava dizer que lhes tinham pedido permissão e que eles tinham concordado em aparecer na televisão, porque é preciso defender até os tontos da vaidade deles, assim como é preciso defender os suicidas (que até querem, por definição, morrer) do desejo deles. E das pretorias o espetáculo passou para os tribunais, o pequeno charlatão ou o azarado provinciano foi substituído pelo homem de poder e, antes mesmo de saber se posteriormente seria considerado culpado, a massa televisiva já se alegrava com sua humilhação e desgraça, como se estivesse assistindo ao programa *Corrida* de Corrado. Foi ruim, ruim para quem depois foi absolvido, e ruim para quem era culpado, porque pagava mais do que prescreviam os códigos.

Eu acho que foi, com o passar dos anos, o terror (e a vergonha) dessa humilhação que afastaram as pessoas comuns das trilhas percorridas pela justiça. Pensava-se que a justiça tinha agido bem, mas tinha posto em prática um mecanismo no qual, quem sabe, um dia poderíamos ser capturados nós também, eu, você, aquele... Este poder de pôr no pelourinho tornou os juízes suspeitos passo a passo. Não seremos nós que vamos difamá-los, talvez as pessoas pensem agora, mas se alguém o fizer, deixe que faça. Como se dissessem: é melhor não dar carros muito velozes aos policiais, pois amanhã eles poderão correr atrás de nós.

*Alguns projetos de reforma revolucionária**

Ainda que, para não espantar a mãe de Berlusconi, a nova maioria se declare reformista, ela é de fato revolucionária. É verdade que o Zingarelli** define a revolução como uma "profunda alteração da ordem política social constituída, com tendência a mudar radicalmente governos, instituições, relações econômico-sociais", que, porém, é "violenta". Mas é preciso entender os

---

* *L'Espresso*, março de 2002.

** O Zingarelli é um dos mais importantes dicionários da língua italiana atualmente. (*N. do T.*)

termos. Para ser violento não é preciso esganar alguém e comer o coração dele; é violento também quem, digamos, chega primeiro ao meu guarda-sol na praia, senta-se embaixo dele e depois não quer mais ir embora, dizendo que se eu continuar a lhe encher o saco sou um porco comunista.

Se quiserem fazer uma revolução, que a façam bem. Basta compreender o que o país espera, e o país espera certamente pagar menos impostos, não necessariamente por decreto, mas encorajando a iniciativa pessoal e a flexibilidade na declaração de impostos, que ninguém nos persiga por fraudes no balanço, que se possa correr a 180 por hora na estrada, que os guardas não encham o saco quando estacionamos em fila dupla, e assim em diante. Proponho, portanto, uma série de providências legislativas, no interesse de todos os cidadãos e não apenas de uma parte deles.

LEGÍTIMA SUSPEIÇÃO. Por que devo ser julgado por alguém com quem não simpatizo? A lei deveria prever que um cidadão muçulmano pudesse recusar um juiz cristão, um ateu, um juiz crente e vice-versa, um gay, um juiz heterossexual e vice-versa. É óbvio que se possa recusar um juiz que lê um jornal diferente do seu ou um juiz estrábico (nunca se sabe para quem está olhando e isso constrange o réu). O réu deve se sentir tranquilo e não submetido a julgamento, como se estivesse diante de Minos.* Deveria ser garantido, aliás, que cada cidadão tivesse seu próprio juiz de confiança, assim como se tem direito ao médico de confiança ou ao próprio advogado. Além disso, esta providência daria à categoria dos magistrados uma vantagem, pois aumentariam em número, pelo menos tanto quanto os médicos, e poderiam obter compensações diferençadas, de acordo com o patrimônio dos clientes. Os pobres poderiam ter um juiz Asl.**

INTRODUÇÃO DE DROGA NOS MINISTÉRIOS. É óbvio que se eu entro num posto policial com um pacotinho de cocaína, é porque vou entregá-la ao oficial em serviço para fins de investigação. Ora, sendo um ministério, uma instituição pública (até os policiais dependem de um ministério) de-

---

* Referência ao monstro que exerce a função de juiz no Inferno de Dante. (*N. do T.*)

** Asl = *Azienda sanitaria locale*, ou seja, o posto de saúde pública. (*N. do T.*)

veria valer também nesse caso uma legítima não suspeição. Até o momento em que não se surpreender o portador, o ministro e todos os subsecretários nus na sala de reuniões, completamente tontos, enquanto se acasalam com cortesãs provocantes proferindo horríveis blasfêmias, deve-se pressupor que a introdução tenha sido efetuada (ou colocada ali) por razões de utilidade pública. Cada lote de drogas entregue a uma repartição ministerial, para dali não mais sair, retira uma substância nociva de circulação.

INSULTOS A DEFUNTOS. Parece-me que uma sentença recente estabeleceu que não é crime chamar alguém de bosta ou dirigir epítetos análogos a um senhor que nos ultrapassou de maneira incorreta ou que se enfiou no estacionamento antes de nós, porque agora até os sacerdotes e crianças fazem isso — e muitos sacerdotes norte-americanos quando se irritam com as inexplicáveis resistências de algumas crianças. Não se sabe, portanto, por que não se pode dizer de um defunto, ainda que seja defunto, que é um pé no saco. O excesso de moralismo que percorreu o país por ocasião de uma recente e assim chamada gafe do ministro Scajola enquanto falava de uma vítima do terrorismo (o professor Biagi) foi certamente excessivo. Como o que conta são as normas rituais e a observância delas, aconselha-se a elaborar um regulamento litúrgico pelo qual, ao dirigir-se a um defunto, o oficiante inicie com "nosso caro pé no saco", e a coisa voltaria à normalidade.

O SACRIFÍCIO RITUAL DO PRESIDENTE. Em muitas sociedades primitivas, era costume conduzir o monarca, quando alcançava certa idade, ao coração de um bosque e sacrificá-lo aos deuses. Alguém sabia disso e planejava. Nos planos de reforma constitucional deve-se prever que o primeiro-ministro no cargo, com a aproximação do término do mandato do presidente da República, e possivelmente com notável antecipação, anuncie não apenas seu sucessor, mas também a profunda modificação das funções presidenciais. Compreende-se a utilidade da lei, que manteria todos os presidentes da república, por assim dizer, "em alerta", atentos em ser benquisto pelo governo, de modo que seu passeio no bosque não seja antecipado — e garantindo uma fecunda identidade de intenções entre Colle e Palazzo Chigi.*

---

* Entre a residência oficial do presidente da República (Il Colle, ou a colina do Quirinal, em Roma) e o Palazzo Chigi, a sede oficial das reuniões do governo (isto é, do parlamento). (*N. do T.*)

*Contra Guardas**

Uma vez, quando um policial parava alguém para lhe aplicar uma multa, aquele que nós chamaremos de Réu podia adotar com relação ao Guarda da Lei três estratégias. Primeira: confessava o erro e pagava. Segunda: tentava justificar-se, procurando provar ao Guardião que não estava errado. Terceira: se era um imbecil, levantava a voz e dizia: "O senhor não sabe com quem está falando!" (e o Guarda tinha só duas estratégias: responder que estava pouco se lixando para quem ele era e dar a multa, ou então espantar-se e dizer: "Desculpe, por favor, passe, doutor, comendador, excelência", e assim em diante).

Hoje parece normal que o Réu tenha uma quarta opção, isto é, dizer: "O senhor não sabe o que senhor é", esclarecendo ao Guarda aterrorizado que ele/ela é um porco comunista, financiado pelo ouro de Moscou — e não daquela de agora, pois são todos bons rapazes a partir de Putin (ex--KGB, amicíssimo de Berlusconi), mas daquela de antes, que age ainda como centro de poder secreto numa caverna do Afeganistão, junto a Bin Laden e talvez até mesmo da internacional judaica porque, como se sabe, são todos da mesma raça, ainda que seja melhor não o dizer em voz alta.

Enfim, hoje o primeiro recurso do Réu não é provar a própria inocência e perguntar respeitosamente em quais provas se baseia a acusação, mas colocar imediatamente sob acusação o Guarda, seja um policial da cidade, seja o presidente da Corte Suprema.

À luz das sugestões que acabei de dar para algumas leis revolucionárias, primeiramente a que permite sempre a todos os réus que tenham um juiz de confiança, penso que todas as modificações legislativas que eu sugeria possam ser resumidas num único princípio: o cidadão deve ter o direito, como primeiro movimento, de difamar não só quem o acusa, mas também quem investiga sobre ele.

Os ministérios públicos bolonheses mandaram intimações a alguns funcionários do governo, incluindo um chefe da polícia, a fim de que pu-

* *L'Espresso*, agosto de 2002.

dessem ser indiciados por colaboração em homicídio culposo por não terem dado a devida escolta a Marco Biagi. Não é certo que os indiciados sejam formalmente acusados por alguma coisa, simplesmente estão investigando, e pode ser que os magistrados tenham se excedido no zelo: ninguém é perfeito. Mas o primeiro movimento de alguns expoentes ou coadjuvantes da maioria (Cossiga, Giovanardi, Pecorella etc.) foi o de atacar os magistrados — e com o vento que sopra é claro que tentam difamá-los como pessoas subvencionadas pela oposição que agem contra o bem do governo.

Mas essa é uma encenação já vista. O bom vem agora. É notório e confirmado que um senhor introduzia cocaína nos locais de um ministério, tanto que sugeri há pouco que se descriminalize esse suposto crime, que, aliás, deve ser visto como uma admirável contribuição à retirada de drogas de circulação externa. Mas os policiais entregaram à Procuradoria um relatório no qual, na opinião deles, a cocaína foi efetivamente entregue ao deputado Micciché. Os policiais também podem errar, e a reação previsível por parte de um vice-ministro que se sente injustamente acusado deveria ser a de gritar "mostrem as provas!", ou de exibir um álibi de ferro (demonstrando, por exemplo, que ele nunca colocou os pés no ministério). Qual foi, no entanto, a reação do deputado Micciché? Ele disse que "no interior de algum órgão policial há alguém desencaminhado que está tentando obter resultados diferentes daqueles que assumiu quando assinou o contrato de honra com as Forças Armadas". Esplêndido exemplo de difamação dos Guardas que, primeiramente, não são homens de honra (é sabido o que significa esta expressão se dita por um siciliano), em segundo lugar são evidentemente subvencionados pelo ouro de Moscou. Os policiais também? Também. Mas não eram só os magistrados? Depende, se são os juízes que o acusam você os difama, se são os policiais, você difama os policiais. Mas os policiais não deviam ser defendidos em Gênova? Claro, mas lá em Gênova eles não estavam contra você. Estão contra em Roma e, portanto, você os difama em Roma, porque não são mais policiais de confiança.

Percebe-se, enfim, que minhas sugestões tinham fundamento. Que todos os cidadãos tenham direito ao *fumus persecutionis*, e que *habeas corpus* seja substituído por *custos est porcus*. Que não se afirme apenas *in dubio pro reo*, e sim *semper contra Guardas*. Naturalmente será necessário também pedir ao Vaticano algumas adaptações, para salvaguardar a dignidade e a insuspeitabilidade dos Anjos da Guarda, chamando-os, de agora em diante, de Anjos Advogadozinhos.

*De Celere a Ricky Memphis**

Foi em 1952, creio. Eu era estudante em Turim e estava atravessando a praça San Carlo para ir à universidade, e deparei com um comício. Nada de revolução, eram operários com cartazes e bandeiras, mas evidentemente a manifestação não tinha sido autorizada. Num primeiro momento, eu não tinha percebido, porque estava passando pelos pórticos, mas de repente vi a multidão debandar e vi que as camionetes verdes da Celere** de então (aquela de Scelba) começavam o carrossel. Eu tinha vinte anos, fazia parte da Juventude Católica, já era sensível aos problemas sociais, mas na praça havia bandeiras vermelhas demais para que eu me sentisse envolvido no negócio, e procurei acelerar meu percurso pelos pórticos para poder desviar tão logo fosse possível.

Mas as camionetes tinham se colocado ao longo dos pórticos, e para mim tinha se tornado uma questão de salvação. Comecei a correr, mas percebi que tinha uma camionete nas minhas costas, e dela apareciam *celerini* que batiam até não mais poder com os cassetetes. Eu me agachei na parte externa de um dos pilares dos pórticos, uma camionete passou raspando o pilar e um *celerino* me deu uma tremenda porretada, mas por sorte acertou o canto do pilar, a cinco centímetros da minha cabeça. Se minha cabeça estivesse um pouco mais para fora, eu teria acabado no hospital.

Depois saí daquela balbúrdia, mas vou me lembrar sempre daquele *celerino*. Pequeno, malvestido (na época não eram elegantes como hoje,

---

* *L'Espresso*, junho de 2005.

** A Celere (ao pé da letra, célere, veloz) era o batalhão de choque da polícia italiana na época. O termo hoje em dia é muito pouco usado. *Celerino* era o nome popular para o policial que pertencia a esse batalhão. (*N. do T.*)

tinham uniformes de pano verde e feio), com uma cara de trabalhador braçal do sul, bronzeada e testemunha de tantas carestias, a aparência ruim, não lhe interessava em quem batia, ele batia e pronto. Era pago para isso e estava satisfeito.

Anos mais tarde eu reconheceria meu *celerino* de então na descrição que Pasolini fez na sua memorável invectiva contra os estudantes da época (policiais proletários contra moradores do Parioli* de esquerda). Essa era a polícia da época. Pensando bem, como os soldados norte-americanos de hoje que combatem no Iraque. Gente pobre que, para fugir da miséria, se alistava e fazia o que devia fazer porque não sabia fazer mais nada.

Na época, eu não tinha refletido demais sobre o drama social que estava nas origens do alistamento na polícia de Scelba, e a imagem daquele homem enfurecido talvez tenha influenciado minhas escolhas políticas sucessivas.

Agora posso ter todos os dias um filme na televisão com os agentes da ordem (e se não é exatamente italiano, será um gendarme francês como o comandante Laurent, que dá na mesma) e acompanho com imenso prazer todos os seriados de policiais, esquadrões da polícia, marechais, inspetores, tudo o que me oferecem — e devo dizer que, no conjunto, os seriados são bons, as histórias são repetitivas como deve ser numa história policial que se preze, os intérpretes são simpáticos, e está certo fazer passar assim o tempo das nove às onze (e depois na cama a gente lê Homero). Enfim, eu adoraria ser preso por Alessia Marcuzzi.**

Policiais, guardas e inspetores são agora simpáticos, amáveis, humanos, obcecados por patéticos problemas familiares, às vezes até gays, são, enfim, para o imaginário italiano, personagens positivos (tanto é que quando na realidade batem demais e sem razão como em Gênova, o país protesta, sem lembrar que no tempo dos meus *celerini* de Scelbo essa era a norma e não a exceção).

O que significam esses seriados sobre as forças da ordem? Nascem de um projeto perverso dos serviços desencaminhados que, por meio do governo

---

* O Parioli é um bairro de classe média de Roma. (*N. do T.*)

** Conhecida atriz de seriados da televisão. (*N. do T.*)

de direita, querem fazer propaganda das virtudes dos inimigos do povo? Nada disso. Nascem principalmente do fato de que, com o passar do tempo, nas forças da ordem não se alistam mais apenas os desesperados do profundo sul, porque o treinamento ficou mais rigoroso, os uniformes mais elegantes, e definitivamente guardas e policiais são mais instruídos, leem os jornais, têm opiniões políticas diversificadas. E principalmente, mudou a função social das forças policiais: aos alunos das academias policiais não se ensina mais que devem dar cacetadas nos comunistas, mas como proteger os cidadãos (e eu queria mesmo ver, a partir do momento em que tantos operários votam na centro-direita, sobrou pouca gente para levar cacetadas).

Mas o clima, sobretudo, mudou, porque no decurso dos anos de chumbo os partidos de esquerda se aliaram explicitamente ao governo e, portanto, não incriminaram mais as forças da ordem. Aliás, por admirável ironia da história, agora é a centro-direita que incrimina os juízes e os mesmos procuradores que nos seriados dos vários marechais Rocca,* ainda que um pouco arrogantes e rudes, são no fim amáveis e muito humanos. Por isso a televisão, incluindo a Mediaset, trabalha contra o ataque berlusconiano à magistratura.

Assim, pouco a pouco o público televisivo enxerga a polícia e os guardas como forças de esquerda — que curiosamente estão no ar sob a égide de um governo de direita.

Vocês percebem como as coisas mudaram em menos de cinquenta anos?

---

* Nome do protagonista de um conhecido seriado policial da televisão italiana. (*N. do T.*)

O macarrão cunegondo*

Em princípio não é anticonstitucional que a aliança que a maioria obteve no parlamento dê início à ocupação de entidades e agências variadas, inclusive da Rai. É o que se chama de *spoil system*, usado também em outros países. É verdade que os vencedores poderiam dar uma prova de *fair play* levando em conta uma minoria que representa quase a metade dos eleitores, mas uma coisa é a boa educação e a sensibilidade democrática, e outra é o exercício despreocupado de uma força eleitoral obtida legalmente. Por outro lado, tivemos por anos uma radiotelevisão inteiramente controlada pela Democracia Cristã, em que se mediam até mesmo os centímetros de pele feminina expostos, e o país se virou direitinho, aliás, uma televisão chamada de televisão do regime produziu a geração mais contestadora do século.

O único inconveniente é que o chefe do governo possui as outras televisões privadas, e o *spoils system* conduz a um monopólio quase total da informação. Esta é a novidade, novidade com relação aos usos dos outros países democráticos e às constituições escritas quando fenômenos do gênero eram imprevisíveis. Esta novidade, certamente escandalosa, requer uma resposta nova por parte do eleitorado não condescendente. Já se viu que as cirandinhas e as manifestações de rua para isso adiantam pouco: ou melhor,

* *La Repubblica*, abril de 2002.

servem para consolidar o sentido de identidade de uma oposição confusa, mas depois (se esta identidade é real) é preciso ir além — até porque, em termos técnicos, o governo não dá a mínima para as cirandinhas, e eles não convencem o eleitorado governativo a mudar de ideia. Qual é o meio de protesto eficaz que sobra, portanto, para aquela metade dos italianos que não se sentem representados pelo novo sistema televisivo?

Eles são muitos, alguns milhões já manifestaram o desacordo, mas outros ainda estariam prontos para manifestá-lo, se vissem um modo eficaz. Recusar-se a ver televisão e a escutar o rádio? Sacrifício forte demais, até porque (1) é legítimo querer assistir a um belo filme à noite, e usualmente não me pergunto quais são as ideias do dono de uma sala de cinema; (2) é útil conhecer as opiniões e o modo de dar as notícias do partido no poder, e mesmo que houvesse um programa sobre a resistência dirigido apenas por Feltri, Er Pecora e Gasparri, tenho direito de saber o que pensam e dizem estas pessoas; (3) enfim, mesmo que a metade dos italianos na oposição parasse de ver televisão, mais uma vez isto não faria mudar o comportamento do governo nem a opinião do eleitorado.

De qual força efetiva que não aceite o monopólio televisivo pode dispor a Itália? De uma potente força econômica. Bastaria que todos os que não aceitam o monopólio decidissem penalizar a Mediaset recusando-se a comprar todas as mercadorias propagandeadas nessas redes.

É difícil? Não, basta manter um papel perto do controle remoto e anotar os produtos anunciados. Recomendam-se os filés de peixe Aldebaran? Pois bem, no supermercado compraremos só os filés de peixe Andrômeda. Fazem propaganda do remédio Bub à base de acetilsalicílico? Na farmácia compraremos um preparado genérico que contém igualmente ácido acetilsalicílico e que custa menos. As mercadorias à disposição são muitas e não custaria nenhum sacrifício, só um pouco de atenção, para adquirir o detergente Maravilhoso e o macarrão Radegunda (não propagandeados na Mediaset) em vez do detergente Espantoso e do macarrão Cunegondo.

Creio que se a decisão fosse mantida mesmo que por apenas alguns milhões de italianos, em poucos meses as empresas produtoras perceberiam uma queda nas vendas, e se comportariam consequentemente. Não se pode ter nada por nada, um pouco de esforço é necessário, se vocês não estão de acordo com o monopólio da informação, demonstrem-no ativamente.

Preparem banquetes pelas ruas para recolher as assinaturas de quem se compromete, não em ir às ruas uma única vez, mas a não mais comer o macarrão Cunegondo. E não é tanto esforço assim! Pode-se fazer muito bem, basta ter vontade de demonstrar de modo absolutamente legal a própria discordância, e penalizar quem de outro modo não nos daria ouvidos. A um governo-empresa não se responde com as bandeiras e com as ideias, mas atingindo seu ponto fraco, o dinheiro. E se depois o governo-empresa se mostrasse sensível a este protesto, seus eleitores também perceberiam que é justamente um governo-empresa, que sobrevive apenas se seu chefe continuar a ganhar dinheiro. Para nova situação econômica, novas formas de resposta política. Isso sim seria oposição.

*Nota escatológica**

Depois do meu artigo sobre o macarrão Cunegondo nasceu também um movimento chamado Macarrão Cunegondo (http://web.cheapnet.it/cunegonda), que alguns jornais noticiaram. Agora recebo um pacote com um envelope endereçado ao jornal *La Repubblica*, e vejo que o remetente é de Caramagna, lugarejo gracioso da região de Saluzzo, Piemonte.

Abro, e encontro em primeiro lugar a fotocópia de um jornal local em que se noticia a minha iniciativa, e um escrito feito à mão com a citação na margem: "Quem faz... não perde por esperar" (deve-se notar a sagaz argúcia das reticências). Segue-se uma assinatura-garrancho ilegível: enfim, uma carta anônima. Quem faz não perde por esperar? Espero preocupado que no fundo do envelope tenha uma dose consistente de antraz. Não senhor, há uma cópia de um velho livro meu, *A definição da arte*, publicado pela Mursia em 1968 e nesta cópia pela Garzanti, em 1978. Na capa está escrito "merda" com caneta hidrográfica vermelha, com duplo sublinhado.

---

* *L'Espresso*, junho de 2002.

Abro e vejo que da primeira página até a orelha final da capa, por um total de 308 páginas, reaparece o escrito "merda", sempre em vermelho e sublinhado — mas só nas páginas ímpares, e, portanto, as merdas não são 308, mas 154, aliás, 156, porque há dois acréscimos na capa posterior, frente e verso. Este senhor, portanto (por pura galanteria admito que não seja uma senhora), fez o seguinte raciocínio: "Você fez uma coisa que eu não aprovo? Então vou lhe aplicar um daqueles golpes que derrubam o adversário no chão" (cito indiretamente as palavras do visconde de Valvert quando desafia Cyrano aludindo ao seu nariz, e acreditando ser o primeiro a ter aquele lance de sublime sarcasmo). Mas do nariz ao órgão da defecação há uma certa distância, e evidentemente meu correspondente queria ser mais argucioso do que o visconde de Valvert (que, além do mais, se expunha em primeira pessoa, estava pronto para o duelo e, de fato, é atingido no final da balada declamada por Cyrano). Além disso, para exibir coragem dizendo "merda", Cambronne ensina, basta dizê-lo uma só vez, mostrando a cara. Cento e cinquenta e seis, vindo de uma privada de Caramagna, não é coragem, é incompreensível propensão ao trabalho servil.

Procuro compreender a psicologia e a formação social do meu correspondente. Quanto à psicologia, não é necessária uma sessão psicanalítica, e deixo as ilações por conta dos meus leitores. Quanto à formação social, queria saber se o correspondente já tinha o livro em casa, se o comprou com esse propósito ou se o roubou. Se ele já tinha o livro em casa, mesmo que fosse dos filhos, trata-se, portanto, de uma pessoa de certo status, o que torna a história ainda mais intrigante. Se o roubou, podemos admitir que esta também seja uma forma de luta política, mas em outra época os que roubavam livros eram de extrema esquerda, e não me parecer ser o caso. Só falta ele ter comprado, e então gastou uma quantia, além das despesas postais, para ter uma bela satisfação. Deve ter pensado que não ia contribuir para meu bem-estar pessoal, considerando-se o mísero percentual que cabe ao autor por um livro de bolso, mas não considerou a remuneração gorda que receberei por este artigo.*

---

* No original, o autor emprega a palavra *bustina* (literalmente, "caixinha"), referência aos seus artigos na revista *L'Espresso*. (*N. do T.*)

Poderíamos pensar que a mensagem era proveniente de um colega, o qual queria exprimir desaprovação pelo meu pensamento. Mas acho que não, porque ele teria assinado, caso contrário seu esforço de amanuense não teria tido valor para finalidades de concurso.

O que dizer? Não é tanto o problema de um declínio dos meios de dissenso, porque nós vemos coisa pior por aí, mas a raiva, impotente e infantil que a mensagem exprime. E as conclusões que dá vontade de tirar a respeito do nível de certo eleitorado. Agrada-me pensar que meu correspondente gostaria de ter mandado uma mensagem análoga a Trappatoni* ou ao juiz que nos fez perder contra a Coreia do Sul, e imagino seu ranger de dentes por não ter achado, sei lá, uma seleção de poesias, um tratado de metafísica, um volume de física nuclear escrito por esses outros inimigos dele.

No plano literário, associaria esse desabafo epistolar a um novo gênero, que não é a *trash-art* nem mesmo a *merd-art*, porque também o finado Piero Manzoni enchia caixinhas de fezes, mas elas eram endereçadas à posteridade, e lacradas. O senhor de que falamos queria, no entanto, ainda que virtualmente, que eu mesmo percebesse o perfume do seu gesto. Trata-se, portanto, suponho, de um gesto dannunziano: "Eu tenho o que eu doei."

* Trappatoni era, na época, o técnico da seleção italiana de futebol. (*N. do T.*)

Crônicas do baixo império*

Quando este artigo sair, a discussão sobre a declaração feita pelo primeiro-ministro, em sede oficial e internacional, sobre seus supostos problemas familiares, estará abafada, e devo dizer que a imprensa, de todos os gêneros, comportou-se com relação a isso com discrição exemplar, registrando e comentando o acontecido no primeiro dia, mas evitando pôr o dedo na ferida. E, portanto, não é por falta de bom gosto que volto a falar disso agora, depois de algum tempo, mas é porque o episódio deverá ser discutido nos próximos anos nos cursos de comunicação e jornalismo, e os direitos da reflexão científica são soberanos.

Portanto, e espero que depois de duas semanas todos tenham esquecido isto, recebendo o premier de um governo estrangeiro, nosso primeiro-ministro fez algumas observações que se referiam a uma suposta (no sentido de sussurrada, matéria de fofoca) relação entre a própria senhora e um outro senhor, mencionando a própria esposa como "pobre mulher".

Do dia seguinte em diante, lendo os jornais, inferíamos do episódio duas possíveis interpretações. A primeira era que, sendo nosso premier exacerbado, tinha desabafado com uma invectiva privada em lugar público. A segunda era que o Grande Comunicador que é nosso primeiro-ministro, tendo intuído uma fofoca para ele embaraçosa, para dar um fim no assun-

* *L'Espresso*, outubro de 2002.

to, fez disso matéria de público gracejo, tirando-lhe dessa maneira todo o sabor proibido.

É claro que, no primeiro caso, o "pobre mulher" teria parecido ofensivo à esposa, enquanto no segundo caso parecia ofensivo ao suposto terceiro incômodo (pobrezinha dela, se fosse verdade — mas obviamente não é verdade, pois estou brincando com isso).

Se a primeira interpretação, que eu tenderia a excluir, fosse exata, o caso seria mais de competência do psiquiatra que do cientista político. Vamos tomar a segunda como boa. Mas é justamente esta que deve se tornar matéria de reflexão não só para seminários de ciências da comunicação, mas também para seminários de história.

De fato, o Grande Comunicador parece ter ignorado o princípio óbvio de que um desmentido é uma notícia dada duas vezes. Antes fossem só duas. Eu, por exemplo (talvez por ter viajado muitíssimo nos últimos meses, e para países não obcecados pelos nossos assuntos), nunca tinha ouvido falar dessa fofoca — que provavelmente circulava entre alguns políticos, alguns intelectuais, e alguns hóspedes de cruzeiros de navio na Costa Esmeralda. Sendo otimista, vamos dizer mil, 2 mil pessoas. Depois da fala pública do primeiro-ministro, e considerando a existência da União Europeia, a insinuação foi comunicada a algumas centenas de milhões de pessoas. Como lance de Grande Comunicador não me parece um golpe de mestre.

Tudo bem, vamos aconselhar aos nossos estudantes que não se comportem assim, porque a publicidade de um creme dental que começa com "para a vergonha dos que dizem que o creme dental provoca câncer" faria surgir na mente dos consumidores uma série de dúvidas e provocaria a queda vertiginosa das vendas destes utilíssimos parafernais. Explicaremos que, de vez em quando, assim como Homero, Berlusconi também tira uma soneca. É a idade.

Mas é historiograficamente importante a segunda reflexão. Geralmente um político faz o possível para manter separados os próprios problemas domésticos dos problemas de governo. Clinton foi pego de cueca na mão, mas fez o que podia para contornar, e mobilizou até a mulher para dizer na televisão que se tratava de coisas sem nenhuma importância. Mussolini foi o que se sabe, mas os problemas com Dona Rachele ele resolvia entre as quatro paredes domésticas, não ia discuti-los na praça Veneza, e se mandou tanta gente para morrer na Rússia foi para perseguir um sonho de glória, não para agradar Clara Petacci.*

Onde é que se realiza, na História, uma fusão tão completa entre poder político e negócios pessoais? No Império Romano, em que o imperador é dono absoluto do Estado, não é mais controlado pelo Senado, basta-lhe o apoio dos pretorianos, e então dá pontapés na mãe, torna o próprio cavalo senador, obriga os cortesãos que não apreciam seus versos a cortar os pulsos...

Isto acontece, portanto, quando se cria não um conflito de interesses, e sim uma absoluta identidade de interesses entre a própria vida (e interesses privados) e o governo. Esta absoluta identidade de interesses prefigura um regime, ao menos na fantasia de quem o planeja, que nada tem a ver com os regimes de outros tempos, e sim com os rituais do Baixo Império. Por outro lado, vocês se lembram de como (de acordo com Dumas), no início da Era do Absolutismo, para prevenir o golpe de Milady sobre as joias da rainha (sua amante), Lord Buckingham tinha mandado fechar os portos e declarar guerra à França? Pois é, quando há identidade de interesses, acontecem histórias assim.

---

* "Dona" Rachele e Clara Petacci foram, respectivamente, a esposa e a amante de Mussolini. (*N. do T.*)

III. De volta ao grande jogo

Entre Watson e Lawrence da Arábia

*Essa história eu já ouvi**

É óbvio que as autoridades britânicas e norte-americanas não deixam vazar muitas notícias a respeito do que ocorre no Afeganistão, mas basta ler com atenção. Por exemplo, *La Stampa* tratou em 20 de setembro passado do caso de que estou falando, muito antes que o teatro das operações se deslocasse para perto de Kandahar.

A pessoa de quem eu falo se alista como oficial médico na expedição inglesa no Afeganistão, naquele corpo muito seleto que é o Fifth Northumberland Fusiliers, mas é depois transferida para o Royal Berkshire, e naquelas fileiras se encontra em combate com os ferozes afegãos a noroeste de Kandahar, mais ou menos perto de Mundabad. Lá ocorre um incidente de *intelligence*. Os ingleses são informados de que os afegãos estão em menor número e menos armados do que se supunha. Vai-se ao ataque, e os ingleses são massacrados, no mínimo em 40%, na passagem de montanha do Khushk-i-Nakhud (as passagens de montanha nesse país são terríveis e, como os cronistas dizem, os afegãos não costumam fazer prisioneiros).

---

* *L'Espresso*, dezembro de 2001.

Nosso amigo é atingido no ombro por uma bala dos mortais, ainda que antiquados, fuzis Jezail, que quebra o osso e amputa a artéria subclavicular, e é salvo em ponto de morte por seu valoroso atendente. Retorna convalescente para Londres, e para se ter uma ideia do quanto essa tragédia ainda está na memória de todos, basta um pequeno episódio.

Quando encontra a pessoa com a qual dividirá um apartamento, esta lhe diz: "Ao que parece, você esteve no Afeganistão." Depois que lhe pergunta como ela percebeu isto, a pessoa dirá que tinha pensado: "Este homem tem alguma coisa de médico e alguma coisa de militar. Regressou dos trópicos, porque tem o rosto muito escuro, mas não é sua cor natural, já que tem os pulsos claros. Sofreu privações e doenças, como demonstra seu rosto descarnado. Além disso, foi ferido no ombro esquerdo. Ele o mantém numa posição rígida e pouco natural. Em qual país dos trópicos um médico do exército britânico pode ter sido obrigado a suportar duras fadigas e privações? No Afeganistão, naturalmente."

A conversa ocorre em Baker Street e o médico é o doutor Watson, enquanto seu interlocutor é Sherlock Holmes. Watson foi ferido na batalha de Maiwand, em 27 de julho de 1880. Em Londres, o jornal *The Graphic* dá essa notícia em 7 de agosto (as notícias então chegavam atrasadas). Nós o sabemos desde os primeiros capítulos de *Um estudo em vermelho*.

Watson fica marcado por essa experiência. No conto *O mistério do vale Boscombe*, afirma que a experiência afegã o tinha acostumado a ser um viajante pronto e incansável. Mas quando, em *O signo dos quatro*, Holmes lhe oferece cocaína (solução a 7%), Watson afirma que depois da campanha afegã seu corpo não suporta novas experiências, e pouco depois lembra que gostava de ficar sentado cuidando do braço ferido, que sofria com todas as mudanças de temperatura. Em *O ritual Musgrave*, Watson faz algumas reflexões sobre como a campanha afegã deixou sobre ele marcas profundas.

Na verdade, Watson gostaria de falar sempre daquela campanha, mas as pessoas usualmente não o escutam. Com esforço (em *O enigma de Reigate*), convence Holmes a visitar um companheiro de armas, o coronel Hayter. Em *O tratado naval*, procura em vão fazer certo Phelps, personagem queixoso e nervoso, interessar-se pelas suas aventuras afegãs; em *O signo dos quatro* conta a guerra, ofegante, a Miss Morstan, e só consegue chamar a atenção dela uma única vez. Os sobreviventes, principalmente os feridos, são chatos.

Mas a lembrança do Afeganistão está sempre presente. Em *A casa vazia*, falando de Moriarty, o arqui-inimigo de Holmes, a conversa acaba caindo na ficha de um coronel Moran, "o segundo homem mais perigoso de Londres", que serviu em Cabul, e ecos da guerra afegã retornam em *O homem torto.*

Finalmente, seja em *A caixa de papelão*, seja em *O paciente internado*, Holmes faz uma obra-prima do que ele chama erroneamente de dedução (e é *abdução*, como explica Peirce).*

Enquanto estão sentados tranquilamente no apartamento deles, Holmes diz de repente: "Você tem razão, Watson, parece-me o modo mais ridículo de resolver uma disputa." Watson concorda, mas depois quer saber como Holmes adivinhou o que ele estava pensando. É que, acompanhando um simples movimento dos olhos de Watson em vários pontos do quarto, Holmes conseguiu reconstruir exatamente seu fluxo de pensamentos, e, depois de compreender que o amigo estava refletindo sobre vários e terríveis episódios bélicos, percebendo que se havia mexido na antiga ferida, chegou a inferir que ele estava refletindo melancolicamente sobre o fato de que a guerra era o modo mais absurdo para resolver as questões internacionais.

Elementar, meu caro Watson. Como é que Blair não informou Bush sobre esses detalhes permanece um mistério.

*Documentar-se, antes***

Um dos livros mais fascinantes sobre o Japão é *O crisântemo e a espada* de Ruth Benedict. O livro surgiu em 1946, com a guerra já terminada, portanto, mas refazia uma pesquisa que tinha sido encomendada a Ruth Benedict em

---

* Ver *O signo de três*, organização de U. Eco e T.A. Sebeok. Milão: Bompiani, 1983.

** *L'Espresso*, abril de 2003.

1944, ainda em pleno conflito, e pelo serviço de informações militares do governo norte-americano. A razão é evidente: como a própria autora diz na introdução à versão impressa, tratava-se de levar até o fim uma guerra, e depois (se tudo tivesse dado certo) de gerir uma longa ocupação, estando diante de uma civilização que os estadunidenses conheciam muito pouco. Eles percebiam somente que estavam diante de uma nação militarmente preparada e tecnologicamente bem-equipada, mas que não pertencia à tradição cultural ocidental. Quem eram os japoneses e como era preciso comportar-se com eles, prestando atenção em compreender "como os japoneses teriam se comportado e não como nós teríamos nos comportado no lugar deles"? Sem poder ir ao Japão, lendo obras antropológicas precedentes, aproximando-se da literatura e do cinema japoneses e, sobretudo, valendo-se da colaboração dos nipo-americanos, Ruth Benedict conseguiu compor um afresco fascinante. Pode ser que não tenha acertado em tudo, não sei, mas certamente contribuiu para fazer compreender *sine ira et studio* como pensavam e se comportavam os japoneses da época.

Uma lenda diz que quando estavam decidindo onde lançar a primeira bomba atômica, os comandantes militares pensaram em Kyoto — sinal de que nesse caso não tinham lido Ruth Benedict, porque teria sido como lançar uma bomba no Vaticano para ocupar Roma. Para falar a verdade, porém, a bomba não foi lançada em Kyoto e, portanto, alguns elementos dos altos comandos tinham lido este livro. Não digo que lançar bombas em Hiroshima e Nagasaki tenha sido um modo brilhante de agradar os japoneses, mas certamente as relações pós-bélicas foram encaminhadas de modo inteligente, como a História provou.

Compreendo que os Estados Unidos entre Roosevelt e Truman fossem diferentes do que são com Bush, mas fico me perguntando se a pressão sobre o Iraque foi precedida por estudos de antropologia cultural tão cuidadosos e compreensivos. Sei muito bem que basta ir a uma biblioteca de Harvard ou ler certos ensaios excelentes que estão saindo hoje em várias revistas norte-americanas para saber que não faltam nos Estados Unidos profundos conhecedores do mundo islâmico, mas o problema é o quanto Bush e seus colaboradores leram os escritos deles.

Por exemplo, diante das reações irritadas e horrorizadas da Casa Branca todas as vezes que Saddam muda de jogo (primeiro diz que não tem os mísseis, depois, que os destruiu, depois, que os destruirá, depois, que tinha só dois ou três etc.), fico me perguntando se os altos comandos leram alguma vez na vida *As mil e uma noites*, que com Bagdá e seus califas tem muito a ver. Parece-me bastante evidente que a técnica de Saddam é a de Sheherazade, que todas as noites conta uma história diferente ao seu senhor e assim continua por dois anos e nove meses sem deixar que lhe cortem a cabeça.

Diante de uma técnica de adiamento que tem raízes culturais tão profundas, as saídas são duas. A primeira é não aceitar o jogo, impedir que Sheherazade conte suas histórias, e cortar-lhe logo a cabeça. Enquanto escrevo, não sei ainda se esta é finalmente a técnica que Bush escolheu. Mas mesmo neste caso é preciso saber se, ao interromper repentinamente a narração das histórias, não se dá lugar a outras formas de adiamento, arrastando a história de outro modo e por mais mil noites.

A segunda solução seria opor à técnica de adiamento de Sheherazade uma técnica simetricamente oposta. E poderia acontecer (suponhamos que Condoleeza Rice tenha lido as histórias dos tempos dos califas) que justamente assim tenham decidido proceder, opondo a cada história de Saddam-Sheherazade uma outra história, feita de uma escalada de ameaças, para ver quem é o primeiro a ficar com os nervos em pandarecos.

Receio que uma carência de estudos antropológicos esteja também na base da intolerância com a qual Bush reage à prudência de muitos países europeus, sem levar em conta que eles, com o mundo islâmico, tiveram várias formas de convivência pacífica e conflito armado no período de 1.500 anos e, portanto, têm um conhecimento profundo do assunto. França, Alemanha e Rússia poderiam ser as Ruth Benedict do momento, que conhecem o mundo árabe mais do que aqueles que, atingidos dolorosamente pelo terrorismo fundamentalista, só veem um dos aspectos.

Não venham me dizer que quando estamos em guerra não podemos ficar ouvindo os antropólogos culturais. Roma enfrentou os germanos, mas teve necessidade da ajuda de um Tácito que a ajudasse a compreendê-los.

Que os choques de civilização possam ser enfrentados não só fabricando canhões, mas também financiando a pesquisa científica, o país que chegou a arrebatar os melhores cérebros da física, enquanto Hitler procurava mandá-los para os campos de extermínio, deveria sabê-lo muito bem.

*Para fazer a guerra é preciso cultura**

Eu observava que faltou a Bush uma Ruth Benedict que o ajudasse a compreender a mentalidade de um povo que primeiro tinha de ser vencido e depois ajudado a transitar em direção a um regime democrático. Quanto mais o conflito iraquiano continua, mais esta observação é confirmada.

Um dos motivos de espanto dos altos comandos britânicos e norte-americanos (os quais agora admitem que aquela que devia ser uma guerra relâmpago está se transformando numa aventura mais longa e cara) é que eles estavam convencidos de que, assim que desferissem o ataque, divisões inteiras teriam se rendido, seus generais teriam defendido uma causa em comum com as tropas aliadas, os iraquianos nas cidades teriam se revoltado contra o tirano. Não aconteceu, e não adianta dizer que nem os soldados nem o povo ousam revoltar-se porque temem a feroz repressão do governo: raciocinando assim, os italianos não deveriam ter feito a Resistência porque os alemães enforcavam os *partigiani* — e, no entanto, foi justamente a repressão que estimulou muitos a irem para as montanhas.

Passava despercebido, evidentemente, um princípio que a História (às vezes realmente mestra da vida) nos deveria ter ensinado: as ditaduras produzem consenso e sustentam-se sobre esse consenso. No nosso país se tentou em vão resistir à afirmação de De Felice de que o fascismo não era feito por um punhado de fanáticos que mantinham com punhos de ferro 40 milhões de dissidentes, mas se sustentou por vinte anos porque de algum modo existia um consenso extenso. Terá sido um consenso alimentado mais por indolência do que por entusiasmo, mas existia.

---

* *L'Espresso*, abril de 2003.

O segundo ensinamento da História é que numa ditadura, mesmo quando existem formas de dissensão, quando se verifica um choque frontal com um inimigo estrangeiro, surgem formas de identificação com o próprio país. Hitler era um ditador ferocíssimo, nem todos os alemães eram nazistas, mas os soldados alemães lutaram até o fim. Stalin era um ditador execrável, nem todos os cidadãos soviéticos se sentiam comunistas, mas eles resistiram às tropas alemãs e italianas até o último suspiro, e ainda venceram no final. E até mesmo os italianos, que depois de 1943 iam festejar os desembarques dos Aliados ou lutavam nas colinas, comportaram-se com valor em El Alamein.

Era tão difícil entender que o ataque de um exército estrangeiro teria produzido, ao menos por pouco tempo, uma coesão no setor interno? No entanto, repito, não era necessário incomodar os catedráticos de Harvard ou da Universidade de Colúmbia. Bastava sortear a mais remota universidade do oeste para encontrar dois ou três professores assistentes de história e antropologia cultural capazes de explicar verdades tão elementares.

Não creio que a guerra produza cultura, ainda que certas vezes as astúcias da razão (como teria dito Hegel) sejam bizarras, e eis que os romanos fazem guerra contra a Grécia pensando, talvez, em latinizá-la, e, no entanto, a Grécia perdedora conquista culturalmente o orgulhoso vencedor. Mais frequentemente, a guerra produz barbárie de volta. Mas se não produz cultura, deve ao menos partir de reflexões culturais precedentes.

Havia certamente uma reflexão cultural por trás das campanhas de Júlio César e, ao menos até o Império, Napoleão se movia na Europa sabendo que havia inúmeras esperanças nos vários países aos quais ele levava os exércitos da revolução. Imagino que Garibaldi tivesse alguma ideia sobre a fraqueza das tropas dos Bourbons e sobre o possível apoio que podia encontrar em algumas camadas da sociedade siciliana, ainda que, no fim das contas, nem ele, nem Cavour tivessem previsto que o sul invadido teria em seguida produzido uma forte resistência *sanfedista* e aquela forma de repulsa popular que se manifestou com o *brigantaggio*.*

* Após a unificação da Itália, houve forte resistência no sul, sobretudo graças à reação armada de grupos de camponeses financiados por setores da igreja (os *sanfedistas*, palavra que deriva de "santa fede" ou santa fé) e do *brigantaggio* (palavra derivada do verbo "*brigare*", isto é, entrar em conflito, combater, lutar), bandos armados chamados de *briganti*, que praticavam assaltos e outros crimes. (*N. do T.*)

O pobre Pisacane, porém, fez um cálculo errado, e foi massacrado por aqueles que ele acreditava que o receberiam com entusiasmo. E provavelmente, já que se está falando de novo de Sétimo Cavalaria, certa falta de informação sobre a psicologia dos índios esteve na base da tragédia do general Custer.

Seria interessante (com certeza já foi feito e simplesmente não sou um entendido na matéria) ver quais guerras foram conduzidas sem desprezar ou ignorar as contribuições da cultura, e quais foram as minadas desde as origens por um ato de ignorância.

Certamente o conflito iraquiano parece ter sido iniciado sem que os exércitos consultassem as universidades, por uma ancestral desconfiança da esquerda norte-americana com relação às "cabeças de ovo" ou, como dizia Spiro Agnew, os "*effete snobs*".

É mesmo uma pena que o país mais poderoso do mundo tenha gastado tanto dinheiro para fazer estudar as suas melhores cabeças, e depois não dê ouvidos a elas.

*Pode-se ganhar sem ter razão**

Na guerra nos tornamos maniqueístas, a guerra faz perder o bem do intelecto, velhas histórias. Mas é verdade que, por ocasião da guerra no Iraque, assistimos a manifestações que — se não fossem provavelmente devidas à maldade coletiva que uma guerra produz — deveríamos atribuir à má-fé.

Começou-se dizendo que quem era contra a guerra era, portanto, a favor de Saddam, como se quem discute se é oportuno ou não prescrever ao doente um determinado remédio seja favorável à doença.

Ninguém nunca negou que Saddam era um ditador cruel e, quando muito, a questão toda era saber se, expulsando-o assim de modo violento, não se descobria um santo para cobrir outro. Depois disseram que quem era contra a política de Bush era antiamericano visceral, que é como dizer que quem é contra Berlusconi é contra a Itália. Talvez seja o contrário.

---

* *L'Espresso*, abril de 2003.

Enfim, mesmo que nem todos tenham tido essa cara de pau, insinuou--se que quem marchava pela paz apoiava as ditaduras, o terrorismo e até a legião dos brancos. Paciência! Mas as síndromes mais interessantes vieram à tona depois que a guerra no Iraque foi, ao menos formalmente, vencida. "Vejam", começaram a dizer triunfantes em todas as telas, "quem falava de paz não tinha razão".

Belo argumento. Quem disse que quem ganha uma guerra tem boas razões para fazê-la? Aníbal venceu os romanos em Cannes porque tinha os elefantes, que eram os mísseis inteligentes da época, mas tivera razão em cruzar os Alpes para invadir a península? Depois os romanos o derrotam em Zama, e não está provado que tinham razão em eliminar completamente o polo-Cartago, em vez de procurarem um equilíbrio de forças no Mediterrâneo. E tinham razão em caçá-lo entre Síria e Bitínia para depois obrigá-lo a tomar veneno? Não estamos certos disso.

E depois por que insistir com aquele "vocês viram que eles ganharam?". Como se quem criticava esta guerra duvidasse que os anglo-americanos teriam vencido. Será que havia alguém que acreditasse que os iraquianos os teriam jogado de volta ao mar? Nem Saddam, que falava tanto para encorajar seus soldados, acreditava nisso. O problema, quando muito, era saber se os ocidentais teriam ganho em dois dias ou dois meses. Já que a cada dia a mais de guerra morre um monte de gente, melhor vinte que sessenta dias.

Aquilo que os escarnecedores das telas de televisão deveriam dizer é: "Vocês viram, vocês diziam que a guerra não eliminaria o perigo terrorista e, no entanto, ela conseguiu." Esta é a única coisa que não podem dizer, porque não há ainda a prova de que seja verdadeira. Os que criticavam a guerra, considerações morais ou civis sobre o conceito de guerra preventiva à parte, defendiam que um conflito no Iraque provavelmente aumentaria e não diminuiria a tensão terrorista no mundo, porque induziria muitos muçulmanos, que até então tinham se mantido em posições moderadas, a odiar o Ocidente e, portanto, provocaria novas adesões à guerra santa.

Pois bem, até agora o único resultado da guerra foram as brigadas voluntárias de possíveis kamikazes que se deslocaram do Egito, da Síria, da Arábia Saudita para as trincheiras de Bagdá. Um indício preocupante. Mesmo admitindo que quem considerava este conflito contraproducente estivesse errado, o que aconteceu e o que está acontecendo ainda não o provou, aliás, parece que lá estão se desencadeando ódios étnicos e religiosos que dificilmente se consegue gerir, e muito perigosos para o equilíbrio do Oriente Médio.

Enfim, no artigo passado, escrito e enviado ao *Espresso* antes que os anglo-americanos entrassem em Bagdá e o exército iraquiano se dissolvesse, observei que ele ainda não tinha se desintegrado porque infelizmente as ditaduras produzem também consenso, e este consenso se reforça, ao menos no início, diante de um exército estrangeiro considerado invasor.

Depois o exército se desintegrou e as multidões (mas quantos na realidade?) foram festejar os ocidentais. E eis que alguém me escreveu dizendo: "Você está vendo?" Vendo o quê? Eu lembrava que antes do 8 de setembro* o fascismo podia contar também com o consenso implícito dos pobrezinhos que tinham lutado em El Alamein ou na Rússia. Depois, diante da derrota, as multidões começaram a derrubar as estátuas do Duce dos pedestais, e todos na Itália se tornaram antifascistas. Mas três meses depois, lá se foi uma parte dos italianos a unirem-se em torno dos galhardetes lictórios, prontos para fuzilar os *partigiani*.

Na Itália, para que o nó se desatasse, foram necessários quase dois anos. E no Iraque? Com o que está acontecendo agora entre várias facções que querem dirigir o país sem os ocidentais no meio, parece-me que se tenha dissolvido o consenso com relação a Saddam, mas — diferentemente da Itália da época — não o sentimento de desconfiança e intolerância pelo estrangeiro.

É o que se queria demonstrar, e o contrário ainda não foi demonstrado.

---

* Em 8 de setembro de 1943, o governo italiano, liderado por Badoglio, assinou o armistício com os aliados. (*N. do T.*)

*Crônicas do Grande Jogo**

Uma das leituras mais apaixonantes que fiz neste verão foi *The Great Game* [O grande jogo] de Peter Hopkirk. Não devemos nos espantar com as 624 páginas. Não vou dizer que se possa ler de um fôlego só, mas podemos degustá-lo por muitas noites como se fosse um grande romance de aventuras, povoado de extraordinárias personagens que existiram historicamente e das quais nada sabíamos.

A reconstrução se refere à intriga de jogos de espiões, cercos, guerras e guerrilhas que se desenrolaram entre agentes e exércitos russos e ingleses naquela cadeia de montanhas que separa a Índia do Afeganistão, incluindo protetorados uzbequistaneses e circassianos, indo das regiões caucasianas ao Tibete e ao Turquistão chinês. Se vocês têm a impressão de reconhecer os mapas que aparecem nas primeiras páginas dos jornais dos últimos anos, não estão errados. Além disso, percebe-se que o Kipling de *Kim* não tinha inventado nada, tinha no máximo sintetizado uma história que começara na época napoleônica para terminar (terminar?) no início do século XX, uma história feita por ambiciosos oficiais e aventureiros sem um pingo de escrúpulo, que se disfarçavam de comerciantes armênios ou de peregrinos, percorrendo desertos e montanhas nunca visitados por um europeu, com os russos querendo estudar um modo de se expandirem em direção à Índia, os ingleses para salvaguardar seu império colonial e criar nas fronteiras uma série de Estados tampões com emires, khan, reizinhos fantoches. Uma história feita de emboscadas, decapitações, assassinatos nos palácios reais.

O que chama a atenção é principalmente que em pleno século XIX, quando se pensava que toda a terra já estava mapeada, os europeus soubessem pouco ou nada sobre a geografia daquelas regiões, das passagens, da navegabilidade dos rios, e tivessem de confiar no trabalho de espiões e geógrafos itinerantes, que depois descreviam oralmente ou tomavam nota com desleixo do pouco que tinham conseguido ver. Em segundo lugar,

* *L'Espresso*, setembro de 2004.

descobre-se que monarcas e sultõezinhos de reinos fabulosos (aqui se fala de Bukhara, de Samarkand, de Kivu e de Kitale) estavam envolvidos num jogo muitas vezes mortal com a Inglaterra e com a Rússia, mas destes países tinham noções muito vagas, pensando às vezes que eles fossem tribos fronteiriças, tanto que um desses reizinhos pergunta orgulhosamente ao enviado inglês se a rainha Vitória possui vinte canhões como ele. Em seguida se leem histórias de massacres espantosos, como aquele de 16 mil ingleses entre militares e civis, mulheres e crianças, entre as montanhas do Afeganistão (que acreditavam ter pacificado), sempre porque um general inepto ou ambicioso não tinha avaliado bem as dificuldades dos passos, as divisões tribais, a sutil arte oriental do engano. Todos esses emires parecem infiéis e traidores (e eram), como se os enviados russos ou ingleses não fossem farinha do mesmo saco e não procurassem fazer amizade com eles para depois tapeá-los.

A sensação imediata que se experimenta é que Bush e Putin deveriam ler este livro para compreenderem que há regiões no mundo onde até o exército mais poderoso e organizado não pode fazer nada contra tribos que conhecem todas as trilhas, e que basta ler Fenoglio para compreender que os *partigiani* conheciam as colinas melhor do que os alemães que vieram de fora. Alguém poderia objetar que as coisas mudaram muito desde aqueles dias, os Grandes Jogos não são feitos mais por baixo do pano, e para dissipar as névoas da ignorância de territórios intransitáveis, hoje em dia basta ir à guerra com o Atlas De Agostini* debaixo do braço. Falso. Lendo este livro temos a impressão de que no mundo que acreditamos globalizado (para ficar claro, aquele do Fim da História) os bolsões de ignorância recíproca são ainda imensos.

Os bandos iraquianos que hoje sequestram os jornalistas sabem que a Inglaterra tem mais de vinte canhões, mas o tipo de solicitação que fazem demonstra que eles têm ideias muito vagas sobre o que é a Europa: podem capturar um jornalista de esquerda para chantagear um governo de direita, não se dão conta de que ao ameaçarem a França podem atrair para o Ira-

---

* O Instituto De Agostini é o responsável na Itália pela publicação dos principais e mais completos Atlas. (*N. do T.*)

que um país que estava fora disso, mostraram na televisão reféns italianos pedindo que na Itália se fizessem manifestações pela paz, sem saber que já tinham sido feitas, sequestram duas pacifistas colocando em crise todos os que insistem para que os ocidentais se retirem, enfim, procuram determinar as políticas ocidentais sem mostrar que têm ideias claras sobre as linhas de ruptura do Ocidente.

E nós? Experimentem perguntar não digo ao porteiro do prédio de vocês, mas a um professor universitário (que não seja obviamente um arabista) qual é a diferença entre xiitas e sunitas, e verão que ele sabe menos do que sabia há cem anos o emir de Bukhara sobre as dimensões do império britânico. E não lhe perguntem onde está o imã desaparecido, porque vocês correm o risco de ouvir como resposta que é melhor entrar em contato com *Chi l'ha visto?*.* Em plena globalização existem ainda saberes tão confusos de arrepiar a pele. E para compreender como sabemos pouco, é realmente arrepiante descobrir com Hopkirk como Ásia e Europa sabiam pouco uma da outra nos tempos do Grande Jogo.

* Conhecido programa da televisão italiana (Rai) sobre pessoas desaparecidas. (*N. do T.*)

As palavras são pedras

*Guerra de palavras**

Que a tragédia das Torres Gêmeas tenha tido um peso na esfera do simbólico, todos disseram. Se os aviões desviados tivessem se espatifado, produzindo as mesmas vítimas e talvez até mais, em dois arranha-céus de Oklahoma, o mundo não teria sofrido o mesmo choque. Os símbolos pesam, portanto, e entre eles as palavras com as quais procuramos definir (ou provocar) os eventos.

Em primeiro lugar, não está claro o significado de "guerra". Em todo caso, retoma significados do século XIX. Pensamos que o que acontece foi antecipado pelos *disaster movies* e, no entanto, nos foi contado por velhos filmes com oficiais ingleses de capacete colonial e os inalcançáveis afegãos que os alvejavam do alto das rochas.

Mas no início era operação de guerra ou ação terrorista? Alguém disse que as Torres Gêmeas tinham um seguro de bilhões de dólares, até contra ações terroristas, mas não contra ações de guerra. De acordo com os termos usados por Bush, portanto, ou tiram vantagem disso as grandes

* *L'Espresso*, outubro de 2001.

companhias de seguro ou as companhias prejudicadas. Talvez seja por isso que Bush ora fala de guerra, ora de terrorismo, e talvez não saiba bem a quem dar vantagem.

Mas se é guerra, deve ser entendida como uma "cruzada"? Bush deixou escapar a palavra e aconteceu o pandemônio. Bush era um dos poucos que não sabiam que as cruzadas eram "guerras santas" dos cristãos (que tinham tomado — eles — a iniciativa) contra o mundo islâmico (que ainda por cima, no fim, conseguiu mandar os invasores de volta para o mar).

Bush teve de engolir a gafe, depois falou de Justiça Infinita e foi ainda pior. Se as palavras pesam, não é que deveríamos deixar o mundo ser governado pelos filósofos (os resultados que Platão obteve nesse sentido foram desastrosos), mas ao menos deveríamos mandar para o governo senhores com mais preparo em história e geografia.

A palavra "árabe" também exigiria alguma reflexão. Há muitos islâmicos que não são árabes (e alguns árabes que não são islâmicos, e sim cristãos), para não falar dos islâmicos que não são fundamentalistas, e muito menos terroristas. E há muitos extracomunitários que não são nem árabes nem islâmicos, enquanto entre eles delinquem alguns de pele branca e religião católica. Mas os símbolos contam, e nos aviões os passageiros estremecem quando embarca um senhor de bigodes e a cara bronzeada, e nos Estados Unidos mataram alguém com turbante (considerado um sinal seguro de islamismo) que era, na verdade, um fiel de Brahma, Shiva e Vishnu, ou um sikh (nem árabe nem muçulmano). Tenham a santa paciência, vamos reler Salgari pelo menos.

A lista das palavras ambíguas não termina aqui, e nós conhecemos bem as palavras perigosas usadas por Bin Laden. Todas juntas poderiam provocar outras vítimas inocentes.

*Os que "compreendem" Bin Laden**

Nós realmente vivemos em tempos sombrios. E não apenas pelas coisas trágicas que estão acontecendo, mas também porque, para compreender o que acontece, seria preciso ser muito sutis, e estes não parecem, porém, tempos de sutileza. Ao nosso redor se vai adiante a golpes de sabre. Bin Laden, na sua última mensagem, renuncia até mesmo à distinção da qual tinha partido (um Ocidente ruim, constituído de norte-americanos e israelitas, e os outros, que não mencionava naquele momento) e passou a falar de conflito com os "cristãos" em geral (que aos seus olhos compreendem evidentemente também os judeus, os leigos, os ex-materialistas soviéticos e talvez até mesmo os chineses).

Mas, ao menos com relação às palavras, em nosso país as coisas não estão melhores. Se você por acaso disser que Bin Laden é um tratante, eles respondem que então você quer matar as crianças de Cabul, e se você fizer votos de que em Cabul não morram crianças, eles o definem como defensor de Bin Laden. No entanto, o único modo de não fazer seu jogo é recusar as cruzadas em preto e branco e cultivar aquela profunda sabedoria que nossa cultura nos transmitiu, a capacidade de fazer distinções.

Algumas semanas atrás surgiu uma pesquisa pela qual parecia que uma grande maioria da esquerda "entendia" as razões de Bin Laden. Céus! Quem respondeu assim, portanto, aprovava a destruição das Torres Gêmeas? Não creio. Penso antes que, de qualquer maneira que a questão tenha sido colocada, em momentos como este as pessoas não conseguem distinguir bem, por exemplo, entre *explicar*, *compreender*, *justificar* e *concordar*.

A moça Erika** foi acusada de ter esfaqueado a mãe e o irmãozinho. Pode-se *explicar* este evento? Claro, e isto deveria ser feito pelos psicólogos e pelos psiquiatras. Pode-se *compreender* Erika? Se me explicam que estava à mercê de um *raptus* de loucura, posso compreendê-la, porque

---

* *L'Espresso*, novembro de 2001.

** Trata-se de um crime que gerou, e ainda gera, muitas polêmicas nos jornais e na televisão da Itália, sobretudo com relação a supostos problemas mentais da moça chamada Erika, o que justificaria, na opinião de muitos, sua saída da prisão. (*N. do T.*)

com a loucura não se discute. Pode-se *justificar*? Certamente não, tanto que é necessário que um tribunal de qualquer maneira condene seu gesto e impeça que ela tenha condições de ser nociva. Pode-se *concordar* com o que ela fez, no sentido de que nós também faríamos o mesmo? Espero que não mesmo, a não ser que sejamos aqueles desmiolados que lhe mandam mensagens de solidariedade.

Ainda está fresca uma polêmica sobre a compreensão dos que aderiram à república de Salò. Pode-se *explicar* historicamente por que muitos fizeram essa escolha? Claro, e foi explicado. Pode-se *compreender* por que muitos fizeram isso? Pode-se muito bem compreender e compreender não apenas quem fez isso de boa-fé, mas também quem fez por desespero, ou por algum interesse. Pode-se *justificar*, historicamente, essa escolha? Não, ao menos do ponto de vista dos valores do mundo democrático. Compreende-se a pessoa, mas não se justifica a escolha. Pode-se *concordar*? Em 1943, eu tinha apenas onze anos, e me pergunto com frequência o que teria feito se tivesse vinte na época, mas, ao menos com o posterior discernimento, acho que não teria concordado com isso.

Pode-se *explicar* a carnificina da noite de São Bartolomeu, com o massacre que os católicos perpetraram contra os protestantes? Com certeza, e há livros e mais livros que explicam por que aquilo aconteceu. Podemos compreender as razões de quem o fez, esperando talvez com isso ganhar o paraíso? Estudando a psicologia daquelas pessoas de cinco séculos atrás, o clima sangrento das guerras de religião, e tantas outras coisas, podemos. Pode-se *justificar* esse massacre? Do nosso ponto de vista de homens modernos, é óbvio que não, e muito menos podemos concordar com isso, no sentido de que qualquer pessoa ajuizada hoje consideraria criminoso fazer algo semelhante.

Parece tudo simples assim. Pode-se explicar a ação de Bin Laden, em parte como ele a explicou na sua primeira mensagem, em termos de frustração do mundo muçulmano depois da queda do império otomano, e em parte levando em conta seus interesses políticos e econômicos (explica-se a ação de Bin Laden com seu interesse em colocar as mãos no petróleo saudita). Podemos compreender os seguidores dele? Claro, levando-se em conta a educação que receberam, a frustração de que se falava, e tantas outras razões. Podemos justificá-los? Não, evidentemente, e de fato nós os condenamos e fazemos votos de que Bin Laden seja impedido de ser nocivo.

Vale notar que, se não conseguirmos explicar o gesto de Bin Laden e compreender por que centenas ou milhares de voluntários partem do Paquistão para se juntarem a ele, encontraremos dificuldade quando quisermos enfrentá-lo e, portanto, compreender o que se deve efetivamente fazer para neutralizar o perigo que ele representa. Enfim, justamente porque não se *justifica* e não se *concorda* com o fundamentalismo muçulmano, precisamos *explicá-lo* e *compreender* as causas dele, as razões, as pulsões que o determinam.

O que quer dizer alguém que afirma "compreender" o gesto de Bin Laden? Que o explica, que o compreende, que o justifica ou que concorda com ele?

Se não voltarmos a um estado de espírito que permita e encoraje as distinções, seremos como Bin Laden, e como ele nos quer.

*Fundamentalismo, integralismo, racismo**

Nestas semanas se fala muito do fundamentalismo muçulmano. Fala-se tanto que se esquece que existe também um fundamentalismo cristão, principalmente nos Estados Unidos. Mas, dirão, os fundamentalistas cristãos dão espetáculo nas televisões dominicais, enquanto os fundamentalistas muçulmanos fazem desabar as Torres Gêmeas e, portanto, é com eles que nos preocupamos.

Mas fazem o que fazem na qualidade de fundamentalistas? Ou porque são integralistas? Ou porque são terroristas? E, assim como há muçulmanos não árabes e árabes não muçulmanos, há fundamentalistas que não são terroristas? Ou que não são integralistas? Usualmente, consideramos os conceitos de fundamentalismo e integralismo como estritamente ligados,

---

* *L'Espresso*, outubro de 2001.

e como duas formas de intolerância. O que nos leva a pensar que todos os fundamentalistas sejam integralistas e, portanto, intolerantes e terroristas. Mas, ainda que fosse verdadeiro, disto não derivaria que todos os intolerantes sejam fundamentalistas e integralistas, nem que todos os terroristas sejam fundamentalistas (não eram assim as Brigadas Vermelhas e não são os terroristas bascos).

Em termos históricos, o fundamentalismo está ligado à interpretação de um Livro Sagrado. O fundamentalismo protestante dos Estados Unidos do século XIX (que sobrevive ainda hoje) é caracterizado pela decisão de interpretar literalmente as Escrituras, principalmente com relação àquelas noções de cosmologia, de onde nasce a recusa de todas as formas de educação que tentem minar a confiança no texto bíblico, como acontece com o darwinismo. O fundamentalismo muçulmano é igualmente ligado à letra do livro sagrado.

O fundamentalismo é necessariamente intolerante? Pode-se imaginar uma seita fundamentalista que admita que os próprios eleitos tenham o privilégio da correta interpretação do livro sagrado, sem por isso defender forma alguma de proselitismo e querer, portanto, obrigar os outros a concordar com essas crenças ou lutar para realizar uma sociedade política que se baseie nelas.

Entende-se por integralismo uma posição religiosa e política pela qual os próprios princípios religiosos devem tornar-se ao mesmo tempo modelo de vida política e fonte das leis do Estado.

Se o fundamentalismo é por princípio conservador, há integralismos que se consideram progressistas e revolucionários. Há movimentos católicos integralistas que não são fundamentalistas, que lutam por uma sociedade totalmente inspirada nos princípios religiosos sem por isso impor uma interpretação literal das Escrituras, e talvez prontos para aceitar uma teologia à maneira de Teilhard de Chardin. Há, porém, formas extremas de integralismo que se tornam regime teocrático, e talvez se enxertem no fundamentalismo. Assim parece ser o regime dos talibãs com suas escolas alcoranistas.

Em todas as formas de integralismo há certa dose de intolerância pelos que não concordam com as mesmas ideias, mas esta dose alcança níveis máximos nos fundamentalismos e integralismos teocráticos. Um regime teocrático é fatalmente totalitário, mas nem todos os regimes totalitários são teocráticos (a não ser no sentido de que substituem uma religião por uma filosofia dominante, como o nazismo ou o comunismo soviético).

E o racismo? Vai parecer curioso, mas grande parte do integralismo islâmico, ainda que antiocidental e antissemita, não pode ser considerada racista no sentido do nazismo, porque odeia uma só raça (os judeus) ou um Estado que não representa uma raça (os Estados Unidos), mas não se reconhece numa raça eleita, e sim aceita como eleitos os adeptos da própria religião, ainda que de raça diferente.

O racismo nazista era certamente totalitário, mas não havia nada de fundamentalista na doutrina da raça (ele substituía o texto sagrado pela pseudociência ariana).

E a intolerância? Pode ser reduzida a essas diferenças e parentelas entre fundamentalismo, integralismo, racismo, teocracia e totalitarismo? Houve várias formas de intolerância não racistas (como a perseguição aos hereges ou a intolerância das ditaduras contra seus opositores), há formas de racismo não intolerante ("nada tenho contra os negros, se eles trabalharem e ficarem no lugar deles, podem ficar no nosso país, mas eu não gostaria que minha filha se casasse com um deles"), e há formas de intolerância e racismo comuns até entre pessoas que julgaríamos não teocráticas, não fundamentalistas, não integralistas — e temos prova disso nestes dias.

Fundamentalismo, integralismo e racismo pseudocientífico são posições teóricas que pressupõem uma Doutrina. A intolerância e o racismo popular colocam-se antes de qualquer doutrina. Têm raízes biológicas, manifestam-se entre animais como territorialidade, baseiam-se em reações emotivas (não suportamos os que são diferentes de nós).

Poderão dizer que com estas poucas observações não contribuí para esclarecer as ideias, e sim para confundi-las. Mas não sou eu que confundo as ideias, é que temos de discutir ideias confusas, e é bom compreender que elas são assim, para refletir melhor sobre elas.

*Guerra civil, resistência e terrorismo**

No último *Espresso*, Eugenio Scalfari encerrava sua coluna escrevendo: "De resistência iraquiana é proibido falar sem passar por facciosos ou imbecis." Alguém pode dizer: o costumeiro exagerado. No entanto, no mesmo dia, Angelo Panebianco escrevia no *Corriere della Sera*: "[...] os 'resistentes', como os chamam certos despreocupados ocidentais [...]" Um observador marciano diria que na Itália, enquanto por toda parte cortam cabeças e fazem explodir trens e hotéis, estamos brincando com as palavras.

O marciano diria que as palavras contam pouco, pois leu em Shakespeare que uma rosa seria sempre uma rosa com qualquer outro nome. E, no entanto, frequentemente, usar uma palavra no lugar de outra conta muito. É claro que alguns dos que falam de resistência iraquiana pretendem defender o que consideram uma guerra do povo; outros, do lado oposto, parecem subentender que dar o nome de resistentes a degoladores significa enlamear nossa Resistência (com letra maiúscula). O mais curioso é que grande parte dos que consideram escandaloso usar o termo *resistência* são justamente os que há certo tempo tentam difamar nossa Resistência, pintando os *partigiani* como um bando de degoladores. Paciência. Mas o fato é que esquecem que *resistência* é um termo técnico e não implica em juízos morais.

Antes de tudo existe a *guerra civil*, que ocorre quando cidadãos que falam a mesma língua atiram um contra o outro. Era guerra civil a revolta vendeana e a guerra da Espanha, foi guerra civil a nossa Resistência, porque havia italianos de ambos os lados. Só que a nossa foi um movimento de *resistência*, já que se indica com este termo a insurgência de parte dos cidadãos de um país contra uma potência ocupante. Se por aventura, depois dos desembarques dos Aliados na Sicília ou em Anzio, se tivessem formado bandos de italianos que atacassem os anglo-americanos, se teria falado de resistência, mesmo para quem considerava que os Aliados fossem os "bons". Até mesmo o banditismo do sul foi uma forma de resistência a

* *L'Espresso*, outubro de 2004.

favor dos Bourbons, salvo que os piemonteses ("bons") eliminaram todos os "maus", que hoje lembramos apenas como *briganti*. Por outro lado, os alemães chamavam os *partigiani* de "bandidos".

Raramente uma guerra civil alcança dimensões campais (mas aconteceu na Espanha) e usualmente se trata de *guerra por bandos*. E guerra por bandos é também um movimento de resistência, feito de golpes do tipo "pega e larga". Às vezes, numa guerra por bandos, se inserem também "Senhores da Guerra" com seus bandos particulares, e até mesmo bandos sem ideologia, que se aproveitam da desordem.

Ora, a guerra no Iraque parece ter aspectos de guerra civil (há iraquianos que matam outros iraquianos) e de movimento de resistência, com o acréscimo de todos os tipos de bandos. Estes bandos agem contra os estrangeiros, e não importa se estes estrangeiros pareçam estar certos ou errados, e tampouco se foram chamados e bem recebidos por uma parte dos cidadãos. Se os habitantes locais combatem contra tropas estrangeiras temos resistência, e não há santo que resista.

Há, enfim, o *terrorismo*, que tem outra natureza, outras finalidades e outra estratégia. Houve e em parte ainda há terrorismo na Itália, sem que haja resistência ou guerra civil, e há terrorismo no Iraque, que passa transversalmente por bandos de resistentes e formações de guerra civil. Nas guerras civis e nos movimentos de resistência se sabe quem é e onde está (mais ou menos) o inimigo, com o terrorismo, não: o terrorista pode ser até o senhor que se senta ao nosso lado no trem. O que faz com que as guerras civis e resistências sejam combatidas com conflitos diretos ou batidas policiais, enquanto o terrorismo se combate com serviços secretos.

Guerras civis e resistências são combatidas no local, o terrorismo se combate de preferência em outros lugares, onde os terroristas têm seus santuários e seus refúgios.

A tragédia do Iraque é que lá há de tudo, e pode acontecer que um grupo de resistentes use técnicas terroristas — ou que os terroristas, para os quais certamente não basta expulsar os estrangeiros, se apresentem como resistentes. Isto complica as coisas, mas recusar-se a usar os termos técnicos as complica ainda mais. Suponhamos que, considerando *Assalto a mão armada* um belíssimo filme, onde até os malvados eram simpáticos, alguém se recuse a chamar de assalto à mão armada o ataque a um banco e prefira falar de furto com destreza. Mas o furto com destreza se combate com algum policial à paisana que patrulha estações e lugares turísticos, geralmente já conhecendo os pequenos profissionais locais, enquanto para nos defendermos dos assaltos a banco são necessárias aparelhagens eletrônicas caras e patrulhas de plantão permanente, contra inimigos ainda ignorados. Escolher o nome errado, portanto, induz a escolher os remédios errados.

Crer que se possa derrotar um inimigo terrorista com batidas policiais com as quais normalmente se derrotam os movimentos de resistência é pura ilusão, mas crer que se possa derrotar quem pega e larga com os métodos que deveriam ser usados com os terroristas é igualmente um erro.

Seria preciso, portanto, usar os termos técnicos quando necessários, sem ceder a paixões ou a chantagens.

De volta aos anos 1970*

Experimenta-se certo embaraço ao refletir (e ainda mais ao escrever) sobre a volta do terrorismo. Tem-se a impressão de copiar novamente palavra por palavra artigos que foram escritos nos anos 1970. Isto nos mostra que, se não é verdade que nada se mexeu no país daquela década em diante, certamente nada se mexeu na lógica do terrorismo. Na verdade, é a nova situação em que ele reaparece que nos induz a relê-lo em perspectiva suavemente diferente.

Diz-se que a ação terrorista mira à desestabilização, mas a expressão é vaga, porque é diferente o tipo de desestabilização a que pode mirar um terrorismo "negro", um terrorismo de "serviços desviados" e um terrorismo "vermelho". Admito, até prova em contrário, que o assassinato de Marco Biagi seja obra, se não das verdadeiras Brigadas Vermelhas, de uma organização com princípios e métodos análogos, e nesse sentido usarei de agora em diante o termo "terrorismo".

O que uma ação terrorista costuma propor? Como a organização terrorista segue uma utopia insurrecional, ela visa sobretudo impedir que se estabeleçam entre oposição e governo qualquer tipo de acordo — seja obtido, como nos tempos de Moro, por paciente costura parlamentar, seja por conflito direto, greve ou outras manifestações que querem in-

* *La Repubblica*, maio de 2002.

duzir o governo a rever algumas das suas decisões. Em segundo lugar, visa empurrar o governo da situação a uma repressão histérica, sentida pelos cidadãos como antidemocrática, insustentavelmente ditatorial e, portanto, a fazer disparar a insurreição de uma vasta área preexistente de "proletários ou lumpemproletários desesperados", que só estavam esperando mais uma provocação para iniciarem uma ação revolucionária.

Às vezes um projeto terrorista tem êxito, e o caso mais recente é o do atentado às Torres Gêmeas. Bin Laden sabia que existiam no mundo milhões de fundamentalistas muçulmanos que esperavam apenas a prova de que o inimigo ocidental podia "ser atingido no coração" para insurgir. E, de fato, assim aconteceu no Paquistão, na Palestina e em outros lugares. E a resposta norte-americana no Afeganistão não reduziu, mas reforçou aquela área. Mas, para que o projeto tenha êxito, é preciso que esta área "desesperada" e potencialmente violenta exista, quer dizer, *exista como realidade social.*

O fracasso não apenas das Brigadas Vermelhas na Itália, como também de muitos movimentos na América Latina se deveu ao fato de que construíam todos os projetos na pressuposição de que existisse a área desesperada e violenta, e os cálculos pudessem chegar não a dezenas ou centenas de pessoas, mas a milhões. A maior parte dos movimentos na América Latina conseguiu levar alguns governos à repressão feroz, mas não a fazer insurgir uma área que evidentemente era muito mais reduzida do que os terroristas podiam prever nos cálculos deles. Na Itália, todo o mundo dos trabalhadores e as forças políticas reagiram com equilíbrio e, por mais que alguns queiram criticar alguns dispositivos de prevenção e repressão, não produziu a ditadura que as Brigadas Vermelhas esperavam. Por isso, elas perderam o primeiro round (e nós todos nos convencemos de que tinham abandonado o projeto).

A derrota da Brigadas Vermelhas convenceu a todos de que elas não conseguiram, no fim das contas, desestabilizar nada. Mas não se refletiu o suficiente sobre o fato de que elas, ao contrário, serviram muitíssimo para "estabilizar", porque um país onde todas as forças políticas se empenharam em defender o Estado contra o terrorismo induziu a oposição a ser menos agressiva, a tentar preferencialmente o caminho da consociação. As Brigadas Vermelhas, portanto, agiram como movimento *estabilizador* ou, se quiserem, conservador. Não tem muita importância se fizeram isso por um erro político crasso ou porque foram devidamente manipuladas por quem tinha interesse em atingir esses resultados. Quando o terrorismo perde, além de não se fazer a revolução, ele também age como elemento de conservação, ou seja, como desaceleração dos processos de mudança.

O que chama a atenção na última aventura terrorista, ao menos à primeira vista, é que normalmente os terroristas matavam para impedir um acordo (o caso Moro ensina), enquanto desta vez parece que agiram para impedir um desacordo — no sentido de que muitos consideram que, depois do assassinato de Biagi, a oposição deveria atenuar, ficar mais gentil e amansar suas manifestações de dissensão, e os sindicatos deveriam adiar a greve geral.

Se tivéssemos de seguir essa lógica ingênua dos *cui prodest*,* deveríamos pensar que um capanga do governo colocou o capacete, subiu na moto e foi atirar em Marco Biagi. O que não apenas parece excessivo aos mais exasperados "demonizadores" do governo, mas nos induziria a pensar que, portanto, as novas Brigadas Vermelhas não existem e não constituem um problema.

O fato é que o novo terrorismo, como sempre, confia no apoio de milhões de defensores numa potencial área revolucionária violenta (que não existe), mas principalmente vê a desordem e o desmantelamento da esquerda como um excelente elemento de descontentamento entre os componentes dessa área fantasma. Agora, as cirandinhas (como se sabe, feitas por distintos cinquentões pacíficos e democráticos por vocação), a resposta que procuraram dar os partidos de oposição e a nova consolidação das forças sindicais estavam reconstituindo no país um excelente equilíbrio entre governo e oposição. Uma greve geral não é uma revolução armada, é apenas uma iniciativa muito enérgica para chegar a modificar uma plataforma de acordo. E desta vez também, portanto, ainda que aparentemente

---

* Expressão latina que significa "a quem serve, a quem é vantajoso". (*N. do T.*)

pareça impedir a manifestação de um desacordo, o atentado de Bolonha visa impedir um acordo (mesmo que seja mais conflituoso e combatido). Visa principalmente impedir, caso a oposição sindical modifique a linha do governo, que o verdadeiro inimigo do terrorismo, isto é, a oposição democrática e reformista, seja reforçado.

Desta vez também, portanto, se o terrorismo tivesse êxito na sua primeira intenção (atenuar o protesto sindical), obteria o que sempre obteve (querendo ou não): a estabilização, a conservação do *status quo*.

Se assim for, a primeira coisa que oposição e sindicatos devem fazer é não ceder à chantagem terrorista. O embate democrático deve proceder, nas formas mais agressivas que as leis consentem, como justamente a greve e as manifestações de rua, porque quem cede faz exatamente o que os terroristas queriam.

Mas, igualmente (se posso ter permissão para dar conselhos ao governo), o governo deve escapar à tentação à qual o atentado terrorista o expõe: deslocar-se para formas de repressão inaceitáveis. A repressão antidemocrática pode ter reencarnações sutis, e nos dias de hoje não prevê necessariamente a ocupação das principais praças com tanques de guerra. Quando se ouve na televisão o governante que, de modos diferentes (alguns com medida, e com alguma vaga alusão, outros com evidência indiscutível), sugere que os que deram armas (moralmente, moralmente com precisão) aos terroristas foram os que acusaram o governo, os que assinaram abaixo-assinados em favor da resposta sindical, quem condena Berlusconi pelo conflito de interesses ou pela promulgação de leis altamente discutíveis, e discutidas até além das nossas fronteiras — quem faz isto está anunciando um perigoso princípio político.

O princípio se traduz assim: já que existem os terroristas, quem atacar o governo está encorajando a ação deles. O princípio tem um corolário: é potencialmente criminoso, portanto, atacar o governo. O corolário do corolário é a negação de todos os princípios democráticos, a chantagem dirigida à livre crítica na imprensa, a todas as ações de oposição, a todas as manifestações de dissensão. Que não é certamente a abolição do parlamento ou da liberdade de imprensa (eu não estou entre os que falam de novo fascismo), mas é algo pior. É a possibilidade de chantagear moralmente e fazer com que os cidadãos condenem quem manifestar desacordo (não violento) com o governo, e equiparar eventuais violências verbais — comuns a muitas formas de polêmica ardorosas, mas legítimas — com a violência armada.

Se chegássemos inteiramente a isto, a democracia correria o risco de ser esvaziada de todo o sentido. Teríamos uma nova forma de censura, o silêncio ou a reticência por temor de um linchamento da mídia. E a esta diabólica tentação, portanto, os homens do governo devem "resistir, resistir, resistir".

A oposição deve, no entanto, "continuar, continuar, continuar", de todas as formas que a Constituição permite. Do contrário, seria realmente (e pela primeira vez!), a vitória dos terroristas em ambos os fronts.

Kamikazes e assassinos*

Há algum tempo, com certeza antes do fatídico 11 de setembro, entre os vários jogos da internet circulava a questão de por que os kamikazes (aqueles japoneses) usavam capacete — isto é, por que pessoas que estavam prestes a se espatifar num porta-aviões protegiam a cabeça. Usavam realmente o capacete? Não colocavam uma venda ritual ao redor da testa? Em todo caso, as respostas que o bom senso sugere são que o capacete servia também para voar sem ser ensurdecido pelo motor, para defender-se de eventuais ataques antes de poder dar início à pancada mortal e principalmente (creio) porque os kamikazes eram sujeitos que seguiam rituais e regulamentos, e se os manuais diziam que no avião se subia com capacete, eles obedeciam.

Brincadeiras à parte, a pergunta escondia o embaraço que cada um de nós experimenta diante de quem friamente renuncia à própria vida para poder matar outras pessoas.

Depois do 11 de setembro nós pensamos (com razão) nos novos kamikazes como num produto do mundo muçulmano. Isto induz muitos à equação fundamentalismo-Islã, e permite ao ministro Calderoli (que vejo sempre com prazer nas telas porque parece um colega de escritório de Fantozzi) dizer que este não é um choque de civilizações porque "aqueles outros" não são uma civilização.

---

* *L'Espresso*, agosto de 2005.

Além disso, os historiadores nos dizem que, na Idade Média, uma variante herege do islamismo praticava o homicídio político com o capanga enviado para golpear sabendo que não voltaria vivo, e reza a lenda que o kamikaze da época era devidamente tratado, para rendê-lo servil aos seus mandantes, com haxixe (disso deriva a Seita dos Assassinos). É verdade também que os informantes ocidentais, de Marco Polo em diante, exageraram um pouco no assunto, mas sobre o fenômeno dos Assassinos de Alamut há também estudos sérios que deveriam ser relidos.

Neste período, porém, encontro na internet uma vasta discussão sobre o livro de Robert Pape, *Dying to Win: The Strategic Logic of Suicide Terrorism*, que, baseado numa rica documentação estatística, apresenta duas teses fundamentais. A primeira é que o terrorismo suicida nasce só em territórios ocupados e como reação à ocupação (tese talvez discutível, mas Pape mostra como o terrorismo suicida teria cessado, por exemplo, no Líbano, assim que terminasse a ocupação). A segunda é que o terrorismo suicida não é só fenômeno muçulmano, e Pape cita os Tigres Tamil do Sri Lanka, e 27 terroristas suicidas no Líbano, todos não islâmicos, leigos e comunistas ou socialistas.

Não houve só kamikazes japoneses ou muçulmanos. Os anarquistas ítalo-americanos que pagaram a viagem de Bresci para que ele atirasse em Humberto I compraram-lhe uma passagem só de ida. Bresci sabia muito bem que não voltaria vivo da sua aventura. Nos primeiros séculos do cristianismo havia os circunceliões, que assediavam os viajantes para terem o privilégio do martírio, e mais tarde os cátaros praticavam aquele suicídio ritual que se chamava *endura*. Para chegar, enfim, às várias seitas dos nossos dias (todas do mundo ocidental), sobre as quais lemos de vez em quando que inteiras comunidades escolhem o suicídio em massa (e eu pediria aos antropólogos que nos contassem outras formas de suicídio "ofensivo" praticado em outros grupos étnicos no decurso dos séculos).

A História e o mundo, enfim, estiveram e estão cheios de pessoas que por religião, ideologia ou algum outro motivo (e com certeza ajudadas por uma estrutura psicológica adequada, ou submetidas a formas de plágio muito elaboradas) estiveram e estão dispostas a morrer para matar.

Deve-se então perguntar se o verdadeiro problema que deveria chamar a atenção e o estudo de quem é responsável pela nossa segurança não diz respeito apenas ao fenômeno do islamismo fundamentalista, mas também ao aspecto psicológico do suicídio ofensivo em geral. Não é fácil convencer uma pessoa a sacrificar a própria vida, e todos, islâmicos, budistas, cristãos, comunistas e idólatras, têm o instinto de conservação. Para superar este instinto, não basta o ódio pelo inimigo. Seria preciso compreender melhor qual é a personalidade do kamikaze em potencial. Quero dizer que não basta frequentar uma mesquita onde um imã endemoninhado prega a guerra santa para se tornar kamikaze, e talvez não seja suficiente fechar essa mesquita para aplacar a pulsão de morte que provavelmente preexiste em certos sujeitos — que continuariam a circular.

Como individuar esses sujeitos, com qual tipo de investigação e vigilância, que não se torne um pesadelo para qualquer cidadão, é difícil dizer. Mas talvez seja necessário trabalhar nessa direção e indagar se essa pulsão não começou a ser uma doença do mundo contemporâneo (como a Aids ou a obesidade) que poderia se manifestar também em outros grupos humanos não necessariamente muçulmanos.

IV. A volta às cruzadas

Guerras santas, paixão e razão*

Que nosso primeiro-ministro tenha, dias atrás, pronunciado palavras inoportunas sobre a superioridade da cultura ocidental, seria um fato secundário. É secundário que alguém diga algo que considere certo mas no momento errado, e é secundário que alguém creia em algo injusto ou então errado, porque o mundo está cheio de gente que crê em coisas injustas e erradas, até mesmo um senhor chamado Bin Laden, que talvez seja mais rico do que nosso primeiro-ministro e estudou em universidades melhores.

O que não é secundário, e que deve preocupar um pouco a todos, políticos, líderes religiosos, educadores, é que certas expressões, ou até mesmo artigos inteiros e apaixonados que de algum modo as legitimaram, tornem-se matéria de discussão geral, ocupem a mente dos jovens, e talvez os induzam a conclusões passionais ditadas pela emoção do momento. Preocupo-me com os jovens, até porque não se muda mais a cabeça dos velhos.

Todas as guerras de religião que ensanguentaram o mundo por séculos nasceram de adesões passionais a contraposições simplistas, como Nós e os Outros, bons e malvados, brancos e negros. Se a cultura ocidental se demonstrou fecunda (não só do Iluminismo até hoje, mas também antes, quando o franciscano Roger Bacon convidava a aprender as línguas, porque

* *La Repubblica*, outubro de 2001.

temos algo a aprender até com os infiéis), é também porque se esforçou em "dissolver", à luz da investigação e do espírito crítico, as simplificações prejudiciais.

Naturalmente não fez isso sempre, porque também pertencem à história da cultura ocidental Hitler, que queimava os livros, condenava a arte "degenerada", matava os pertencentes às raças inferiores, ou o fascismo, que me ensinava na escola a declamar "Deus amaldiçoe os ingleses", porque eram "o povo das cinco refeições" e, portanto, glutões inferiores ao italiano parco e espartano.

Mas são os melhores aspectos da nossa cultura que devemos discutir com os jovens, e de todas as cores, se não quisermos que desabem novas torres também nos anos que eles viverão depois de nós.

Um elemento de confusão é que muitas vezes não se consegue captar a diferença entre identificação com as próprias raízes, compreender quem tem outras raízes e julgar o que é bom ou mau. Quanto a raízes, se me perguntassem onde eu preferiria passar os anos da aposentadoria, numa cidadezinha do Monferrato,* na majestosa moldura do parque nacional do Abruzzo ou nas doces colinas de Siena, eu escolheria o Monferrato. Mas isto não significa que eu considere as outras regiões italianas inferiores ao Piemonte.

Enfim, se com suas palavras (pronunciadas para os ocidentais, mas suprimidas para os árabes) o primeiro-ministro quis dizer que prefere viver em Arcore a viver em Cabul, e se tratar num hospital milanês e não num de Bagdá, eu subscreveria prontamente a sua opinião (à parte Arcore). E isto também se me dissessem que em Bagdá inauguraram o hospital mais aparelhado do mundo: em Milão eu me sentiria mais em casa, e isto teria influência até sobre minha capacidade de recuperação.

As raízes podem ser também mais amplas do que as regionais ou nacionais. Eu preferiria viver em Limoges, por assim dizer, a viver em Moscou. Mas como assim, Moscou não é uma belíssima cidade? Com certeza, mas em Limoges eu entenderia a língua.

---

* Monferrato é a região do Piemonte onde está localizada Alessandria, cidade natal do autor. (*N. do T.*)

Enfim, cada um se identifica com a cultura na qual cresceu, e os casos de mudança radical, que existem, são uma minoria. Lawrence da Arábia se vestia até mesmo como os árabes, mas no fim voltou para a própria casa.

Passemos agora ao choque de civilizações, porque esta é a questão. O Ocidente, mesmo que seja frequentemente por razões de expansão econômica, teve sempre curiosidade pelas outras civilizações. Muitas vezes as liquidou com desprezo: os gregos chamavam bárbaros, isto é, gagos, os que não falavam a língua deles e, portanto, era como se de fato não falassem. Mas os gregos mais amadurecidos, como os estoicos (talvez porque alguns deles fossem de origem fenícia), logo perceberam que os bárbaros usavam palavras diferentes das gregas, mas se referiam aos mesmos pensamentos. Marco Polo procurou descrever com enorme respeito usos e costumes chineses, os grandes mestres da teologia cristã medieval mandavam traduzir os textos de filósofos, médicos e astrólogos árabes, os homens do Renascimento até exageraram na tentativa de recuperar sabedorias orientais perdidas, dos caldeus aos egípcios, Montesquieu procurou compreender como um persa enxergava os franceses, e antropólogos modernos empreenderam os primeiros estudos sobre os relatórios dos salesianos, que iam às aldeias dos bororos para convertê-los, se possível, mas também para compreender qual era o modo de pensar e de viver deles — talvez por terem na memória o fato de que os missionários de alguns séculos antes não tinham conseguido compreender as civilizações ameríndias e tinham encorajado o extermínio delas.

Citei os antropólogos. Não contarei nenhuma novidade se lembrar que, da metade do século XIX em diante, a antropologia cultural se desenvolveu como tentativa de curar o remorso do Ocidente com relação aos Outros, e principalmente aqueles Outros que eram definidos como selvagens, sociedade sem história, povos primitivos. O Ocidente não tinha sido carinhoso com os selvagens: tinha-os "descoberto", tinha tentado catequizá-los, tinha-os explorado, tinha reduzido muitos à escravidão, ainda por cima com a ajuda dos árabes, porque os navios dos escravos eram descarregados em Nova Orleans por refinados senhores de origem francesa, mas estivados nas costas africanas por traficantes muçulmanos.

A antropologia cultural (que podia prosperar graças à expansão colonial) procurava cuidar dos pecados do colonialismo mostrando que aquelas Outras culturas eram justamente culturas, com crenças, rituais, costumes próprios, bastante razoáveis no contexto em que se haviam desenvolvido, e absolutamente orgânicas, o que equivale a dizer que se apoiavam numa lógica interna. A tarefa do antropólogo cultural era demonstrar que existiam lógicas diferentes das ocidentais, e que deviam ser levadas a sério, não desprezadas e reprimidas.

Isso não queria dizer que os antropólogos, uma vez explicada a lógica dos Outros, decidiam viver como eles; aliás, exceto poucos casos, assim que eles terminavam o trabalho de muitos anos ultramar, voltavam a passar uma velhice tranquila no Devonshire ou em Picardia. Lendo os livros deles, porém, alguém poderia pensar que a antropologia cultural defende uma posição relativista e afirma que uma cultura é tão boa quanto outra. Não me parece que seja assim.

No máximo o antropólogo nos dizia que, desde que os Outros continuassem na própria casa, era preciso respeitar seu modo de viver.

A verdadeira lição que se deve tirar da antropologia cultural é principalmente que, para afirmar se uma cultura é superior a outra, é preciso estabelecer parâmetros. Uma coisa é dizer o que é uma cultura, outra é dizer quais os parâmetros que servem de base para julgá-la. Uma cultura pode ser descrita de modo discretamente objetivo; essas pessoas se comportam assim, acreditam nos espíritos ou numa única divindade que se infiltra em toda a natureza, unem-se em grandes clãs parentais de acordo com essas regras, consideram que é bonito transpassar o nariz com anéis (poderia ser uma descrição da cultura juvenil no Ocidente), consideram impura a carne de porco, circuncidam-se, criam os cachorros para colocá-los na panela nos dias de festa.

O antropólogo obviamente sabe que a objetividade é sempre posta em crise por vários fatores. No ano passado estive nos países Dogon* e perguntei a um menino se ele era muçulmano. Ele me respondeu, em francês:

---

* Referência à região africana entre o Níger e o Chade. (*N. do T.*)

"Não, sou animista." Ora, acreditem em mim, um animista não se define animista se não tiver obtido ao menos um diploma na École des Hautes Études de Paris, e, portanto, aquela criança falava da própria cultura da maneira como os antropólogos a tinham definido.

Os antropólogos africanos me contavam que, quando chega um antropólogo europeu, os Dogon, agora mais tarimbados, lhe fazem ver o que tinha escrito havia muitos anos um antropólogo, Griaule (ao qual, porém, pelo menos é o que dizem os amigos africanos cultos, os informantes indígenas contaram coisas muito desconexas que ele depois reunira num sistema fascinante, mas de autenticidade duvidosa). Descontando-se todos os mal-entendidos possíveis de uma cultura Outra, todavia, pode-se obter uma descrição bastante "neutra".

Os parâmetros de juízo são outra coisa, dependem das nossas raízes, das nossas preferências, dos nossos costumes, das nossas paixões, de um sistema de valores nosso. Vamos dar um exemplo. Acreditamos que prolongar a vida média de quarenta a oitenta anos é um valor? Eu pessoalmente acho que sim, mas muitos místicos poderiam me dizer que, entre um grande crápula que vive oitenta anos e São Luís Gonzaga, que vive só 23, foi o segundo que teve uma vida mais plena. Mas admitamos que o prolongamento da vida é um valor: se assim for, a medicina e a ciência ocidentais são certamente superiores a muitos outros saberes e práticas médicas.

Acreditamos que o desenvolvimento tecnológico, a expansão dos comércios e a rapidez dos transportes são um valor? Muitos acham que sim, e têm o direito de considerar superior nossa civilização tecnológica. Mas, bem no interior do mundo ocidental, há os que consideram valor primário uma vida em harmonia com um ambiente incontaminado e, portanto, estão dispostos a renunciar a aviões, automóveis e geladeiras para entrelaçarem cestos e deslocarem-se a pé de aldeia em aldeia, tudo para não terem um buraco no ozônio. E, portanto, vocês estão vendo que, para definir uma cultura melhor do que a outra, não basta descrevê-la (como faz o antropólogo), mas é necessário referir-se a um sistema de valores aos quais julgamos não poder renunciar. Só assim, nesse ponto, podemos dizer que a nossa cultura, *para nós*, é melhor.

Ultimamente, temos assistido a várias defesas de cultura diferentes com base em parâmetros discutíveis. No outro dia mesmo eu lia uma carta a um grande jornal em que se questionava sarcasticamente por que é que os prêmios Nobel só vão para os ocidentais e não para os orientais. Deixando de lado o fato de que se tratava de um ignorante que não sabia quantos prêmios Nobel já haviam sido entregues a pessoas de pele negra e a grandes escritores islâmicos, e que o prêmio Nobel de física de 1979 foi para um paquistanês chamado Abdus Salam, afirmar que os reconhecimentos pela ciência vão naturalmente para quem trabalha no âmbito da ciência ocidental é descobrir a América, porque ninguém nunca pôs em dúvida que a ciência e a tecnologia ocidentais estejam hoje na vanguarda. Na vanguarda do quê? Da ciência e da tecnologia.

O quanto é absoluto o parâmetro do desenvolvimento tecnológico? O Paquistão tem a bomba atômica, e a Itália, não. Nós somos, portanto, uma civilização inferior? É melhor viver em Islamabad do que em Arcore?

Os defensores do diálogo nos alertam para o respeito pelo mundo islâmico lembrando que ele deu ao mundo homens como Avicena (que ainda por cima nasceu em Buchara, não muito longe do Afeganistão) e Averroé — e é uma pena que são citados sempre os dois, como se fossem os únicos, e não se fale de Al Kindi, Avenpace, Avicebron, Ibn Tufayl, ou daquele grande historiador do século XIV que foi Ibn Khaldun, que o Ocidente considera até mesmo o idealizador das ciências sociais. Lembram-nos que os árabes da Espanha cultivavam geografia, astronomia, matemática e medicina quando no mundo cristão se estava muito mais atrás. São todos eles fatos muito verdadeiros, mas estes não são argumentos, porque raciocinando desse jeito deveríamos dizer que Vinci, nobre município toscano, é superior a Nova York, porque em Vinci nascia Leonardo quando em Manhattan um punhado de índios estava sentado no chão esperando por mais de 150 anos que chegassem os holandeses para comprar toda a península deles por 24 dólares. Mas não é assim, sem ofensa a ninguém, hoje o centro do mundo é Nova York e não Vinci. As coisas mudam. Não adianta lembrar que os árabes da Espanha eram muito tolerantes com os cristãos e judeus, enquanto nós atacávamos os guetos, ou que o Saladin, quando reconquistou Jerusalém, foi mais misericordioso com os cristãos do que os cristãos tinham sido com os sarracenos quando conquistaram Jerusalém. Tudo muito certo, mas no mundo islâmico há hoje regimes fundamentalistas e teocráticos que não toleram os cristãos e Bin Laden não foi misericordioso com Nova York. A Batriana foi um cruzamento de grandes civilizações, mas hoje os talibãs dão tiros de canhão nos Budas. Por outro lado, os franceses fizeram a noite de São Bartolomeu, mas isso não autoriza ninguém a dizer que hoje eles são bárbaros.

Não vamos perturbar a História porque é uma faca de dois gumes. Os turcos empalavam (e isso é ruim), mas os bizantinos ortodoxos arrancavam os olhos dos parentes perigosos e os católicos queimaram Giordano Bruno; os piratas sarracenos faziam o diabo a quatro, mas os corsários de Sua Majestade britânica, com alta patente, punham fogo nas colônias espanholas do Caribe. Bin Laden e Saddam Hussein são ferozes inimigos da civilização ocidental, mas no interior da civilização ocidental tivemos senhores que se chamavam Hitler ou Stalin (Stalin era tão ruim que sempre foi definido como oriental, ainda que tivesse estudado no seminário e lido Marx).

Não, o problema dos parâmetros não se coloca do ponto de vista histórico, e sim do ponto de vista contemporâneo. Ora, uma das coisas louváveis das culturas ocidentais (livres e pluralistas, e estes são os valores que nós consideramos irrenunciáveis) é que perceberam há muito tempo que a mesma pessoa pode ser levada a manobrar parâmetros diferentes, e mutuamente contraditórios, sobre questões diferentes. Por exemplo, julga-se um bem o prolongamento da vida e um mal a poluição atmosférica, mas sabemos muito bem que talvez, para ter os grandes laboratórios em que se pesquisa a prolongação da vida, é preciso ter um sistema de comunicações e reabastecimento energético que depois, por conta própria, produz a poluição. A cultura ocidental desenvolveu a capacidade de expor livremente suas próprias contradições. Talvez não as resolva, mas sabe que existem, e o diz. No fim das contas, todo o debate sobre global-sim e global-não está no seguinte, excetuando-se os macacões pretos que quebram tudo: como é suportável uma quota de globalização positiva evitando os riscos e as injustiças da globalização perversa, como se pode prolongar também a vida de milhões de africanos que morrem de Aids (e ao mesmo tempo prolongar também a nossa) sem aceitar uma economia planetária que faz morrer de fome os doentes de Aids e nos faz engolir alimentos poluídos?

Mas justamente essa crítica dos parâmetros que o Ocidente persegue e encoraja nos faz compreender como a questão dos parâmetros é delicada. É justo e civilizado proteger o sigilo bancário? Muitos acham que sim. Mas e se este sigilo permite aos terroristas guardar o dinheiro deles na City de Londres? Então, a defesa da assim chamada *privacy* é um valor positivo ou duvidoso? Nós colocamos continuamente em discussão nossos valores. O mundo ocidental faz isto a ponto de consentir que os próprios cidadãos recusem como positivo o parâmetro do desenvolvimento tecnológico e que se tornem budistas ou que passem a viver em comunidades onde não se usam pneus, nem mesmo para as carroças a cavalo. A escola deve ensinar a analisar e discutir os parâmetros nos quais se sustentam nossas afirmações passionais.

O problema que a antropologia cultural não resolveu é o que se faz quando o membro de uma cultura, cujos princípios até aprendemos a respeitar, vem viver na nossa casa. Na realidade, a maior parte das reações racistas no Ocidente não é devida ao fato de que os animistas vivem no Mali (basta que fiquem na casa deles, é o que a Liga diz), mas que os animistas venham viver no nosso país. Vá lá os animistas, ou quem quiser orar na direção da Meca, mas se quiserem usar o *chador*, se quiserem infibular as filhas deles, se (como acontece com certas seitas ocidentais) recusam as transfusões de sangue para seus filhos doentes, se o último devorador de homens da Nova Guiné (admitindo que ainda exista) quiser emigrar no nosso país e fazer pelo menos um jovem assado por domingo?

Sobre o devorador de homens estamos todos de acordo, deve-se colocá-lo na prisão (mas principalmente por não serem um bilhão), sobre as moças que vão à escola com o *chador* não vejo por que fazer drama se elas gostam assim. Sobre a infibulação o debate está aberto (houve até quem tenha sido tolerante a ponto de sugerir que fosse feita pelos postos de saúde locais, assim a higiene estaria salva), mas o que fazemos, por exemplo, com a solicitação de que as mulheres muçulmanas possam ser fotografadas no passaporte com a *burka*? Temos leis, iguais para todos, que estabelecem os critérios de identificação dos cidadãos, e não acho que possamos mudar de opinião. Eu, quando visitei uma mesquita, tirei os sapatos, porque respeitava as leis e os costumes do país hóspede. Como é que ficamos com a foto de véu? Acho que, nestes casos, se pode negociar. No fundo, as fotos dos passaportes são sempre infiéis e servem para o que servem, podia-se pensar em cartões magnéticos que reagem à impressão do polegar e quem quiser este tratamento privilegiado que pague a eventual sobretaxa. E se depois estas mulheres frequentarem nossas escolas poderão até aprender sobre direitos que não pensavam ter, assim como muitos ocidentais foram às escolas alcoranistas e decidiram livremente tornar-se muçulmanos.

Refletir sobre nossos parâmetros significa também decidir que não estamos dispostos a tolerar tudo e que certas coisas são para nós intoleráveis.

O Ocidente dedicou verbas e energias para estudar usos e costumes dos Outros, mas ninguém nunca realmente permitiu que os Outros estudassem os usos e costumes do Ocidente, a não ser nas escolas mantidas ultramar pelos brancos, ou permitindo que os Outros mais ricos estudassem em Oxford ou em Paris — e depois se vê o que acontece, estudam no Ocidente e depois voltam para casa para organizar movimentos fundamentalistas, porque se sentem ligados aos seus compatriotas que não podem fazer esses estudos (além disso, a história é velha, e pela independência da Índia lutaram intelectuais que tinham estudado na Inglaterra).

Antigos viajantes árabes e chineses tinham estudado alguma coisa sobre os países onde o sol se põe, mas nós sabemos muito pouco disso. Quantos antropólogos africanos ou chineses vieram para estudar o Ocidente e depois contar tudo não apenas aos próprios concidadãos, mas também a nós, quero dizer, contar-nos como eles nos veem? Existe há alguns anos uma organização internacional chamada Transcultura que luta por uma "antropologia alternativa". Conduziu estudiosos africanos que nunca tinham estado no Ocidente para descrever a província francesa e a sociedade bolonhesa, e eu lhes garanto que quando nós, europeus, lemos que duas das observações mais espantadas diziam respeito ao fato de que os europeus levam seus cachorros para passear e que se deitam nus na praia — bem, quero dizer, o olhar recíproco começou a funcionar de ambos os lados, e disso nasceram discussões interessantes. Neste momento, em vista de um congresso final que se realizará em Bruxelas em novembro, três chineses, um filósofo, um antropólogo e um artista estão terminando a viagem de Marco Polo ao contrário, só que registram e filmam, em vez de se limitarem a escrever o *Milione* deles. No fim, não sei o que suas observações poderão explicar aos chineses, mas sei o que poderão explicar a nós.

Imaginem que fundamentalistas muçulmanos sejam convidados a realizar estudos sobre o fundamentalismo cristão (desta vez os católicos não têm nada a ver com isso, trata-se de protestantes norte-americanos, mais fanáticos do que um aiatolá, que procuram expurgar da escola todas as referências a Darwin). Pois bem, acho que o estudo antropológico do fundamentalismo de outrem pode servir para compreender melhor a natureza do próprio. Venham estudar nosso conceito de guerra santa (eu poderia aconselhar a eles muitos escritos interessantes, mesmo recentes) e talvez eles vissem com um olhar mais crítico a ideia de guerra santa na casa deles. No fundo, nós, ocidentais, refletimos sobre os limites do nosso modo de pensar justamente descrevendo *la pensée sauvage*.

Um dos valores de que a civilização ocidental fala muito é a aceitação das diferenças. Teoricamente todos nós estamos de acordo, é politicamente correto falar em público que alguém é gay, mas depois em casa se diz rindo que é um veado. Como se faz para ensinar a aceitação da diferença? A Académie Universelle des Cultures criou um site em que se elaboram materiais sobre diversos temas (cor, religião, usos e costumes e assim por diante) para os educadores de qualquer país que queiram ensinar aos estudantes como se aceitam os que são diferentes deles. Antes de tudo, decidiu-se não contar mentiras às crianças, afirmando que somos todos iguais. As crianças percebem muito bem que alguns vizinhos de casa ou colegas de escola não são iguais a elas, têm uma pele de cor diferente, os olhos amendoados, os cabelos mais encaracolados ou mais lisos, comem coisas estranhas, não fazem a primeira comunhão. Nem adianta dizer-lhes que são todos filhos de Deus, porque até os animais são filhos de Deus e, no entanto, os meninos nunca viram uma cabra na cátedra ensinando-lhes a ortografia.

É preciso, portanto, dizer às crianças que os seres humanos são muito diferentes entre si, e explicar bem no que são diferentes, para depois mostrar que estas diversidades podem ser uma fonte de riqueza. O professor de uma cidade italiana deveria ajudar seus alunos italianos a compreender por que outros meninos rezam para uma divindade diferente, ou tocam uma música que não parece o rock. Naturalmente, o mesmo deve fazer um educador chinês com crianças chinesas que vivem ao lado de uma comunidade cristã. O passo seguinte será mostrar que existe algo em comum entre nossa música e a deles, e que o Deus deles também recomenda algumas coisas boas.

Objeção possível: nós vamos fazer isso em Florença, mas depois eles vão fazer o mesmo em Cabul também? Pois bem, esta objeção é o que há de mais distante dos valores da civilização ocidental. Nós somos uma civilização pluralista porque permitimos que na nossa casa sejam erguidas mesquitas, e não podemos deixar de fazer isso só porque em Cabul colocam na prisão os propagandistas cristãos. Se nós o fizéssemos, nos tornaríamos também talibãs. O parâmetro da tolerância da diversidade é certamente um dos mais fortes e um dos menos discutíveis, e nós julgamos madura nossa cultura porque sabe tolerar a diversidade, e bárbaros os que não a toleram, mesmo pertencendo à nossa cultura. Ponto final. Caso contrário, seria como se nós decidíssemos que, se numa certa área do globo ainda existem canibais, nós vamos lá comê-los para dar uma lição neles.

Nós esperamos que, visto que permitimos as mesquitas na nossa casa, um dia haja igrejas cristãs ou não sejam bombardeadas as estátuas de Buda na casa deles. Isso se acreditarmos na bondade dos nossos parâmetros.

É grande a confusão sob o céu. Coisas muito curiosas acontecem hoje em dia. Parece que a defesa dos valores do Ocidente se tornou uma bandeira da direita, enquanto a esquerda é como de costume a pró-islâmica. Ora, deixando de lado o fato de que há uma direita e há um catolicismo integralista decididamente terceiro-mundista, pró-árabe e assim em diante, não se leva em conta um fenômeno histórico que está diante dos olhos de todos.

A defesa dos valores da ciência, do desenvolvimento tecnológico e da cultura ocidental moderna em geral sempre foi uma característica das alas leigas e progressistas. Não apenas isso, pois todos os regimes comunistas se referiram a uma ideologia do progresso tecnológico e científico. O *Manifesto* de 1848 começa com um elogio apaixonado da expansão burguesa. Marx não diz que é preciso inverter a rota e passar ao modo de produção asiático; diz apenas que os proletários devem se apoderar destes valores e destes sucessos.

No entanto, sempre foi o pensamento reacionário (no sentido mais nobre do termo), pelo menos começando pelo repúdio à Revolução Francesa, que se opôs à ideologia leiga do progresso afirmando que se deve voltar aos valores da Tradição. Só alguns grupos neonazistas se referem a uma ideia mítica do Ocidente e estariam dispostos a degolar todos os muçulmanos em Stonehenge. Os mais sérios entre os pensadores da Tradição (entre os quais estão também muitos que votam na Aliança Nacional) sempre se referiram não apenas aos ritos e mitos dos povos primitivos, mas também à lição budista ou ao próprio Islã, como fonte ainda atual de espiritualidade alternativa. Ficaram sempre ali a nos lembrar que nós não somos superiores, e sim insensíveis graças à ideologia do progresso, e que devemos procurar a verdade entre os místicos sufistas e entre os dervises dançantes. E estas coisas não sou eu quem diz, eles é que sempre disseram. Basta ir a uma livraria e procurar nas estantes certas.

Neste sentido agora se está abrindo à direita um curioso racha. Mas talvez seja apenas o sinal de que nos momentos de grande desorientação (e nós certamente vivemos um desses momentos) ninguém sabe mais de que lado está.

Mas é justamente nos momentos de desorientação que é preciso saber usar a arma da análise e da crítica, tanto das nossas superstições como daquelas dos outros. Espero que essas coisas sejam discutidas nas escolas, e não apenas nas coletivas de imprensa.

Negociar numa sociedade multiétnica*

O princípio fundamental que regula — ou deveria regular — os negócios humanos, se quisermos evitar conflitos e incompreensões, ou inúteis utopias, é o da negociação. O modelo da negociação é o do bazar oriental: o vendedor pede dez, você gostaria de dar no máximo três e é o que você propõe, e ele rebaixa para nove, você sobe para quatro, ele desce para oito, você aumenta e oferece cinco e ele rebaixa para sete. Finalmente sai um acordo em seis, e você tem a impressão de ter ganho porque aumentou só três e ele desceu quatro, mas o vendedor está igualmente satisfeito porque sabia que a mercadoria valia cinco. No fim, porém, se você estava interessado naquela mercadoria e ele estava interessado em vendê-la, vocês dois estão satisfeitos.

O princípio da negociação não governa só a economia de mercado, as lutas sindicais e (quando as coisas vão bem) os negócios internacionais, mas está na base da própria vida cultural. Há negociação numa boa tradução (ao traduzir você perde inevitavelmente algo do texto original, mas você pode elaborar soluções de recuperação) e até mesmo no comércio que fazemos das palavras, no sentido de que eu e você podemos atribuir a certo termo significados discordantes, mas se devemos chegar a uma comunicação satisfatória entramos em acordo sobre um núcleo de significado comum

---

* *La Repubblica*, julho de 2004.

em que podemos nos basear e assim iniciar o entendimento. Para alguns só chove quando a água desce aos cântaros, para outros, já quando se percebem algumas gotinhas na mão, mas, quando o problema é ir ou não à praia, podemos entrar em acordo sobre o tanto de "chuva" que faz a diferença entre ir ou não ir ao litoral. Um princípio de negociação vale também para a interpretação de um texto (seja uma poesia ou um antigo documento) porque, pelo que se pode dizer, diante de nós temos esse texto e não um outro, e um texto também é um fato. Assim como não se pode mudar o fato de que hoje está chovendo, não se pode mudar o fato de que *I promessi sposi* começa com "aquele braço do lago de Como", e escrevendo (ou entendendo) Garda em vez de Como mudamos o romance.

Se, como dizem alguns, no mundo não houvesse fatos, mas apenas interpretações, não se poderia negociar, porque não haveria critério algum para decidir se a minha interpretação é melhor do que a sua. Podemos comparar e discutir interpretações justamente porque nós as colocamos diante dos fatos que elas querem interpretar.

Contam as gazetas que um eclesiástico desinformado recentemente me teria colocado na lista dos Mestres Ruins porque eu defenderia que não existem fatos, mas apenas interpretações. Não há problema com o Mestre Ruim (diabolicamente eu gostaria de sê-lo, mas, crescendo em idade e sabedoria, descubro-me cada vez mais um Péssimo Aluno), mas acontece que em muitos dos meus escritos defendi exatamente o contrário, isto é, que nossas interpretações batem a cabeça continuamente no muro compacto dos fatos, e os fatos (ainda que com frequência de difícil interpretação) estão ali, sólidos e invasivos, desafiando interpretações insustentáveis.

Percebo que dei uma volta muito longa para voltar ao meu conceito de negociação, mas me pareceu necessário fazê-lo. Negociamos porque, se cada um de nós se ativesse à própria interpretação dos fatos, poderíamos discutir até o infinito. Negociamos para levar nossas interpretações divergentes a tal ponto de convergência, ainda que parcial, para podermos juntos enfrentar um Fato, isto é, algo que está ali e do qual dificilmente nos livramos.

Todo este discurso (que depois leva ao princípio pelo qual é preciso razoavelmente pactuar com o inevitável) nasce a propósito da decisão tomada por um colégio milanês de instituir, por solicitação dos pais imigrantes, uma classe só com alunos muçulmanos. O caso parece bizarro, porque não seria preciso muito, se quisessem ser razoáveis, para colocar metade dos alunos muçulmanos numa classe e metade numa outra, favorecendo a integração deles com os companheiros de outra cultura, e permitindo a esses seus companheiros compreender e aceitar meninos de uma cultura diferente. Isto é o que gostaríamos de ver, se vivêssemos no melhor dos mundos possíveis. É um Fato, todavia, que o mundo onde vivemos não é o melhor daqueles que poderíamos desejar, ainda que para alguns teólogos e filósofos Deus mesmo não podia conceber um melhor, e deveríamos, portanto, nos contentar com este.

Quase em 100% dos casos estou de acordo com o que escreve meu amigo Claudio Magris (vamos dizer em 99,99%, para não me comprometer e para não deixá-lo embaraçado), mas gostaria de levantar algumas objeções ao seu artigo publicado na segunda-feira passada no *Corriere della Sera*. Seu raciocínio, em termos de Dever Ser, é impecável. Lembrando que a decisão foi determinada pelo fato de que os pais das crianças substancialmente colocaram um dilema, ou se faz assim ou nós não os mandamos para a escola, Magris comenta que "esse pedido de fechar-se num gueto, que poderia ter sido feito por um racista tomado por ódio antimuçulmano, é uma ofensa a todos, em primeiro lugar também ao Islã, que assim corre o risco, mais uma vez, de ser identificado com suas mais baixas degenerações. [...] Por que deve ser terrível, escandaloso, repugnante para eles ter um colega — ou uma colega — católico, valdense, judeu ou não batizado nem circuncidado? [...] O pluralismo — sal da vida, da democracia e da cultura — não consiste numa série de mundos fechados em si mesmos e desconhecidos um do outro, e sim no encontro, no diálogo e na comparação [...]".

Estou naturalmente disposto a apoiar estas observações, tanto que há alguns anos, junto com outros amigos e colaboradores, esforço-me em abastecer um site em que são dados conselhos aos professores de todas as raças e países para levar seus alunos à mútua compreensão e aceitação da diversidade (pode-se encontrar o site em Kataweb ou então na Académie Universelle des Cultures) — e naturalmente, para compreender-se e aceitar-se de modo recíproco, é preciso viver juntos. Isto certamente deveria ser compreendido também pelos pais que quiseram colocar suas crianças na autossegregação, mas, não conhecendo a situação específica, não sei até que ponto essas pessoas são permeáveis às argumentações de Magris, que faço minhas.

O único ponto do artigo de Magris com o qual não concordo é a afirmação de que esse pedido era "inaceitável" e que "não deveria nem ter sido levado em consideração, e sim jogado na lata de lixo". Pode-se prestar ouvido a um pedido que em linha de princípio ofende nossas convicções? Essas nossas convicções se relacionam ao Dever Ser (um ser que, como ainda não é, está sempre além, e por isso suscita debate infinito e infinitas interpretações). Mas o debate sobre o Dever Ser, no caso em discussão, choca-se com um Fato, que, como todos os Fatos, não deve ser discutido. Diante de um fato como uma erupção vulcânica ou uma avalanche não se emitem juízos de mérito, procuram-se remédios.

O Fato diante do qual nos encontramos é que uma comunidade de pais (egípcios, ao que parece) disse à escola "ou é assim, ou então os meninos não vêm". Não sei se a alternativa é mandá-los estudar no Egito, não os deixar estudar ou fornecer-lhes uma educação exclusivamente muçulmana de alguma forma particular. Excluindo a primeira possibilidade (que eventualmente poderia agradar à Liga: ficamos livres desses fedorentos e os mandamos de volta para casa — versão adocicada do "melhor matá-los enquanto forem pequenos"), a segunda seria reprovável porque subtrairia a esses jovens imigrantes o direito a uma educação completa (ainda que seja por culpa dos pais e não do governo).

Resta como óbvia a terceira opção, que tem a tríplice desvantagem de ser totalmente "guetizante", de impedir que esses meninos conheçam a cultura que os hospeda, e provavelmente de incrementar um isolamento fundamentalista. Além disso, não estamos falando de educação elementar, que poderia ser ministrada até por um grupo de pais voluntários, mas de educação média e, portanto, de algo um pouco mais complexo. A não ser que se instituam escolas alcoranistas equiparadas à escola pública, o que é possível, visto que existem escolas particulares católicas, mas, ao menos para mim, não muito desejáveis, pelo simples motivo de que representariam uma outra forma de "guetização".

Se esses são os fatos, e essas, as alternativas, pode-se compreender então a decisão da escola milanesa, resultado de uma razoável negociação. Como ao responderem que não os meninos iriam para outro lugar, ou para lugar algum, aceitou-se o pedido, ainda que com ele não concordemos em linha de princípio, e escolheu-se o mal menor, esperando que se trate de solução transitória. Os meninos ficarão numa classe somente uns com os outros (o que é uma perda para eles também), mas em compensação receberão a mesma instrução que recebe um menino italiano, poderão familiarizar-se melhor com nossa língua e até mesmo com nossa história. Como não são crianças e sim colegiais, poderão raciocinar com a própria cabeça e fazer as devidas comparações, procurando até mesmo autonomamente um contato com italianos da mesma idade (ou chineses, ou filipinos). Ninguém ainda nos disse que eles têm o mesmo pensamento dos pais.

Além do mais, visto que se trata de um colégio em que são estudadas tantas matérias e tantas doutrinas, se os professores forem competentes e delicados, os estudantes poderão aprender que no nosso país há certas crenças, certos costumes, certas opiniões compartilhadas pela maioria, mas não seria ruim aconselhá-los a ler algumas páginas do Alcorão, aquelas, por exemplo, em que se diz: "Cremos em Deus, e no que Ele nos revelou, e no que revelou a Abraão, a Ismael, a Isaac, a Jacó, às Tribos, e no que foi dito a Moisés e a Jesus, e no que foi dito aos profetas do Senhor: não fazemos nenhuma distinção entre eles. [...] Os que professam o judaísmo, os cristãos, os sabeus, todos os que acreditaram em Deus e no último dia e realizam obras boas terão a recompensa junto ao Senhor. [...] Concorram, portanto, nas boas obras. Vocês todos voltarão para Deus, que então os informará sobre o que divergem. [...] E não disputem com as pessoas do Livro, a não ser no modo mais cortês, exceto com os que entre eles agem injustamente, e digam: 'Cremos no que fizeram descer até nós e no que fizeram descer até vocês: o Deus de vocês e o nosso são um só.'"

Como e o que poderão pensar esses meninos depois de alguns anos de vida, separadas sim, mas sempre no quadro da cultura hóspede, nós não sabemos, pela razão óbvia de que o porvir está nos braços de Alá. Mas provavelmente o resultado será mais interessante do que se tivessem vivido numa escola particular e duplamente "guetizada".

Todos nós aspiramos ao melhor, mas aprendemos que às vezes o melhor é inimigo do bem e, portanto, negociando se deve escolher o menos nocivo. E quem sabe quantas dessas negociações deverão ser feitas no futuro para evitar o sangue numa sociedade multiétnica. Aceitar o menos nocivo, esperando que não se torne costume, não exclui que devemos lutar para realizar o melhor, ainda que, como parece óbvio, por não ser um fato, mas um fim, o melhor permaneça objeto de muitas interpretações.

A conquista de Jerusalém: reportagem ao vivo*

Quatorze de julho, manhã. Alô, redação, vocês estão me ouvindo? Pronto, estou ouvindo muito bem. Ok. Aqui de Jerusalém, ao vivo do Monte Sião, estou do lado de fora dos muros. Nas primeiras horas da manhã, começou o ataque à cidade. Do ponto em que estou, posso contemplar o quadrado aproximativo das cintas de muros, em direção a leste a antiga esplanada do Templo, onde agora está a Cúpula da Rocha, para noroeste a Porta de Herodes, a nordeste, fora dos muros, o monte das Oliveiras, a sudoeste a torre de Davi. Os muros não são formidáveis, mas para oriente culminam no vale do Cedron, e para ocidente, em um outro vale. As tropas da aliança cristã, portanto, só podem atacar no sudoeste e no norte.

Agora que o sol surgiu posso ver com clareza as grandes torres de madeira, as calandras e as catapultas que procuram superar o fosso que as separa dos muros. Vocês todos lembrarão como foi crucial o problema das máquinas de assalto. A cidade já estava circundada desde 7 de junho, e no dia 12, escutando as palavras de um eremita exaltado que profetizava a vitória iminente, tinham tentado um primeiro ataque. Tinha sido um

---

* *La Repubblica*, julho de 1999, por ocasião dos mil anos da conquista de Jerusalém.

desastre, e percebeu-se que a armada cristã não possuía meios suficientes para escalar os muros. Os comandantes bem o sabiam, mas nesta guerra existem várias pressões. Nobres e cavaleiros sabem que uma guerra se faz também com tréguas e acordos com o inimigo, e com a calma, sobretudo. Mas em seguida à armada vem uma multidão imensa de peregrinos, deserdados estimulados por pulsões místicas e fome de saques. São os mesmos que, passando pelo Reno e pelo Danúbio, colocaram em ferro e fogo os guetos dos judeus. É gente perigosa, difícil de controlar.

Creio que essa tenha sido a principal razão do fracasso de 12 de junho. E por isso passou-se um mês de inédia. Inédia verdadeira, porque Iftikhar ad-Dawla, que governa Jerusalém, tinha mandado envenenar os poços externos (a cidade, no entanto, tem um sistema de cisternas excelente), os cristãos — principalmente aqueles oprimidos por armaduras pesadas — não suportavam o calor infernal da estação e conseguiam a muito custo obter água fétida. A única água boa se encontrava só no sul, muito próxima dos muros inimigos. E nesse período todo era preciso encontrar madeira, e instrumentos adequados para construir máquinas obsidionais. Mas aqui em redor as colinas são áridas, e para a madeira era preciso ir longe. Com relação aos instrumentos, só na metade de junho chegaram ao porto de Jafa duas galés genovesas e quatro embarcações inglesas com cordas, pregos e porcas e todo o necessário para uma carpintaria de guerra. Assim, só agora temos condições de atacar com um conjunto de armamentos de alto nível técnico.

Pronto, neste momento vejo que três enormes torres, em três andares, estão sendo levadas aos muros. Estão formigando de soldados, e cada uma delas pode fazer cair sobre os muros uma ponte levadiça. O problema será chegar ali, aos muros, e, portanto, cobrir o fosso. Ao relento, sob o fogo inimigo. Trabalho duro, que custará muitas perdas. É a guerra.

Quantos são os nossos? Pode parecer-lhes impossível, mas não consegui estabelecê-lo. A aliança cristã é formada por exércitos diferentes, com comandantes diferentes que com frequência lutam por uma posição de prestígio, e podem falsificar os dados. E depois há a multidão dos peregrinos, e já falaram até de 50 mil pessoas no total. Mas acho que se trata de uma avaliação com excesso. A estimativa mais generosa fala de 12 mil soldados e de 1.300 cavaleiros, a mais parcimoniosa de mil cavaleiros e 5 mil homens de arma. Os mouros, no que se refere às tropas escolhidas, são poucos milhares de árabes e sudaneses, mas depois há os habitantes, todos prontos para o combate. Além disso, Iftikhar teve uma ideia genial, mandou para fora da cidade todos os cristãos, que agora têm de ser alimentados pelos nossos, e ele não só se libertou de bocas famintas, mas também de sabotadores em potencial. Deixou que os judeus ficassem, talvez em troca de uma boa chantagem, porque se os mandasse para fora, nossos peregrinos os teriam feito em pedacinhos.

Muitos dos nossos ouvintes já devem ter aceitado a ideia de que esta expedição está sendo feita para devolver os Lugares Santos ao culto, e poderão espantar-se com o fato de que alguns cristãos viviam tranquilamente em Jerusalém, e com as igrejas deles, e por outro lado, vocês lembrarão que a aliança cristã ocupou recentemente Belém sob solicitação da comunidade cristã de lá, sinal de que uma comunidade existia. Com efeito, estamos descobrindo passo a passo que em terras sarracenas os cristãos e o culto deles eram bem ou mal tolerados, como por outro lado os judeus. Assim, sitiamos uma cidade de infiéis para permitir que os cristãos a visitem, e obtemos como primeiro resultado que os cristãos que nela vivem sejam expulsos. Não é o único aspecto paradoxal desta guerra, que para alguns se baseia num princípio (os Lugares Santos para os cristãos), para outros, é ocasião de conquista, e para outros ainda, sabe lá o que é uma espécie de grande festa cruel...

Meus informantes me dizem que o ataque é mais interessante no noroeste, na Porta de Herodes. Subo numa mula e procuro dirigir-me ao lado oposto dos muros. Passo a linha para vocês e termino.

Quatorze de julho, noite. Alô, redação, vocês estão me ouvindo? Muito bem, eu vou. Demorei algumas horas para chegar às proximidades da Porta de Herodes: eu tinha de ficar bem longe dos muros, porque está acontecendo uma chuva de pedras sem fim. Eu atravessava rios de incêndio. Chamas na noite. Fascinante, e tremendo. Os mouros conhecem a técnica bizantina do fogo grego, e fazem chover incessantemente bolas de fogo sobre as torres. Pronto, agora tenho de me afastar, há uma sortida dos mouros que procuram incendiar nossas máquinas... Uma torre pegou fogo, os nossos procuram salvar-se e se jogam no chão, mas são fortemente atingidos pelas flechas inimigas. A parte superior da torre desabou por terra e espalhou nuvens de faíscas, mas por sorte atingiu duramente os mouros que estavam voltando aos muros, e pôs fogo nos batentes das portas. Mas por que os nossos não deslocam todos os aríetes para aquela direção? Alguém me diz que as outras máquinas também foram atingidas pelo fogo grego, por hoje a batalha está perdida, será preciso utilizar a noite para consertar as máquinas. Passo a linha e termino.

Quinze de julho, manhã. Não estou ouvindo muito bem... Não, pronto, agora estou ouvindo, ok. Parece que conseguimos consertar a maior parte das nossas máquinas, o ataque recomeçou, uma chuva de pedras desaba sobre os muros, nossos aríetes agora ultrapassaram o fosso. O antigo sistema de cobertura em testudo é bom, mas não infalível, muitos dos nossos valorosos caem sob os golpes que chovem do alto, mas são logo substituídos, nossas máquinas estão fazendo Jerusalém tremer até nas bases...

Do meu novo posto de observação, vejo muito bem Godofredo de Bulhões do alto de uma torre a comandar o ataque definitivo. Pronto, os primeiros cristãos estão pulando sobre os muros, me contaram que aqui estão Litoldo e Gilberto de Tournai, Godofredo e os outros os acompanham, os mouros caem sob os golpes deles, alguns pulam dos muros e se esborracham no chão. A Porta de Herodes desabou — não, talvez tenha sido aberta por dentro pelos homens montados nos bastiões, agora os homens da aliança cristã irrompem na cidade, a pé e a cavalo!

Dizem-me que na direção da Porta de Sião a batalha recrudesceu mais ainda... Um momento, eis as últimas notícias, parece que também os provençais de Raymond de Saint-Gilles conseguiram desbaratar o inimigo na Porta de Sião. Raymond expugnou a torre de Davi e capturou Iftikhar com sua guarnição, concedendo-lhe a salvação da vida em troca de um resgate. Fez com que fosse logo acompanhado até Ascalona, que ainda está nas mãos dos sarracenos. O inimigo está à beira da derrota, vitória! É um momento histórico, são admiravelmente três horas da tarde, a hora da Paixão de Nosso Senhor!!! Mágica coincidência! Agora procuro me inserir na multidão dos nossos que está descendo à cidade e eu lhes garanto que não é fácil, corro o risco de ser atropelado pelos cavalos... Estão me ouvindo? Eu não, mas continuo...

Eu também estou dentro dos muros de Jerusalém. Acho-me aqui a pular sobre montanhas de cadáveres de pele escura e, no entanto, não deveria ter havido resistência depois do arrombamento. Entrevisto um sargento que parece estar voltando para o campo cristão, coberto de sangue, e com as mãos lotadas de tecidos preciosos. "Resistência? Nenhuma; assim que entramos, esses malditos bateram em retirada e se refugiaram na mesquita da Rocha. Mas o grande Tancredo de Altavila os surpreendeu antes que conseguissem organizar a defesa, e eles se renderam. Tancredo içou seu estandarte na mesquita, para colocá-los sob sua proteção." Eu lhe pergunto então o que significam aqueles cadáveres: "Meu senhor, de onde você vem? Aqui nós estamos conquistando uma cidade, e de infiéis, ainda por cima. E, portanto, matamos todos, jovens e velhos, homens, mulheres e crianças. É a regra, não?" E os protegidos por Tancredo?, eu lhe pergunto. Faz um gesto, e eu não sei o que significa: "Sabe, os senhores têm seus caprichos."

Ainda não consigo prosseguir, barrando meu caminho encontra-se agora uma multidão de mouros de todas as idades que fogem em todas as direções, perseguidos pelos nossos... Desculpem, minha voz começa a tremer quando descrevo o que estou vendo, mas os homens da aliança cristã estão degolando todos sem piedade, oh, Deus, alguns jogam as crianças contra os muros para estourar a cabeça delas... E não são apenas os soldados, que poderiam desabafar a tensão do combate, vejo também bandos de peregrinos que se encarniçam nos feridos... Um momento... Chegam-me notícias da sinagoga, onde os judeus que ficaram na cidade tinham se refugiado. Ela está em chamas e toda a comunidade judia de Jerusalém pereceu no incêndio. Vejo um velho frade que chora: "É verdade, eram judeus infames, mas por que os entregaram agora às chamas, se as chamas do inferno já esperavam por eles? Oh, nossos cristãos se tornaram animais enlouquecidos, não obedecem nem mesmo aos seus capitães."

Alô? Não estão me ouvindo? É claro que não, todos os edifícios estão ardendo no fogo e desabam por toda a parte, e há os gritos das pessoas perfuradas pela lâmina da espada. Cristo, Senhor, não aguento mais, amanhã a gente se fala, passo a linha e termino.

Dezesseis de julho. Alô, redação? Resta-me pouco a dizer. Algumas vezes dá vergonha de ser cronista... Tancredo tinha garantido que pouparia a vida dos mouros da mesquita, mas um outro grupo de alucinados (fala-se nos Flamingos, mas não sei) hoje desobedeceu às suas ordens, e ali também aconteceu um massacre. Um dos cavaleiros está até mesmo acusando de traição Raymond de Saint-Gilles, porque salvou a vida de Iftikhar. Aqui parecem todos enlouquecidos, o sangue subiu à cabeça. Estou falando com Raymond de Aguilers: "Em torno da mesquita o sangue chega até os joelhos. Tancredo está furioso, sente-se desonrado por ter faltado com a palavra, mas não é culpa dele. Não creio que exista ainda um mouro ou um judeu vivo em Jerusalém." Eu lhe peço uma estimativa, quantas vítimas no total? Ele pensa em 70 mil mortos, mas eu acho que está exagerando — ele está desnorteado. Pelo que consegui saber, depois da expulsão dos cristãos permaneceram na cidade alguns milhares de homens de guarnição, e 50 mil habitantes. Corre o boato de que alguém conseguiu fugir por alguma brecha nos muros. No conjunto, eu diria que foram mortas nestes últimos dias 40 mil pessoas. Talvez um dia digam que eram menos, que em dois dias não se pode fazer uma carnificina dessas dimensões. Mas em volta de mim há uma extensão de cadáveres e o fedor, sob o sol, agora está terrível.

Um monge com quem falei nesta manhã me fez notar que este massacre equivale a uma derrota. Se deverá ser constituído nestas terras um reino cristão, se deveria poder contar com a aceitação dos habitantes muçulmanos, e com a tolerância dos reinos vizinhos. Com este massacre, escavou-se um sulco de ódio entre mouros e cristãos que durará anos, talvez séculos. A conquista de Jerusalém não é o fim, é o início de uma guerra muita longa.

Alto lá! Fiquei sabendo agora que ontem, em pleno massacre, Tancredo de Altavila, Roberto de Flandres, Gastão de Béarn, Raimundo de Toulouse, Roberto da Normandia e todos os outros capitães dirigiram-se num grande cortejo para devotamente depor as armas sobre o Santo Sepulcro e para adorá-lo, cumprindo o voto — para usar as palavras atribuídas a Godofredo de Bulhões. Parece que foi uma cerimônia muito comovente, em que todos se sentiam melhor.

Peço desculpas por ter perdido o furo. Mas no meio daquela carnagem eu não encontrava mais o caminho direito. Aqui Jerusalém liberta, a linha para vocês, redação.

Miss, fundamentalistas e leprosos*

Quando este número do *L'Espresso* estiver nas bancas, é possível que a maior parte dos leitores tenha se esquecido da tragédia nigeriana, com os mais de duzentos mortos assassinados por causa do concurso de Miss Mundo. E seria uma boa ocasião para não deixar o assunto morrer.

Ou então a situação terá piorado, mesmo depois que o concurso de Miss Mundo foi transferido para Londres, porque ficou claro para todos que a chegada das Misses na Nigéria foi só um pretexto para desencadear tensões ou encorajar projetos subversivos de alcance bem diferente: de fato, não se compreende por que para protestar contra um concurso de beleza precisavam matar os cristãos e queimar as igrejas, já que a iniciativa não podia ser atribuída aos bispos. Mas, se as coisas tivessem ido adiante, com maior razão valeria a pena refletir sobre aquele pretexto que levou à horrenda reação fundamentalista.

Wole Soyinka, o prêmio Nobel que na Nigéria teve de suportar até a prisão por ter tentado defender as liberdades fundamentais no seu desafortunado país, escreveu um artigo (publicado no *La Repubblica*) em que, junto a algumas esclarecedoras reflexões sobre os conflitos nigerianos, dizia (em síntese) que ele não tem nenhuma simpatia pelos concursos das várias Misses nacionais ou globais, mas que, diante da raiva dos funda-

---

* *L'Espresso*, dezembro de 2002.

mentalistas muçulmanos, se sentia no dever de defender os direitos do corpo e da beleza. Acho que se eu fosse nigeriano, pensaria como ele, mas por acaso eu não sou, e gostaria de olhar para o acontecido do ponto de vista do nosso país.

Certamente é injustificável que, para reagir com espírito de carolismo a um concurso que mostra moças em trajes de banho, sejam mortas mais de duzentas pessoas, que além do mais nada tinham com isso. É óbvio que, se pensarmos assim, seremos todos a favor das moças. Eu acho, porém, que os organizadores do Miss Mundo, ao decidirem promover a exibição na Nigéria, cometeram uma verdadeira patifaria. Não tanto porque pudessem ou devessem prever aquelas reações, mas porque promover uma feira das vaidades (que, inclusive, custa uma nota que bastaria para matar a fome de algumas tribos por vários meses) num país atrasado como a Nigéria, enquanto as crianças morrem de fome e as adúlteras são condenadas à lapidação, é como fazer propaganda de vídeos pornográficos e filmes cômicos num asilo para cegos ou dar de presente produtos de beleza a um leprosário, fazendo propaganda deles com fotos de Naomi Campbell.

E não venham me dizer que um concurso de beleza é também um modo de fazer mudar usos e costumes ancestrais, porque essas incitações funcionam quando muito em doses homeopáticas e não com provocações tão teatrais.

O episódio, deixando de lado a reflexão de que se trata de uma zombaria feita evidentemente com objetivos publicitários e com absoluto cinismo, nos interessa de perto, e justamente nestes tempos, porque tem a ver com aquele emaranhado de problemas chamado globalização. Estou entre os que pensam que de dez fenômenos de globalização pelo menos cinco podem ter resultados positivos, mas se há um aspecto negativo da globalização é justamente o de impor violentamente modelos ocidentais a nações subdesenvolvidas para induzir a consumos e esperanças que esses países não podem permitir-se. Enfim, se eu lhe apresento as Misses em trajes de banho é para incentivar a compra de trajes de banho ocidentais, talvez costurados por crianças famintas em Hong Kong, para que sejam comprados também na Nigéria pelos que não morrem de fome, mas que se têm dinheiro para gastar estão fazendo isso às expensas dos que morrem de fome, e colaboram com os ocidentais para explorá-los e para mantê-los em condições pré-coloniais.

Por isso eu não teria achado ruim se os mais combativos dos *no-global* tivessem se reunido na Nigéria durante o concurso, dividindo-se em macacões brancos e *black blocks* violentos. Os macacões brancos deveriam ter pegado pacificamente (mas com alguma energia) a pontapés os organizadores do concurso, deixá-los só de cuecas (como as Misses deles), lambuzá-los de mel, espalhar sobre eles penas de avestruz ou de outra ave à disposição no lugar, e fazê-los depois desfilar pelas ruas, debochando deles como se deve. E os macacões pretos deveriam ter enfrentado os fundamentalistas locais, cúmplices do colonialismo ocidental ao qual é conveniente que eles lá permaneçam subdesenvolvidos, usando toda a capacidade combativa de que são dotados para impedi-los de realizar os massacres — e talvez todos teríamos aplaudido (uma vez só, e só por uma vez) esses guerreiros da paz, até porque, se você é violento, precisa ter a coragem de medir-se com adversários dignos de você.

E as aspirantes a Miss? Talvez, convencidas pela ala mais pacata dos *no-global*, pudessem (só por uma vez) ser reaproveitadas e ir rebolar a bundinha bonita (vestidas) pelas aldeias, distribuindo caixinhas de carne e sabonetes, mais algum antibiótico e caixinhas de leite. Nós realmente as teríamos julgado belíssimas.

O que fazemos com os pré-adamitas?*

Eu disse desde o início desta coluna, dezoito anos atrás, que não trataria necessariamente de assuntos da atualidade — ou seja, se uma noite por acaso eu estivesse relendo um canto da *Ilíada*, teria considerado atualidade as reflexões que teria provocado. Mas eis que, enquanto vinte anos de guerra abalam o mundo, encontrei no catálogo de um livreiro antiquário um livro que há muito procurava e que considerava impossível de achar. Impossível de achar porque, como veremos, essa obra tinha sido condenada à fogueira, aliás, o autor tinha corrido o risco de ser queimado na fogueira, e imagino que tanto ele como o editor tenham procurado de todo o jeito fazer desaparecer as cópias que possuíam. Eu o encontrei por uma quantia quase irrisória, não porque o livreiro não soubesse da raridade dele, mas porque se trata de um livrinho de pequenas dimensões, sem nenhuma qualidade gráfica e tipográfica, e que ninguém (a não ser algum estudioso) morre de vontade de ter nas próprias estantes.

Trata-se da reunião de dois pequenos tratados, *Prae Adamitae* e *Systhema theologicum ex praeadamitarum hypothesi*, publicada em 1655 por um protestante, Isaac de la Peyrère. O que dizia de extraordinário seu autor, a ponto de depois ter sido obrigado, para salvar a pele, a tornar-se católico e submeter-se ao papa?

* *L'Espresso*, abril de 2003.

Era uma época em que floresciam estudos sobre uma língua mãe na origem de todas as civilizações, geralmente identificada como o hebraico de Adão. Mas ao mesmo tempo já fazia um século e meio que a América tinha sido descoberta, e chegavam notícias cada vez mais ricas sobre aquelas populações longínquas, para não falar dos resultados de novas explorações e viagens, cada vez mais frequentes, em outros países exóticos, incluindo a China. E nos ambientes "libertinos" estava ganhando fôlego uma hipótese atribuída a Epicuro (carta para Heródoto) e depois retomada por Lucrécio, em que se dizia que os nomes não tinham sido impostos de uma vez por todas e numa língua privilegiada no início do mundo, mas dependiam da variedade com a qual as diversas estirpes humanas tinham reagido às próprias experiências muito singulares. Assim, estirpes diferentes tinham dado origem de maneiras e tempos diferentes a diversas famílias de línguas (e de cultura).

Eis que aparece a proposta de Isaac de La Peyrère, calvinista, que no seu livro, interpretando de maneira certamente discutível alguns textos bíblicos (porque devia encontrar também peças de apoio ortodoxas para sua tese um tanto heterodoxa), expõe a ideia de uma poligenia dos povos e das raças. La Peyrère percebe que as cronologias bíblicas, com seus 6 mil anos ou pouco menos do início do mundo, eram restritas demais se comparadas às cronologias dos caldeus, dos astecas, dos incas e dos chineses, principalmente no que se referia às suas histórias sobre as origens do mundo. Teria existido, portanto, uma humanidade pré-adamítica. Mas se era assim, esta civilização (que ele identificava com a dos Gentis, mas podia ser identificada com outras raças) não podia ter sido tocada pelo pecado original, e seja o pecado, seja o dilúvio, se referiam apenas a Adão e aos seus descendentes em terra hebraica.

Por outro lado, a hipótese já tinha aparecido no ambiente muçulmano e extraída do Alcorão, no século X. Al Maqdisi tinha mencionado a existência de outros seres sobre a terra antes de Adão.

Pode-se entender o quanto a proposta devia parecer herética. Ela colocava em dúvida o dilúvio universal porque, se na Arca só tinham se salvado os familiares de Noé, isso deveria ter destruído todas as outras estirpes, enquanto as novas evidências etnológicas diziam que elas tinham continuado a prosperar; mas colocava em dúvida também a centralidade, para a história humana, da paixão de Cristo. Só uma pequena parte da humanidade tinha cometido o pecado original e tinha necessidade, portanto, para salvar-se, de ser redimida. Enfim, 6 mil anos de história sagrada reduzidos a um pequeno incidente mediterrâneo. Que fogueira, que nada.

Percebe-se que sobre a tese de La Peyrère alguém poderia dar uma interpretação racista, pensando que seus pré-adamitas fossem populações superiores se comparadas à estirpe judaica. Com efeito, ele estava em posições opostas, de grande interesse e abertura ecumênica com relação à tradição hebraica. Simplesmente estava cumprindo uma singular operação antietnocêntrica, procurando mostrar que o universo mundo, e a civilização, não somos apenas "nós", mas também os "outros", os quais, aliás, tinham mais história do que a civilização judaico-cristã.

Eis que a casualidade do meu pequeno redescobrimento se revela, se não menos casual, ao menos mais providencial do que se pensava no início, hoje, quando de novo nos deixamos cegar pela ideia de uma cruzada contra os que (pensamos) têm menos história e menos títulos de nobreza.

Com relação às suas demonstrações, La Peyrère tinha errado quase tudo, mas com relação ao espírito de abertura para civilizações diferentes, o pobre perseguido e seu livrinho muito maltratado podem nos fazer ainda meditar.

V. A *SUMA* E O RESTO

As raízes da Europa*

As crônicas de verão foram animadas pela discussão sobre se era oportuno citar, numa Constituição europeia, as origens cristãs do continente. Quem exige a citação se apoia no fato, com certeza óbvio, de que a Europa nasceu sobre uma cultura cristã, antes mesmo da queda do Império Romano, ao menos desde os tempos do edito de Constantino. Assim como não se pode conceber o mundo oriental sem o budismo, não se pode conceber a Europa sem levar em conta o papel da igreja, dos vários reis bastante cristãos, da teologia escolástica ou da ação e do exemplo dos seus grandes santos.

Quem se opõe à citação leva em conta os princípios laicos nos quais se sustentam as democracias modernas. Quem quer a citação lembra que o laicismo é conquista europeia recentíssima, herança da Revolução Francesa: nada a ver com as raízes que se aprofundam nas ordens monacais ou no franciscanismo. Quem a isso se opõe pensa principalmente na Europa de amanhã, que finalmente caminha na direção de um continente multiétnico, e no qual uma citação explícita das raízes cristãs poderia tanto deter o processo de assimilação dos recém-chegados como reduzir outras tradições e outras crenças (que poderiam chegar também a grandes proporções) a culturas e cultos tolerados apenas pela minoria.

---

* *L'Espresso*, setembro de 2003.

Como se vê, portanto, essa não é apenas uma guerra de religião, porque envolve um projeto político, uma visão antropológica, e a decisão sobre designar a fisionomia dos povos europeus com base no passado ou com base no futuro deles.

Vamos falar do passado. A Europa se desenvolveu apenas com base na cultura cristã? Não estou pensando nos enriquecimentos de que a cultura europeia se aproveitou no decurso dos séculos, começando pela matemática hindu, a medicina árabe ou até mesmo os contatos como o Oriente mais remoto, não só dos tempos de Marco Polo, mas dos de Alexandre Magno. Todas as culturas assimilam elementos de culturas próximas ou distantes, mas depois se caracteriza pelo modo como os torna próprios. Não basta dizer que devemos o zero aos hindus ou árabes, se foi na Europa que depois se afirmou pela primeira vez que a natureza é escrita em caracteres matemáticos. É que estamos nos esquecendo da cultura greco-romana.

A Europa assimilou a cultura greco-romana seja no plano do direito, seja no plano do pensamento filosófico, e até mesmo no plano das crenças populares. O cristianismo englobou, frequentemente com grande desenvoltura, ritos e mitos pagãos e formas de politeísmo que sobrevivem na religiosidade popular. Não é só o mundo renascentista que se povoou de Vênus e Apolos, e foi redescobrir o mundo clássico, suas ruínas e seus manuscritos. A Idade Média Cristã construiu sua teologia sobre o pensamento de Aristóteles, redescoberto por meio dos árabes, e se ignorava em grande parte Platão, não ignorava o neoplatonismo, que teve enorme influência sobre os Pais da igreja. Não se poderia conceber Agostinho, o maior dos pensadores cristãos, sem a absorção da fonte platônica. A própria noção de império, sobre a qual se desenrolou o choque milenar entre os Estados europeus, e entre os outros Estados e a igreja, é de origem romana. A Europa cristã elegeu o latim de Roma como língua dos ritos sagrados, do pensamento religioso, do direito, das disputas universitárias.

Por outro lado, não se pode conceber uma tradição cristã sem o monoteísmo judaico. O texto sobre o qual a cultura europeia se fundou, o primeiro texto que o primeiro impressor pensou em imprimir, com cuja tradução Lutero praticamente fundou a língua alemã, o texto principal do mundo protestante, é a Bíblia. A Europa cristã nasceu e cresceu cantando os salmos, declamando os profetas, meditando sobre Jó ou sobre Abraão. O monoteísmo hebraico foi, aliás, o único adesivo que permitiu um diálogo entre o monoteísmo cristão e o monoteísmo muçulmano.

Mas não termina aqui. De fato, a cultura grega, pelo menos desde os tempos de Pitágoras, não seria concebível sem levar em conta a cultura egípcia, e no magistério dos egípcios ou dos caldeus inspirou-se o mais típico dos fenômenos culturais europeus, isto é, o Renascimento, enquanto o imaginário europeu, das primeiras decifrações dos obeliscos até Champollion, do estilo império às fantasias *new age*, moderníssimas e muito ocidentais, nutriu-se de Nefertiti, mistérios das pirâmides, maldições do faraó e escaravelhos de ouro.

Eu não consideraria inoportuno, numa Constituição, uma referência às raízes greco-romanas e judaico-cristãs do nosso continente, junto à afirmação de que, justamente por causa dessas raízes, assim como Roma abriu o próprio panteão para os deuses de todos os tipos e colocou no trono imperial homens de pele negra (não se deve esquecer que Santo Agostinho era africano), o continente está aberto à integração de todos os tipos de contribuições culturais e étnicas, considerando justamente esta disposição à abertura uma de suas características culturais mais profundas.

O crucifixo, os usos e os costumes*

Há alguns anos, e em parte neste jornal, falando da onda imigratória que está transformando nosso continente (migração em massa, não simples imigração episódica), escrevi que em trinta anos a Europa teria se tornado um continente colorido, com todas as mutações, adaptações, conciliações e conflitos que se seguiriam, e advertia que a transição não teria sido indolor. A polêmica que começou sobre o crucifixo nas escolas é um episódio dessa transição conflituosa, da qual faz parte também a polêmica francesa sobre o *chador*.

O caráter doloroso da transição é que no decurso dela não surgirão só problemas políticos, legais e até mesmo religiosos: é que estarão em jogo pulsões passionais, sobre as quais não se legisla nem se discute. O caso do crucifixo nas escolas é um desses, tanto é verdade que une nas reações (de sentido oposto) pessoas que pensam de maneira diferente, crentes e não crentes.

Sobre as questões passionais não se raciocina: seria como explicar a um amante à beira do suicídio porque foi abandonado ou abandonada que a vida é bela, que no mundo há outras pessoas para se amar, que

* *La Repubblica*, outubro de 2003.

o/a *partner* infiel no fundo não tinha todas as virtudes que o amante lhe atribuía. É melhor não gastar palavras, ele ou ela continuam sofrendo, e não há o que dizer.

São irrelevantes as questões jurídicas. Qualquer decreto régio que impusesse o crucifixo nas escolas impunha também o retrato do rei. E se nós nos ativéssemos, portanto, aos decretos régios deveríamos recolocar nas escolas o retrato de Vítor Emanuel III (Umberto não foi formalmente coroado). Qualquer novo decreto da república que eliminasse o crucifixo por razões de laicismo do Estado iria chocar-se com grande parte do sentimento comum.

A república francesa proíbe a exibição de símbolos religiosos nas escolas do Estado, nem crucifixos, nem *chador*, se o *chador* for um símbolo religioso. É uma posição racionalmente aceitável, juridicamente irrepreensível. Mas a França moderna nasceu de uma revolução leiga. Andorra, não, e é curiosamente cogovernada pelo presidente francês e pelo bispo de Urgel. Na Itália, Togliatti fez com que seus partidários votassem no artigo 7 da Constituição. A escola francesa é rigorosamente leiga e, no entanto, algumas das grandes correntes do catolicismo moderno floresceram justamente na França republicana, tanto à direita como à esquerda, de Charles Péguy e Léon Bloy a Maritain e Mounier, para chegar até os padres operários, e se Fátima está em Portugal, Lourdes está na França. Percebe-se que, portanto, mesmo eliminando os símbolos religiosos das escolas, isto não repercute na vitalidade dos sentimentos religiosos. Nas nossas universidades não há o crucifixo nas salas de aula, mas grupos de estudantes aderem à Comunhão e Libertação. Ao contrário, pelo menos duas gerações de italianos passaram a infância em salas de aula nas quais havia o crucifixo entre o retrato do rei e aquele do *duce*, e dos trinta alunos de cada classe uma parte se tornou ateu, outros foram para a resistência, outros ainda, acho que a maioria, votaram na república. São anedotas, se quiserem, mas de alcance histórico, e nos mostram que a exibição de símbolos sagrados nas escolas não determina a evolução espiritual dos alunos.

Alguém poderia dizer, portanto, que a questão é irrelevante também de um ponto de vista religioso. Evidentemente, a questão não é irrelevante em linha de princípio, porque o crucifixo em sala de aula lembra que somos um país de tradição cristã e católica, e é compreensível, enfim, a reação dos ambientes eclesiásticos. No entanto, as considerações de princípio também se chocam com observações, eu diria, de ordem sociológica. De fato, acontece que o crucifixo, emblema clássico da civilização europeia, tornou-se desgraçadamente leigo, e não é de agora. Crucifixos ultrajosamente cobertos de pedras preciosas passaram a acomodar-se nos decotes de pecadoras e cortesãs, e todos se lembram do cardeal Lambertini, que, vendo uma cruz sobre o lindo seio de uma bela dama, fazia observações picantes sobre a doçura daquele calvário. Até moças que andam por aí com o umbigo de fora e saia de cintura baixa carregam correntinhas com cruzes. O estrago que nossa sociedade fez com o crucifixo é realmente ultrajante, mas ninguém parece horrorizado com isso. Nas nossas cidades pipocam as cruzes, e não só sobre os campanários, e nós as aceitamos como parte da paisagem urbana. Não creio que seja por questões de laicismo a substituição nas estradas estatais dos cruzamentos ou encruzilhadas pelas rotatórias.

Lembro, enfim, que assim como a meia-lua (símbolo muçulmano) aparece nas bandeiras da Argélia, da Líbia, das Maldivas, da Malásia, da Mauritânia, do Paquistão, de Singapura, da Turquia e da Tunísia (e se fala, porém, da entrada na Europa de uma Turquia formalmente leiga que traz um símbolo religioso na bandeira), cruzes e estruturas cruciformes se encontram nas bandeiras de países muito laicos como a Suécia, a Noruega, a Suíça, a Nova Zelândia, Malta, a Islândia, a Grécia, a Finlândia, a Dinamarca, a Austrália, a Grã-Bretanha e assim por diante. Muitas cidades italianas, até com administração de esquerda, têm uma cruz no seu emblema, e ninguém nunca protestou. Todas elas seriam boas razões para tornar aceitável o crucifixo nas escolas, mas como se vê não se referem mesmo ao sentimento religioso. É atroz dizer isso a um crente, mas a cruz se tornou um símbolo secular e universal.

Naturalmente, poderiam sugerir que se colocasse nas escolas uma cruz nua e crua, como às vezes se acha também no gabinete de um arcebispo, para evitar o apelo evidente demais a uma religião específica, mas compreendo que nos dias de hoje isso pareceria uma capitulação.

O problema está em outro lugar, e volto às considerações sobre os efeitos passionais. Neste mundo existem usos e costumes, mais radicados do que as fés ou do que as revoltas contra toda a fé, e os usos e costumes devem ser respeitados. Por isso, uma visitante ateia não deve, se visitar uma igreja cristã, usar trajes provocantes, caso contrário deve limitar-se a visitar os museus. Eu sou o ser menos supersticioso do mundo e adoro passar sob as escadas, mas conheço amigos muito leigos e até mesmo anticlericais que são supersticiosos, e entram em tilt se o sal cair na mesa. É para mim um assunto que diz respeito ao psicólogo deles (ou o exorcista pessoal), mas se eu tenho de convidar pessoas para o jantar e percebo que somos treze, dou um jeito de elevar o número para quatorze ou coloco onze à mesa e dois a uma mesinha lateral. Minha preocupação me faz rir, mas respeito a sensibilidade, os usos e costumes dos outros.

As reações dolorosas e indignadas que foram ouvidas nestes dias, até por parte de pessoas agnósticas, nos mostram que a cruz é um fato de antropologia cultural, seu perfil está radicado na sensibilidade comum. E Adel Smith deveria ter percebido isso: se um muçulmano quiser viver na Itália, além de todos os princípios religiosos, e desde que sua religiosidade seja respeitada, deve aceitar os usos e costumes do país hóspede.

Se eu visito um país muçulmano bebo álcool só nos locais designados (como os hotéis para europeus), e não vou provocar os habitantes locais entornando uísque de uma garrafinha diante de uma mesquita. E se um monsenhor for convidado a dar uma conferência num ambiente muçulmano, aceitará falar numa sala decorada com versículos do Alcorão.

A integração de uma Europa cada vez mais repleta de extracomunitários deve acontecer com base numa tolerância recíproca. E aproveito a ocasião para fazer uma objeção à minha amiga Elisabetta Rasy, que recentemente no *Sette* do *Corriere della Sera* observava que "tolerância" lhe parece uma expressão racista. Lembro que sobre a tolerância Locke escreveu uma epístola e Voltaire escreveu um pequeno tratado. Pode ser que hoje "tolerar" seja usado *também* em sentido pejorativo (eu o tolero ainda que o considere inferior a mim, e justamente porque sou superior), mas o conceito de tolerância tem uma história e dignidade filosófica e remete à mútua compreensão entre diferentes.

A educação das crianças no futuro não se deve basear na ocultação das diferenças, mas em técnicas pedagógicas que induzam a compreender e a aceitar as diferenças. E há algum tempo se repete que seria bom se as escolas, junto à hora de religião (não como alternativa para os que não são católicos), oferecessem ao menos uma hora semanal de história das religiões, de maneira que até um menino católico possa compreender o que diz o Alcorão ou o que pensam os budistas, e os judeus, os muçulmanos ou os budistas (mas até mesmo os católicos) compreendam como nasce e o que diz a Bíblia.

Um convite a Adel Smith, portanto, e aos intolerantes fundamentalistas: compreendam e aceitem usos e costumes do país hóspede. E um convite aos que hospedam: façam com que seus usos e costumes não se tornem imposições das suas fés.

Mas é preciso respeitar também os pontos cegos, para muitíssimos confortadores e acolhedores, que escapam aos refletores da razão.

Sobre a alma do embriões*

No decorrer das discussões que se acendem nestes dias sobre a dignidade do embrião, entram em conflito opiniões diferentes. Mas nunca é citado um debate secular, que já envolveu algumas das maiores figuras da teologia cristã. O debate é antiquíssimo, nasce com Orígenes, o qual acreditava que Deus tivesse criado desde o princípio as almas humanas. A opinião tinha sido logo negada, mesmo à luz da expressão do Gênesis (2,7), segundo a qual "o Senhor formou o homem com o pó do solo e lhe inspirou nas narinas um sopro de vida, e o homem se tornou alma viva". Na Bíblia, portanto, Deus primeiro cria o corpo, e depois lhe insufla a alma. Mas esta posição criava problemas a propósito da transmissão do pecado original. Assim, Tertuliano sustentara que a alma dos pais se "traduzisse" de pai para filho por meio do sêmen. Posição que foi logo considerada herética, porque presumia uma origem material da alma.

Santo Agostinho também se sentiu constrangido, pois ele tinha que lidar com os pelagianos, que negavam a transmissão do pecado original. Ele, portanto, por um lado defende a doutrina criacionista (contra o traducionismo corporal), por outro, admite uma espécie de traducionismo espiritual. Mas todos os comentaristas julgam a posição dele bastante confusa. São Tomás de Aquino será decididamente criacionista, e resolverá a questão da culpa original de maneira muito elegante. O pecado original se

* *L'Espresso*, setembro de 2000 e março de 2005.

transmite com o sêmen como uma infecção natural (*Suma Teológica*, I-II, 81, 1), mas isto não tem nada a ver com a transmissão da alma racional. A alma é criada porque não pode depender da matéria corporal.

Vamos lembrar que para São Tomás os vegetais têm alma vegetativa, que nos animais é absorvida pela alma sensitiva, enquanto nos seres humanos estas duas funções são absorvidas pela alma racional, que é a que faz o homem ser dotado de inteligência — e, acrescento, faz dele uma pessoa, pois a pessoa era, por antiga tradição, "substância indivisível de uma natureza racional".

São Tomás tem uma visão muito biológica da formação do feto: Deus introduz a alma só quando o feto adquire, gradualmente, primeiro a alma vegetativa e depois a alma sensitiva. Só nesse ponto, num corpo já formado, é criada a alma racional (*Summa*, I, 90). O embrião só tem a alma sensitiva (*Suma*, I, 76, 2 e I, 118, 2). Na *Suma contra gentiles* (II, 89), repete-se que há uma ordem, uma gradação na geração, "por causa das formas intermediárias de que é dotado o feto do início até sua forma final".

Em que ponto da formação do feto se infunde essa alma intelectiva que faz dela uma pessoa humana para todos os efeitos? A doutrina tradicional tinha muita cautela com relação a isso. No comentário de Pietro Caramello para a edição leonina das obras de São Tomás, enquanto se reconhece que a doutrina tomista sustenta que a alma é colocada no óvulo fecundado quando ele "já está disposto numa organização suficiente", nota-se que "segundo autores recentes" existe já "em ação um princípio de vida orgânica no óvulo fecundado". Mas se trata de uma nota muito prudente, porque um princípio de vida orgânica pode se referir também às almas vegetativa e sensitiva.

Enfim, no suplemento à *Suma Teológica* (80, 4) se diz que os embriões não participarão da ressurreição da carne antes que neles tenha sido infundida uma alma racional. Depois do Juízo Universal, então, quando os corpos dos mortos ressurgirão a fim de que nossa carne também possa participar da glória celeste (quando já, segundo Santo Agostinho, reviverão em plena beleza e completitude adulta não só os natimortos, mas, em forma humanamente perfeita, até as brincadeiras da natureza, os mutilados, os concebidos sem braços ou sem olhos), dessa "ressurreição da carne" não participarão os embriões. Neles ainda não tinha sido infundida a alma racional e, portanto, não são seres humanos.

Poderíamos com certeza dizer que a Igreja, frequentemente de modo lento e subterrâneo, mudou tantas vezes de posição no decorrer da sua história que poderia ter mudado também nesta. Mas é curioso que aqui nos encontremos diante da tácita denegação de uma autoridade que não é qualquer uma, mas a Autoridade por excelência, da coluna de sustentação da teologia católica.

As reflexões que nascem a esse propósito levam a conclusões curiosas. Nós sabemos que por longo tempo a própria igreja católica resistiu à teoria da evolução, não tanto porque parecia contrastar com a narração bíblica dos sete dias da criação, mas porque cancelava o salto radical, a diferença milagrosa entre formas de vida pré-humanas e a aparição do Homem, anulava a diferença entre um macaco, que é animal selvagem, e um homem que recebeu uma alma racional.

Ora, a batalha certamente neofundamentalista sobre a suposta defesa da vida, pela qual o embrião já é ser humano, pois no futuro poderia vir a sê-lo, parece levar os crentes mais rigorosos à mesma fronteira dos velhos materialistas evolucionistas de outrora: não há ruptura (aquela definida por São Tomás) no decurso da evolução dos vegetais aos animais e aos homens, toda a vida tem o mesmo valor. E, como escreveu recentemente Giovanni Sartori no *Corriere della Sera*, é preciso verificar se não estamos fazendo confusão entre a defesa da vida e a defesa da vida humana, porque defender a todo custo a vida onde quer que se manifeste, de qualquer maneira que se manifeste, levaria a definir como homicídio não apenas espargir o próprio sêmen com finalidades não fecundativas, mas também comer frangos e matar pernilongos, para não falar do respeito devido aos vegetais.

Conclusão: as atuais posições neofundamentalistas católicas não são apenas de origem protestante (o que seria menos importante), mas também levam a um achatamento do cristianismo em posições ao mesmo tempo materialistas e panteístas, e naquelas formas de panpsiquismo oriental em que certos gurus viajam com a gaze na boca para que, ao respirarem, não matem microrganismos.

Não estou fazendo juízos de mérito sobre uma questão certamente muito delicada. Estou relevando uma curiosidade histórico-cultural, uma curiosa inversão de posições. Deve ser a influência do *new age*.

O caso e o plano inteligente*

Parecia uma história velha e sepultada (ou limitada ao *Bible Belt* norte-americano, a área dos estados mais arredios e isolados do mundo, arraigados ao fundamentalismo selvagem, que só Bush consegue levar a sério, provavelmente por interesse eleitoral), mas eis que retornam as polêmicas sobre o darwinismo — e até mesmo fizeram menção aos projetos de reforma da nossa escola, estou falando da escola italiana e católica.

Insisto no "católica" porque o fundamentalismo cristão nasce nos ambientes protestantes e é caracterizado pela decisão de interpretar literalmente as Escrituras. Mas, para que haja interpretação literal das Escrituras, é preciso que as Escrituras possam ser livremente interpretadas pelo crente, e isso é típico do protestantismo. Não pode haver fundamentalismo católico — e sobre isso se combateu a batalha entre Reforma e Contrarreforma — porque, para os católicos, a interpretação das Escrituras é mediada pela Igreja.

Ora, já com os Padres da Igreja, e ainda antes com Fílon de Alexandria, tinha se desenvolvido uma hermenêutica mais suave, como a de Santo Agostinho, o qual estava disposto a admitir que a Bíblia falava muitas vezes por metáforas e alegorias e, portanto, podia muito bem ser que os sete dias da criação tivessem sido até sete milênios. E a Igreja aceitou fundamentalmente essa posição hermenêutica.

---

* *L'Espresso*, novembro de 2005.

Vale notar que, uma vez que se admite que os sete dias da criação são uma narração poética que pode ser interpretada além da letra, o Gênesis parece dar razão a Darwin: primeiro acontece uma espécie de Big Bang com a explosão da Luz, depois os planetas tomam forma e acontecem na Terra grandes desarranjos geológicos (as terras se separam dos mares), aparecem então os vegetais, os frutos e as sementes, as águas, enfim, começam a pulular de seres vivos (a vida começa a surgir pela água), levantam voo os pássaros, e só em seguida aparecem os mamíferos (é imprecisa a posição genealógica dos répteis, mas não se pode exigir demais do Gênesis).

Somente no fim e no auge desse processo (mesmo depois dos grandes macacos antropomorfos, imagino) aparece o homem. O homem que — não vamos esquecer — não foi criado do nada, mas do barro, isto é, de matéria precedente. Mais evolucionista do que isso (ainda que em tom altamente épico) não se poderia ser.

O que é que a teologia católica sempre pretendeu para não se identificar com um evolucionismo materialista? Não apenas que tudo isto é obra de Deus, é claro, mas que na escala evolutiva foi verificado um salto de qualidade, quando Deus introduziu num organismo vivo uma alma racional imortal. E só neste ponto se baseia a batalha entre materialismo e espiritualismo.

Um aspecto interessante do debate que se desenrola nos Estados Unidos para reintroduzir a doutrina criacionista nas escolas, junto à hipótese darwiniana (não esqueçamos que, no decorrer do seu processo, Galileu se safou admitindo ter feito uma hipótese e não uma descoberta), é que — para não adquirir ares de oposição entre uma crença religiosa e uma teoria científica — não se fala tanto de criação divina, mas de "Plano Inteligente".

Subentende-se, então: nós não lhes queremos impor a presença embaraçosa de um Javé barbudo e antropomorfo, queremos só que vocês aceitem que, se houve um desenvolvimento evolutivo, ele não aconteceu por acaso, mas seguindo um plano, um projeto, e este projeto só pode depender de uma forma de Mente (quer dizer que a ideia do Plano Inteligente poderia até mesmo admitir um deus panteísta no lugar de um Deus transcendente).

O que me parece curioso é que não se considera que um Plano Inteligente não exclui um processo casual como o darwiniano, que acontece por assim dizer por tentativas e erros, de maneira que sobrevivem só os indivíduos que melhor se adaptam ao ambiente no decorrer da luta pela vida.

Pensemos na ideia mais nobre que temos de plano inteligente, isto é, na criação artística. Michelangelo nos diz num célebre soneto que o artista, quando se encontra diante do bloco de mármore, não tem desde o início na mente que estátua vai extrair dele, mas procede por tentativas, interrogando as resistências da matéria, procurando jogar fora o "excesso", para fazer sair pouco a pouco a estátua da ganga material que a aprisionava. Mas que a estátua existia, e era justamente o Moisés ou um Prisioneiro, o artista descobre só no fim desse processo feito de tentativas contínuas.

Um Plano Inteligente pode manifestar-se, portanto, também por meio de uma série de aceitações e repulsas por aquilo que o acaso oferece. Naturalmente, é preciso decidir se primeiro se encontra o Plano, que escolhe e recusa, ou o Acaso, que, aceitando e recusando, se manifesta como a única forma de Inteligência — que seria como dizer que é o Acaso que se torna Deus.

Não é pouca coisa, e não a podemos resolver aqui. Simplesmente, é filosófica e teologicamente um pouco mais complexa do que os fundamentalistas querem.

Tirem as mãos do meu filho!*

Pois bem, sim, temendo uma série de perguntas, e para resolver o assunto de uma vez por todas, fui assistir à *Paixão de Cristo* de Mel Gibson. Até mesmo antecipadamente, num país estrangeiro (onde ao menos foi censurado aos menores), de qualquer maneira o filme é falado em aramaico e dá para entender no máximo os Romanos que berram "I!" para dizer "fora daqui!".**

Devo dizer logo que este filme, tecnicamente muito bem-feito, não exprime (como se discutiu muitas vezes à toa nesta semana) antissemitismo nem fundamentalismo cristão, obcecado por uma mística do sacrifício cruento. É somente um *splatter*, um filme que pretende ganhar muito dinheiro oferecendo aos espectadores tanto sangue e tanta violência que perto dele *Pulp Fiction* parece um desenho animado para crianças do pré-primário.

Quando muito se baseia na lição dada por desenhos animados como *Tom e Jerry*, em que os personagens são esmigalhados por rolos compressores e se reduzem a um CD, caem de um arranha-céu e se fragmentam em mil pedacinhos, são esmagados atrás de uma porta. Com tanto sangue a mais, hectolitros de sangue, evidentemente transportados para o *set* por muitos caminhões-pipa, e coletados com o auxílio dos vampiros de toda a Transilvânia.

---

* *L'Espresso*, abril de 2004.

** Aqui o autor emprega ironicamente a palavra dialetal "*smamma!*", que se usa para enxotar ou mandar embora alguém, principalmente as crianças. (*N. do T.*)

Não é um filme religioso. De Jesus está subentendido com desenvoltura o que se aprende para a primeira comunhão, não duvidando que ele fosse bom. Suas relações com o Pai são histéricas e absolutamente leigas, poderiam ser as relações de Charlie Manson com Satanás, mas até Satanás aparece cá e lá torto disfarçado de bichinha, e diante de tanto derramamento de glóbulos vermelhos, ele também se dá mal. Por outro lado, a imagem menos convincente é a final da ressurreição, essa também parece muito mais a tábua anatômica que a *Suma Teológica*.

Este filme não tem nada da sublime reserva dos Evangelhos, põe em cena tudo sobre o qual eles se calam para deixar os fiéis na meditação silenciosa do maior sacrifício da História, e ali onde os Evangelhos se limitam a dizer que Jesus foi flagelado (três palavras em Mateus, Marcos e João, nenhuma em Lucas), Gibson faz com que ele seja primeiro açoitado com vara, depois com cinturões com pontas de ferro e, enfim, com martelos de madeira, até reduzi-lo ao que seu público imagina ser uma carne triturada até a exaustão, isto é, uma espécie de hambúrguer malpassado.

O ódio de Gibson pelo Nazareno deve ser incalculável, sabe lá quais antigas repressões desabafa sobre seu corpo cada vez mais sanguinolento, e ainda bem que a filologia não lhe permitiu, caso contrário teria feito aplicar também eletrodos nos testículos, com um clister de petróleo ainda por cima. Assim se deveria, segundo alguns, experimentar um arrepio saudável diante do mistério da Salvação. Será?

Filme antissemita? Certamente, se queriam fazer um *splatter* usando como modelo o western, os papéis deviam ser claros: o bom contra os malvados, e os malvados deviam ser tão malvados até não mais poder. Mas se os sacerdotes do Templo são malvados demais, mais ainda são os romanos, do tipo de João Bafo-de-onça, que sarcasticamente ri enquanto amarra o Mickey na cadeira da tortura.

Certamente Gibson deveria ter pensado que, representando os romanos como malvados (por outro lado, Asterix já tinha feito isso), não se correria o risco de incendiar o Capitólio, enquanto com os judeus, nestes tempos, seria necessário proceder com maior cautela. Mas não se pode pedir a quem faz um *splatter* que proceda com sutileza. Ainda bem que ele teve alguma resipiscência e mostrou três judeus e três romanos quase bons, acometidos às vezes por uma dúvida (olham para o público como se quisessem dizer "será que não estamos exagerando?"), e, no entanto, até a perplexidade deles serve para acentuar a impressão de que tudo neste filme é insustentável, se vocês já não vomitaram vendo o que espirra do costado.

Gibson se aproveita da ideia de que Jesus deve ter sofrido e, assim como Poe pensava que a coisa mais romanticamente comovente era a morte de uma bela mulher, intui que o *splatter* mais rentável seja o que coloca o Filho de Deus num moedor de carne. Ele consegue fazer isso muito bem, e devo dizer que, quando Jesus finalmente está morto e deixou de nos fazer sofrer (ou gozar) e surge o furacão, a terra treme e se rasga o véu do Templo, experimenta-se alguma emoção, porque naquele momento, ainda que de forma meteorológica, pode-se entrever um sopro da transcendência de que desgraçadamente o filme carece.

Sim, naquele ponto o Pai faz ouvir sua voz. Mas o espectador de bom senso (e, espero, o crente) percebe que, àquela altura, o Pai ficou emputecido com Mel Gibson.

Codicilo

Este meu artigo provocou no site do *L'Espresso* um enorme debate. Como era de supor, havia os que estavam a favor e os que estavam contra. Mas entre os muitíssimos contra (e deixando de lado os que me acusaram até mesmo de ter sido a *longa manus* do lobby judaico), a grande maioria achava que eu tinha ironizado a Paixão de Cristo (aquele histórico) e não a *Paixão* de Gibson.

Pode-se dizer que para estes era impossível distinguir entre o Cristo do filme e o dos Evangelhos. Não consideravam que tinham visto um ator que representava Jesus, e sim Jesus em carne e osso.

Ver uma representação como a Própria Coisa é uma das formas modernas da idolatria.

Em todo caso, sou grato ao leitor que escreveu: "Querido Umberto, nunca vou perdoá-lo por ter me contado o final do filme."

Quem não acredita mais em Deus acredita em tudo*

*Acreditar no Ano Zero***

O fim do ano 2000 d.C. se aproxima, e nos jornais e até durante as conversas comuns já se aceita como óbvia a ideia de que o terceiro milênio só começa um segundo depois da meia-noite de 31 de dezembro de 2000.

Nada é mais lábil do que a memória do *mass-media*, e talvez muitos leitores não se lembrem das furibundas diatribes do ano passado. Uma imensa organização comercial, que ia das agências de viagem aos restaurantes e aos produtores de champanhe, tinha decidido que com 31 de dezembro de 1999 terminava o segundo milênio e o ano 2000 era o primeiro do terceiro. De nada valeram as argumentações de matemáticos que lembravam que, se começamos a contar do um, os números com zero no final fecham (e

---

* A citação é atribuída a Chesterton, mas The American Chesterton Society (vide internet), que traz várias versões dela, a considera a síntese de várias citações análogas, mais detalhadas.

** *L'Espresso*, janeiro de 2000.

não abrem) as dezenas, as centenas e assim em diante. Armando Torno no *Corriere* recentemente refez toda a verdadeira história, mas reconheceu que o fascínio do zero duplo sempre foi tamanho a ponto de convencer, por exemplo, muitíssimos a festejar o início do século XX ao soar o primeiro segundo de 1900 — contra o bom senso e a aritmética.

Pois bem, a força do zero duplo vence o bom senso, é natural que a sociedade dos consumos tenha especulado com isso, que todos ficamos felizes em festejar o início do terceiro milênio no fim de 1999, e que agora esperem o próximo réveillon com a moderada excitação de outro réveillon qualquer.

As pessoas são assim. Eu me lembro, porém, que no ano passado, por ter avisado no *L'Espresso* que ainda não estávamos entrando no terceiro milênio, fui coberto por cartas com cálculos complicadíssimos para demonstrar que o milênio começava um ano atrás, perturbando Dionísio, o Pequeno e pressupondo (sem perceber) um estranho calendário universal no qual teria existido um ano Zero (graças ao qual, como consequência lógica inevitável, doze meses depois do nascimento Jesus teria completado zero ano). E entre os que me escreveram não havia só crédulos, adeptos futuros do Big Brother, consumidores de panetones, os lêmures das ilhas do Pacífico, mas uma boa quantidade de estudiosos, filósofos, linguistas, hermeneutas, aforistas, filólogos românicos, entomologistas e arqueólogos.

Como pôde acontecer que pessoas tão sábias, contra todas as evidências, quisessem de todo jeito que o milênio iniciasse com o ano 2000, ainda que não pretendessem viajar para os Mares do Sul ou para as Aleutas a fim de celebrarem em 24 horas um réveillon duplo?

Procuro compreender isso lembrando que quando eu era pequeno, fantasiando com as páginas dos livros de Salgari ou de outros sobre as maravilhas do ano 2000, eu me perguntava: "Será que vou conseguir ver o ano 2000?" Eu fazia as contas e descobria que precisaria chegar à idade de 68 anos, e dizia comigo mesmo: "Não vou conseguir, ninguém fica assim tão velho." Mas depois eu me lembrava de ter conhecido pessoas de setenta anos (e tinha ouvido falar que o "mezzo del cammin" da nossa vida são 35 anos), e concluía, então, que se tudo desse certo eu talvez conseguisse chegar lá. E confesso que no ano passado, por volta do outono, eu temia que um repentino acidente de automóvel, um infarto, um homicídio culposo, preterintencional ou voluntário, detivesse, por uma diferença de poucas semanas, minha marcha triunfal em direção ao terceiro milênio.

Tive certo cauteloso receio até 23h45 do dia 31 de dezembro passado, depois me sentei com as costas na parede, evitando até mesmo aparecer na janela pela qual se via um Big Bang ameaçador de fogos de artifício, esperei pacientemente a hora fatal, e só depois me dediquei a alucinadas libações porque, agora, mesmo que morresse logo depois, eu tinha conseguido.

Eis a explicação. Por razões numerológicas, pelo menos para as gerações mais vetustas, sobreviver ao 2000 era ganhar uma corrida contra a morte. E era óbvio, portanto, que se fizesse de tudo para antecipar a chegada. Gesto espertalhão (ainda que inconsciente), mas para vencer a morte se faz isso e muito mais, e no *Sétimo Selo* se tentava até mesmo uma desesperada partida de xadrez.

*Acreditar na alquimia**

O que irrita no espírito *new age*? Não é tanto o fato de alguém acreditar nos astros, porque muitos acreditaram neles. Também não é por considerarem Stonehenge um prodígio da magia astral. É verdade que nos tempos em que alguns já tinham inventado a meridiana, não era assim tão incrível que outros orientassem as pedras de acordo com o nascer e com o pôr do sol, mas causa sempre certo efeito saber que olhavam para o céu melhor do que nós. Não, o que irrita no espírito *new age* é o sincretismo. E o sincretismo (no seu estado bruto) não consiste em acreditar numa coisa, mas em acreditar em todas, ainda que estejam em contradição.

O risco do sincretismo está sempre à espreita, pois eu o encontrei no *Corriere della Sera* de 23 de fevereiro, em dois artigos de Cesare Medail colocados um ao lado do outro na mesma página. Vale notar que, lidos

* *L'Espresso*, março de 2001.

individualmente, os dois artigos são corretos. Um deles parte de um livro de Michael White, *Newton*, publicado pela Editora Rizzoli. O livro concede muito ao sensacionalismo, apresenta como notícias inéditas fatos já conhecidos pelos estudiosos, erra ao citar os títulos de livros célebres, faz acreditar que Cornelio Agrippa e Johannes Valentin Andreae escreviam em inglês, toma como verdadeira a lenda que São Tomás praticava a alquimia, mas conta de maneira fascinante que o pai da ciência moderna, Newton, não só tinha fortes interesses que hoje chamaríamos de esotéricos, mas que tinha chegado às suas grandes descobertas físico-matemáticas justamente porque acreditava que o mundo fosse governado por forças ocultas. Correto.

Numa pequena coluna ao lado, Medail fala do renovado interesse pelos antigos livros de alquimia, e cita como exemplo da volta desses temas alguns volumes das Edições Mediterrâneas, que há anos publicam livros que satisfazem as expectativas de quem ainda hoje acredita na alquimia (uma prova disso é que nos apresentam novamente aquele louco do Fulcanelli). Também publicam livros de estudiosos sérios, às vezes, mas o sincretismo funciona assim: colocados no monte, até os livros sérios parecem confirmar o que dizem os menos sérios.

Qual é a impressão de sincretismo que nasce da aproximação dos dois artigos? Os ocultistas inspiraram a pesquisa científica de Newton, pois então diziam algo que hoje pode nos interessar seriamente. E isto é um curto-circuito que pode seduzir o leitor ingênuo.

A descoberta da América foi inspirada pela convicção de que, navegando em direção ao poente, se chegaria às Índias. Uma descoberta boa feita por motivos errados é um caso de *serendipity*.* Mas que Colombo tenha chegado à América não é a prova de que se podia facilmente "obter" o nascente pelo caminho do poente. Ao contrário, a descoberta de Colombo ensina que, para chegar às Índias, chega-se antes passando pela outra parte. A exploração portuguesa da África foi impulsionada pela ideia de que na Etiópia existia o fabuloso reino do poderosíssimo padre João. Pensou-se que se podia identificá-lo com a Abissínia, mas ao fazer isto se constatou

* Termo inglês que designa descobertas inesperadas. (*N. do T.*)

que o padre João não existia (e o que se havia encontrado na Etiópia era tão pouco poderoso que depois ela foi conquistada pelo marechal Badoglio). E o mesmo se pode dizer do mito da Terra Austral. Levou ao descobrimento da Austrália, mas ao mesmo tempo induziu a convencer que não existia uma terra que deveria cobrir toda a calota sul do planeta.

Nem sempre duas coisas podem ser verdadeiras ao mesmo tempo. Graças aos alquimistas, Newton nos demonstrou justamente que os alquimistas não tinham razão. Isto não exclui que continuem a fascinar tanto a mim como a Medail, e tantos outros. Mas me fascinam também Fantomas, Mickey e Mandrake, e eu sei muito bem que eles não existem.

*Acreditar no padre Amorth**

Sobre Harry Potter escrevi um artigo há quase dois anos, quando já tinham aparecido as três primeiras histórias e o mundo anglo-saxão tinha sido agitado pela discussão sobre se era deseducativo contar às crianças essas histórias de magia que poderiam tê-los induzido a levar a sério muitas fantasias ocultistas. Agora que, com o filme, o fenômeno Harry Potter está se tornando realmente um assunto global, me calhou de ver um *Porta a porta* onde de um lado aparecia o mago Otelma, felicíssimo por essa propaganda a favor de senhores como ele (que ainda por cima se apresentava vestido de maneira tão "bruxesca" que nem mesmo Ed Wood teria ousado deixá-lo aparecer num de seus filmes de terror) e um ilustre exorcista como o padre Amorth (*nomem omen*), de acordo com o qual as histórias de Potter divulgam ideias diabólicas.

Só para a gente se entender, enquanto a maioria das outras pessoas ajuizadas do programa considerava que magia benigna e a feitiçaria fossem lorotas (ainda que se deva levar a sério os que nelas acreditam), o padre exorcista levava a sério toda forma de magia (benigna, malíficia e qualquer outra) como obra do Maligno.

---

* *L'Espresso*, dezembro de 2001.

Se o clima é esse, acho que preciso voltar a segurar a barra do Harry Potter. Essas histórias são de magos e bruxos, e é claro que fazem sucesso porque as crianças sempre gostaram de fadas, anões, dragões e necromantes, mas ninguém nunca pensou que Branca de Neve fosse o efeito de um complô de Satanás; elas tiveram o sucesso que ainda têm porque a autora delas (não sei se por um cálculo bastante culto ou por instinto prodigioso) soube reapresentar algumas situações narrativas realmente arquetípicas.

Harry Potter é filho de dois magos muito bons que foram mortos pelas forças do mal, mas no início não o sabia, e vivia como orfãozinho não muito bem tolerado pelos tios tiranos e mesquinhos. Depois sua natureza e vocação lhe foram reveladas e ele foi estudar num colégio para jovens magos de ambos os sexos, onde lhe acontecem aventuras mirabolantes. Eis o primeiro esquema clássico: peguem uma jovem e delicada criatura, façam com que ela tenha todo tipo de sofrimento, revelem a ela, enfim, a origem pura e nobre, que terá destinos luminosos, e imediatamente vocês terão não apenas o Patinho Feio e a Cinderela, mas Oliver Twist e o Rémy de *Sem família*. Além disso, o colégio de Hogwarts, em que Harry vai estudar como fazer poções mágicas, parece-se com tantos outros *college* ingleses, onde se joga um daqueles esportes anglo-saxões que fascinam os leitores de além do canal da Mancha porque conseguem intuir as regras, e os continentais porque nunca as compreenderão.

Outra situação arquetípica é a dos meninos da rua Pál, mas há algo também do *Diário de Gian Burrasca*, com os pequenos estudantes que se reúnem em bandos contra professores excêntricos (e alguns perversos). Acrescente-se que os meninos brincam montando em vassouras voadoras, e eis que temos também Mary Poppins e Peter Pan. Hogwarts, enfim, parece um daqueles castelos misteriosos que líamos na *Biblioteca dei miei ragazzi* [Biblioteca das minhas crianças] da Salani (mesma editora italiana de Harry Potter), onde um grupo cheio de fôlego de meninos de calças curtas e meninas dos longos cabelos dourados, desmascarando as manobras de um diretor desonesto, de um tio corrupto, de um bando de malandros, no fim descobria um tesouro, um documento perdido, uma cripta dos segredos.

Se é verdade que em Harry Potter aparecem encantos de arrepiar e animais espantosos (a história se dirige a meninos que cresceram com os monstros de Rambaldi* e com os desenhos animados japoneses), também é verdade que estes meninos lutam, porém, por causas justas, como os *Three boy scout*, e ouvem educadores virtuosos, quase passando de raspão (tirando as diferenças históricas) pelo bom-mocismo de *Cuore*.**

Pensamos realmente que, lendo histórias de magia, as crianças, uma vez adultas, acreditarão nas bruxas (e assim pensam o mago Otelma e padre Amorth, como se fossem um único homem, ainda que com sentimentos opostos)? Todos nós experimentamos um saudável espanto diante dos bichos-papões e dos lobisomens, mas como adultos aprendemos a não temer as maçãs envenenadas, e sim o buraco na camada de ozônio. Quando éramos pequenininhos, acreditávamos que os bebês nasciam sob as couves, mas isto não nos impediu depois, já adultos, de adotar um sistema mais conveniente (e mais agradável) para produzi-los.

As crianças não representam o verdadeiro problema, pois elas nascem acreditando no Gato e na Raposa, mas depois aprendem a preocupar-se com outros embrulhões menos fantásticos; o problema preocupante é o dos grandes, talvez dos que quando crianças não liam histórias de magia, pois muitas vezes os programas de televisão levam a consultas com os leitores das borras de café, os que jogam tarô, os celebrantes de missa negra, os adivinhos, os curandeiros, os manipuladores de mesinhas, os prestidigitadores do ectoplasma, os reveladores do mistério de Tutancâmon. Depois acaba acontecendo que, de tanto acreditarem nos magos, voltam a confiar também nos Gatos e nas Raposas.

---

* Rambaldi foi o engenheiro italiano responsável pela construção do famoso boneco do ET de Spielberg. (*N. do T.*)

** Trata-se do mais famoso romance do escritor italiano Edmondo De Amicis, publicado em 1886. (*N. do T.*)

*Acreditar nos paranormais**

Se vocês não estão contentes com a própria situação econômica e querem mudar de profissão, a de vidente é uma das atividades mais rentáveis e (ao contrário do que vocês podem pensar) das mais fáceis. Basta ter certa dose de simpatia, uma mínima capacidade de compreender os outros e poucos escrúpulos. Mas, mesmo sem essas qualidades, há sempre a estatística que trabalhará para vocês.

Experimentem fazer o seguinte: aproximem-se de uma pessoa qualquer, pode até ser escolhida ao acaso (mas com certeza ajuda se a pessoa estiver bem disposta a verificar as qualidades paranormais que você tem). Olhe nos olhos dela e diga-lhe: "Sinto que alguém está pensando intensamente em você, é alguém que você não vê há anos, mas que amou muito tempo atrás, sofrendo porque não se sentia correspondida... Agora essa pessoa está percebendo o quanto a fez sofrer e se arrepende, ainda que saiba que é tarde demais..." Pode existir uma pessoa no mundo, se não for uma criança, que no passado não tenha tido um amor infeliz ou, de qualquer maneira, não correspondido? Eis que a pessoa em questão será a primeira a correr para ajudá-los e a colaborar com vocês, dizendo que identificou a pessoa da qual vocês captam o pensamento tão nitidamente.

Vocês podem também dizer a alguém: "Há uma pessoa que a menospreza, e fala mal de você por aí, mas só faz isso por inveja." É muito difícil que a pessoa em questão lhes diga que é muito admirado por todos e não tem ideia de quem seja esse indivíduo. É mais provável que ela se mostre disposta a identificá-lo imediatamente e a admirar as capacidades de percepção extrassensorial que vocês têm.

Ou então, declarem que vocês podem ver junto a essas pessoas os espíritos dos entes queridos que eles perderam. Aproximem-se de uma pessoa de certa idade e digam-lhe que estão vendo ao lado dela a sombra de uma pessoa anciã, que morreu por alguma coisa no coração. Qualquer indivíduo vivo teve dois pais e quatro avós e, se vocês tiverem sorte, algum

---

* *L'Espresso*, janeiro de 2002.

tio, padrinho ou madrinha querida. Se a pessoa já tiver idade é fácil que esses entes queridos já tenham morrido, e no meio de um mínimo de seis defuntos deve haver pelo menos um que morreu de insuficiência cardíaca. Se vocês tiverem mesmo azar, mesmo tendo o cuidado de abordar a pessoa entre outras igualmente interessadas nas suas virtudes paranormais, digam que talvez vocês tenham errado, que o que vocês veem talvez não seja um parente do seu interlocutor, mas de algum outro que está perto dele. É quase certo que uma das pessoas presentes começará a dizer que se trata do pai ou da mãe dela, e a essa altura vocês se deram bem, podem falar do calor que emana daquela sombra, do amor que experimenta por ele ou por ela que agora está preparado ou preparada para suas seduções...

Os leitores atenciosos terão identificado as técnicas de alguns personagens muito carismáticos que aparecem também nos programas de televisão. Nada é mais fácil que convencer um pai que acabou de perder o filho, ou quem ainda está chorando a morte da mãe, ou do marido, que aquela alma boa não se dissolveu no nada e que ainda manda mensagens do além. Repito, ser paranormal é fácil, a dor e a credulidade dos outros trabalham para vocês.

A não ser que haja nas paragens alguém do Cicap, o Comitê Italiano para o Controle das Afirmações sobre o Paranormal, do qual vocês podem ter notícias lendo a revista *Ciência & Paranormal*. De fato, os pesquisadores do Cicap vão sempre à caça de fenômenos que parecem paranormais (do *poltergeist* à levitação, dos fenômenos mediúnicos aos círculos nos campos de trigo, dos óvnis à rabdomancia, sem deixar de lado fantasmas, premonições, os que entortam garfos com a mente, leitura do tarô, nossas senhoras que choram, santos com as estigmas etc.) e desmontam o mecanismo deles, mostram o truque, explicam cientificamente o que parece milagroso, muitas vezes refazem a experiência para demonstrar que, conhecendo os truques, todos podem se tornar magos.

Massimo Polidoro e Luigi Garlaschelli são dois desses investigadores do Cicap, e estão agora publicando em conjunto (mas fazendo a antologia também de textos de outros colaboradores do Cicap) *Investigatori dell'occulto:*

Dieci anni di indagine sul paranormale [Investigadores do oculto: Dez anos de investigações sobre o paranormal] (Roma, Avverbi), em que (se vocês não são daqueles que choram quando lhes revelam que Papai Noel não existe) vocês poderão ler muitas histórias divertidas.

Mas hesito em falar de diversão. O fato de que o Cicap tenha de fazer tantos esforços significa que a credulidade é mais comum do que se pensa e, no fim das contas, deste livro vão circular alguns milhares de cópias, mas quando Rosemary Altea aparece na televisão brincando com a dor dos outros é assistida por milhões e milhões de pessoas. A quem se pode repreender dizendo que assim se deseducam as pessoas? Audiência é audiência.

*Acreditar nos templários**

Façam nascer uma ordem que seja monacal e da cavalaria, façam-na tornar-se extraordinariamente poderosa, tanto em termos militares quanto econômicos. Encontrem um rei que queira livrar-se do que agora se tornou um estado no Estado. Identifiquem os inquisidores adequados, que saibam coletar vozes esparsas e compô-las num mosaico terrível: um complô, crimes imundos, heresias inomináveis, corrupção e uma boa dose de homossexualidade. Prendam e torturem os suspeitos. Quem admite e se arrepende terá a vida poupada, quem se declara inocente acabará no patíbulo. Os primeiros a legitimar a construção inquisitorial serão as vítimas, principalmente se inocentes. Enfim, confisquem os imensos bens da Ordem. Isto fundamentalmente nos ensina o processo movido contra os Cavaleiros Templários por Felipe, o Belo.

Segue-se a história do mito dos Templários. Imaginem que muitos tenham ficado abalados por esse processo e, além de perceberem a injustiça disso, como aconteceu até mesmo com Dante, tenham ficado fascinados pelas doutrinas secretas atribuídas aos Templários e espantados com o fato de a maior parte dos Cavaleiros não ter perecido no fogo nem se separado

* *L'Espresso*, dezembro de 2004.

com a dissolução da ordem. À interpretação cética (com o medo que tiveram, procuraram refazer a vida em outro lugar, em silêncio) pode-se opor a interpretação ocultista e romanesca: entraram para a clandestinidade, e nela permaneceram ativamente por sete séculos. Eles ainda estão entre nós.

Nada é mais fácil do que encontrar um livro sobre os Templários. O único inconveniente é que em 90% dos casos (corrigindo, em 99) se trata de tapeações, porque nenhum assunto inspirou tanto os picaretas de todos os tempos e de todos os países quanto a história dos Templários. E dá-lhe o contínuo renascimento dos Templários, com sua presença constante nos bastidores da história, entre seitas agnósticas, confrarias satânicas, espiritistas, ordens pitagóricas, de rosa-cruz, iluminados maçons e Priorado de Sião. Às vezes a tapeação é tão descarada, como no caso de *O Santo Graal* de Baigent, Leigh e Lincoln, que a evidente e desabusada má-fé dos autores permite pelo menos que o leitor dotado de bom senso leia a obra como um exemplo divertido de história fantástica.

Como está acontecendo agora com *O Código da Vinci*, que copia mal e refaz toda a literatura precedente. Mas, atenção, porque depois milhares de leitores crédulos vão visitar o teatro de outra tapeação histórica, a cidadezinha de Rennes-le-Château.

O único modo de reconhecer se um livro sobre os Templários é sério é controlar se acaba em 1314, data em que o Grão-Mestre deles foi queimado na fogueira. Entre os livros que param nessa data temos *Os Templários*, de Peter Partner, que a Einaudi publicou em 1991. Agora a Editora Il Mulino publica *Os Templários*, de Barbara Frale, uma estudiosa que dedicou anos de trabalho e outras obras a esse assunto. São menos de duzentas páginas que podem ser lidas com prazer. É riquíssima a bibliografia (séria). Barbara Frale não fica horrorizada demais com certos aspectos sucessivos do mito dos Templários, aliás, ela vê com alguma simpatia certos desdobramentos romanescos (aos quais só dedica, porém, duas paginazinhas conclusivas), sobretudo por possibilitarem novas pesquisas sérias sobre tantos aspectos ainda obscuros da "verdadeira" história dos Templários.

Por exemplo, havia realmente uma relação entre os Templários e o culto do Graal? Não se pode excluir, visto que até um contemporâneo deles,

Wolfram von Eschenbach, contava histórias sobre isso. Mas eu gostaria de observar que os poetas, Horácio é testemunha disso, estão autorizados a fantasiar, e um estudioso do próximo milênio que achasse um filme de hoje que atribui a certo Indiana Jones a descoberta da Arca da Aliança não teria razões para tirar dessa invenção divertida alguma conclusão historiograficamente correta.

Com relação ao fato de a antiga história não ser ainda completamente clara, Barbara Frale menciona algumas das suas mais recentes descobertas nos arquivos do Vaticano que levariam a enxergar de outra maneira o papel da Igreja no processo. Mas, para incômodo dos que ainda hoje exibem às vezes um cartão de visita que o identifica como Templário, ela lembra que Clemente V, no momento da suspensão da ordem, tinha posto fora da lei qualquer tentativa de recompô-la sem o consentimento pontifício, lançando até mesmo a excomunhão contra todos os que utilizassem o nome e os sinais característicos do Templo.

Por outro lado, em 1780, Joseph de Maistre usava argumentos do gênero para liquidar os "neotemplaristas" da sua época. A Ordem Templária existia como ordem reconhecida pela Igreja e pelos vários Estados europeus, e do mesmo modo tinha sido formalmente dissolvida no início do século XIV. Ponto. Daquele momento em diante, já que ninguém possui mais o *copyright*, todos têm o direito de fundá-la novamente, do mesmo modo que qualquer um pode se declarar sumo sacerdote de Ísis e Osíris, e o governo do Egito não liga a mínima para isso.

*Acreditar em Dan Brown**

Todos os dias acaba em minhas mãos um novo comentário do *Código da Vinci*, de Dan Brown. Estou falando apenas dos livros em italiano, porque eu não seria capaz de fornecer uma bibliografia de tudo o que aparece no mundo. Só na Itália eu poderia citar José Antonio Ullate Fabo, *Contro il*

---

* *L'Espresso*, agosto de 2005.

Codice da Vinci [Contra o Código da Vinci] (Sperling), Bart Ehrman, *La verità sul Codice da Vinci* [A verdade sobre o Código da Vinci] (Mondadori), Darrell L. Bock, *Il Codice da Vinci: Verità e menzogne* [O Código da Vinci: Verdades e mentiras] (Armenia), Andrea Tornielli, "Inchiesta sulla Resurrezione" [Investigação sobre a ressurreição] (*Il Giornale*), *I segreti del Codice* [Os segredos do Código] (Sperling), mas certamente estou esquecendo alguma coisa. Por outro lado, se vocês quiserem uma informação atualizada sobre todos os artigos relacionados à matéria, podem ir ao site da Opus Dei. Podem confiar, mesmo que vocês sejam ateus. Quando muito, a questão, como veremos, é por que o mundo católico se empenhou tanto em demolir o livro de Dan Brown, mas quando o lado católico lhes explica que todas as notícias que o livro contém são falsas, vocês podem confiar.

Vamos esclarecer. *O Código da Vinci* é um romance, e dessa maneira teria o direito de inventar o que quisesse. Além do mais, foi escrito com habilidade e pode ser lido de um fôlego só. Também não é grave que o autor nos diga no início que o que ele conta é verdade histórica. Imagine, o leitor profissional está habituado a esses apelos narrativos à verdade, fazem parte do jogo ficcional. O problema acontece quando se percebe que muitos leitores ocasionais acreditaram de fato nesta afirmação, assim como no teatro de marionetes os espectadores insultavam Gano di Maganza.

Para desmontar a suposta historicidade do *Código* bastaria um artigo bastante breve (e foram escritos alguns ótimos) que dissesse duas coisas. A primeira é que toda a história de Jesus que se casa com a Madalena, da viagem dele à França, da fundação da dinastia merovíngia e do Priorado de Sião é um pacote que circulava havia décadas num amontoado de livros e livretes para os devotos de ciências ocultas, desde os de Gilbert de Sede sobre Rennes-le-Château a *O Santo Graal* de Baigent, Leigh e Lincoln.

Ora, que esse material todo continha sequências de asneiras já foi dito e demonstrado pelo tempo. Além disso, parece que Baigent, Leigh e Lincoln ameaçaram (ou realmente iniciaram) um processo legal contra Brown por plágio. Mas como assim? Se eu escrevo uma biografia de Napoleão (contando eventos reais), depois não posso denunciar por plágio alguém que escreveu uma outra biografia de Napoleão, mesmo que romanceada, contando os mesmos eventos históricos. Se eu fizer isso, estou lamentando então o furto de uma originalíssima invenção minha (ou então fantasia, ou lorota que seja).

A segunda coisa é que Brown espalha pelo seu livro numerosos erros históricos, como o de ir procurar informações sobre Jesus (que a Igreja teria censurado) nos manuscritos do Mar Morto — que de fato não falam de Jesus, e sim de assuntos judaicos como os essênios. Brown confunde os manuscritos do Mar Morto com os de Nag Hammadi.

Ora, acontece que a maior parte dos livros que surgem sobre o caso Brown, mesmo e principalmente os bem-feitos (e cito o último, muito documentado, publicado há pouco pela Mondadori, *Inchiesta sul Codice da Vinci* [Investigação sobre o Código da Vinci], de Etchegoin e Lenoir), para que possam durar o número suficiente de páginas para formar um livro, contam tudo o que Brown saqueou, tintim por tintim. Desse modo, esses livros, em alguma medida perversa, mesmo tendo sido escritos para denunciar falsidades, contribuem para fazer circular mais e mais todo aquele material oculto. Assim (assumindo a interessante hipótese — que alguém realmente apresentou — de que *O Código* seja um complô satânico), todas as refutações reproduzem as insinuações dele, funcionando como megafone. Não há o que dizer, é muito bem-feito como complô.

Por que, mesmo que o refutem, *O Código* se autorreproduz? Porque as pessoas têm sede de mistérios (e de complôs), e basta lhes oferecer a possibilidade de pensar em mais um (e até mesmo no momento em que lhes dizemos que era invenção de alguns espertalhões) para que todos de repente comecem a acreditar nele.

Creio que seja isso que preocupa a Igreja. A crença no *Código* (e num Jesus diferente) é um sintoma de descristianização. Quando as pessoas não acreditam mais em Deus, dizia Chesterton, não é que não acreditam em mais nada, acreditam em tudo. Até mesmo na *mass-media*.

Sei que estou expressando apenas uma sensação, mas fiquei impressionado com a figura de um jovem imbecil que na praça São Pedro, enquanto uma multidão imensa esperava a notícia da morte do Papa, com o celular no ouvido e o rosto sorridente dava tchauzinho para a câmera da televisão. Por que estava ali (por que tantos outros como ele, enquanto milhões de verdadeiros crentes talvez estivessem rezando na própria casa)? Na sua espera de um sobrenatural da mídia, será que ele não estava disposto a acreditar que Jesus tinha se casado com a Madalena e estava unido a Jean Cocteau pelo laço místico e dinástico do Priorado de Sião?

*Acreditar na Tradição**

Muitos leitores não sabem o que são exatamente os buracos negros, e francamente eu também só consigo imaginá-los como aquele lúcio do *Yellow Submarine* que devorava tudo o que estava ao redor dele e no fim devorava a si mesmo. Mas, para compreender o sentido da notícia que me serve de ponto de partida, não é necessário saber muito mais sobre o assunto, basta entender que se trata de um dos problemas mais controversos e fascinantes da astrofísica contemporânea.

Assim, lendo os jornais, vemos que o célebre cientista Stephen Hawking (que o grande público talvez conheça não tanto pelas suas descobertas e muito mais pela força e determinação com que trabalhou a vida toda, apesar de uma terrível enfermidade que teria reduzido outra pessoa qualquer a um vegetal) anunciou algo no mínimo sensacional. Ele acha que cometeu um erro ao anunciar nos anos 1970 sua teoria dos buracos negros e se prepara para aparecer diante de um comitê científico para propor as devidas correções.

Para quem tem prática em ciências, esse comportamento não parece nada excepcional, a não ser pela fama de que goza Hawking, mas acho que o episódio deveria ser levado ao conhecimento dos jovens de todas as escolas não fundamentalistas e não confessionais para refletir sobre quais são os princípios da ciência moderna.

Os meios de comunicação de massa frequentemente fazem acusações contra a ciência, considerada responsável pelo orgulho luciferino com o

* *L'Espresso*, julho de 2004.

qual a humanidade procede em direção à sua possível destruição, e ao fazerem isso evidentemente confundem ciência com tecnologia. A ciência não é a responsável pelas armas atômicas, pelo buraco na camada de ozônio, pelo derretimento das calotas polares e assim em diante: na verdade, a ciência ainda é aquela capaz de nos advertir sobre os riscos que corremos quando, usando talvez seus princípios, confiamos em tecnologias irresponsáveis.

Mas nas condenações que se ouvem ou se leem com frequência sobre as ideologias do progresso (ou o assim chamado espírito do Iluminismo), identifica-se muitas vezes o espírito da ciência com o de certas filosofias idealistas do século XIX, pelas quais a História procede sempre em direção ao melhor e sempre para a realização triunfante de si mesma, do Espírito ou de outro motor propulsivo qualquer que marcha sempre para Fins Ideais. E no fundo quantos (ao menos da minha geração) ficavam sempre em dúvida quando liam manuais idealistas de filosofia, dos quais se podia deduzir que todo pensador que vinha depois tinha compreendido melhor (ou então "concretizado") o pouco descoberto pelos que vinham antes (seria como dizer que Aristóteles era mais inteligente do que Platão)?

É contra essa concepção da História que Leopardi lutava quando ironizava sobre os "magníficos e progressivos destinos".

Por outro lado, e principalmente nestes tempos, para substituir tantas ideologias em crise, flertamos cada vez mais com o que se chama de o pensamento da Tradição, pelo qual não é que nós, no curso da História, nos aproximemos cada vez mais da Verdade, e sim o contrário: as antigas civilizações, já desaparecidas, compreenderam tudo o que havia para compreender, e é só voltando humildemente para esse tesouro tradicional e imutável que podemos nos reconciliar conosco e com nosso próprio destino.

Nas versões mais descaradamente ocultistas do pensamento tradicional, a Verdade era aquela cultivada pelas civilizações das quais não temos mais notícias, a da Atlântida engolida pelo mar, da raça hiperbórea de arianos puríssimos que viviam numa calota polar eternamente temperada, pelos sábios de uma Índia perdida, e outras delícias que, sendo indemonstráveis, permitem que filósofos de araque e romancistas de segunda mão preparem sempre o mesmo coquetel de lixo hermético para o deleite dos turistas de verão e dos sabichões picaretas.

Mas a ciência moderna não é a que acredita que o Novo sempre tem razão. Pelo contrário, baseia-se no princípio do "falibilismo" (já enunciado por Peirce, retomado por Popper e por tantos outros teóricos) pelo qual a ciência procede corrigindo continuamente a si mesma, falsificando suas hipóteses, por *tentativa e erro*, admitindo os próprios erros e considerando que uma experiência que não deu certo não é um fracasso, mas vale tanto quanto uma experiência que deu certo, porque prova que o caminho escolhido até então estava errado e era preciso corrigir ou até mesmo recomeçar do princípio.

No fim, é o que defendia séculos atrás a Academia do Cimento, cujo lema era "provando e reprovando" — e "reprovar" não significava provar de novo, que seria o de menos, mas repelir (no sentido da reprovação) o que não podia ser defendido à luz da razoabilidade e da experiência.

Esse modo de pensar se opõe, como eu dizia, a todo fundamentalismo, a toda interpretação literal dos textos sagrados — eles também continuamente sujeitos a novas leituras —, a toda certeza dogmática das próprias ideias. Esta é a boa "filosofia", no sentido quotidiano e socrático do termo, que a escola deveria ensinar.

*Acreditar no Trismegisto**

Até hoje quem queria estudar o *Corpus Hermeticum* (numa edição crítica, bilíngue, e não por meio dos inúmeros pacotes picaretas que circulam nas livrarias de ciências ocultas) tinha à disposição a clássica edição das Belles Lettres, com notas e comentários de Nock e Festugière, publicada entre 1945 e 1954 (uma edição anterior era a de Scott, Oxford, 1924, na tradução inglesa). É uma bela iniciativa editorial a da Bompiani, que o publica na coleção dirigida por Giovanni Reale, retomando a edição crítica das Bel-

---

* *L'Espresso*, maio de 2005.

les Lettres, mas acrescentando coisas que Nock e Festugière não podiam conhecer, isto é, alguns textos herméticos dos códigos de Nag Hammadi — que nos são oferecidos pela organizadora Ilaria Ramelli com o texto copto ao lado, para quem quiser mesmo controlar.

Ainda que essas 1.500 páginas sejam oferecidas por apenas 35 euros, seria esnobismo aconselhá-las como um livro que todos podem devorar antes de pegar no sono. É um insubstituível e precioso instrumento de estudo, mas os que quiserem apenas sentir o cheirinho dos escritos herméticos podem contentar-se com a edição de um só destes, o *Poimandres*, cem paginazinhas publicadas pela Marsílio em 1987.

A história do *Corpus Hermeticum* é, em todo caso, fascinante. Trata-se de uma série de escritos atribuídos ao mítico Hermes Trismegisto — o deus egípcio Toth, Hermes para os gregos e Mercúrio para os romanos, inventor da escrita e da linguagem, da magia, da astronomia, da alquimia, e em seguida até mesmo identificado com Moisés. Naturalmente, esses tratados eram obras de escritores diferentes, que viveram num ambiente de cultura grega alimentada por alguma espiritualidade egípcia, com referências platônicas, entre os séculos II e III d.C.

Que os autores são diferentes foi amplamente demonstrado pelas numerosas contradições que se encontram entre os vários libelos, e que eram filósofos helenizantes e não padres egípcios é sugerido pelo fato de que nos breves tratados não aparecem referências consistentes nem à teurgia, nem a alguma forma de culto de tipo egípcio. O fascínio que estes textos podem ter sobre muitas mentes com sede de nova espiritualidade deve-se ao fato de que, como observa Nock no prefácio, eles representavam "um mosaico de ideias antigas, muitas vezes formuladas por meio de alusões breves [...] e destituídas tanto de lógica no pensamento quanto da pureza clássica na língua". Como vocês podem ver (acontece até com muitos filósofos modernos), o borborigmo é feito de propósito para desencadear a deriva infinita das interpretações.

Esses breves tratados (com exceção de um, o *Asclepius*, que circulava havia séculos em latim) ficaram esquecidos por muito tempo até que um manuscrito deles chegou a Florença em 1460, no período humanista, justamente quando todos se voltavam para uma sabedoria antiga e pré-cristã. Fascinado, Cosme de Médici escolheu para a tradução da obra Marsílio Ficino, que a intitulou *Pimander*, do nome do primeiro breve tratado, e a apresentou como obra autêntica do Trismegisto, fonte da mais antiga das sabedorias, na qual teriam bebido não somente o próprio Platão, mas até mesmo a revelação cristã.

E aqui começa a extraordinária fortuna e influência cultural desses escritos. Como dizia Frances Yates no seu livro sobre Giordano Bruno, "esse enorme erro histórico estava destinado a produzir resultados surpreendentes".

Em 1614, porém, o filólogo genebrês Isaac Casaubon tinha demonstrado com argumentos inexpugnáveis que o *Corpus* nada mais era que uma reunião de escritos do período helenístico tardio — como agora nenhum estudioso sério duvida. Mas a história realmente extraordinária é que a denúncia de Casaubon ficou limitada aos ambientes dos estudiosos, mas sem arranhar um milímetro da autoridade do *Corpus*. Basta ver o desenvolvimento de toda a literatura ocultista, cabalista, mística e — justamente — "hermética" dos séculos seguintes (até insuspeitáveis autores do nosso tempo): continuou-se a considerar o *Corpus* produto do próprio divino Trismegisto, ou então ao menos da sabedoria arcaica sobre a qual se pode jurar como sobre o Evangelho.

A história do *Corpus* me veio à lembrança um mês atrás, quando surgiu *The Plot* de Will Eisner (Nova York, Norton): Eisner, um dos gênios das histórias em quadrinhos contemporâneas (ele faleceu justamente quando o livro estava nas provas), com texto e com imagens conta a história dos *Protocolos dos Sábios de Sião*, mas a parte mais interessante do seu conto não é tanto a da fabricação dessa falsificação antissemita, mas justamente o que aconteceu depois, quando em 1921 foi demonstrado e escrito em toda parte que se tratava de uma falsificação. Foi exatamente desde então que os *Protocolos* intensificaram a circulação em todos os países e foram levados mais a sério ainda.

É sinal de que, tratando-se de Hermes ou dos Sábios de Sião, a diferença entre verdadeiro e falso não interessa a quem já parte do preconceito, do desejo, da ânsia de ver revelado um mistério, algum desconcertante prelúdio no céu ou no inferno.

*Acreditar no Terceiro Segredo**

Dias atrás, ao ler o documento de Irmã Lúcia sobre o terceiro segredo de Fátima, eu percebi um ar familiar. Depois compreendi: esse texto, que a boa irmã escreveu não quando era uma criança analfabeta, mas em 1944, já freira adulta, está recheado de citações facilmente reconhecíveis do Apocalipse de São João.

Lúcia vê, portanto, um anjo com uma espada de fogo que parece querer incendiar o mundo. O Apocalipse fala de anjos que espargem fogo no mundo, por exemplo, no 9,8, a propósito do anjo da segunda trombeta. É verdade que esse anjo não tem uma espada flamejante, mas depois vamos ver de onde, talvez, vem a espada (sem contar o fato de que a iconografia tradicional é bastante rica de arcanjos com a espada em fogo).

Depois, Lúcia vê a luz divina como num espelho: aqui a sugestão não vem do Apocalipse, mas da primeira carta de São Paulo aos Coríntios (as coisas celestes que nós vemos agora *per speculum* só depois veremos cara a cara).

Depois disso, eis que surge um bispo vestido de branco: é um só, enquanto no Apocalipse aparecem em muitas ocasiões servos do senhor vestidos de branco e com vocação para o martírio (em 6,11, em 7,9, e em 7,14), mas paciência.

Enfim, veem-se bispos e sacerdotes a subir uma montanha ríspida, e estamos no Apocalipse 6,12, em que são os poderosos da Terra que se escondem entre as espeluncas e as rochas de um monte. O santo padre chega, então, a uma cidade "meio arruinada", e encontra no seu caminho as almas dos cadáveres: a cidade é mencionada no Apocalipse 11,8, incluindo os cadáveres, enquanto desaba e cai em ruína no 11,13 e ainda, em forma de Babilônia, em 18,19.

---

* *L'Espresso*, julho de 2000.

Vamos em frente: o bispo e muitos outros fiéis são mortos pelos soldados com flechas e armas de fogo e, se a irmã Lúcia inova com as armas de fogo, massacres com armas pontiagudas são realizados por gafanhotos com couraça de guerreiro em 9,7, quando soa a quinta trombeta.

Chega-se finalmente aos dois anjos que derramam sangue com um regador* de cristal. Ora, há abundância de anjos que espargem sangue no Apocalipse, mas em 8,5 eles o fazem com um turíbulo, em 14,20 o sangue transborda de uma tina, em 16,3 é derramado de um cálice.

Por que um regador? Pensei em como Fátima não está muito longe daquelas Astúrias onde na Idade Média nasceram as esplêndidas miniaturas moçárabes do Apocalipse, mais de uma vez reproduzidas. E ali aparecem anjos que deixam cair sangue em jorros de copas de confecção imprecisa, justamente como se regassem o mundo. Na memória de Lúcia deve ter atuado também a tradição iconográfica, como pode ser visto naquele anjo com a espada de fogo do início, porque nas miniaturas as trombetas que os anjos empunham às vezes aparecem como lâminas escarlates.

O mais interessante é que (se não nos limitássemos aos resumos dos jornais e lêssemos todo o comentário teológico do cardeal Ratzinger) se podia ver que este homem honesto, enquanto se esforça em advertir que uma visão particular não é matéria de fé, e que uma alegoria não é um vaticínio a ser interpretado literalmente, lembra explicitamente as analogias com o Apocalipse.

Além disso, ele especifica que numa visão o sujeito vê as coisas "com as modalidades a ele acessíveis de representação e conhecimento", pois a "imagem pode chegar apenas de acordo com suas medidas e possibilidades".

Falando de maneira um pouco mais leiga (mas Ratzinger intitula o parágrafo na "estrutura antropológica" da revelação), isso significa que, se não existem arquétipos junguianos, cada vidente vê o que sua cultura lhe ensinou.

---

* No original, o autor usa a palavra *innaffiatoio*, e depois ele mesmo coloca entre parênteses *regador*, usado pela Irmã Lúcia. (*N. do T.*)

Os Pacs* e o cardeal Ruini**

Todos devem se lembrar do esplêndido oitavo capítulo de *I promessi sposi*, quando Tonio e Gervaso, entrando na casa do padre com a desculpa de um recibo, apartam-se e revelam Renzo e Lucia, diante do olhar aterrorizado de Don Abbondio. O cura não dá tempo a Renzo de dizer "senhor cura, na presença destas testemunhas, esta é minha mulher", e depois pega o lampião, puxa na sua direção o tapete da mesinha, joga-o na cabeça de Lucia, que estava prestes a abrir a boca, e a cobre "que quase a sufocava". E, enquanto isso, "gritava com toda a força que tinha na garganta: 'Perpetua! Perpetua! Traição! Socorro!'"

Com esta reação alucinada (mas efetivamente muito calculada), Abbondio impedia que Renzo e Lucia se casassem. Mas por que os dois jovens tinham aceitado, no fim, montar todo esse rolo? É preciso voltar ao sexto capítulo, quando Agnese tem a bela ideia: "Prestem atenção e vocês vão ouvir. É necessário ter duas testemunhas bem ágeis e completamente de acordo. Vamos ao cura: a questão é apanhá-lo de surpresa, para que ele não tenha tempo de fugir. O homem diz: senhor cura, esta é minha mulher; a mulher diz: senhor cura, este é meu marido. É preciso que o cura ouça,

---

* Os Pacs são os "patti civili fra contraenti consensienti", ou seja, os acordos que garantem a união consensual na Itália. (*N. do T.*)

** *L'Espresso*, setembro de 2005.

que as testemunhas ouçam e está feito o matrimônio, sacrossanto como se o Papa o tivesse celebrado. Quando as palavras estão ditas, o cura pode estrilar, espernear, fazer o diabo; é inútil; vocês são marido e mulher."

Manzoni observa logo depois que Agnese estava dizendo a verdade, e que essa solução tinha sido adotada por muitos casais que, por uma razão ou por outra, tinham seus pedidos de matrimônio regular recusados. Não acrescenta, porque pensava que todos sabiam de cor o catecismo, que tudo isto era possível porque, enquanto o ministro da crisma é o bispo ou nada, enquanto o ministro da extrema-unção deve ser um sacerdote, enquanto o ministro do batismo pode ser qualquer um menos o que está sendo batizado, *os ministros do matrimônio são os próprios noivos.* No momento em que, com intenção sincera, se declaram unidos para sempre, eles estão casados. O padre, o capitão do navio e o prefeito são apenas os tabeliães do negócio.

É interessante refletir sobre esse ponto doutrinal porque joga uma luz diferente sobre o assunto dos Pacs. Sei muito bem que quando se fala de Pacs se pensa tanto nas uniões heterossexuais como nas homossexuais. Com relação ao segundo assunto, a Igreja tem as ideias que se sabe, e não admitiria um matrimônio entre homossexuais, mesmo que fosse feito na igreja. Mas, para a união de dois heterossexuais, se eles se registram de algum modo, declarando a intenção de conviverem até que a morte (ou o divórcio) os separe, do ponto de vista do catequismo eles são marido e mulher.

Poderão dizer: o matrimônio reconhecido pela Igreja é o feito na igreja, enquanto a regulamentação de uma união de fato seria um matrimônio civil. Mas não estamos nos tempos do bispo de Prato, e nenhum sacerdote expulsaria da igreja duas pessoas que se casaram com o ritual civil gritando que vivem no concubinato. Só que, com a fórmula dos Pacs, os dois problemas (hétero e homo) são apresentados juntos, e a preocupação homofóbica pressiona a lucidez do catequismo.

A propósito, visto que já passou algum tempo e o cancã se acalmou, gostaria de resumir os termos do caso Ruini (quando o cardeal foi objeto de protestos em Siena).

Primeiro. Todos têm o direito de criticar as opiniões de um homem de Igreja.

Segundo. Um homem de Igreja tem o pleno direito de exprimir suas opiniões em matéria de teologia e moral, ainda que contrastem com as leis do Estado.

Terceiro. Até que os apelos do homem de Igreja não contrastem com as leis do Estado ou com processos políticos em andamento (aprovação de uma lei, referendo, eleições), mas se refiram, digamos, à proibição do sexo antes do casamento, ou à obrigação da missa dominical, os que não concordam com esses apelos fariam bem se ficassem calados, porque o negócio não lhes diz respeito.

Quarto. Quando o apelo do homem de Igreja critica uma lei do Estado ou interfere com um processo político em andamento, então, querendo ou não, o homem de Igreja se torna um sujeito político e deveria aceitar o risco de incorrer em protestos de ordem política.

Quinto. Não estamos mais em 1968, e de qualquer maneira é falta de educação e de civilidade impedir a realização de uma manifestação livre em lugar privado. Muito melhor fazer como nos países anglo-saxões, onde as pessoas ficam diante do ingresso do lugar onde vai falar o alvo dos protestos, com faixas e cartazes, exprimindo a própria discordância — mas depois deixando entrar quem quiser. Além do mais, protestando do lado de dentro, onde normalmente estão os que pensam como o alvo dos protestos, não se obtém grande coisa, mas manifestando pacificamente do lado de fora podemos envolver os transeuntes e os presentes, e se obtém um resultado melhor.

Relativismo?*

Talvez não seja tanto culpa da grosseria da mídia, e sim do fato de que as pessoas só falam agora pensando em como a mídia vai noticiar, mas o certo é que temos a impressão nos dias de hoje de que certos debates (até mesmo entre pessoas supostamente não destituídas de filosofia) acontecem a golpes de facão, sem fineza, usando termos delicados como se fossem pedras. Um exemplo típico é o debate que opõe, na Itália, por um lado os assim chamados *teocons*, que acusam o pensamento leigo de "relativismo", e por outro alguns representantes do pensamento leigo que falam, com relação aos seus adversários, de "fundamentalismo".

O que quer dizer "relativismo" em filosofia? Que nossas representações do mundo não esgotam sua complexidade, mas são sempre visões em perspectiva, contendo cada uma delas um germe de verdade? Já houve e há filósofos cristãos que defenderam essa tese.

Que essas representações não devem ser julgadas em termos de verdade, mas em termos de correspondência a exigências histórico-culturais? Na sua versão do "pragmatismo", um filósofo como Rorty defende essa tese.

O que nós conhecemos é relativo ao modo em que o sujeito o conhece? Estamos no bom e velho kantismo.

Que toda proposição é verdadeira apenas no interior de um dado paradigma? Chama-se "holismo".

---

* *L'Espresso*, julho de 2005.

Que os valores éticos são relativos às culturas? Começou-se a descobrir isso no século XVII.

Que não há fatos, mas só interpretações? Nietzsche já o dizia.

Pensa-se na ideia de que se Deus não existe tudo é permitido? É o niilismo de Dostoievski.

Pensa-se na teoria da relatividade? Por favor, chega de brincadeiras.

Mas deveria ficar claro que se alguém é relativista no sentido kantiano não o é no sentido de Dostoievski (o bom Kant acreditava em Deus e no dever); o relativismo de Nietzsche pouco tem a ver com o relativismo da antropologia cultural, porque o primeiro não crê nos fatos, e o segundo não os coloca em dúvida; o holismo à moda de Quine está firmemente ancorado num empirismo saudável que confia muito nos estímulos que recebemos do ambiente; e assim em diante.

Parece, enfim, que o termo "relativismo" possa ser referido a formas de pensamento moderno frequentemente em contraste recíproco; às vezes consideramos relativistas pensadores ancorados num profundo realismo, e dizemos "relativismo" com o furor polêmico com que os jesuítas do século XIX falavam de "veneno kantiano".

Mas se isso tudo é relativismo, então apenas duas filosofias fogem completamente a essa acusação, e são um neotomismo radical e a teoria do conhecimento no Lenin de *Materialismo e empiriocriticismo.*

Estranha aliança.

VI. A DEFESA DA RAÇA

Os italianos são antissemitas?*

Por ocasião da profanação das tumbas judaicas em Roma, foi lembrada com polêmica a frase do presidente da Câmara Casini, segundo o qual na Itália o antissemitismo está menos radicado do que em outros países. Acho que é necessário fazer uma distinção entre antissemitismo intelectual e antissemitismo popular.

O antissemitismo popular é tão antigo quanto a Diáspora. Nasce de uma instintiva reação das plebes contra gente diferente, que falava uma língua ignota que evocava rituais mágicos; gente habituada a uma cultura do Livro, assim os judeus aprendiam a ler e escrever, cultivavam a medicina, o comércio, o empréstimo, daí o ressentimento com relação a esses "intelectuais". O antissemitismo camponês, na Rússia, tinha estas raízes.

Certamente pesava a condenação cristã do povo "deicida", mas também até durante a Idade Média havia entre intelectuais cristãos e intelectuais judeus uma relação (particular) de mútuo interesse e respeito. Para não falar do Renascimento. As massas desesperadas que acompanhavam as cruzadas e levavam a ferro e fogo os guetos não se apoiavam em fundamentos doutrinais, mas seguiam impulsos de saque.

O antissemitismo intelectual como nós o conhecemos hoje nasce, porém, no mundo moderno. Em 1797, o abade Barruel escreve os *Mémoires*

---

* *L'Espresso*, julho de 2002.

pour servir à l'histoire du jacobinisme para mostrar como a Revolução Francesa era complô dos templários e maçons, e mais tarde certo capitão Simonini (italiano) lhe faz notar que nos bastidores agiam principalmente os pérfidos judeus. Só depois desse ponto inicia a polêmica sobre a internacional judaica e os jesuítas tomam conta dela como argumento contra as seitas carbonárias.

Ao longo do século XIX, essa polêmica floresce em toda a Europa, mas encontra terreno mais fértil no ambiente francês, onde se trata de indicar nas finanças judaicas um inimigo a ser derrotado. A polêmica é com certeza alimentada pelo legitimismo católico, mas é no ambiente leigo (e num jogo de serviços secretos) que tomam lentamente forma, partindo de uma falsificação de origem, os famigerados *Protocolos dos Sábios de Sião*, depois divulgados no ambiente czarista russo e, enfim, apropriados por Hitler.

Os *Protocolos* foram elaborados com a reciclagem de material de romance de segunda categoria, e sozinhos revelam sua falta de confiabilidade, porque é difícil acreditar que os "malvados" exprimam de modo tão escancarado seus projetos maléficos. Os Sábios declaram até mesmo que pretendem encorajar o esporte e a comunicação visual para imbecilizar a classe trabalhadora (e este último traço parece mais berlusconiano que judaico). No entanto, por mais grosseiro que fosse, tratava-se de antissemitismo intelectual.

Pode-se concordar com o deputado Casini e dizer que o antissemitismo popular italiano foi menos forte do que em outros países europeus (por várias razões sócio-históricas e até mesmo demográficas) e que, enfim, as pessoas comuns se opuseram às perseguições raciais e ajudaram os judeus. Mas na Itália floresceu o antissemitismo doutrinal jesuíta (basta pensar nos romances de padre Bresciani) junto àquele burguês, que no fim produziu os estudiosos e escritores famosíssimos que colaboraram com a infame revista *La difesa della razza* [A defesa da raça], e com a edição dos *Protocolos* introduzida em 1937 por Julius Evola.

Evola escrevia que os *Protocolos* têm "o valor de um estimulante espiritual" e "sobretudo nestas horas decisivas da história ocidental não podem ser abandonados ou adiados sem prejudicar gravemente o front dos que lutam em nome do espírito, da tradição, da civilização verdadeira". Para Evola, a internacional judaica estava na origem dos principais focos de perversão da civilização ocidental: "Liberalismo, individualismo, igualitarismo, livre pensamento, iluminismo antirreligioso, com os vários apêndices que conduzem até a revolta das massas e ao próprio comunismo [...] É o dever, para o judeu [...] destruir todos os restos de verdadeira ordem e distinta civilização que sobreviveram [...] É judeu Freud, cuja teoria pretende reduzir a vida interior a instintos e forças inconscientes, é judeu Einstein, com o qual o 'relativismo' entrou na moda [...] Schönberg e Mahler, principais expoentes de uma música da decadência. É judeu Tzara, criador do dadaísmo, limite extremo da degradação da assim chamada arte de vanguarda [...] É a raça, é um instinto que aqui age [...] Já chegou a hora, em que as forças surgem por toda parte para a revanche, porque agora o vulto do destino ao qual a Europa estava para ser submetida ficou claro [...] Que a hora do 'conflito' as encontre reunidas num único bloco maciço, inquebrável, irresistível."

A Itália deu sua excelente contribuição para o antissemitismo intelectual. Só agora, porém, uma série de fenômenos faz pensar num novo antissemitismo popular, como se antigos focos antissemitas encontrassem um terreno fértil em outras formas de racismo de matriz neocéltica grosseira. A prova disso é que as fontes doutrinais são sempre as mesmas: basta visitar alguns sites racistas na internet, ou acompanhar a propaganda antissionista nos países árabes, e se percebe que reciclar ainda os costumeiros *Protocolos* parece melhor do que nunca.

O complô*

O aspecto mais extraordinário dos *Protocolos dos Sábios de Sião* não é tanto a história da produção deles, mas a da recepção que tiveram. Como esta falsificação foi produzida por uma série de serviços secretos e polícias de pelo menos três países, por meio de uma colagem de textos diferentes, é uma história já conhecida — e Will Eisner a conta com detalhes, levando em conta também as pesquisas mais recentes. Eventualmente, num escrito** meu, também indiquei outras fontes que os estudiosos não tinham levado em consideração: o plano judaico para a conquista do mundo decalca, às vezes com expressões quase literais, o projeto do plano jesuíta contado por Eugène Sue primeiro no *Le juif errant* e depois no *Lês mystères du peuple*, tanto que se teve a tentação de pensar que nestes romances o próprio Maurice Joly tinha se inspirado (Eisner conta toda a história disso). Mas não acaba aqui. Os estudiosos dos *Protocolos**** já reconstruíram a história de Hermann Goedsche, que no seu romance, *Biarritz*, escrito em 1868 sob o pseudônimo de Sir John Retcliffe, conta como no cemitério de

---

* Escrito como introdução a Will Eisner, *The Plot. The Secret Story of the Protocols of the Elders of Zion*. Nova York: Norton, 2005.

** "Protocolos fictícios", in *Seis passeios pelos bosques da ficção*. São Paulo: Companhia das Letras, 1994.

*** Vide, por exemplo, Norman Cohn, *Warrant for Genocide*. Londres: Eyre and Spottiswoode, 1967, cap. 1.

Praga os representantes das doze tribos de Israel se reuniram para preparar a conquista do mundo. Cinco anos depois, a mesma história é referida como verídica num libelo russo (*Os judeus, senhores do mundo*), em 1881, *Le Contemporain* a publica novamente sustentando que provinha de uma fonte segura, o diplomata inglês Sir John Readcliff, em 1896, François Bournand usa de novo o discurso do Grão Rabino (que desta vez se chama John Readclif) no seu livro *Les Juifs, nos contemporains*. Mas aquilo que não se percebeu era que Goedsche nada mais tinha feito que copiar uma cena de *Joseph Balsamo* de Dumas (de 1849), na qual se descreve o encontro entre Calhostro e outros conjurados maçons, para projetar o negócio do Colar da Rainha e preparar por meio deste escândalo o clima adequado para a Revolução Francesa.

Esse *patchwork* de textos em grande parte romanescos faz dos *Protocolos* um texto incoerente que revela facilmente sua origem romanesca. É pouco crível, a não ser em um folhetim, ou numa ópera lírica, que os "malvados" declarem ter "uma ambição sem medidas, uma gula devoradora, um desejo cruel de vingança e um ódio intenso".

Que os *Protocolos* tenham sido levados a sério no início, pode ser explicado pelo fato de que eram apresentados como uma estrondosa descoberta, e de fontes consideradas seguras. Mas o que parece incrível é que essa falsificação tenha renascido das próprias cinzas todas as vezes que alguém demonstrou que se tratava de uma falsificação, longe de qualquer dúvida. Aqui o "romance dos *Protocolos*" começa realmente a se tornar inverossimilmente romanesco.

Depois das revelações do *Times* de 1921, todas as vezes que alguma fonte segura reafirmou a natureza espúria dos *Protocolos* houve alguém que os publicou novamente como autênticos. E a história continua ainda hoje na internet. Como se, depois de Copérnico, Galileu e Kepler, continuassem a publicar manuais escolares em que se repete que o Sol gira ao redor da Terra.

Como se pode explicar essa resistência diante da evidência, e o fascínio perverso que esse livro continua a exercer? A resposta se encontra na obra de Nesta Webster, uma autora antissemita que passou a vida inteira a defender a versão do complô judeu. No seu *Secret Societies and Subversive Movements* parece bem-informada, conhece toda a verdadeira história que Eisner conta aqui, mas eis como conclui:

> A única opinião com a qual posso me comprometer é que, sejam autênticos ou não, os *Protocolos* representam o programa de uma revolução mundial e, devido à sua natureza profética e à extraordinária semelhança com os programas de outras sociedades secretas do passado, ou eles são obra de alguma sociedade secreta ou de alguém que conhecia muito bem as tradições das sociedades secretas, e que era capaz de reproduzir as ideias e o estilo delas.*

O raciocínio é impecável: "Já que os *Protocolos* dizem o que eu disse na minha história, eles a confirmam"; ou então: "Os *Protocolos* poderiam ser falsos, mas contam exatamente o que os judeus pensam e, portanto, devem ser considerados autênticos." Em outras palavras, não são os *Protocolos* que produzem antissemitismo, é a profunda necessidade de individuar um Inimigo que leva a crer nos *Protocolos*.

Por isso acredito que, apesar deste corajoso não *comic* mas *tragic* book de Will Eisner, a história ainda não acabou. Vale a pena, porém, continuar a contá-la, para opor-se à Grande Mentira e ao ódio que ela continua a encorajar.

---

* Nesta H. Webster, *Secret Societies and Subversive Movements*. Londres: Boswell, 1924: p. 408-409.

Alguns dos meus melhores amigos*

No decorrer da recente polêmica sobre seus ataques aos alemães, o então subsecretário Stefani tinha acrescentado, como prova das suas boas intenções, o fato de que sua primeira mulher era alemã. Realmente, um argumento pobre: se fosse pelo menos a atual, vá lá, mas se foi a primeira (que evidentemente ele abandonou ou foi por ela abandonado), é justamente sinal de que ele nunca conseguiu combinar com os alemães. O argumento da mulher é fraquíssimo: se bem me lembro, Céline tinha uma mulher judia, e Mussolini por muito tempo teve uma amante judia, mas não impediu que ambos, ainda que de maneiras diferentes, tivessem claros sentimentos antissemitas.

Há uma expressão que, principalmente nos Estados Unidos, se tornou proverbial: "*Some of my best friends*" (Alguns dos meus melhores amigos). Quem começa assim, afirmando que alguns dos seus melhores amigos são judeus (o que pode acontecer com qualquer um), geralmente continua com um "mas" ou um "todavia", e acrescenta em seguida uma filípica antissemita. Nos anos 1970, se representava em Nova York uma comédia sobre o antissemitismo que se intitulava justamente *Some of my best friends*. Quem começa assim é tachado logo de antissemita — tanto que certa vez, paradoxalmente, eu tinha decidido que para iniciar um discurso antirracista precisava exordiar com "Alguns dos meus melhores amigos são antissemitas..."

* *L'Espresso*, agosto de 2003.

Some of my best friends representa um exemplo do que na retórica clássica se chamava *concessio*, ou concessão: inicia-se falando bem do adversário e mostrando que se concorda com uma das teses dele, e depois se passa à parte destrutiva. Se eu começasse uma argumentação com "alguns dos meus melhores amigos são sicilianos", é claro que eu estaria me candidatando ao prêmio Bossi.

De passagem, notamos que, ainda que mais raro, funciona igualmente o artifício oposto: não consigo me lembrar de ter queridos amigos em Termoli Imerese, em Camberra e em Dar-es-Salam (e deve ser pura casualidade), mas se eu iniciasse um discurso com "não tenho amigos em Camberra", é provável que o que se segue seria um elogio incondicional da capital australiana.

Seria diferente o argumento político que, digamos, começasse provando com dados estatísticos inexpugnáveis que a grande maioria dos norte-americanos está contra Bush, e a grande maioria dos israelenses contra Sharon, prosseguindo depois com uma crítica a estas duas administrações. Mas o exemplo individual não basta, e não basta citar Amos Oz para Israel ou Susan Sontag para os Estados Unidos. Em retórica, isso se chamaria um *exemplum*, que tem valor psicológico, mas não argumentativo. Quer dizer que o apelo ao particular, seja ele representado por Sontag ou por alguns dos meus outros melhores amigos, não tem valor para sustentar conclusões gerais. O fato de que tenham me roubado a carteira em Amsterdam não me autoriza a concluir que os holandeses são todos ladrões (de fato, este é o argumento do racista), ainda que seja um pecado maior argumentar partindo diretamente do geral (todos os escoceses são avarentos, todos os coreanos fedem a alho), concedendo no máximo que por curiosa obra do acaso todos os escoceses que conheci sempre me pagaram generosamente bebidas, e alguns dos meus amigos coreanos cheiram a caras e refinadas loções pós-barba.

Os exercícios de ginástica com o geral são sempre perigosos, e prova disso é o paradoxo de Epimênides Cretense, que sustentava que todos os cretenses são mentirosos. Obviamente, se assim falava um cretense, mentiroso por definição, era falso que os cretenses fossem mentirosos; mas se por consequência os cretenses eram sinceros, então Epimênides falava a verdade ao afirmar que os cretenses são todos mentirosos. E assim até o infinito. Até mesmo São Paulo tinha caído na armadilha, pois ele argumentara que de fato os cretenses eram mentirosos, justamente porque um deles o admitia.

Estas são diversões de seminário de lógica ou de retórica, mas o que disso resulta é que precisamos suspeitar sempre que ouvirmos alguém começar com uma concessão. Depois será interessante, principalmente nestes tempos, analisar as várias formas de concessão que ouvimos pronunciar na arena política, do tipo das profissões de respeito (em geral) para a magistratura, o reconhecimento da boa vontade trabalhadora de muitos extracomunitários, a admiração pela grande cultura árabe, as propostas de alta estima ao presidente da República, e assim em diante.

Se o ponto de partida de alguém é uma concessão, prestem atenção no que vem depois. No rabo pode ter o veneno.

Alguns dos seus melhores amigos*

No início dos anos 1960, quando eu e outros éramos convidados para ir à Espanha participar de um debate cultural, no começo recusávamos, democráticos e belas almas que nos sentíamos, dizendo que nunca teríamos ido a um país governado por uma ditadura. Depois, alguns amigos espanhóis nos fizeram repensar explicando-nos que, se nós fôssemos, em torno de nós poderia ser aberto um debate bastante livre, pois se tratava de visitantes estrangeiros, e nossa presença teria aumentado as possibilidades de dissensão dos espanhóis que não aceitavam a ditadura franquista. Desde então fomos à Espanha todas as vezes que nos convidavam, e lembro que o Instituto Italiano de Cultura, sob a direção de Ferdinando Caruso, tinha se tornado uma ilha de livre discussão.

Desde então aprendi que é preciso distinguir entre a política de um governo (ou até mesmo entre a Constituição de um Estado) e os fermentos culturais que agitam um determinado país. Por isso, viajei em seguida para encontros culturais em países com cuja política eu não concordava. Recentemente fui convidado a ir ao Irã por alguns estudiosos jovens e de mentalidade aberta que lutam lá pelo desenvolvimento de uma cultura moderna, e dei meu consentimento, pedindo apenas que a iniciativa fosse adiada até que se soubesse o que ia acontecer na área do Oriente Médio,

---

* *L'Espresso*, janeiro de 2003.

porque me parecia loucura voar entre mísseis que passam de um lado para o outro.

Se eu fosse norte-americano, com certeza não votaria em Bush, mas isto não me impede de ter relações contínuas e cordiais com várias universidades dos Estados Unidos.

Recebi há pouco uma cópia de *The Translator*, uma revista inglesa que trata de problemas de tradução e para a qual eu mesmo tinha colaborado. A revista tem uma excelente comissão de consultores internacionais e é dirigida por Mona Baker, conceituada organizadora de uma *Encyclopedia of Translation Studies*, editada por Routledge em 1998.

No último número da revista, Mona Baker abre com um comunicado editorial em que se diz que muitas instituições acadêmicas (para protestar contra a política de Sharon) assinaram abaixo-assinados pelo boicote das instituições universitárias israelitas (de acordo com alguns sites da internet), como "Call for European boycott of research and cultural links with Israel", e, portanto, Mona Baker pediu a Miriam Schlesinger e a Gideon Toury (ambos conhecidos estudiosos de universidades israelitas) que se demitissem da direção dos *Translation Studies Abstracts*.

Mona Baker adverte (por sorte) que tomou essa decisão sem interpelar consultores e colaboradores da sua revista, e admite que os próprios estudiosos que ela excluiu exprimiram em várias ocasiões uma forte discordância com relação à política de Sharon. Especifica que o boicote não é *ad personam*, e sim contra as instituições. O que piora as coisas, porque significa que, independentemente das posições de cada um, prevalece a associação (ousaria dizer) à raça.

É muito claro aonde pode levar um princípio desse tipo: quem considera belicista a posição de Bush deveria esforçar-se em barrar todos os contatos entre centros de pesquisa italianos e centros norte-americanos; os estrangeiros que (porventura!) considerassem Berlusconi alguém que está procurando instaurar um poder pessoal deveriam interromper todas as relações com a Academia dei Lincei; quem fosse contra o terrorismo árabe deveria expulsar todos os estudiosos árabes de todas as instituições culturais europeias, independentemente do fato de que concordam ou não com os grupos fundamentalistas.

No decorrer dos séculos, através de terríveis episódios de intolerância e ferocidade de Estado, sobreviveu uma comunidade dos doutos, que procurou instaurar sentimentos de compreensão entre pessoas de todos os países. Se for quebrado este vínculo universal, será uma tragédia. Sinto muito que Mona Baker não tenha compreendido este ponto, principalmente considerando que um estudioso da tradução é por definição alguém interessado no diálogo contínuo entre culturas diferentes. Não se pode acusar um país, por mais que se discorde do seu governo, sem levar em consideração as divisões e contradições e as feridas que existem nesse lugar.

Enquanto estou escrevendo, tomo conhecimento de que uma comissão de controle, em Israel, interrompeu uma entrevista coletiva de Sharon para a televisão por considerá-la propaganda eleitoral ilegal. E então se vê como por ali existe uma interessante dialética entre instâncias diferentes, e não entendo como pode ser ignorado por quem, provavelmente, considera injusto o embargo contra o Iraque, que prejudica também os que sofrem sob a ditadura de Saddam.

Em nenhum lugar da Terra todas as vacas são negras, e achar que todas elas têm a mesma cor se chama racismo.

VII. Vamos tentar pelo menos nos divertir

Sobre um congresso teológico berlusconiano*

O congresso teológico que se realizou nestes meses em Smullendorf reconsiderou alguns dos problemas religiosos fundamentais à luz das novas tendências da política e da cultura.

O professor Stumpf, da Universidade de Tubinga, começou com o tema "Berlusconi, a ética protestante e o espírito do capitalismo". O tema propagandístico de Berlusconi é tipicamente protestante, ele disse: a benevolência de Deus se verifica por meio do sucesso econômico e, portanto, quem teve maior sucesso econômico é o Ungido do Senhor. A variação herege é que o pensamento religioso de Berlusconi não distingue o suficiente entre mundo terreno e mundo celeste, já que ele nunca disse com precisão se suas promessas (rodovias, flexibilidade nas contratações, 1 milhão de novos empregos, redução dos impostos) serão realizadas imediatamente ou no além.

O professor Pennypeepy, da Universidade de Notre Dame, falou do triunfo do princípio de analogia na metafísica berlusconiana, ou seja, do silogismo furado. O princípio analógico fundamental de Berlusconi seria o seguinte: é evidente que eu enriqueci quando não podia fazer propriamente tudo o que queria, e isto é prova de que quando eu estiver no poder vou enriquecer vocês todos. O professor Pennypeepy observava que

* *Golem — L'indispensabile*, março de 2001.

a premissa logicamente deveria ter levado à conclusão "quando eu puder fazer o que quiser, portanto, vou ficar ainda mais rico", mas admitia que a conclusão usada por Berlusconi com certeza tinha mais *appeal* para os que não são ricos. Observava, porém, que o silogismo furado de Berlusconi lembrava um raciocínio do tipo "se vocês assistirem sempre ao Taricone do Big Brother, ficarão como ele, incluindo os peitorais", o que não corresponde às regras da lógica. Observava, ainda, que com o mesmo princípio de analogia se podia construir também o seguinte raciocínio (certamente errado): "Eu tive sucesso mesmo sendo muito pequeno, se vocês votarem em mim ficarão pequenos como eu."

Mais escandaloso foi o discurso do padre Rogofredo de Montecuccolo O.S.P.R., que vem cheirando a heresia há certo tempo, sobre o tema "Berlusconi e o problema do Mal". O douto teólogo perguntava como é possível conciliar a existência de Berlusconi com a existência de Deus. Como Berlusconi fundou seu império financeiro sobre operações nem sempre irrepreensíveis, e seduz o povo contando mentiras, ou ao menos fazendo promessas contraditórias que se autoeliminam (diminuir os impostos e aumentar as aposentadorias), sendo ao mesmo tempo premiado com a riqueza e com o sucesso das suas ideias políticas, fica demonstrado que o Mal é premiado.

Por que Deus permite Berlusconi? Se o permitisse porque não pode evitá-lo, então Deus seria menos poderoso do que Berlusconi (solução que Berlusconi nunca excluiu); se o permite para mostrar que no fim o Mal será derrotado, então Deus deveria votar em Rutelli (o que está excluído pelo cardeal Ruini); se Deus consente Berlusconi para submeter à prova a livre escolha dos eleitores e premiar numa outra vida quem não votou nele, então Deus, para dar o paraíso como prêmio a Pecoraro Scanio, Boselli e Ombretta Carulli Fumagalli,* condenaria a maior parte dos italianos à infelicidade nesta terra. Sendo isto inconciliável com a bondade divina, então ou não existe Berlusconi ou não existe Deus. Mas Berlusconi existe. *Ergo Deus non est.*

---

* Nomes de políticos de direita, como também de direita é Previti, que será citado mais adiante. (*N. do T.*)

Deve-se acrescentar que, acusado de ateísmo, o padre Rogofredo, ainda que se esforçasse em demonstrar que tinha feito um raciocínio absurdo com finalidades de sátira, justamente por esta razão foi imediatamente julgado pelo Santo Ofício, entregue à autoridade secular e condenado a passar as próprias noites em discoteca com Ignazio La Russa, mantendo com ele relações sexuais.

Mais moderada era a posição do padre Cock S.J., que perguntava como a ideia de harmonia do cosmo pudesse ser conciliada com a existência do deputado Previti. O argumento do padre Cock era que os monstros também têm um papel na harmonia do cosmo porque, com a monstruosidade deles, mais ressaltam os aspectos positivos da criação. Ao padre Cock se opunha o Dr. Weltanschauung M.D., Ph.D., A.M.O.R.C., que persuasivamente sustentava que num cosmo em que existe o deputado Previti nenhuma coisa boa e bela poderia emergir, em virtude do princípio "não faremos prisioneiros, *nunquam captivi*". Não chegando à conclusão de que a existência do deputado Previti demonstrava a inexistência de Deus, o Dr. Weltanschauung admitia, todavia, que ela contrariava a existência de um Cosmo ordenado. A existência do deputado Previti era, portanto, a demonstração do princípio gnóstico pelo qual o cosmo não foi construído por Deus, e sim por um Demiurgo inábil.

Na segunda seção, discutiu-se se era possível prover ao pecado original sem a Redenção. Fora típico o caso do deputado Fini, que procurara livrar o partido do pecado original sem passar pelo Gólgota,* e sim por Fiuggi. A objeção mais coagente foi que por meio da Redenção o fiel se torna capaz de assumir o sangue de Cristo, enquanto com a água Fiuggi pode no máximo expelir os cálculos renais. Alguns teólogos aconselhavam, portanto, que o deputado Fini devorasse ao menos a carne de Buttiglione, mas souberam que se tratava de teólogos bem amarrados ao deputado Casini, que os tinha instigado a fim de que fosse eliminado seu irmão-inimigo.

---

* Aqui o autor se refere primeiramente ao monte onde Jesus foi crucificado (Gólgota), depois fala do deputado Gianfranco Fini, líder de um partido de direita que esteve ligado no passado a ex-fascistas, e finalmente se refere a uma conhecida água mineral italiana (da cidade de Fiuggi, não muito distante de Roma). (*N. do T.*)

Teve muita audiência a comunicação de Dom Perignon O.S.B., sobre a *quaestio quod libetalis* discutida por São Tomás de Aquino "utrum possit homo Arcoreus agasonem mafiosum assumere", isto é, se Berlusconi podia assumir um cavalariço ligado à máfia. A resposta de São Tomás tinha sido que se podia, desde que o cavalariço não se ocupasse realmente de cavalos. Nesse caso, *nomen equi supergreditur modum litteralem*, isto é, o termo "cavalo" significa algo diferente. Estabelecido com base no tratado de Robert Fludd, do *Utriusque cosmi istoria*, que no caso específico por cavalo se entendia uma outra coisa, concluía-se que não se devia considerar imoral nem mesmo se Berlusconi por acaso contratasse Totò Riina como cavalariço. Alguém tinha levantado a questão sobre se era mais lícito beijar Riina, *juliano more*, ou possuir cavalos, mas a questão foi liquidada por Don Baget Bozzo como persecutória e inspirada no complô das togas vermelhas, até porque nenhum inquisidor conseguira demonstrar que Berlusconi, mesmo que tivesse possuído um cavalo, o tivesse beijado.

Num seminário marginal foi discutida também a legalidade de um cartaz eleitoral com o rosto de Berlusconi no fundo da bandeira do Força Itália, um sobretítulo que afirmava "Por uma Itália mais cristã" e um texto central: "Um presidente divorciado." A Conferência Episcopal Italiana foi encarregada da questão, mas, para não manchar o debate eleitoral, reservou-se o direito de responder depois das eleições.

O dom da posmonição*

Tanto os defensores dos fenômenos paranormais como os inveterados céticos do Cicap, que os perseguem para mostrar que estes fenômenos são efeitos de ilusões de vários tipos, sempre se ocuparam da premonição. Nunca ninguém tratou da posmonição, que é também um fenômeno extraordinário. Pois bem, eu tenho este dom, mas até agora o tinha mantido cuidadosamente em segredo, com medo de me expor a ironias e gozações. Só agora, encorajado pela revelação do terceiro segredo de Fátima, estou disposto a revelar o que eu cuidadosamente guardava no fundo do coração.

Às vezes me acontece de entrar numa espécie de transe e ver com clareza quase eidética episódios que se desenrolam num tempo que não é aquele em que vivo. Mas não os vejo obscuramente, a ponto de ter de exprimi-los por alusões ambíguas, como fazia Nostradamus, cujos supostos vaticínios podem aplicar-se a acontecimentos diferentes. Não, tudo o que vejo é de maneira límpida, para não dar assim margem a equívocos. Eis alguns exemplos.

Vejo uma grande e próspera cidade na costa da Ásia Menor, assediada por uma grande armada guiada por um herói de longa cabeleira loura, e vejo um cavalo de madeira nessa cidade, do qual saem os inimigos que exterminam os habitantes, assim, só dois escapam, um que irá vagabundear pelos mares e o outro que fundará uma nova civilização nas terras itálicas.

---

* *L'Espresso*, junho de 2000.

Vejo uma horda de homens barbudos com cabeleiras besuntadas de gordura que invadem a cidade mais poderosa do mundo conhecido, e o chefe deles, que lança uma espada sobre uma balança gritando morte aos vencidos.

Vejo um genovês com a cabeleira mais curta do que os anteriores que navega com três caravelas até que seu gaveador se choca com a terra firme, e chega ao que ele acreditava que fossem as Índias, mas era, no entanto, um novo e inexplorado continente.

Vejo um homem de cabelos não longos que observa a lua com um tubo nunca visto e que declara que a Terra gira em redor do Sol, sofre um doloroso processo e dele sai derrotado, murmurando, e mesmo assim se move.

Vejo um homem de cabelos curtos e uma franja na testa, nascido numa pequena ilha, que com suas armadas percorre vitorioso a Europa dos Alpes às pirâmides e dos Manzanares ao Reno, até ser derrotado numa planície da Bélgica e morrer abandonado por todos numa ilha ainda menor do que aquela onde tinha nascido.

Vejo um homem de cabelos ainda mais curtos, mas com franja e monobigode, que desencadeia uma guerra mundial, comete um horrendo genocídio e se mata num bunker.

Vejo um homem completamente careca que conquista o poder marchando na capital, debulha o trigo, beija as crianças e acaba numa praça com o nome de um papagaio.

O que devo pensar destas minhas visões? Juro que todas elas se tornaram realidade. Tanto é que decidi tentar também algumas premonições, com certeza um jogo mais arriscado, mas no qual basta movimentar-se com sabedoria. Portanto: vejo que daqui a um século um presidente dos Estados Unidos sofrerá um atentado, um ciclone varrerá o Caribe, o avião de uma grande companhia vai cair, um homem de origens humildes ganhará um grande prêmio na loteria, um político italiano mudará de partido, um outro vai querer salvar o país do comunismo, um apresentador da televisão perguntará a Samantha de Piacenza qual era o nome de batismo de Garibaldi (não sei por que, mas sinto que as duas últimas premonições estão intimamente ligadas).

O código enigma*

Finalmente nossa cultura jornalística (se o oximoro tem um sentido) colocou a cabeça no lugar. No decorrer do verão que já esmorece, em vez de se perder na já insustentável demonização de Berlusconi ou nas formas mais ultrapassadas de antiamericanismo (como a crítica de Al Capone e da gangue Manson), nossa imprensa teve a coragem de enfrentar os temas essenciais de um saudável e iluminado revisionismo histórico.

Como é sabido, tudo partiu de documentos ainda inéditos com base nos quais a chave para compreender o assassinato de Gentile se encontra na correspondência entre Ítalo Calvino e Elsa De Giorgi. E não apenas isso, mas também na correspondência inédita (e eroticamente muito acalorada) entre Gentile e Ranuccio Bianchi Bandinelli se encontraria o fio da meada para explicar por que Calvino intitulou sua obra juvenil *A trilha dos ninhos de aranha* e não *Vem, há uma estrada no bosque*.** Só a hegemonia cultural da esquerda tinha impedido por cinquenta anos que fosse revelado o caráter indispensável dessas correspondências amorosas para compreender tanto a obra de um escritor como a funesta ação dos Gap.***

---

* *L'Espresso*, agosto de 2004.

** Aqui, o trocadilho é entre uma conhecida canção romântica italiana da época "Vieni, c'è uma strada nel bosco" e o primeiro romance de Calvino. (*N. do T.*)

*** Gap = Gruppo di azione partigiana, ou os grupos de "partigiani" que resistiram ao nazifascismo durante a Segunda Guerra. Por todo o artigo, a ironia do autor se dirige às afirmações do governo Berlusconi sobre a suposta predominância absoluta da esquerda na cultura italiana. (*N. do T.*)

Hoje, por sorte, nasceu uma organização para tornar públicas as correspondências amorosas, às quais se pode ter acesso pagando uma taxa mínima, mesmo dispondo apenas do título de técnico em agronomia, no site www.parlamidamoremariù.cepu,* em que estão conservadas também as cartas do conde Contini Bonaccossi a Gianfranco Contini, com trechos memoráveis sobre a utilidade das "crítica dos calhamaços".

A história já é conhecida. Numa manhã de 1944, Elsa De Giorgi e Paolo di Stefano ficaram de emboscada diante da casa de Giovanni Gentile** em Campo de' Fiori e queimaram o filósofo na fogueira, enquanto Concetto Marchesi punha lenha na fogueira (vide Raffaele La Porta, *Essi sono tra noi: Giordano Bruno discepolo di Evola*, ou *Eles estão entre nós: Giordano Bruno discípulo de Evola*).

Mas aquilo que os historiadores ainda não tinham percebido era que tudo nascia de uma carta de Togliatti a Norberto Bobbio (que, finalmente, quebrando a hegemonia cultural da esquerda, se descobriu que era o verdadeiro e efetivo chefe secreto da Ovra***). Togliatti, com sua típica duplicidade, declarava sua fidelidade ao fascismo e pedia 25 liras para comprar selos (destinados à sua correspondência amorosa com Teresa Noce — que efetivamente era um travesti que agia com o nome de Coronel Valério****) e em troca garantia que colocaria Antonio Gramsci nas mãos da polícia — fazendo-o surpreender numa casa de prazeres da Versilia enquanto se dedicava a acasalamentos contra a natureza com a costumeira Virginia Woolf, ao mesmo tempo que Teresa Guiccioli e Tamara de Lempicka tocavam marimba.

Com uma jogada típica da hegemonia cultural da esquerda, Roberto D'Agostino (vide www.dagospizza.com, em que obviamente "com" significa

---

* Mais uma referência a uma canção romântica italiana dos anos 1930, "Parlami d'amore Mariù" [Fale-me de amor, Maria]. (*N. do T.*)

** O filósofo Giovanni Gentile, que fora ministro da Educação durante o fascismo, foi morto por um comando de "partigiani" em Florença, em 15 de abril de 1944. (*N. do T.*)

*** Ovra é a sigla para "Opera Vigilanza Repressione Antifascismo", órgão de repressão na época do fascismo. (*N. do T.*)

**** O Coronel Valério comandava o grupo de "partigiani" que condenou à morte Mussolini. (*N. do T.*)

"comunista") revelava como Togliatti naquela época estava efetivamente escrevendo *O visconde partido ao meio*. Calvino, com a ajuda de Asor Rosa, roubou-lhe depois o manuscrito — e a trama pode ser facilmente elucidada fazendo o anagrama do texto inteiro de *Escritores e povo*, que, com efeito, constitui um único e labiríntico palíndromo, a ser lido escolhendo uma letra sim e 1,618 não, multiplicando depois o total por 3,14. Por outro lado, já se sabe como os estilemas calvinianos decalcam os de Roderigo de Castilha.

Mas isso só se tornou evidente depois que os herdeiros Contini Bonaccossi conseguiram desenterrar a correspondência entre Ferruccio Parri e a prima de Elsa De Giorgi, da qual se deduz também que a sigla *Gap* significava "Olhando através da poesia".* Como se sabe, os Gap nasceram de uma sociedade secreta que se constituíra para ocultar as relações homossexuais entre Ford Madox Ford e T.S. Eliot, quando conspiravam, junto a Drieu de la Rochelle, para fazer cair no mar o avião de Saint-Exupéry, que denunciara, brincando com o duplo sentido do título *Vol de nuit*, um furto noturno da correspondência amorosa entre Cesare Pavese e Claretta Petacci, surrupiada durante a noite por Ernesto Galli della Loggia na fundação de livros antigos de Eugenio Scalfari, para impedir que Ezio Mauro se tornasse o único guardião da hegemonia da esquerda.

O verdadeiro problema, porém, como se pode deduzir de uma análise estreita estilemática e estrutural-narratológica de todas as correspondências amorosas de Calvino (cerca de 10 mil páginas ainda inéditas), vendidas sub-repticiamente pelos Chalabi (pai e filho) para Primo Carnera** (o que evidencia a inegável homossexualidade do atleta, acostumado a exibir-se em público de dorso nu e fazendo mostra de uma musculatura de matriz claramente homoerótica), é se Thomas Mann se dedicava ao coito bestial. Sem resolver esta questão, nunca se poderá entender a mensagem secreta de *A montanha mágica* (nem quem realmente era o Eleito, na verdade a cabra de Marcovaldo). Mas quais foram as verdadeiras relações entre Elsa de Giorgi e Bruneri e Canella?

---

* Em italiano, *Guardando Attraverso la Poesia*. (*N. do T.*)

** Primo Carnera foi um dos maiores pugilistas de peso-pesado da Itália. (*N. do T.*)

Se Arbasino continuar a manter em segredo a correspondência deles (a três!), nosso país permanecerá ainda cercado de mistérios não resolvidos e Berlusconi não poderá trabalhar em paz.

A cartuxa de Parmalat*

A maior venda de livros e de vídeos já é realizada por romances e filmes oferecidos pelos jornais, mas a concorrência está se tornando cerrada. Esgotados os clássicos, de Hesíodo a Gino e Michele, das obras-primas do cinema dos irmãos Lumière a Panariello, não se sabe mais o que propor. Eis alguns possíveis *remakes*:

A CARTUXA DE PARMALAT** — Ascensão e queda de um jovem ambicioso, disposto a todos os riscos, Fabrizio del Bingo. Ilustrações de Totentanzi di Holbein.

TAROQUE E SEUS IRMÃOS*** — Arrebatadora história de enganos televisivos. Trilha sonora de Ezio Taricone, autor de *Estrelas e faixa.*

A CABEÇA PARA CIMA — História natalina de aventuras na plástica, com a consultoria, para a ampliação do sorriso, de Christian de Sirchia. Blefedireção de Sergio Lenone. Um aventureiro, conhecido também por Funny Face ou Plastic Man (seu inimigo é Scalface), reconstrói o rosto

---

* *L'Espresso*, fevereiro de 2004.

** A Cartuxa de Parmalat é um trocadilho com o romance de Stendhal (*A cartuxa de Parma*) e o escândalo com a empresa Parmalat. (*N. do T.*)

*** Taroque (no original "tarocco") brinca com as palavras "tarocco" (tarô) e Rocco (Roque) do filme de Visconti *Rocco e i suoi fratelli* ("Roque e seus irmãos"). Ezio Taricone está por Ennio Moriconi, famoso compositor de trilhas sonoras para importantes filmes italianos. (*N. do T.*)

para continuar sem ser incomodado seus atentados com dinamite contra os bancos que coletam euro. No fim do tratamento, o protagonista se vê com a cara de Massimo Bondi.

SOMBRAS RUSSAS — História de uma esquizofrenia. Um presidente vê comunistas por toda parte, mas sai de férias com o chefe da KGB.

ELE USAVA O SAPATO DO TÊNIS — Sátira de Jannacci e Grillo sobre a globalização: a invasão da manufatura japonesa.

GASPARR DE LA NUIT* — Personagem tenebroso procura interromper as redes de televisão governativas, mas incorre em divertidas desventuras.

ABAIXA SEU RÁDIO, POR FAVOR** — CD cantado por Little Tony Blair.
NÃO SE TRATAM ASSIM TAMBÉM AS CAVILAÇÕES — Maratona judiciária de Cesare Previti: como não pagar a taxa sobre o Ariosto.***

O TUMULTO DOS CIAMPI — Fascinante história de ficção política que vê alguns personagens agitados por causa de uma futura candidatura à presidência da república.****

ATÉ OS FORMIGÕES COM SUA PEQUENEZ FICAM EMPUTECIDOS — Histórias de conflitos regionais lombardos.*****

DEZ PEQUENOS IDÔNEOS — Numa faculdade remota, dez pesquisadores idôneos são convidados para concurso, mas com contrato co.co.co. Um por um, terminado o contrato, os pesquisadores são eliminados.

O QUÊ, DES BRUMES? — Um ministro dos transportes teima em combater a neblina nas rodovias exigindo que os carros mantenham os faróis acesos mesmo quando estão na garagem.

---

* GASPARR é trocadilho com Gasparri, político da direita. (*N. do T.*)

** Little Tony é o nome de um cantor bem popular na Itália, e aqui o trocadilho é com o primeiro-ministro inglês, Tony Blair. (*N. do T.*)

*** O original joga com os trocadilhos *tasso* (que significa taxa e lembra o escritor Torquato Tasso) e com a alusão ao poeta Ludovico Ariosto. Já o título lembra o filme do americano Sidney Pollack, cujas tomadas iniciais lembram os cavalos que, feridos, precisam ser sacrificados. (*N. do T.*)

**** Ciampi (Carlo Azeglio) foi presidente da República, cuja candidatura (ou "reeleição") chegou a ser proposta por vários políticos. O trocadilho aqui está em "Tumulto dei *Ciompi*" (revolta histórica de artesãos em Florença, em 1378) e *Ciampi*. (*N. do T.*)

***** Trocadilho entre Formigoni (presidente da região Lombardia) e o livro *Anche le formiche nel loro piccolo s'incazzano*. (*N. do T.*)

A CORTE SE RETIRE — Soberba interpretação do ministro Castelli.

O CORSÉRIO NEGRO — Antologia do *Livro dos Sonhos* de Silvio Berlusconi.

OS MISTÉRIOS DE PARISI — Longo romance em episódios que acabou de ser concluído, sobre a candidatura de Prodi.

O PADRE ATREVIDO — Romance de Gianni Baget Bozzo.

UM, NENHUM, QUINHENTOS MIL* — Por ocasião de uma manifestação sindical, Clemente Mimum recebe três dados, um da polícia, um do governo e um dos organizadores, e opta pelo segundo.

NINGUÉM VOLTA ATRÁS — Romance de Albania de Cespedes sobre as tentativas de deportação dos imigrantes clandestinos.

O BARBÃO NAS ÁRVORES** — *Bildungsroman* sobre a carreira do ministro Maroni.

O CAVALEIRO INSISTENTE*** — Desenho animado sobre um personagem que, de tantas cirurgias plásticas no rosto, tenta alcançar a imortalidade e o governo perpétuo.

LIMELIFT — Personagem de estatura chapliniana tenta o último truque para ficar sob as luzes da ribalta.

OS ESPASMOS DOS NOIVOS**** — História italiana do século XXI reescrita para aposentados. Fascinante o trecho "Adeus três montes que surgem pelo buraco".

ESPERANDO GODO — A lenta escalada para o poder, entre verificações e reviravoltas, de um presidente da câmara dos deputados.

OS CORSÁRIOS DAS BERMUDAS — Aventuras do diretório de Força Itália nas Ilhas Cayman.

---

* Trocadilho com o último romance de Pirandello, *Uno, nessuno, centomila* [Um, nenhum, cem mil]. (*N. do T.*)

** Trocadilho com o título do romance de Ítalo Calvino, *Il barone rampante* [O barão nas árvores]. (*N. do T.*)

*** Mais um trocadilho com Calvino, desta vez com o romance *Il cavaliere inesistente* [O cavaleiro inexistente]. *Il Cavaliere* é também o título que a mídia italiana frequentemente usa para se referir a Berlusconi. (*N. do T.*)

**** Trocadilho com *I promessi sposi*, famoso romance de Alessandro Manzoni. O trocadilho aqui é entre *spasimi* (espasmos, dores) e *sposi* (noivos), além de uma alusão a um trecho famoso do romance e ao ministro da economia da época, Giulio Tremonti ("três montes") e às suas polêmicas com os aposentados. (*N. do T.*)

O AZUL E O NEGRO — Filme com Berlusconi, que diz ao telefone: "É a TV, querida, e você não pode fazer nada!"

GUERRA E PEZ — Como fazer uma guerra e ver saltar pelos ares os poços de petróleo.

UM ESTÁDIO NO VERMELHO — Por causa dos alucinados investimentos do proprietário, um time de futebol vai à bancarrota.

CORASSÃO* — Um grupo de crianças, não podendo frequentar as escolas particulares, aprende ortografia numa escola pública.

FRANGALHOS DA ITÁLIA** — Documentário da Liga, com a inclusão de um rolo de papel higiênico tricolor.

O CAIPIRA DO PO — Grande romance de Umberto Bossi.

A VOLTA DOS MORTOS VIVOS — Musical de anões e bailarinas.

A ROMENA*** — De um inédito de Alberto Moravia, sobre a triste história de uma extracomunitária que cai nas mãos da máfia da prostituição.

TRÊS HOMENS DE BURKA — Excitante aventura entre os transexuais de Cabul.

A MINHA, VAMOS! — História de uma atrizinha decidida a alcançar o sucesso, que se oferece para um filme com Tinto Brass.****

---

* *Cuore* (Coração) é um famoso romance juvenil de Edmondo De Amicis. No original, o "erro" de ortografia é *Quore*. (*N. do T.*)

** No original, o trocadilho é com o início do hino nacional italiano, *Fratelli d'Italia*, que ele troca por *Frattaglie* (miúdos de animal, principalmente de frango) *d'Italia*. (*N. do T.*)

*** Refere-se ao romance *La romana* [A romana], de Alberto Moravia. (*N. do T.*)

**** Tinto Brass é um conhecido diretor italiano de filmes eróticos. (*N. do T.*)

Profecias para o novo milênio

*Resumo da imprensa de 2010**

Caros ouvintes do resumo da imprensa de Mediaset/Rai 1, como de costume vamos dar uma olhada nos jornais e nas revistas desta manhã. Vamos começar com *Il Corriere della Sera Padana*, em que aparece um editorial do presidente da Corte Constitucional Previti, com o título de "Dez anos de dieta". Previti retoma, depois de dez anos de distância, o debate infelizmente agitado pela esquerda terrorista no início do milênio, que delirava sobre o nascimento de um novo regime.

Previti lembra que, de acordo com os mais conceituados dicionários, a palavra "regime" significa "governo, administração, ordenação política, forma ou sistema estatal", e extensivamente "modo de se comportar e de proceder na vida econômica e social", e governos, administrações e modo de se comportar existem em todos os países democráticos. Só em segunda instância o termo indicava numa época "Estado ou governo autoritário, e particularmente aquele fascista". Previti comenta que, se por regime se aludia a um país onde os cidadãos são obrigados a ler um só jornal (como

* *L'Espresso*, abril de 2002.

o *Pravda*), então não se pode falar de regime, já que no nosso país existem seis canais Mediaset, cada um independente do outro, e a Constituição de 1946 foi emendada só para unificar as funções de presidente da república, primeiro-ministro e presidente da Fininvest.

De qualquer maneira, para evitar todas as conotações desfavoráveis do termo "regime", o próprio governo que, sempre se atendo ao dicionário, que define como regime também o "modo de se comportar na alimentação, hábito ou norma higiênica" e, portanto, dieta, tinha proposto falar de "dieta Berlusconi", desde a nova vitória eleitoral de 2006. Previti conclui seu artigo enumerando as vantagens que a dieta Berlusconi trouxe para o país, diminuindo os riscos de úlceras gástricas provocadas por excesso de consumo de gorduras na população dos aposentados e desempregados, e fornecendo ao país uma elite sarada e eficiente, educada nos *jogging parties* dirigidos pelo próprio presidente nas melhores repúblicas *offshore*.

A segunda notícia, à qual dá muito destaque o respeitável *Il Foglio* de Turim, é a recusa generosa do primeiro-ministro Berlusconi em aplicar o codicilo SS70A à nova definição penal de crime de roubo de gado. Como todos sabem, o codicilo SS70A significa que uma lei se aplica a todos os cidadãos "com exceção dos que se chamam Silvio e moram em Arcore". O codicilo tinha sido justamente aplicado nos anos anteriores à redefinição dos crimes de falsificação do balanço, corrupção de autoridades públicas, lavagem de dinheiro, construções clandestinas e outros crimes menores, mas não aos crimes de pedofilia e posse de obras que incitam ao terrorismo, como os escritos de Norberto Bobbio, os discursos de Carlo Azeglio Ciampi, e a exposição de obras de arte pobre e transvanguarda — a não ser naturalmente em quantidades módicas. A renúncia do presidente em aplicar o codicilo ao roubo de gado mostra o quanto ele se sente seguro com relação às contínuas agressões e insinuações da Empresa Privatizada da Magistratura, à qual a dieta Berlusconi permite ainda e sempre permitirá direito de reunião e livre expressão, como de resto permite (por exemplo) aos Arquivos Sindicais, à renascida Loja P2 ou ao Movimento Gay não Comunistas.

A seção cultural inteira de *Panorama Espresso* é dedicada aos desdobramentos do processo Galbusera, que leva o nome do jovem que assassinou a própria tia em Voghera. Como vocês devem lembrar, Galbusera tinha sido absolvido em primeira instância no processo do *Porta a porta*, por um júri de criminologistas e atrizes protagonistas dos mais respeitáveis calendários. Foi demonstrado que Galbusera afirmava que a Itália na segunda metade dos anos 1950 tinha sido governada pela Democracia Cristã e não pelo Partido Comunista, e, portanto, tinham reconhecido que ele era completamente doente mental. No decorrer do processo de apelo no *Gasparri Show*, todavia, o júri, composto por dançarinas de strip-tease descendentes dos remanescentes de Salò, e presididas por Miss Beleza Céltica 2007, considerara Galbusera culpado, pois a tia, nos tempos da infeliz magistratura comunista, tinha sido condenada por sonegação de impostos e, portanto, Galbusera surgia como perseguidor objetivamente aliado ao terrorismo justicialista. Agora estão aguardando as decisões do prestigiado *talk show Hip Hip Trash*, apresentado por Emilio Fede e Pamela Prati, que dará o veredito final.

Depois dos costumeiros vinte minutos de comercial, vamos falar das reações ao desabamento da novíssima ponte sobre o estreito de Messina, do afundamento de 2 mil invasores curdos no canal de Otranto e das canções escolhidas para o próximo Festival de San Silvio.

*Como eleger o presidente**

First good news. Como já tinha dito o *L'Espresso* anterior, se vocês forem à internet no www.poste.it poderão registrar-se num serviço gratuito graças ao qual vocês mandam pelo computador tanto uma carta como um telegrama, o Correio imprime e entrega para o endereço certo (custo de uma carta, 1.700 liras), passando por cima dos trâmites da viagem de trem e da estada nas estações. Parabéns (é incrível dizer isso) ao Correio italiano.

---

* *L'Espresso*, novembro de 2000.

Now bad news. É a história das eleições norte-americanas, é óbvio, onde a máquina do escrutínio se revelou menos eficiente do que o Correio italiano. No entanto, havia uma solução, e tinha sido dada pelo grande Isaac Asimov num conto dos anos 1960 (foi publicado na edição italiana de *Galaxy* de dezembro de 1962 com o título de "Direito ao voto"). Reduzindo a história ao essencial, conta-se que, no remoto 2008, os Estados Unidos tinham finalmente percebido que a escolha já era entre dois candidatos, e tão semelhantes que as preferências dos eleitores se distribuíam quase *fifty-fifty*. Além disso, as pesquisas, agora feitas por computadores poderosíssimos, podiam avaliar infinitas variáveis e aproximar-se quase matematicamente do resultado efetivo. Para tomar uma decisão cientificamente exata, o imenso calculador Multivac (na época, com meia milha de comprimento e tão alto quanto um edifício de três andares — eis um caso em que a ficção científica não tinha conseguido prever o progresso) tinha apenas de levar em conta "alguns imponderáveis comportamentos da mente humana".

Mas, como está implícito no conto que num país desenvolvido e civilizado as mentes humanas se equivalem, Multivac só precisava fazer um teste com um único eleitor. Assim, a cada eleição anual, o calculador identificava um estado, e um cidadão apenas daquele estado, que se tornava assim o Eleitor, e com base nas suas ideias e humores se escolhia o presidente dos Estados Unidos. Tanto que cada eleição assumia o nome do único eleitor, voto Mac Comber, voto Muller, e assim em diante.

Asimov narra de maneira deliciosa a tensão que se cria na família do pré-escolhido (que, porém, tem a chance de se tornar famoso, ter bons contratos publicitários e fazer carreira, como um sobrevivente do Big Brother), e é divertido o espanto da filhinha, à qual o vovô conta que numa época todos votavam, e ela não percebe como podia funcionar uma democracia com milhões e milhões de Eleitores, muito mais falíveis do que Multivac.

É que já Rousseau excluía que se pudesse ter uma democracia de assembleia, a não ser num Estado muito pequeno, onde todos se conheçam e possam se reunir facilmente. Mas mesmo uma democracia representativa, que chama o povo para escolher os próprios representantes a cada quatro ou cinco anos, hoje está em crise. Numa civilização de massa dominada pela comunicação eletrônica, as opiniões tendem a nivelar-se de tal maneira que as propostas entre os vários candidatos tornam-se muito semelhantes umas às outras. Os candidatos são escolhidos não pelo povo, mas por uma Nomenklatura partidária, e o povo deve escolher (no limite) entre duas pessoas (escolhidas por outros) que se parecem como duas gotas de água. Situação que lembra bastante a soviética, só que lá a Nomenklatura escolhia um só candidato e os eleitores votavam nele. Se os sovietes tivessem proposto aos eleitores não um, mas dois candidatos, a União Soviética teria sido semelhante à democracia norte-americana.

Sim, eu sei, numa democracia, mesmo depois do ritual fútil das eleições, os governantes são controlados pela imprensa, pelos grupos de pressão, pela opinião pública. Mas se poderia fazer assim também com o sistema proposto por Asimov.

*Eis um belo jogo**

Se um novo Humbert Humbert, o célebre personagem de *Lolita*, se afastasse de casa com uma mocinha, hoje poderíamos saber tudo sobre ele. O navegador por satélite do seu carro nos diria onde ele se encontra e aonde vai; os cartões de crédito nos revelariam em que motel ele parou e se reservou um ou dois quartos: ele apareceria no circuito fechado dos supermercados comprando uma revista pornográfica em vez de um jornal, e por outro lado, pelo jornal que compra poderíamos conhecer suas ideias políticas; se no supermercado ele comprasse uma Barbie, poderíamos deduzir que a mocinha é menor de idade; se, enfim, tivesse acessado um site pedófilo da internet, seríamos capazes de tirar nossas conclusões. Mesmo que Humbert Humbert não tivesse ainda cometido um crime, decidiríamos que ele tem perigosas tendências e seria oportuno prendê-lo. Se depois a moça fosse sua sobrinha, e se as fantasias particulares da personagem não prenunciassem

* *L'Espresso*, janeiro de 2001.

efetivamente práticas criminosas, paciência, é melhor um inocente a mais no xadrez do que uma bomba-relógio perigosa para a sociedade.

Tudo isso já poderia ser feito. Furio Colombo, no seu *Privacy*, publicado pela Rizzoli, acrescenta apenas um toque de ficção científica, isto é, imagina um aparelho que permite a monitoração não só do comportamento, mas também do pensamento. Ele constrói em torno disso uma ideologia da prevenção como bem supremo, e o jogo está feito: o *1984* de Orwell torna-se, em comparação, uma história com final feliz.

Vocês vão ler o livro e perguntar se já não estamos perto do futuro que ele anuncia. Eu gostaria, porém, de usar esse livro como pretexto para imaginar um jogo que está no meio do caminho entre a realidade como ela é hoje e o futuro anunciado por Colombo.

O jogo se chama *Irmãos da Itália** (mas o formato pode ser exportado para outros países) e é um aperfeiçoamento do Big Brother. Em vez de colocar as pessoas na frente da televisão para acompanharem os acontecimentos de gente que está numa situação artificial, estendendo os sistemas de monitoração dos supermercados a toda a estrutura urbana, a todas as ruas e locais públicos (talvez até aos apartamentos privados), os espectadores poderiam acompanhar hora por hora, minuto por minuto, os acontecimentos cotidianos de cada um dos outros cidadãos, enquanto vai pela rua, enquanto faz suas compras, enquanto faz amor, enquanto trabalha, enquanto briga com alguém por uma pequena batida. Seria uma festa, a realidade pareceria mais fascinante do que a ficção, o sentido de voyeurismo e fofoca presente em cada um de nós seria elevado ao máximo.

Não vou negar que surgiriam alguns problemas. Quem olha e quem age? No início, olharia quem tem tempo a perder, enquanto quem tem o que fazer agiria e daria show. Em seguida, poderíamos supor que alguém fica em casa olhando os outros. Mas como até os apartamentos seriam monitorados, no máximo 60 milhões de espectadores poderiam ver, cada um deles em tempo real, 59.999.000 outros espectadores, espiando as expressões dos rostos deles. Mais provavelmente, como ser visto vai se tornar

---

* Nova alusão ao início do hino nacional italiano, "Fratelli d'Italia". (*N. do T.*)

cada vez mais um valor, todos agiriam *en plein air* para não se mostrarem aos outros afundados tristemente na poltrona. Mas então quem olharia para eles?

Todos precisariam de um pequeno visor de bolso no qual, enquanto agem, poderiam ver os outros que agem. Mas o espetáculo poderia se reduzir a 60 milhões de pessoas que agem de maneira espasmódica olhando os outros que agem espasmodicamente enquanto caminham tropeçando para poderem olhar para a telinha portátil.

Enfim, vai ser uma beleza.

*Aquele braço do lagodi.com**

De vez em quando surge o receio de que as novas formas de comunicação, da internet aos SMS, mudem nossos modos de pensar e de expressar. Como vão escrever os meninos educados para o envio e o recebimento de mensagens telefônicas curtinhas e de conversas sincopadas no *chat*? A preocupação não deveria subsistir, porque a invenção do telégrafo, com as mensagens essenciais que comportava ("chego quinta-feira último trem stop"), não impediu que Proust escrevesse a *Recherche*, e porque definitivamente o uso do correio eletrônico muitas vezes estabelece certa civilização epistolar que tinha se perdido com o telefone. Para conforto dos apocalípticos, todavia, proponho alguns exemplos de redações escritas por uma geração já viciada no computador e em suas pompas.

TEMA: Descrevam a excursão escolar aos lugares manzonianos.**

REDAÇÃO: Em 3/31/00 o Provedor dos Estudos organizou, por razões de educação, um transfer para um patch que nos rodou para o lagodi.com. Nós éramos mesmo um belo newsgroup, uma banda larga.

---

* *L'Espresso*, abril de 2000.

** O título do artigo remete a uma passagem de *I promessi sposi*, de Manzoni, já citada anteriormente. Deve-se notar o trocadilho *.com* (léxico da internet) em vez de *Como* (o lago de Como mencionado por Manzoni). Mais adiante há trocadilhos com a personagem Lucia e outras referências ao romance. (*N. do T.*)

O altavista de que desfrutamos era unix! Nosso Virgílio era uma profa. amazon, Ariana. Ela nos fez um surf on-line naqueles típic.it barquinhos que estavam na modem nos tempos de L.uk/ia e ver os (link) **montes surgindo das águas** (que se você quiser eu os tiscarrego num webshot). Foi mesmo um url. WWW! Parecia que a gente ouvia uma harpanet.

Nós browseamos todos os sites, e eu seria capaz de fazer a lista com WordPerfect, como se tivéssemos visto tudo por uma window. Havia os que faziam as costumeiras FAQ, e para estes a prof respondia fax/you para todas as query. "Não façam muitas cut and paste, nos CDizia, precisa aprender um pouco de netiqueta." :(

No return alguém lia *Linux*, ninguém, o *Courier*, FatOne comia um Mac e uns cookies e.biscom, tantos que não podia mais passar pelo portal da sua home, e era tudo um chat.

Winniepooh84: como você se chama? Spirou: ficou em Como. Dito2: Francisca e você? Markpin: um beijinho para todas. Mirka99: nós não estamos em chave pública. Winniepooh84: belo nome eu Pablo. Markpin: mas eu gostaria. Syndrome: queria uma moça que se interessasse por mim. Dito2: mas que saco o manzoni. Apolo2000: mas com quem você está falando? Markpin: estou aqui. Spirou: nos markpin! Jdbear: é mais úmido do que em Milão. Ledaboh: pra mim pior é Foscolo. Syndrome: mesmo feia. Winniepooh84: quem é bonito neste mundo? Almodóvar: fica mais úmido quando você faz xixi na cama. Syndrome: queria uma moça que se interessasse por mim. Jdbear: se você sabe é porque faz isso muitas vezes. Spirou: quem apagou a luz? Winniepooh84: olha só?*

Eu olhava como um lynx a minha companheira Eudora, uma muito =:-) que está sempre na privacy (deram-lhe o nickname de Java), e eu sonhava ser o server dela, e depois puxar o zip e o slip/ppp dela, até o org.asmo :) Tin! Eu tinha como um vírus na cabeça, mas não sabia que senha usar

* Série de mensagens realmente extraídas da internet.

para ter a connection, insert object, e ser um RealPlayer acrobat com meu mouse no seu fórum.

De qualquer maneira, register now e attach. "O que você leu recentemente?" Replay:

http://dgprod2.vill.edu/~augustin/city016.html,
http://patriot.net/~lillard/cp/august.html,
http://subsidiario.it/historia/antiga/roma/mapas/,
http://talk.to/harrypotter,
http://ted.examiner.ie/books/books.htm,
http://www.cesnur.org/recens/potter_mi_it.htm,
http://www.olaweb.it/leituras/meninos.asp,
http://www.drjohnholleman.com/fall/rowling.html,
http://www.geocities.com/Athens/Forum/6946/literature.html,
http://www.hisurf.com/~troy/harrypotter/,
http://www.store1.net/books/harry_potter.htm
http://www.paranormalatoz.com/rowling-jk.html,
http://www.repubblica.it/online/sexos_estilos/magia/.html,
http://www.zero.it/crianças/rubricas/lb_giu98.htm;
http://www.zero.it/crianças/rubricas/lb_nov99.htmwysiwyg:-//body.thepage.7

Yahoo! Que style! È Bell quando algucomm lê tantos .txt. Muito dowlouvável, mas também muito hard drive. Calma, release e send again. Eu lhe fiz ;-) e depois acenei :-* "Aol?", me disse, "o que você escaneia?" "Euol? Um bit. Show o toolbar! Deixe-me clicar ali, thesaurus". Redirect: "Mas que porkta você quer, micro_soft? Mas vá tomarward, babacócio de Mega!" (:(Carambade! Que tipo de caracter! Detect, exe, compact mailboxes, cancel *.*, netscape e disconnect.

Eu compreendi que era uma da Op.us Djay, ou talvez uma explores da ASCII. É bem capaz que vota na Força.it. E depois dizem que a gente se joga no PC...

Ok, vou ler Playboy.com, localiza e substitui.

ERRO FATAL EM KRNL666XQPR@YZ! VOCÊ PERDEU TUDO. CTRL ALT CANC. REINICIA O SISTEMA. WINWORD. VOLTAR PARA O DOCUMENTO RECUPERADO? OK.

Go to the end, velocidade máxima 115200, volta normal, livre. Foi um belo di@.

VIII. O crepúsculo de início do milênio

Um sonho*

Quando alguém diz "eu sonho que..." ou então "eu tive um sonho", geralmente quer dizer que naquele sonho se materializaram, ou se revelaram, seus desejos. Mas um sonho pode ser também um pesadelo, no qual se anuncia o que realmente não se deseja, ou ainda um sonho adivinhador, que requer a intervenção do intérprete autorizado que nos diga o que ele anunciava, prometia ou ameaçava.

Meu sonho é dessa terceira natureza, e vou contá-lo assim como sonhei, sem querer saber antecipadamente se ele corresponde aos meus desejos ou aos meus temores.

Sonhei, então, que depois de um blackout global, que imobilizou o mundo civilizado inteiro, na procura alucinada das responsabilidades, e na tentativa de reagir a uma ameaça, estoura uma beleza de guerra planetária. Mas daquelas para valer, não um incidente marginal como a Segunda Guerra Mundial, que teve apenas 55 milhões de mortos. Uma guerra verdadeira, daquelas que a técnica nos permite fazer hoje, com áreas inteiras do planeta desertificadas pelas radiações, com o desaparecimento de pelo menos metade da população mundial graças ao fogo amigo, à fome, às pestes, enfim, uma coisa boa, feita por generais competentes e responsáveis, à altura dos tempos.

---

* *L'Espresso*, dezembro de 2003.

Naturalmente (somos egoístas até nos sonhos) sonho que eu, meus familiares, meus amigos, vivemos numa região do planeta (possivelmente a nossa) onde a situação não está assim tão desesperadora.

Não teremos mais comunicações pela televisão, para não falar da internet, já que vai dar um tilt nas linhas telefônicas. Vai sobreviver alguma comunicação pelo rádio, usando velhos aparelhos galena. Não haverá mais linhas elétricas, mas remendando mais ou menos alguns painéis solares poderemos ter algumas horas de luz, e quanto ao resto iremos ao mercado paralelo para abastecer algumas lamparinas, já que ninguém vai perder tempo refinando gasolina para carros que, se ainda existirem, não terão mais ruas por onde passar. No máximo devem sobrar carretas e caleças puxadas por cavalos.

Sob essa luz escassa, e se possível ao lado de uma chaminé alimentada com parcimônia ao desmatar um pouco aqui e um pouco acolá, de noite, para meus netos, já sem televisão, poderei ler velhos livros de contos de fada achados no sótão, ou então contar como era o mundo antes da guerra.

Num determinado momento, vamos nos agachar diante do rádio e vamos captar algumas transmissões distantes, que nos informam sobre o andamento das coisas, e nos avisam se está aumentando o perigo na nossa região. Mas para comunicar vamos treinar novamente pombos-correio, e vai ser bonito tirar da patinha deles a última mensagem recebida, que nos diz que a tia sofre de ciática, mas apesar de tudo continua sobrevivendo, ou tirar o jornal de ontem em ciclostilo.

Pode ser que, se nos refugiamos no campo, tenham mantido de pé uma escola na aldeia, e neste caso eu poderia dar minha contribuição, ensinando gramática ou história — não geografia, pois neste entremeio os territórios estarão tão modificados que falar de geografia seria o mesmo que falar de história antiga. Se não houver a escola, eu posso reunir os netos e os amigos e dar aula em casa, começando pelas primeiras letras, para treinar o pulso deles, não só para a escrita, mas também para os vários trabalhos manuais que deverão fazer, e depois sempre adiante, se houver crianças maiores posso dar também boas aulas de filosofia.

Pode ser que sobre para as crianças o pátio da paróquia, onde haverá um campinho de futebol remanescente (e poderemos jogar até com uma bola de trapos), talvez tenham recuperado da cantina um velho pebolim, e talvez o padre tenha mandado o marceneiro construir um pingue-pongue, que os jovens vão achar mais fascinante e criativo do que os videogames de antigamente.

Vamos comer muita verdura, se a região ainda não estiver contaminada pela radiação, e as urtigas cozidas serão boas, pois parecem espinafres. Não vão faltar coelhos, pois eles se multiplicam por vocação, e talvez haja um frango para o domingo, para a menorzinha, o peito, para a maior, a coxa, a asa para o papai, o traseiro para a mamãe, e para a vovó, que é boa de garfo o pescoço, a cabeça e o curanchim, que nos frangos caseiros é o mais saboroso.

Vamos descobrir de novo o prazer dos passeios a pé, o calorzinho das jaquetas velhas fora de moda, e luvas de lã, com as quais se pode até brincar com bolas de neve.

Não deveria faltar o velho médico da aldeia, capaz de juntar uma reserva de aspirina e quinino. Todos sabem que, não tendo mais as caixas hiperbáricas, as tomografias computadorizadas e as ecografias, a vida humana voltará a uma média de sessenta anos, mas não será ruim, calculando a duração da vida média em outras regiões do globo.

Florescerão novamente sobre as colinas os moinhos de vento. Diante dos seus grandes braços, os velhos contarão a história de Dom Quixote, e os pequenos descobrirão que ela é muito bonita. Vamos fazer música, e todos aprenderão a tocar algum velho instrumento recuperado, por pior que seja pode-se fazer uma orquestrazinha de flautas com uma faquinha e um bambu, aos domingos vamos dançar na eira, e talvez algum acordeonista remanescente toque a Millevache.

No bar e nas tabernas vamos jogar bisca, tomando refrigerante e vinho jovem. Obrigado a abandonar a política, o bobo da aldeia vai circular novamente. Os jovens desmotivados vão se consolar aspirando vapores de camomila com uma toalha na cabeça, e dirão que é um barato.

Vão retomar o fôlego, na montanha de média altitude, muitos animais, texugos, fuinhas, raposas, e lebres até dizer chega, e até os animalistas aceitarão ir à caça às vezes para procurar alimento proteico, com velhas garruchas, se houver, ou então com arcos e flechas, e zarabatanas vibráteis.

De noite, no vale, vamos ouvir os cães latindo, bem alimentados e bastante valorizados, pois descobriremos que eles substituem a baixo custo os sofisticados sistemas eletrônicos de alarme. Ninguém vai mais abandoná-los na rodovia, seja porque terão um valor comercial, seja porque não haverá mais rodovias, e também porque, mesmo que houvesse, ninguém mais passaria por elas, pois chegaria rápido demais a regiões que será melhor evitar, *ubi sunt leones*.

A leitura vai novamente prosperar, porque os livros, exceto em casos de incêndio, sobrevivem a muitos desastres, eles serão encontrados em cômodos abandonados, subtraídos das grandes bibliotecas urbanas arruinadas, circularão em empréstimo, serão dados de presente no Natal, nos farão companhia nos longos invernos e até no verão, quando faremos nossas necessidades debaixo de uma árvore.

Mesmo ouvindo vozes inquietantes no rádio galena, esperando que dê certo, agradecendo aos céus todas as manhãs por estarmos ainda vivos e porque o sol brilha, os mais poéticos entre nós começarão a dizer que, no fim das contas, está renascendo uma Idade de Ouro.

Calculando que esses prazeres renovados deveriam custar pelo menos três bilhões de mortes, o desaparecimento das pirâmides e de São Pedro, do Louvre e do Big Ben (Nova York nem se fala, será toda Bronx), e que eu terei de fumar cigarro de palha, se eu pelo menos não conseguir perder o vício, acordo do sonho com muita inquietação e — para falar a verdade — espero que não se realize.

Mas procurei um sujeito que pratica a adivinhação e sabe até mesmo ler as vísceras dos animais e o voo dos pássaros, e ele me disse que meu sonho não anuncia apenas alguma coisa horrenda: sugere também como esse horror poderia ser evitado se conseguíssemos conter nossos consumos, evitar a violência, não nos incomodando demais com a violência dos outros, e às vezes saboreando novamente os antigos rituais e os costumes em desuso — porque, no fim, ainda hoje se pode desligar o computador e a televisão e, em vez de pegar um voo charter para as Maldivas, podemos contar histórias ao redor da lareira, basta ter vontade.

Mas, meu oniromante acrescentou, isso de ter coragem de parar um momento para evitar que o outro sonho se realize é justamente um sonho. E, portanto, acrescentou o oniromante (que é sábio, mas birrento como todos os profetas para os quais ninguém liga), vão para o diabo um pouquinho vocês todos, porque a culpa é de vocês também.

Nos ombros dos gigantes*

Dei a esta minha comunicação o título de anões sobre os ombros dos gigantes certamente para homenagear o tema do ano passado, mas também porque a história dos anões e dos gigantes sempre me fascinou. A polêmica histórica dos anões e dos gigantes, todavia, é apenas um capítulo da luta milenar entre pais e filhos que, como veremos no final, ainda nos diz respeito de perto.

Não há necessidade de perturbar os psicanalistas para admitir que os filhos tendem a matar os próprios pais — e é apenas para me ater à literatura em questão que uso o termo masculino, não ignorando que foi um bom e milenar costume, desde as relações ruins entre Nero e Agripina até os acontecimentos de Novi Ligure, matar também as mães.

O problema é antes que, simétrico ao ataque dos filhos aos pais, sempre houve o ataque dos pais aos filhos. Édipo, e mesmo sem culpa, mata Laio, mas Saturno devora seus filhos e Medeia não poderia certamente ser diretora de uma escola infantil. Deixemos de lado o pobre Tiestes, que faz um Big Mac com a carne dos próprios filhos, sem saber, mas para tantos herdeiros ao trono de Bizâncio que cercam os pais, há tantos sultões que em Constantinopla se precaviam contra uma sucessão muito acelerada matando os filhos do primeiro casamento.

O conflito entre pais e filhos pode assumir também formas não violentas, mas nem por isso menos dramáticas. Podemos nos opor ao pai

---

* Discurso proferido em "A Milanesiana — Literatura Música Cinema", julho de 2001.

zombando dele, e basta ver Cam, que não perdoa a Noé um pouco de vinho depois de tanta água; ao que, como se sabe, Noé reage com uma exclusão de tipo racista, exilando o filho desrespeitoso nos países subdesenvolvidos. E, convenhamos, alguns milhares de anos de fome endêmica e escravismo por causa de uma zombaria do pai que tinha enchido a cara são demais.

Mesmo que consideremos a aceitação de Abraão, disposto a sacrificar Isaac, como exemplo sublime de submissão à vontade divina, dizer que ao fazer isto Abraão considerava o filho algo não seu e de que estava à disposição (o filho morria decapitado e ele ganhava a benevolência de Javé, digam-me se o homem se comportava de acordo com nossos cânones morais). Sorte que Javé estava brincando, mas Abraão não sabia. Isaac era azarado, basta ver o que lhe acontece quando ele se torna pai: Jacó não o mata, é verdade, mas lhe arranca o direito de sucessão com um truque indigno, aproveitando-se da sua cegueira, estratagema talvez ainda mais ultrajante do que um belo parricídio.

Toda *querelle des anciens et des modernes* ocorre sempre sob o signo de uma luta simétrica. Para chegar àquela do século XVII da qual reproduzimos a fórmula, é verdade que Perrault ou Fontenelle afirmavam que as obras dos contemporâneos, por serem mais maduras do que as dos seus antepassados, eram, portanto, melhores (e então os *poètes galants* e os *esprits curieux* privilegiavam as novas formas da obra do conto e do romance), mas a *querelle* tinha surgido e tinham-na alimentado, porque contra os novos se erguiam, com muita autoridade, Boileau e todos os que eram a favor de uma imitação dos antigos.

Se há *querelle*, aos inovadores se opõem sempre os *laudatoris temporis acti*, e muitas vezes o elogio da novidade e da ruptura com o passado nasce justamente como reação ao conservadorismo predominante. Se nos nossos tempos houve os poetas Novíssimos, todos nós estudamos na escola que 2 mil anos antes houvera os *poetae novi*. Nos tempos de Catulo, a palavra *modernus* ainda não existia, mas *novi* se dizia dos poetas que se remetiam à lírica grega para se opor à tradição latina. No *Ars Amandi* (III, 120 ssg), Ovídio dizia *prisca iuvent alios* (deixo o passado para os outros), *ego me nunc denique natus gratulor; haec aetas moribus acta méis* etc. (tenho orgulho de ter nascido hoje, porque este tempo me convém, pois é mais refinado e não tão rústico como as épocas passadas). Mas Horácio nos lembra (*Epistole*, II, 1, 75 ssg), que os novos incomodavam os louvadores do tempo passado, pois ele usara em vez de "moderno" o advérbio *nuper*, para dizer que era uma pena que um livro fosse condenado não por falta de elegância, *sed quia nuper*, mas por ter aparecido só um dia antes. Este é o comportamento de quem hoje em dia, ao resenhar um jovem escritor, queixa-se de que já não se escrevem romances como antigamente.

O termo moderno entra em cena justamente quando acaba o que é para nós a Antiguidade, isto é, por volta do século V d.C., quando a Europa inteira desaba no intervalo daqueles séculos realmente obscuros que precederam a dinastia carolíngia — aqueles que, para nós, parecem os tempos menos modernos de todos. Justamente naqueles séculos "escuros", nos quais se enfraquece a lembrança das grandezas passadas, e sobrevivem vestígios, cinzas decadentes, a inovação se instaura, mesmo sem que os inovadores se deem conta. De fato, começam a afirmar-se então as novas línguas europeias, talvez o elemento culturalmente mais inovador e mais arrebatador dos últimos 2 mil anos. Simetricamente, o latim clássico se torna latim medieval. Neste período, emergem os sinais de um orgulho da inovação.

Primeiro ato de orgulho: o reconhecimento de que se estava inventando um latim que não era mais o dos antigos. Depois da queda do Império Romano, o velho continente assiste à crise dos cultivos agrícolas, à destruição das grandes cidades, das estradas, dos aquedutos romanos; num território coberto de florestas, os monges, os poetas e os miniaturistas veem o mundo como uma selva escura, habitada por monstros. Desde 580, Gregório de Tours denunciava o fim das letras, e não lembro qual era o papa que questionava se eram ainda válidos os batismos, feitos nas Gálias, onde se batizava *in nomine Patris et Filiae* (da Filha) *et Spiritus Sancti*, pois nem o clero conhecia mais o latim. Mas entre os séculos VII e X desenvolve-se a chamada de "estética hespérica", um estilo que se afirmou da Espanha às Ilhas Britânicas, tocando a Gália.

A tradição clássica latina tinha descrito (e condenado) este estilo caracterizando-o como "asiano" (e depois "africano"), em oposição ao equilíbrio do estilo "ático". No estilo asiano se condenava o que a retórica clássica chamava de *Kakozelón* ou então de *mala affectatio*. E para ter um exemplo de como os pais da Igreja se escandalizavam no século V diante de exemplos de *mala affectatio*, basta ver a seguinte invectiva de São Jerônimo (*Adversus Jovinianum* I):

> Há agora tantos escritores bárbaros e tantos discursos que se tornaram confusos devido a vícios de estilo que não se entende mais nem quem fala nem do que se fala. Tudo incha e desincha como uma serpente doente que se quebra quando tenta se enrodilhar. Tudo se envolve em nós verbais inextricáveis e se deveria repetir com Plauto "aqui ninguém pode compreender, com exceção da Sibila". Mas de que adiantam essas bruxarias verbais?

Mas aqueles que para a tradição clássica eram "vícios", para a poesia hespérica tornam-se virtudes. A página hespérica não obedece mais às leis da sintaxe e da retórica tradicional, as regras do ritmo e da métrica são transgredidas para produzir elencos de sabor barroco. Longos encadeamentos de aliterações que o mundo clássico teria julgado cacofônicos produzem agora uma nova música, e Adelmo de Malmesbury (*Carta a Eahfrid*, PL 89, 159) se exalta na construção de frases em que cada palavra começa pela mesma letra: "*Primitus pantorum procerum praetorumque pio potissimum paternoque praesertim privilegio panegyricum poemataque passim prosatori sub polo promulgantes etc.*".

O léxico se enriquece de híbridos incríveis, tomando por empréstimo termos hebraicos e helenismos, e no discurso se acumulam os criptogramas. Se a estética clássica tinha como ideal a clareza, a estética hespérica terá como ideal a obscuridade. Se a estética clássica tinha como ideal a proporção, a estética hespérica vai privilegiar a complexidade, a abundância de epítetos e de perífrases, o gigantesco, o monstruoso, o incontido, o desmedido, o prodigioso. Para definir as ondas do mar, surgem adjetivos como *astriferus* ou *glaucicomus*, e apreciam-se neologismos como *pectoreus, placoreus, sonoreus, alboreus, propriferus, flammiger, gaudifluus*...

São as mesmas invenções lexicais louvadas no século VII por Virgílio Gramático nas suas *Epítomes* e nas suas *Epístolas*. Este gramático louco de Bigorre, perto de Toulouse, citava trechos de Cícero ou Virgílio (o outro, o verdadeiro) que estes autores com certeza não podiam ter escrito, mas depois se descobre, ou se intui, que pertenciam a uma igrejinha de reitores em que cada um deles tinha assumido o nome de um autor clássico e sob este falso nome escreviam num latim que certamente não era clássico, e se gabavam disso.

Virgílio de Bigorre cria um universo linguístico que parece ter saído da fantasia de Edoardo Sanguineti, ainda que provavelmente tenha acontecido o contrário. Virgílio diz que há doze espécies de língua latina, e em cada uma o fogo pode ter nomes diferentes, como *ignis*, *quoquinhabin*, *ardon*, *calax*, *spiridon*, *rusin*, *fragon*, *fumaton*, *ustrax*, *vitius*, *siluleus*, *aeneon* (*Epitomae*, I, 4). A batalha se chama *praelium*, porque acontece no mar (chamado de *praelum* porque, devido a sua imensidade, tem a primazia ou *praelatum* do maravilhoso, *Epitomae*, IV, 10). Por outro lado, as próprias regras da língua latina são postas em questão e se conta que os reitores Galbungus e Terentius por catorze dias e catorze noites ficaram disputando sobre o vocativo de *ego* — e o problema era da maior importância, pois se tratava de estabelecer como se podia dirigir enfaticamente a si mesmo ("Oh, eu, fiz bem?" *O egone, recte feci*?).

Mas passemos aos vulgares. Por volta do final do século V, o povo não fala mais latim, e sim galo-romano, ítalo-romano, hispano-romano ou romano balcânico. Eram línguas faladas, mas não escritas, no entanto, antes mesmo do Serment de Strasbourg e da Carta Capuana, aparece uma celebração da novidade linguística. Nos mesmos séculos, diante da multiplicação das línguas, se revisita a história da Torre de Babel e geralmente se vê nesta história o sinal de uma maldição e de uma desventura. Mas há já os que ousam ver no nascimento dos novos vulgares um sinal de modernidade e de aperfeiçoamento.

No século VII, alguns gramáticos irlandeses procuram definir as vantagens do vulgar gaélico com respeito à gramática latina. Numa obra intitulada *I precetti dei poeti* [Os preceitos dos poetas], eles se referem justamente às estruturas da Torre de Babel: como para a construção da Torre foram usados nove materiais, isto é, argila e água, lã e sangue, lenha e cal, pez, linho e betume, assim também para formar o gaélico foram usados nome, pronome, verbo, advérbio, particípio, conjunção, preposição, interjeição. O paralelo é revelador: será preciso esperar Hegel para reencontrar no mito da Torre um modelo positivo. Os gramáticos irlandeses afirmam que o gaélico constitui o primeiro e único exemplo de superação da confusão das línguas. Seus criadores, através de uma operação que hoje chamaríamos de recorta e cola, escolheram o que havia de melhor em cada língua e criaram um nome para cada coisa que as outras línguas não tinham conseguido nomear — e de modo a manifestar uma identidade de forma, palavra e coisa.

Com uma consciência muito diferente da própria iniciativa e da própria dignidade, alguns séculos depois, Dante vai se considerar um inovador na qualidade de inventor de um novo vulgar. Diante da abundância de dialetos italianos, que ele analisa com precisão de linguista, mas suficiência e às vezes desprezo de poeta — que nunca tinha duvidado de ser superior a todos —, Dante conclui que é preciso mirar a um vulgar ilustre (difusor de luz), cardeal (que funcione como eixo e regra), real (digno de ocupar lugar no palácio real de um reino nacional, se algum dia os italianos o tivessem) e curial (linguagem do governo, do direito, da sabedoria). O *De Vulgari Eloquentia* faz um tratado das regras de composição do único e verdadeiro vulgar ilustre, a língua poética de que Dante se considera arrogantemente o fundador, e que ele opõe às línguas da confusão como uma língua que recupera a primigênia afinidade às coisas que foi própria da língua adâmica. Este vulgar ilustre, que Dante caça como uma "pantera perfumada", representa a restauração de uma língua edênica, de maneira a curar a ferida pós-babélica. Dessa ousada concepção do próprio papel de restaurador da língua perfeita deriva o fato de que Dante, em vez de censurar a multiplicidade das línguas, dá destaque à força quase biológica, à capacidade de se renovarem e de mudar no tempo delas. É justamente com base nessa aguerrida criatividade linguística que ele pode propor-se a inventar uma língua perfeita, moderna e natural, sem ir à caça de modelos perdidos, como, por exemplo, o hebraico primigênio. Dante se candidata a ser um novo (e mais perfeito) Adão. Comparada ao orgulho de Dante, a afirmação um pouco mais tardia de Rimbaud, *il faut être absolument moderne*, parecerá datada. Na luta entre pais e filhos, *Nel mezzo del cammin di nostra vita* é bem mais parricida do que a *Saison en enfer.*

Talvez o primeiro episódio de luta entre gerações na qual aparece explicitamente o termo *modernus* não se dê no âmbito literário, mas sim no âmbito filosófico. Se a primeira Idade Média tinha se dirigido, como às suas fontes filosóficas primárias, a textos do neoplatonismo tardio, a Santo Agostinho, e aos escritos aristotélicos chamados de *Logica Vetus*, por volta do século XII entram gradualmente no circuito da cultura escolástica outros textos aristotélicos (como os *Primeiros* e *Segundos Analíticos*, os *Tópicos* e os *Elencos Sofísticos*) que serão chamados de *Logica Nova*. Mas, com esse estímulo, se passa de um discurso meramente metafísico e teológico à exploração de todas as sutilezas do raciocínio que hoje a lógica contemporânea estuda como o legado mais vivaz do pensamento medieval, e surge a que se define (evidentemente com o orgulho de todo movimento inovador) *Logica Modernorum*.

Para se ter uma ideia da novidade da *Logica Modernorum* com relação ao pensamento teológico do passado, basta pensar que a Igreja elevou à glória dos altares Anselmo d'Aosta, Tomás de Aquino e Boaventura, mas nenhum dos propugnadores da lógica moderna. Não por serem hereges. Simplesmente, com relação ao debate teológico dos séculos passados, preocupavam-se com outras coisas, hoje nós diríamos que se ocupavam do funcionamento da nossa mente. Essas pessoas estavam mais ou menos conscientemente matando os próprios pais, justamente como depois a filosofia do humanismo tentaria matá-los, modernos já ultrapassados — mas conseguindo apenas colocá-los em hibernação nas salas de aula das universidades, onde as universidades contemporâneas (refiro-me às de hoje) os teriam descoberto novamente.

Nos casos que citei parece, todavia, que todos os atos de inovação e contestação dos pais acontecem sempre por meio do recurso a um antepassado, reconhecido como melhor do que o pai que se tenta matar, e ao qual se remetem. Os *poetae novi* contestavam a tradição latina remetendo-se aos líricos gregos, os poetas hespéricos e Virgílio Gramático criavam os hibridismos linguísticos deles tomando emprestado etimologias celtas, visigóticas, helenísticas e hebraicas, os gramáticos irlandeses celebravam uma linguagem que se opunha ao latim porque era colagem de línguas bem mais antigas, Dante precisava de um antepassado muito forte como Virgílio (o Marone), a *Logica Modernorum* era moderna graças à descoberta do Aristóteles perdido.

Um *topos* muito frequente na Idade Média era aquele pelo qual os antigos eram mais bonitos e de estatura mais alta. Consideração que hoje seria completamente insustentável, e basta olhar o comprimento das camas em que dormia Napoleão, mas que talvez naqueles tempos não fosse totalmente insensato: e não apenas porque a imagem que se tinha da Antiguidade era dada por estátuas celebradoras, que encompridavam o celebrável em muitos centímetros, mas também porque à queda do Império Romano seguiram-se séculos de despovoamento e de carestias, e com isso aqueles cruzados e cavaleiros do Graal que reinam na cinematografia contemporânea eram, com muita probabilidade, menos altos do que muitos cavaleiros vitoriosos dos nossos tempos. Alexandre Magno era notoriamente um tampinha, mas é provável que Vercingetórix fosse mais alto do que o rei Artur.

Em nome da contraposição simétrica, outro *topos* frequente, desde a Bíblia, através da Antiguidade tardia e mais além, era o do *puer senilis*, um jovem que tinha, com os valores da juventude, todas as virtudes da *senectus*. Ora, aparentemente o elogio da estatura dos antigos pode parecer um hábito conservador, e inovador é o modelo da *senilis in iuvene prudentia* celebrado por Apuleio. Mas não é assim. O elogio dos antiquíssimos é o gesto pelo qual os inovadores vão procurar as razões da própria inovação numa tradição que os pais esqueceram.

Com exceção dos poucos casos citados, principalmente o orgulho de Dante, na Idade Média presumia-se dizer coisas verdadeiras na medida em que elas tinham sido sustentadas por uma *auctoritas* precedente, de tal maneira que, suspeitando-se que a *auctoritas* não sustentava a nova ideia, providenciava-se a manipulação do testemunho, porque a *auctoritas*, como dizia Alano de Lilla no século XII, tem um nariz de cera.

Devemos procurar compreender bem este ponto, pois, de Descartes em diante, o filósofo é o que faz *tabula rasa* do saber precedente e — como dizia Maritain — apresenta-se como um *débutant dans l'absolu*. Qualquer pensador dos nossos dias (para não falar de um poeta, romancista ou pintor), para ser levado a sério, deve mostrar de algum modo que diz coisas diferentes dos próprios antecessores imediatos, e mesmo quando não faz isto deve fingir que o faz. Pois bem, os escolásticos faziam exatamente o contrário. Cometiam os parricídios mais dramáticos, por assim dizer, afirmando e procurando mostrar que estavam exatamente repetindo o que disseram os pais deles.

São Tomás, para sua época, revolucionou a filosofia cristã, mas estaria disposto a responder a quem lhe reprovasse isso (e houve quem experimentou), que ele nada mais fazia que repetir o que Santo Agostinho dissera oito séculos e meio antes. Não era mentira nem hipocrisia. Simplesmente o pensador medieval acreditava que estava certo corrigir cá e lá as opiniões dos seus antecessores quando lhe parecia ter, justamente graças a eles, ideias mais claras. E daqui nasce o aforisma que serviu de título à minha contribuição, o dos anões e dos gigantes.

> *Dicebat Bernardus Carnotensis nos esse quasi nanos gigantium humeris insidentes, ut possimus plura eis et remotiora videre, non utique proprii visus acumine, aut eminentia corporis, sed quia in altum subvehimur et extollimur magnitudine gigantes.*
>
> (Bernardo de Chartres dizia que somos como anões que ficam nos ombros dos gigantes, de tal maneira que podemos enxergar mais longe do que eles, não por causa da nossa estatura ou da acuidade da nossa vista, mas porque, ficando nos seus ombros, estamos acima deles.)

Para uma relação das origens do aforisma, para o período medieval pode-se recorrer ao livrinho de Edouard Jeauneau, *Nani sulle spalle di giganti* [Anões nos ombros dos gigantes] (Nápoles: Guida, 1969), mas mais alegremente insensato, vagabundo e excitante é o *On the Shoulders of Giants*, escrito em 1965 por um dos maiores sociólogos contemporâneos, Robert Merton. Certo dia, Merton ficou fascinado pela formulação que Newton dera do aforisma, numa carta a Hooke de 1675: "*If I have seen further it is by standing on ye sholders of Giants.*" Assim, fez o caminho de volta para encontrar as origens, e seguiu adiante para documentar a fortuna disto, por meio de uma série de divagações eruditas que de edição em edição se enriqueceu de pequenas notas e acréscimos até que, depois de tê-lo feito traduzir para o italiano (*Sulle spalle dei giganti*, Bolonha, Mulino, 1991 — e teve a bondade de me pedir um prefácio), o publicou novamente em inglês em 1993 como "the post-italianate edition".

O aforisma dos anões e dos gigantes é atribuído a Bernardo de Chartres por João de Salisbury no *Metalogicon* (III, 4). Estamos no século XII. Talvez Bernardo não seja o primeiro inventor, porque o conceito (se não, a metáfora dos anões) aparece seis séculos antes em Prisciano, e um trâmite entre Prisciano e Bernardo seria Guilherme de Conches, que fala de anões e gigantes nas suas *Glosas a Prisciano*, 36 anos antes de João de Salisbury. Mas o que nos interessa é que, depois de João de Salisbury, o aforisma foi retomado um pouco por todos: em 1160, num texto da escola de Laon, em cerca de 1185, pelo historiador dinamarquês Sven Aggesen, em Geraldo de Cambrai, Raul de Longchamp, Egidio de Corbeil, Geraldo de Alvernia, e no século XIV por Alexandre Ricat, médico dos reis de Aragona, dois séculos depois nas obras de Ambroise Pare e depois num cientista alemão do século XVII como Richard Sennert e depois em Newton.

Túlio Gregory assinala um aparecimento do aforisma em Gassendi (*Scetticismo ed empirismo: Studio su Gassendi*, ou Ceticismo e empirismo: Estudo sobre Gassendi, Bari, Laterza, 1961), mas se poderia chegar no mínimo a Ortega y Gasset, que no seu ensaio "Em torno a Galileu" (*Obras completas*, V, Madri, 1947, p. 45), falando do suceder-se das gerações, diz que os homens estão "uns sobre os ombros dos outros, e o que está no alto goza da impressão de dominar os outros, mas deveria perceber ao mesmo tempo que é prisioneiro deles".

Por outro lado, no recente *Entropia* de Jeremy Rifkin encontro uma citação de Max Gluckman que diz: "Ciência é qualquer disciplina em que até um tolo desta geração pode ultrapassar o ponto alcançado por um gênio da geração precedente." Entre esta citação e aquela atribuída a Bernardo oito séculos se passaram, e alguma coisa aconteceu: um dito que se referia à relação com os pais no pensamento filosófico e teológico torna-se um dito que assinala o caráter progressivo da ciência.

Nas suas origens medievais, o aforisma tornou-se popular porque permitia resolver de modo aparentemente não revolucionário o conflito entre gerações. Os antigos são certamente gigantes com relação a nós; mas nós também, mesmo sendo anões, sentando nos seus ombros, isto é, aproveitando sua sabedoria, podemos ver melhor do que eles. Este aforisma era originalmente humilde ou arrogante? Queria dizer que nós conhecemos, talvez melhor, o que os antigos nos ensinaram, ou que conhecemos, ainda que graças ao débito com os antigos, bem mais do que eles?

Como um dos temas recorrentes da cultura medieval é a progressiva senescência do mundo, poderíamos interpretar o aforisma de Bernardo no sentido de que, visto que *mundus senescit*, nós, mais jovens, envelhecemos em relação aos antigos, mas ao menos compreendemos ou fazemos graças a eles algo que eles não tinham chegado a fazer ou compreender. Bernardo de Chartres propunha o aforisma no âmbito de um debate sobre a gramática, onde estava em jogo o conceito de conhecimento e imitação do estilo dos antigos, mas, testemunha disso é sempre João de Salisbury, Bernardo advertia os alunos que copiavam servilmente os antigos e dizia que o problema não era escrever como eles, mas aprender com eles a escrever bem, de modo que em seguida alguém se inspirasse neles mesmos como eles tinham se inspirado nos antigos.

Enfim, ainda que não nos termos em que o lemos hoje, havia um apelo à autonomia e à coragem inovadora no aforisma dele.

Dizia o aforisma que "nós enxergamos mais longe do que os antigos". Evidentemente, a metáfora é espacial e subentende uma marcha em direção a um horizonte. Não podemos esquecer que a história, como movimento progressivo em direção ao futuro, da criação à redenção, e desta ao retorno do Cristo triunfante, é uma invenção dos pais da Igreja — sendo assim, agradando ou não agradando, sem cristianismo (ainda que com o messianismo hebraico atrás) nem Hegel nem Marx poderiam ter falado daqueles que Leopardi via ceticamente como "os magníficos e progressivos destinos".

O aforisma aparece no início do século XII. Fazia menos de um século que se acalmara um debate que atravessara o mundo cristão desde as primeiras leituras do Apocalipse até os terrores do Ano Mil — certamente lendários como movimento de massa, mas presentes em toda a literatura milenarista e em muitas correntes hereges mais ou menos subterrâneas. O milenarismo, ou seja, a espera neurótica de um fim dos tempos, no momento em que nasce o aforisma, permanece patrimônio ativo de muitos movimentos heréticos, mas desaparece da discussão ortodoxa. Procede-se em direção à Parúsia final, mas ela se torna o ponto terminal ideal de uma história que é vista como positiva. Os anões se tornam o símbolo dessa marcha em direção ao porvir.

Com o aparecimento medieval dos anões inicia-se a história da modernidade como inovação que pode ser assim porque reencontra modelos esquecidos pelos pais. Tomemos como exemplo a curiosa situação dos primeiros humanistas, e de filósofos como Pico ou Ficino. São os protagonistas, nos contam na escola, de uma batalha contra o mundo medieval, e é mais ou menos neste período que aparece a palavra "gótico", com conotações não completamente favoráveis. No entanto, o que faz o platonismo renascentista? Opõe Platão a Aristóteles, descobre o *Corpus Hermeticum* ou os Oráculos Caldeus, constrói o novo saber sobre uma sabedoria *prisca*, anterior ao próprio Jesus Cristo. Humanismo e Renascimento são motes culturais geralmente entendidos como revolucionários, que, todavia, baseiam sua estratégia inovadora num lance que está entre os mais reacionários que já existiram, se por reacionarismo filosófico se entende uma volta à Tradição atemporal. Estamos, portanto, diante de um parricídio que elimina os pais recorrendo aos avós, e é nos ombros deles que se procurará reconstruir a visão renascentista do homem como centro do cosmo.

É provavelmente com a ciência do século XVII que a cultura ocidental percebe que colocou o mundo de pernas para o ar, e, portanto, que revolucionou realmente o saber. Mas o ponto de partida, a hipótese copernicana, retomava reminiscências platônicas e pitagóricas. Os jesuítas do período barroco procuram construir uma modernidade alternativa àquela copernicana redescobrindo antigas escrituras e civilizações do distante Oriente. Isaac de la Peyrère, herege patente, procurou mostrar (matando as cronologias bíblicas) que o mundo tinha começado muito antes de Adão, nos mares da China, e que, portanto, a Encarnação tinha sido apenas um episódio secundário na história deste nosso globo. Vico vê a história humana inteira como um processo que nos leva dos gigantes de um tempo a refletir finalmente com mente pura. O Iluminismo se sente radicalmente moderno, e como efeito marginal mata realmente o próprio pai, usando como bode expiatório Luís Capeto. Mas aqui também, basta ler a *Encyclopédie*, encontram-se referências frequentes aos gigantes do passado.

A *Encyclopédie* apresenta tabelas incisas cheias de máquinas, celebrando a nova indústria manufatureira, mas não desdenha artigos "revisionistas" (no sentido de que relê, como um anão muito ativo, a história) no qual são revisitadas antigas doutrinas.

As grandes revoluções copernicanas do século XIX se referem sempre a gigantes precedentes. Kant precisava que Hume o despertasse do seu sono dogmático, os românticos se dispõem à Tempestade e ao Ataque redescobrindo as brumas medievais, Hegel sanciona definitivamente a primazia do novo com relação ao antigo (vendo a História como movimento perfectivo sem escórias e saudades), relendo a história inteira do pensamento humano. Marx elabora o próprio materialismo partindo, com sua tese universitária, dos atomistas gregos, Darwin mata seus pais bíblicos elegendo como gigantes os grandes macacos antropomorfos, sobre cujos ombros os homens descem das árvores e, ainda cheios de estupor e ferocidade, têm de administrar a maravilha da evolução que é o polegar opositor.

Com a segunda metade do século XIX, abre-se caminho para um movimento de inovação artística que se transforma quase inteiramente numa retomada do passado, dos pré-rafaelitas aos decadentes. O redescobrimento de alguns pais remotos serve como revolta contra os pais diretos, corrompidos pelos teares mecânicos. E Carducci vai se tornar o arauto da modernidade com um *Inno a Satana* [Hino a Satanás], mas procurará continuamente razões e ideais no mito da Itália comunal.

As vanguardas históricas do início do século XX representam o ponto extremo do parricídio modernista, que diz querer ficar livre de toda condescendência ao passado. É a vitória da máquina de corrida contra a Vitória de Samotrácia, a morte do luar, o culto da guerra como única higiene do mundo, a decomposição cubista das formas, a marcha da abstração à tela branca, a substituição da música pelo barulho, ou pelo silêncio, ou pelo menos da escala tonal pela série, da *curtain wall* que não domina, mas absorve o ambiente, do edifício como marco, puro paralelepípedo, da *minimal art*; e na literatura da destruição do fluxo discursivo e dos tempos narrativos em favor da colagem e da página branca.

Mas aqui também reaparece, sob a recusa dos novos gigantes que querem zerar a herança dos gigantes antigos, o obséquio do anão. Não falo tanto de Marinetti, que, para ser perdoado pela morte do luar, entrará na Academia da Itália, que via o luar com muita simpatia. Mas Picasso chega a desfigurar o rosto humano, partindo de uma meditação sobre modelos clássicos e renascentistas, e volta, enfim, para uma revisitação de antigos minotauros; Duchamp coloca bigodes na Gioconda, mas precisa dela para fazer seus bigodes; Magritte tem de pintar, com minucioso detalhismo, um cachimbo, para poder negar que o que pinta é um cachimbo. E enfim, o grande parricídio realizado no corpo histórico do romance, o de Joyce, instaura-se assumindo o modelo da narrativa homérica. Até o novíssimo Ulisses navega nos ombros, ou no mastro, do antigo.

Com isso chegamos ao chamado pós-moderno. Pós-moderno é certamente um termo polivalente, que se pode aplicar a muitas coisas e talvez a coisas demais. Mas há com certeza um ponto em comum com as várias operações ditas pós-modernas, e nasce como reação, talvez inconsciente, à *Segunda consideração intempestiva* de Nietzsche, em que se denuncia o excesso da nossa consciência histórica. Se esta consciência não pode nem mesmo ser eliminada do gesto revolucionário das vanguardas, então é válido aceitar a angústia da influência, revisitar o passado na forma de homenagem aparente, reconsiderando-o, com efeito, à distância que é permitida pela ironia.

Chegamos, enfim, a 1968, o último episódio de conflito de gerações, um claro exemplo de contestação dos jovens "novos" contra a sociedade adulta, dos jovens que percebem que não confiam em quem tem mais de trinta anos. Com exceção dos filhos das flores americanas que tiram inspiração da mensagem do velho Marcuse, os slogans gritados nos cortejos italianos ("Viva Marx", "Viva Lenin", "Viva Mao Tse Tung!") nos mostram o quanto a revolta precisava recuperar gigantes contra a traição dos pais da esquerda parlamentar, e volta à cena até mesmo o *puer senilis*, o ícone de um Che Guevara que morreu jovem, mas transfigurado pela morte como portador de todas as priscas virtudes.

Mas de 1968 para cá aconteceu alguma coisa, e nós percebemos isto quando examinamos um fenômeno que alguns, superficialmente, veem como um novo 1968, estou falando do movimento antiglobalização.

Com frequência a imprensa dá maior evidência a certos componentes juvenis do movimento, mas eles não o esgotam, pois parece que a ele aderiu até a prelazia com mais de sessenta anos. O 1968 era realmente conflito de gerações, ao qual no máximo se adaptavam alguns adultos desajustados que abandonavam misticamente a gravata pelo blusão e a loção pós-barba por uma transpiração liberada e liberadora. Mas um dos slogans iniciais do movimento era a recomendação de não confiar em quem tivesse mais de trinta anos. O movimento antiglobalização, no entanto, em grande parte não é fenômeno juvenil, e seus líderes são adultos maduros como Bové ou remanescentes de outras revoluções. Não representa um conflito entre gerações, nem mesmo entre tradição e inovação, caso contrário deveríamos dizer (de modo igualmente superficial) que os inovadores são os tecnocratas da globalização, e os manifestantes somente *laudatores temporis acti* com saudades do ludismo.*

O que está ocorrendo, dos acontecimentos de Seattle aos de Gênova, representa certamente uma novíssima forma de conflito político, mas este conflito é absolutamente transversal, seja com respeito às gerações, seja com as ideologias. Nele se opõem duas instâncias, duas visões do destino do homem no mundo, queria dizer dois poderes, um baseado na posse de meios de produção, e o outro, na invenção de novos meios de comunicação. Na batalha que opõe os globalizadores aos macacões brancos, porém, jovens e velhos estão igualmente distribuídos em ambas as partes, e os quarentões carreiristas da *new economy* se opõem aos quarentões dos centros sociais, cada um deles com os próprios anciãos do lado.

É que nos trinta e mais anos que separam 1968 da batalha do G8 completou-se um processo encaminhado muito antes. Vamos procurar compreender sua mecânica interna. Em todos os tempos, para que se instaurasse uma dialética entre filhos e pais, era necessário um modelo paterno muito forte, em relação ao qual a provocação do filho fosse tal que o pai não pudesse aceitá-la, e nela não pudesse aceitar nem mesmo o redescobrimento dos gigantes esquecidos. Não podiam ser aceitos os novos poetas *quia nuper*, como dizia Horácio; era inaceitável o vulgar para os latinistas pomposos das universidades; São Tomás e Boaventura inovavam esperando que ninguém percebesse, mas os inimigos das ordens mendicantes, na Universidade de Paris, perceberam isso muito bem e procuraram banir o ensinamento deles. E assim em diante, até o automóvel de Marinetti, que podia ser oposto à Vitória de Samotrácia porque e só porque os bem-intencionados o viam ainda como um horrendo amontoado de ferragem rangedora.

Os modelos deviam ser, portanto, relativos às gerações. Era preciso que os pais tivessem venerado as Vênus anoréxicas de Cranach para que sentissem como um insulto à beleza as Vênus com celulite de Rubens; era

* Aqui o termo é empregado para designar os que se opõem à introdução de novas máquinas ou tecnologias. A palavra deriva do inglês *luddism*, que se refere à revolta contra as máquinas no início da primeira revolução industrial na Inglaterra. *Luddism* é uma referência, portanto, ao nome do operário — Ned Ludd — que em 1779 teria começado essa revolta. (*N. do T.*)

preciso que os pais tivessem amado Alma Tadema a fim de que pudessem perguntar aos filhos o que significava aquele rabisco de Miró, ou o redescobrimento da arte africana; era preciso que os pais tivessem delirado com Greta Garbo a fim de que perguntassem horrorizados aos filhos o que é que eles viam naquela fedelha de Brigitte Bardot.

Mas hoje a mídia, e a influência da mídia sobre os museus, visitados até pelos incultos de outrora, geraram a presença simultânea e a aceitação sincrética de todos os modelos, para não dizer de todos os valores. Quando Megan Gale volteia entre as cúpulas e as volutas do Museu Guggenheim de Bilbao, tanto o modelo sexual quanto o modelo artístico são desejáveis por todas as gerações: o museu é tão sexualmente desejável quanto Megan e Megan é tão objeto cultural quanto o museu, já que ambos vivem no amálgama de uma invenção cinematográfica que une o caráter gastronômico do apelo publicitário à ousadia estética do que antes era filme só de cinemateca.

Entre novas propostas e exercícios de nostalgia, a televisão faz transitar entre as gerações modelos como Che Guevara e Madre Teresa de Calcutá, Lady Diana e Padre Pio, Rita Hayworth, Brigitte Bardot e Julia Roberts, o valentão John Wayne dos anos 1940 e o mansueto Dustin Hoffman dos anos 1960. O magrinho Fred Astaire dos anos 1930 dança nos anos 1950 com o robusto Gene Kelly, a tela nos faz sonhar com toaletes femininamente suntuosas como as que vemos desfilar em *Roberta*, e com os modelos andróginos de Coco Chanel. Para quem não tem a beleza máscula e refinada de Richard Gere, há o fascínio delicado de Al Pacino e a simpatia proletária de Robert De Niro. Para quem jamais poderá ter a majestade de uma Maserati, há a elegante utilidade da Mini Morris.

A mídia não apresenta mais um modelo unificado. Ela pode recuperar, mesmo numa publicidade feita para durar apenas uma semana, todas as experiências da vanguarda, e ao mesmo tempo redescobrir uma iconografia do século XIX: oferece o realismo fantástico dos jogos de papel e as perspectivas descompostas de Escher, a opulência de Marilyn Monroe e a graciosidade frágil do sapateado tradicional de *A Chorus Line* e as arquiteturas futuristas e tenebrosas de *Blade Runner*, a androginia de Jodie Foster e o rosto sem maquiagem de Cameron Diaz, Rambo e Platinette, George Clooney (que todos os pais gostariam de ter como filho recém-formado em medicina) e os *neocyborgs* que metalizam o rosto e transformam os cabelos numa floresta de pontas coloridas.

Diante dessa orgia da tolerância, a esse absoluto e irrefreável politeísmo, qual é ainda o divisor de águas que separa os pais dos filhos, e obriga os últimos ao parricídio (que é rebelião e homenagem) e os primeiros ao complexo de Saturno?

Estamos apenas no limiar deste novo curso, mas pensemos por apenas um instante no aparecimento primeiro do computador e depois da internet. São os pais que levam o computador para casa, até por razões econômicas; os filhos não o recusam e tomam posse dele, podem superar os pais em habilidade, mas nenhum dos dois enxerga nele o símbolo da rebelião ou da resistência do outro. O computador não separa as gerações, talvez até as una. Ninguém maldiz o filho porque navega na internet, ninguém pela mesma razão se opõe ao pai.

Não é que a inovação esteja ausente, mas é quase sempre inovação tecnológica que, imposta por um centro de produção internacional normalmente dirigido por anciãos, cria depois modismos aceitos pelas gerações mais jovens. Fala-se hoje da nova linguagem juvenil do celular e do e-mail, mas posso mostrar a vocês ensaios escritos dez anos atrás em que os próprios criadores dos novos instrumentos, ou os anciãos sociólogos ou semiologistas que os estudavam, vaticinavam que teriam exatamente gerado a linguagem e as fórmulas que de fato difundiram. E se Bill Gates era um jovem no começo (agora é um senhor maduro que impõe justamente aos jovens a linguagem que deverão falar), mesmo quando jovem também não inventou uma revolta, e sim uma oferta atenta, estudada para interessar tanto aos pais como aos filhos.

Pensamos que os jovens marginalizados se opõem à família por meio da fuga na droga, mas a fuga na droga é modelo proposto pelos pais, e desde os tempos dos paraísos artificiais provenientes do século XIX. As novas gerações recebem o input da internacional adulta dos narcotraficantes.

Claro, poderíamos dizer que não há oposição de modelos, mas apenas substituição acelerada. Nada muda, porém. Por um espaço de tempo muito breve, certo modelo juvenil (do tênis Nike ao brinco) pode parecer ultrajante para os pais, mas a velocidade de sua difusão pela mídia faz com que em breve tempo ele seja absorvido também pelos anciãos, no máximo com o risco de que, num tempo igualmente breve, se torne ridículo para os filhos. Mas ninguém terá tempo para perceber esse jogo de revezamento, e o resultado global será sempre o absoluto politeísmo, a presença simultânea e sincrética de todos os valores.

O *new age* foi uma invenção ligada às gerações? Em seus conteúdos, é uma colagem de esoterismos milenares. Pode ser que no início alguns grupos juvenis tenham se voltado para ele como se fosse um novo grupo de gigantes redescobertos, mas a difusão imediata de imagens, sons e crenças típicas da *new age*, com toda sua parafernália discográfica, editorial, cinematográfica e religiosa, foi gerenciada por velhos raposões da mídia, e se algum jovem foge para o Oriente é para se jogar nos braços de um guru velhíssimo com muitas amantes e numerosos Cadillacs.

O que parece a última fronteira da diferença, o piercing na língua e os cabelos azuis, na medida em que não são mais invenções de poucos, mas modelo universal, foram propostos aos jovens pelos centros gerontocráticos da moda internacional. E logo a influência da mídia vai impô-los também aos pais, a não ser que a certa altura jovens e velhos os abandonem simplesmente porque vão se dar conta de que com um alfinete na língua fica difícil tomar sorvete.

Por que então os pais deveriam ainda devorar os próprios filhos, por que os filhos deveriam ainda matar os pais? O risco, para qualquer um, e sem que ninguém tenha culpa, é que numa inovação ininterrupta e aceita por todos sem interrupção, grupos de anões se sentem nos ombros de outros anões.

Por outro lado, sejamos realistas. Numa época normal, eu não deveria ter fechado a Milanesiana, mas no máximo ter prestado assistência como aposentado. Eu encerrava as Milanesianas aos trinta anos. O problema é que se essa Milanesiana tivesse sido organizada por jovens de vinte anos, eles teriam convidado igualmente Salman Rushdie e Terrence Malick.

Pois muito bem, dirão. Estamos entrando numa nova era em que, com o ocaso das ideologias, o ofuscamento das divisões tradicionais entre direita e esquerda, progressistas e conservadores, atenuam-se definitivamente também todos os conflitos de gerações. Mas é biologicamente recomendável que a revolta dos filhos seja apenas uma adaptação superficial aos modelos de revolta previstos pelos pais, e que os pais devorem os filhos simplesmente dando a eles de presente os espaços de uma marginalização multicolorida? Quando o próprio princípio do parricídio está em crise, *mala tempora currunt.*

Mas os piores diagnósticos de todas as épocas são justamente os contemporâneos. Meus gigantes me ensinaram que há espaços de transição, nos quais vêm a faltar as coordenadas, e não se entrevê bem o futuro, não se compreendem ainda as astúcias da Razão, os complôs imperceptíveis do *Zeitgeist*. Talvez o saudável ideal do parricídio já esteja ressurgindo sob formas diferentes e, com as futuras gerações, filhos clonados vão se opor de modo ainda imprevisível tanto ao pai legítimo como ao doador de sêmen.

Talvez à sombra já circulem gigantes, que ainda ignoramos, prontos para sentar-se nos nossos ombros de anões.

Sobre as inconveniências e as vantagens da morte*

É provável que o pensamento filosófico tenha nascido como reflexão sobre o início, ou seja, sobre o *arché* — como nos ensinam os pré-socráticos, mas é igualmente certo que esta reflexão foi inspirada pela constatação de que as coisas, além de um início, têm também um fim. Por outro lado, o exemplo clássico do silogismo por excelência, e, portanto, de um raciocínio incontrovertível, é "todos os homens são mortais, Sócrates é homem, portanto Sócrates é mortal". Que Sócrates também é mortal é resultado de uma inferência, mas que todos os homens o sejam é uma premissa indiscutível. Muitas outras verdades indiscutíveis no curso da história (que o Sol gira em redor da Terra, que existe geração espontânea, que a pedra filosofal existe) foram colocadas em dúvida, mas que todos os homens são mortais, não. No máximo, aqueles que acreditam presumem que Um tenha ressuscitado: mas para poder ressurgir teve de morrer.

Por isso, quem lida com a filosofia aceita a morte como nosso horizonte normal, e não foi necessário esperar por Heidegger para afirmar que (ao menos quem *pensa*) vive para a morte. Eu disse "quem pensa", isto é, quem pensa filosoficamente, porque conheço muitas pessoas, mesmo cultas, que quando alguém menciona a morte (e nem mesmo a deles) fazem gestos

* Publicado como conclusão em *La morte et l'immortalité*, organizado por Frédéric Lenoir e Jean-Philippe de Tonnac. Paris: Bayard, 2004.

de esconjuro. O filósofo não, sabe que deve morrer e vive a própria vida, operosamente, nessa espera. Quem acredita numa vida sobrenatural espera a morte com serenidade, mas também espera com serenidade que acha que num determinado momento, como Epicuro ensinava, não deveremos nos preocupar porque nós não estaremos mais ali.

Com certeza todos (até o filósofo) desejam chegar àquele ponto sem sofrer, porque a dor é repugnante para a natureza animal. Alguns gostariam de chegar àquele momento sem o saber, outros prefeririam uma longa e consciente aproximação da hora suprema, outros ainda escolhem decidir a data. Mas estes são detalhes psicológicos. O problema central é a invencibilidade da morte e o comportamento filosófico é o de preparar-se para ela.

As modalidades de preparação são múltiplas e eu prefiro uma delas, por isso me permito uma autocitação e a transcrição de alguns trechos de um texto que escrevi alguns anos atrás, texto aparentemente brincalhão, mas que eu, no entanto, considero seríssimo:*

> Recentemente um discípulo pensante (certo Critão) me perguntou: "Mestre, como podemos nos preparar bem para a morte?" Eu respondi que o único modo de se preparar para a morte é convencer-se de que todos os outros são uns babacas.
>
> Diante do estupor de Critão, esclareci. "Veja", eu lhe disse, "como você pode aproximar-se da morte, mesmo sendo crente, se pensar que enquanto você está morrendo, jovens atraentes de ambos os sexos dançam na discoteca divertindo-se além das medidas, cientistas iluminados violam os últimos mistérios do cosmo, políticos incorruptíveis estão criando uma sociedade melhor, jornais e televisões pretendem dar apenas notícias relevantes, empreendedores responsáveis preocupam-se em fazer produtos que não contaminem o meio ambiente e se empenham na recuperação de uma natureza feita de riachos potáveis, declives florestais, céus limpos e serenos protegidos por uma providencial camada de ozônio, nuvens suaves que fazem cair novamente chuvas dulcíssimas? O pensamento de que, enquanto todas estas coisas maravilhosas acontecem, você está indo embora, seria insuportável.
>
> "Mas procure apenas pensar que, no momento em que você perceber que está deixando este vale, vai ter a certeza inabalável de que o mundo (seis bi-

* "Como se preparar tranquilamente para a morte", agora em *La bustina di Minerva* [A caixinha de Minerva] (Milão, Bompiani, 2000).

lhões de seres humanos) está cheio de babacas, que babacas são os que estão dançando na discoteca, babacas, os cientistas que acreditam ter resolvido os mistérios do cosmo, babacas, os políticos que propõem a panaceia para todos os nossos males, babacas, os que enchem páginas e páginas de insossas fofocas marginais, babacas, os produtores suicidas que destroem o planeta. Você não ficaria feliz nesse momento, animado, satisfeito por abandonar esse vale de babacas?"

Critão me perguntou, então: "Mestre, mas quando eu tenho de começar a pensar assim?" Eu lhe respondi que não se deve começar muito cedo, porque alguém que com vinte ou até com trinta anos pensa que todos são uns babacas é um babaca, e nunca alcançará a sabedoria. É preciso começar pensando que todos os outros são melhores do que nós, depois evoluir pouco a pouco, ter as primeiras dúvidas fracas por volta dos quarenta, iniciar a revisão entre os cinquenta e os sessenta, e alcançar a certeza enquanto se caminha em direção aos cem, mas prontos para fechar em equilíbrio assim que chegar o telegrama de convocação.

Convencer-se de que todos os outros que nos cercam (seis bilhões) são babacas é efeito de uma arte sutil e atenta, não é disposição do primeiro Cebetes com piercing na orelha (ou no nariz). Requer estudo e trabalho. Não se devem acelerar os tempos. É preciso chegar lá docemente, bem no tempo de morrer tranquilamente. Mas um dia antes é preciso ainda pensar que alguém, que amamos e admiramos, não seja propriamente um babaca. A sabedoria consiste em reconhecer só no momento certo (não antes) que ele também era babaca. Só então se pode morrer.

A grande arte, portanto, consiste em estudar pouco por vez o pensamento universal, perscrutar os acontecimentos do costume, monitorar dia após dia a mídia, as afirmações dos artistas seguros de si, os apotegmas dos políticos sem papas na língua, os filosofemas dos críticos apocalípticos, os aforismas dos heróis carismáticos, estudando as teorias, as propostas, os apelos, as imagens, os aparecimentos. Só então, no fim, você terá a arrebatadora revelação de que todos são babacas. Nesse ponto você estará pronto para o encontro com a morte.

Até o fim você deverá resistir a essa insustentável revelação, você vai insistir em pensar que alguém diz coisas sensatas, que aquele livro é melhor do que os outros, que aquele líder do povo quer realmente o bem comum. É natural, é humano, é próprio da nossa espécie refutar a convicção de que os outros são todos indistintamente babacas, caso contrário, por que valeria a pena viver? Mas quando, no fim, você souber, então compreenderá por que vale a pena (aliás, é esplêndido) morrer.

Critão me disse então: "Mestre, eu não queria tomar decisões precipitadas, mas suspeito que o senhor seja um babaca." "Viu?", eu lhe disse, "você já está no bom caminho."

Este meu texto queria exprimir uma verdade profunda, isto é, que a preparação para a morte consiste essencialmente em convencer-se gradativamente que *Vanitas vanitatum, dixit Ecclesiastes. Vanitas vanitatum et omnia vanitas.*

No entanto (e aqui começo a enfrentar a primeira parte do meu argumento), apesar de tudo, o filósofo também reconhece um inconveniente doloroso da morte. A beleza do crescer, e amadurecer, consiste em perceber que a vida é uma maravilhosa acumulação de saber. Se você não for um tolo, ou desmemoriado crônico, quanto mais você cresce mais aprende. É o que se chama de experiência, e por isso em outras épocas os anciãos eram considerados os mais sábios da tribo, e a tarefa deles era transmitir os próprios conhecimentos aos filhos e netos. É uma sensação maravilhosa perceber todos os dias você aprende algo a mais, que seus próprios erros de outrora o fizeram ficar mais sábio, que sua mente (enquanto seu corpo talvez se enfraqueça) é uma biblioteca que se enriquece todos os dias com um outro volume.

Estou entre os que não têm saudades da juventude (fiquei contente de tê-la vivido, mas não gostaria de começar tudo de novo) porque hoje eu me sinto mais rico do que era em outra época. Ora, o pensamento de que no momento em que eu morro toda essa experiência será perdida é motivo de sofrimento e temor. Pensar também que meus pósteros um dia saberão tanto quanto eu, e até mais, não me consola. Que desperdício, dezenas de anos gastos para construir uma experiência, e depois jogar tudo fora. É como queimar a biblioteca de Alexandria, destruir o Louvre, fazer afundar no mar a belíssima, riquíssima e sapientíssima Atlântida.

Remediamos essa tristeza agindo. Por exemplo, escrevendo, pintando, construindo cidades. Você morre, mas grande parte do que você acumulou não se perderá, você deixa um manuscrito na garrafa, Rafael morreu, mas o modo como sabia pintar está ainda à nossa disposição, e justamente porque ele viveu foi possível que Manet e Picasso pintassem da maneira deles. Não gostaria que este consolo assumisse conotações aristocráticas ou racistas, como se o único modo para vencer a morte estivesse à disposição apenas dos escritores, dos pensadores, dos artistas... Até a criatura mais humilde pode dar o melhor de si para deixar a própria experiência como herança aos filhos, mesmo que seja apenas uma transmissão oral, ou a força do próprio exemplo. Nós todos falamos, contamos uns aos outros, às vezes perturbamos os outros lhes impondo a lembrança das nossas experiências, justamente para que não se percam.

No entanto, por mais que se possa transmitir contando o que sei (escrevendo também estas poucas páginas), mesmo que eu fosse Platão, Montaigne ou Einstein, por quanto escreva ou diga, nunca transmitirei a totalidade da minha experiência vivida — por exemplo, a sensação que experimentei diante de um rosto amado, ou a revelação que tive diante de um pôr do sol, e nem mesmo Kant nos transmitiu plenamente o que compreendeu contemplando o céu estrelado acima dele.

Esta é a verdadeira inconveniência da morte, e o filósofo também fica triste com isto. Tanto que cada um de nós procura dedicar a própria vida a reconstruir a experiência que outros dissiparam morrendo. Acredito que isto tenha a ver com a curva geral da entropia. Paciência, é assim que são as coisas, e nada podemos fazer. O filósofo também tem de admitir que há na morte algo de irritante.

Como remediar este inconveniente? Por meio da conquista da imortalidade, é o que se diz. Não cabe a mim discutir se a imortalidade é uma utopia ou uma possibilidade, mesmo que remota, se é possível alcançá-la, ou se é possível chegar além dos 150 anos de vida, se a velhice é só uma doença que pode ser prevenida e curada. São assuntos que dizem respeito aos cientistas. Limito-me a considerar possível uma vida muito longa ou infinita, porque só desta maneira posso refletir sobre as vantagens da morte.

Se eu devesse, se eu pudesse escolher, e tivesse certeza de não passar meus últimos anos sofrendo entorpecimentos senis da carne ou do espírito, diria que preferiria viver cem e talvez até 120 anos, em vez de 75 (nisto os filósofos são como todos os outros). Mas é justamente pensando em mim como centenário que começo a descobrir os inconvenientes da imortalidade.

O primeiro quesito é com certeza se eu chegaria a uma idade avançadíssima sozinho (único privilegiado), ou se esta possibilidade fosse oferecida a todos. Se fosse permitida só a mim, eu veria desaparecer do meu redor, pouco a pouco, minhas pessoas queridas, meus próprios filhos e meus próprios netos. Se estes netos me transmitissem seus filhos e seus netos, eu poderia apegar-me a eles, e consolar-me com eles do desaparecimento dos seus pais. Mas o rastro de dor e saudade que me acompanharia por essa longa velhice seria insustentável, para não falar do remorso por ter sobrevivido.

E depois, se a sabedoria consistisse, como eu escrevi, na convicção crescente de viver num mundo de tolos, como é que eu, enquanto homem sábio, poderia suportar minha sobrevivência num universo de dementes? E se eu percebesse que sou o único a conservar memórias num mundo de desmemoriados que regrediram a fases pré-históricas, como é que eu aguentaria minha solidão intelectual e moral?

Pior ainda aconteceria se, como é provável, o crescimento da minha experiência pessoal fosse mais lento do que o desenvolvimento das experiências coletivas, e eu vivesse com uma modéstia sabedoria *démodé* numa comunidade de jovens que me supera em flexibilidade intelectual.

Mas péssimo seria se a imortalidade e a vida muito longa fossem concedidas a todos. Em primeiro lugar, eu viveria num mundo superpovoado de ultracentenários (ou de milenários) que roubam espaço vital das novas gerações, e me encontraria no meio de um atroz *struggle for life*, onde meus descendentes gostariam que eu finalmente morresse. Sim, haveria a possibilidade da colonização dos planetas, mas a esse ponto ou eu deveria emigrar com meus coetâneos, pioneiro na Galáxia, oprimido por uma incurável saudade da Terra, ou os mais jovens emigrariam, deixando a Terra para nós, imortais, e eu me encontraria novamente prisioneiro num planeta envelhecido, ruminando lembranças com outros velhotes que já teriam ficado insuportáveis de tanto repetir sem parar o que já foi dito.

Quem me garante que eu não enjoaria de todas as coisas que nos meus primeiros cem anos tinham sido motivo de estupor, maravilha, alegria da descoberta? Eu teria ainda prazer em ler pela milésima vez a *Ilíada* ou em escutar sem parar o *Cravo bem temperado*? Eu conseguiria ainda suportar uma aurora, uma rosa, um prado florido, o sabor do mel? *Perdrix, perdrix, toujours perdrix...*

Começo a suspeitar que a tristeza que toma conta de mim ao pensar que, ao morrer, eu perderia todo o meu tesouro de experiência tem afinidade com a que me apanha ao pensar que, sobrevivendo, eu começaria a ficar enjoado dessa experiência opressora, *fanée* e talvez embolorada.

Talvez seja melhor continuar, pelos anos que ainda me serão dados, a deixar mensagens numa garrafa para os que virão, e esperar por aquela que São Francisco chamava de Irmã Morte.

Este livro foi composto na tipografia
Palatino LT Std, em corpo 11/16, e impresso em
papel off-white no Sistema Cameron da
Divisão Gráfica da Distribuidora Record.